GRANDES GUERRAS

RODRIGO TRESPACH

GRANDES

Rio de Janeiro, 2022

GUERRAS

DE SARAJEVO A BERLIM,
UMA NOVA PERSPECTIVA
SOBRE OS DOIS MAIORES
CONFLITOS DO SÉCULO XX

Copyright © 2022 por Rodrigo Trespach

Todos os direitos desta publicação são reservados à Casa dos Livros Editora LTDA. Nenhuma parte desta obra pode ser apropriada e estocada em sistema de banco de dados ou processo similar, em qualquer forma ou meio, seja eletrônico, de fotocópia, gravação etc., sem a permissão dos detentores do copyright.

Diretora editorial: *Raquel Cozer*

Coordenadora editorial: *Malu Poleti*

Editora: *Chiara Provenza*

Assistência editorial: *Mariana Gomes*

Revisão: *Tania Lopes e Isabella Silva Teixeira*

Capa: *Douglas Lucas*

Diagramação: *Miriam Lerner | Equatorium design*

Imagens de capa: Everett Collection | Shutterstock

Dados Internacionais de Catalogação na Publicação (CIP)
Angélica Ilacqua CRB-8/7057

T732g
Trespach, Rodrigo
    Grandes Guerras : de Sarajevo a Berlim, uma nova perspectiva sobre os dois maiores conflitos do século XX / Rodrigo Trespach. -- Rio de Janeiro : Harper Collins, 2022.

    496 p. : il.
    ISBN 978-65-5511-333-4

    1. Guerra Mundial, 1914-1918 2. Guerra Mundial, 1939-1945 I. Título.

	CDD 909.82
21-5705	CDU 930.85

Os pontos de vista desta obra são de responsabilidade de seu autor, não refletindo necessariamente a posição da HarperCollins Brasil, da HarperCollins Publishers ou de sua equipe editorial.

Rua da Quitanda, 86, sala 218 — Centro

Rio de Janeiro, RJ — CEP 20091-005

Tel.: (21) 3175-1030

www.harpercollins.com.br

Para minha esposa, Gisele,
e meus filhos, Jr. e Augusto.

"Ó Liberdade, quantos crimes são cometidos em teu nome!"

Madame Roland (1754-93)

"As guerras dos povos serão mais terríveis que as dos reis."

Winston Churchill (1874-1965)

"O maior inimigo do conhecimento não é a ignorância, é a ilusão do conhecimento."

Stephen Hawking (1942-2018)

"O saber é melhor do que a ignorância; a história melhor do que o mito."

Ian Kershaw

SUMÁRIO

APRESENTAÇÃO E AGRADECIMENTOS 12

PARTE 1
PRIMEIRA GRANDE GUERRA (1914-8) 18

1. Uma época não tão bela 20
2. Os três primos 38
3. O imperador, o arquiduque e o nacionalista 56
4. "Invenções do diabo" 70
5. No front: a guerra de trincheiras 88
6. Miscelânea de soldados 102
7. Atrás das linhas: a guerra em casa 120
8. Pogroms na Rússia, genocídio no Império Otomano 134
9. Mulheres na Grande Guerra 152
10. O Brasil vai à guerra 172
11. Revoluções e Guerra Civil na Rússia 186
12. Os erros de Versalhes 204

PARTE 2
SEGUNDA GRANDE GUERRA (1939-45) 214

13. Lustrando armas 216

14. O Lobo 232

15. O primeiro-ministro e o presidente 250

16. O Homem de Aço e o Terror Vermelho 266

17. Genocídios 280

18. Shoah 292

19. Soldados, aliados ou inimigos 306

20. Guerra de inteligência 320

21. Mulheres na Segunda Guerra 336

22. Resistências 352

23. A cobra fumou! 370

24. Ciência nazista 390

25. Crimes de guerra 402

26. Operação Mito 418

27. "Uma paz que não é paz" 430

PARTE 3
APÊNDICE 440

LINHA DO TEMPO 442

PERSONAGENS HISTÓRICOS 448

GLOSSÁRIO 454

BIBLIOGRAFIA DE REFERÊNCIA 460

NOTAS 476

APRESENTAÇÃO E AGRADECIMENTOS

Bem poucos temas na história atraem tanto o interesse público quanto os dois grandes conflitos mundiais. Em parte, devido à destruição sem precedentes e pelos mais de 90 milhões de mortes num espaço de apenas três décadas. Mas, antes que meu leitor imagine algo diferente, é preciso deixar muito claro. Este livro não é a história da Grande Guerra de 1914-8 — a partir daqui, chamaremos assim a Primeira Guerra, como era conhecida na época — e da Segunda Guerra, o confronto seguinte, compreendido entre 1939-45. *Grandes Guerras* não segue a ordem cronológica dos acontecimentos, não se limita a datas ou ao período entre 1914-45, não se detém em campanhas militares e batalhas ou pretende apresentar biografias completas sobre os principais líderes políticos envolvidos. O objetivo do livro é dar visibilidade a histórias e experiências humanas através de recortes temáticos mais amplos, saindo de estereótipos consolidados pelo senso comum, como a ideia de que a Grande Guerra foi um conflito de trincheiras e que a Segunda Guerra foi uma luta travada entre heróis e vilões ou que o Holocausto foi um caso único de genocídio. Antes de Hitler se tornar alguém com capacidade de liderança e decisão, outros personagens lançaram-se a aventuras funestas, sonhos imperialistas e ideias pseudocientíficas. O ódio aos judeus e às minorias não nasceu

APRESENTAÇÃO E AGRADECIMENTOS

com o nazismo; extermínios em massa eram praticados muito tempo antes que Auschwitz fosse construído — como exemplo, basta lembrar os 1,5 milhão de armênios assassinados pelos turco-otomanos em uma campanha de limpeza étnica durante a Grande Guerra.

A história não pode — nem deve — ser vista como um grande teatro, onde os atores só aparecem ao público no palco. Assim como os artistas, que têm vida antes e depois das apresentações, a história é viva e contínua, não começa nem termina em um único ato. Parece uma obviedade, mas, na maioria das vezes, costumamos nos esquecer disso. Analisados sob essa ótica, os dois grandes conflitos do século XX podem ser entendidos como uma única grande catástrofe, já que o período entre uma e outra guerra, pouco mais de vinte anos, não passou de uma trégua mal disfarçada de paz. A mesma observação é válida para o que aconteceu depois e conhecemos por Guerra Fria (1947-91), não mais do que o desdobramento dos conflitos precedentes. O olhar mais amplo e panorâmico nos permite observar e compreender melhor o chamado "século de sangue" — ou "era dos extremos", para usar uma expressão consagrada —, marcado por ultranacionalismos, regimes ditatoriais, ódio étnico e de classe e políticas de extermínio, respaldados com teorias científicas e sociais pregadas por pesquisadores e ensinadas em universidades. Sem usar de anacronismos, algo bastante comum em tempos modernos e midiáticos, também é possível repensar (e talvez até mesmo ressignificar) alguns conceitos, como liberdade e democracia, bem como refletir sobre ideologias ou doutrinas nocivas e aparentemente distantes ou contraditórias. Quem realmente lutava por liberdade ou era livre e até que ponto as democracias defenderam homens "livres" ao longo dos dois cataclismas do século XX? Nazismo e comunismo eram ideologias gêmeas — ou são, se considerarmos que continuam muito vivas, embora com uma nova roupagem. O historiador britânico Paulo Johnson chamou os dois extremos de "irmãos de sangue", enquanto o israelense Yuval Harari se referiu a eles, junto com o capitalismo e o nacionalismo, como "religiões baseadas em leis naturais" ou "religiões humanistas".

Durante a Grande Guerra, a luta foi travada entre grandes impérios (com exceção da França, que era uma república). Já durante a Segunda

Guerra, muita coisa havia mudado no tabuleiro político mundial. Em posição oposta ao expansionismo alemão e japonês (ou ao fascismo) estavam potências democráticas (incluindo o emergente Estados Unidos) e o primeiro país socialista do mundo (a União Soviética), aparentes pilares da liberdade e da igualdade dos povos, mas tão predadores quanto os impérios, ditaduras ou ideologias as quais combatiam. Depois de duas guerras, britânicos e franceses, ainda que enfraquecidos, mantinham colônias de exploração espalhadas pelo globo; e o comunismo soviético propagara um pernicioso modelo de ditaduras. Para compreender como isso foi possível, é preciso conhecer o mundo da época, o que era tido como ciência e o que havia de tecnologia e quais eram os interesses geopolíticos. Somente dessa forma temos uma visão clara do que oportunizou a deflagração da Grande Guerra e o que surgiu dela em sequência.

Grandes Guerras é o resultado, revisado e aprimorado, de dois livros anteriores publicados pela HarperCollins Brasil, em 2017 e 2018. Dessa forma, este trabalho tem como base um amplo conjunto de fontes. Como bibliografia, servi-me do trabalho e de visões de mundo muito distintas, desde pensadores conservadores e liberais a marxistas, como Eric Hobsbawm, considerado um dos mais importantes historiadores do século XX, passando por pesquisadores militares, como John Keegan e Antony Beevor, economistas como Alan Greenspan ou biólogos como Siddhartha Mukherjee. Além, é claro, de nomes como David Stevenson, Ian Kershaw, Margareth MacMillan, Martin Gilbert, Max Hastings e Simon Montefiore, e dezenas de outros. Entre as fontes primárias, consultei autobiografias de chefes de Estado e diários de líderes políticos, depoimentos e interrogatórios de comandantes militares e combatentes de baixa patente, livros de memória e relatos e cartas de civis de diversas nacionalidades — homens e mulheres que viveram e testemunharam os horrores de duas guerras catastróficas. Além disso, consultei instituições de pesquisa, acervos documentais e periódicos. Sempre que possível, preferi usar como referência textos disponíveis ao leitor brasileiro, em português. Embora o livro esteja dividido em duas partes, por conveniência e didática, os capítulos estão todos entrelaçados. Qualquer que seja o primeiro interesse do leitor, cada capítulo temáti-

APRESENTAÇÃO E AGRADECIMENTOS

co pode ser lido de forma independente, sem uma ordem cronológica tradicional, e depois complementada com a leitura de outros capítulos.

A propósito, *Grandes Guerras* só existe graças a uma grande equipe editorial. Desde que passei a publicar com a HarperCollins Brasil, cinco anos atrás, sempre contei com o apoio de pessoas maravilhosas. Embora alguns nomes tenham deixado a casa, eu preciso agradecê-los, pois participaram de alguma forma do processo de pesquisa, escrita ou editoração. Kaíke Nanne, Omar Souza, Renata Sturm, Marina Castro e Thalita Ramalho cuidaram dos meus primeiros trabalhos na casa. Raquel Cozer, Malu Poleti, Diana Szylit e Chiara Provenza têm trabalhado comigo nos livros mais recentes, sempre com paciência, dedicação e carinho. A todos, o meu muito obrigado.

Preciso agradecer aos amigos e colegas que de uma forma ou outra colaboraram com a pesquisa e, em especial, àqueles que emprestaram seu conhecimento realizando una leitura sensível do livro, contribuindo substancialmente com sugestões e observações importantes sobre o texto. Entre eles, o músico João Barone, um estudioso da participação brasileira na Segunda Guerra; o dr. Cristiano Enrique de Brum, pesquisador da Grande Guerra; o rabino lituano Reuven Segal, que nasceu e viveu parte da vida sob o regime comunista; e o jornalista Léo Gerchmann, cujos avós deixaram a Europa, fugindo do antissemitismo nazista. Obviamente que todos estão isentos de qualquer erro que eu tenha cometido aqui. Devo um obrigado, como sempre, a meu pai, mãe e irmãos, por todo apoio dispensado. Por último e não menos importante, agradeço à minha esposa Gisele e aos meus filhos Rodrigo Jr. e Augusto, pela paciência e amor infinito.

Rodrigo Trespach
Osório, primavera de 2021.

PARTE 1

PRIMEIRA GRANDE GUERRA (1914-8)

1 UMA ÉPOCA NÃO TÃO BELA

Às vésperas da Grande Guerra, o mundo
vivia a Belle Époque, *um período de*
florescimento e exuberância artística, cultural
e intelectual poucas vezes visto na história
da humanidade até então; uma época de
popularização de avanços tecnológicos e
científicos, mas também de efervescência
política, ultranacionalismo, guerras, batalhas
ideológicas e teorias pseudocientíficas
perigosamente disseminadas entre líderes
políticos e nos meios universitários.

Para um dos maiores nomes da literatura desse tempo, o escritor austríaco Stefan Zweig, o período imediatamente anterior à Primeira Guerra Mundial — chamada até o evento catastrófico seguinte, duas décadas mais tarde, de "a Grande Guerra" — "foi a época áurea da esperança". Era "o mundo da segurança".[1]

No alvorecer do século XX, por toda a Europa, a realeza, a nobreza, os grandes proprietários de terra e os industriais gastavam seu tempo com bailes, festas, jantares e concertos. Desde 1870, as grandes potências do continente não se digladiavam em uma guerra direta no solo do Velho Mundo. Prosperidade, elegância e luxo eram palavras da moda. Os palácios e mansões eram decorados com pinturas raras, enfeites caros, ricos estofados e tapetes de pele. Enormes quantidades de dinheiro eram gastas com viagens transatlânticas, cruzeiros pelo Mediterrâneo, automóveis, joias e roupas. Os nobres e os muito ricos passavam férias em Monte Carlo, Biarritz, Cannes ou em balneários pelo interior europeu, quando não em safáris pela África. Para ser justo, também gastavam fortunas como mecenas, patrocinando e colaborando com a criação de bibliotecas, museus e fundações artísticas ou científicas.

A pequena burguesia e as classes não abastadas se voltavam ao lazer, à valorização da juventude e da mulher. "Com a redução da jornada de trabalho, o proletariado ascendia para pelo menos participar das pequenas alegrias e dos pequenos confortos da vida", observou Zweig. Em média, os salários haviam aumentado em quase 50% entre 1890 e 1912. A Alemanha fora a pioneira na promoção do Estado de bem-estar social, adotando nos anos 1880 iniciativas como seguro-desemprego, pensões e aposentadorias para idosos.[2] As pessoas se tornaram mais belas e saudáveis graças à melhor alimentação – mais acessível e barata –, aos avanços na medicina, às melhorias nas condições de higiene e a uma nova febre, que era a prática de esportes. A segunda Olimpíada da Era Moderna realizada em Paris, em 1900, reuniu mais de 1,2 mil atletas de 24 países em dezenove modalidades esportivas.

As artes estavam atraindo as pessoas comuns, uma junção de novas tecnologias com a descoberta do mercado de massa. Na Alemanha, o número de teatros havia triplicado na década de 1910 em relação à de 1870: havia passado de duzentos a seiscentos. Em Paris, a capital europeia da moda, da arte e do prazer, meio milhão de pessoas frequentavam teatros, óperas ou cafés que realizavam apresentações artísticas. Na pintura, para satisfazer um público com menos recursos, mas ávido por cultura, teve início a reprodução em massa de telas dos grandes mestres do passado. Na virada do século também despontaram novas tendências, com os movimentos de vanguarda: o expressionismo do norueguês Edvard Munch, pintor de *O grito;* o fauvismo de Henri Matisse; o impressionismo do pintor francês Paul Cézanne; o cubismo de Georges Braque e Pablo Picasso, espanhol estabelecido em Paris; e o abstracionismo de Wassily Kandinsky, pintor russo radicado na Alemanha. Já em plena Grande Guerra, surgiu o dadaísmo, criado por intelectuais pacifistas franceses e alemães — o termo, batizado pelos escritores Hugo Ball e Tristan Tzara, tem origem na palavra francesa *dada,* que significa "cavalo de pau". Do dadaísmo surgiram pintores como Salvador Dalí e Marc Chagall.

Uma época em transformação exigia novos estilos também nas construções. Arquitetos e designers criaram nos anos 1890 um estilo sensual, de linhas orgânicas e fluídas, com motivos poéticos inspirados na natureza. O Hotel Tassel, em Bruxelas, projetado pelo arquiteto Victor Horta e construído em 1893, deu início ao que o designer belga

Henry van de Velde chamou de *art nouveau*. Logo o estilo se espalhou pela Europa e tanto as novas edificações como o mobiliário, os vitrais, as maçanetas e luminárias, além de joias e acessórios, tinham a marca da "arte nova".

SURTO DE PROGRESSO

Para o historiador britânico Eric Hobsbawm, no entanto, o maior avanço intelectual entre os anos 1870 e 1914 "foi o desenvolvimento maciço da instrução e do autodidatismo populares e o aumento do público leitor".[3] Na Áustria-Hungria, 80% da população do império sabia ler e escrever. A Alemanha tinha 77 mil estudantes universitários em 1913 — em uma população de 65 milhões de habitantes. A maioria era de homens; só a partir de 1900 é que o país permitiu o ingresso de mulheres. Em 1908, a primeira professora universitária passou a dar aulas, o que foi uma revolução. Em países como Rússia, Suíça e Estados Unidos, mulheres já eram aceitas como estudantes desde 1860.

O principal meio de informação da época era o jornal. As maiores empresas jornalísticas da Europa vendiam em média entre 800 mil e 900 mil exemplares por dia. O *Daily Mail*, lançado em 1896 na Grã--Bretanha por Alfred Harmsworth, foi o primeiro jornal a atingir a marca de 1 milhão de exemplares. Harmsworth criou também o *Daily Mirror*, o primeiro diário totalmente ilustrado. Mas no fim do século, no entanto, o jornal ganhou um forte concorrente: o sistema telegráfico sem fio, que oportunizaria o surgimento do rádio. Embora o padre gaúcho Landell de Moura tenha transmitido a voz humana por meio de ondas eletromagnéticas já em 1893 — do colégio das Irmãs de São José (hoje Colégio Santana), em São Paulo, até a avenida Paulista —, a invenção acabou sendo atribuída ao italiano Guglielmo Marconi. A falta de apoio do governo brasileiro pesou e as transmissões pelo Canal da Mancha realizadas por Marconi em 1899 lhe deram todos os louros — e um Prêmio Nobel.

A fotografia, invenção do início dos anos 1820, tornou-se comum na segunda metade do século XIX, popularizando-se principalmente por meio da companhia norte-americana Kodak, fundada por George Eastman em 1888. Em 1884, Eastman havia patenteado o filme em rolo, sucessor das chapas de cobre, vidro e papel — que, sensibiliza-das com nitrato de prata, possibilitavam a gravação de imagens —, tornando a câmera fotográfica portátil e de fácil manuseio. Em 1900, a Kodak lançou a câmera Brownie — não mais do que uma caixa de papelão de cor preta com uma pequena lente e um rolo (ou filme) de 120 milímetros. Simples, prática e barata, custando apenas um dólar, a Brownie se tornou um sucesso de vendas; no primeiro ano, mais de 150 mil unidades foram comercializadas.

A evolução das técnicas de gravação de imagens proporcionou o aparecimento de outro invento da *Belle Époque*: o cinema. O laboratório de pesquisa de Thomas Edison já havia desenvolvido o "cinetoscópio", um aparelho de projetar imagens fotográficas em filmes (fotogramas) com tal rapidez que criava a ideia de movimento, mas foram os irmãos franceses Auguste Marie e Louis Jean Lumière que aperfeiçoaram o mecanismo criando o que chamaram de "cinematógrafo". Em meados dos anos 1890, filmes curtos eram mostrados em "salas de exibição" em Paris, Berlim, Bruxelas e Londres. Em todo o mundo, entusiastas capturavam imagens de representações teatrais ou documentavam a vida cotidiana. Em 1901, os antropólogos Baldwin Spencer e Francis James Gillen gravaram imagens dos aborígenes no inóspito deserto australiano. Como as câmeras ainda não captavam sons, eles gravaram as canções dos nativos com um fonógrafo. O aparelho fora inventado por Thomas Edison em 1877 e permitia a gravação e reprodução de sons por meio de cilindros de cera. Do fonógrafo de Edison nasceu o gramofone, criação do alemão Emile Berliner, aparelho que reproduzia gravações por meio de um disco plano em um prato giratório. Em 1892, Berliner conseguiu produzir cópias de uma gravação a partir de uma matriz, o que popularizou as gravações musicais e possibilitou às pes-soas ter o som de uma orquestra dentro de casa. Na virada do século, o cinema era utilizado como meio de informação e propaganda. An-tes do início das sessões ou em seus intervalos eram exibidas notícias, como eventos esportivos, novas invenções ou comunicados e novida-des políticas — tal como faria a televisão muitos anos mais tarde. Nas duas primeiras décadas do século XX, os Estados Unidos suplantaram a Europa na produção cinematográfica. Os norte-americanos produziam filmes voltados a um público menos exigente que o europeu, não obstante seus diretores fossem majoritariamente imigrantes do Velho Mundo, quase todos judeus. Nessa época, nasceram em uma colina de Los Angeles, na costa oeste norte-americana, a Universal Filmes (do alemão Carl Laemmle), a Metro-Goldwyn-Mayer (do judeu-russo Louis Mayer), a Fox Filmes (do judeu-austro-húngaro William Fox) e a Warner Brothers (organização de quatro irmãos judeus que emigraram da Polônia). Em 1914, o público norte-americano de cinema chegava a 50 milhões e se multiplicaria no período após a Grande Guerra, quando o cinema deixou de ser mudo e se consolidou a gigantesca indústria cinematográfica de Hollywood.

Em paralelo ao desenvolvimento de novos meios de comunicação e entretenimento, os transportes também passavam por mudanças. Nos anos 1880, carros e bondes elétricos começaram lentamente a substituir a tração animal e o vapor nas grandes cidades. Embora as "carruagens sem cavalo", como os automóveis eram chamados então, tivessem se originado muito tempo antes, foi com a patente requerida pelo alemão Karl Benz, em 1886, que o primeiro *Motorwagen* ("carruagem a motor") nasceu. O automóvel de Benz tinha apenas três rodas e se movia com a força de um motor de combustão interna; mal passava dos dez quilômetros horários. No final do século, porém, os avanços tecnológicos haviam tornado os novos automóveis mais sofisticados e rápidos. Às vésperas da Grande Guerra, em 1913, o engenheiro estadunidense Henry Ford criou a linha de montagem, o que permitiu a produção em larga escala de seu Ford T. Dois anos depois, havia 2,5 milhões de carros circulando nos Estados Unidos; pouco antes da década de 1930 seriam mais de 27 milhões. O transporte marítimo também se modernizava, e nascia um novo meio de locomoção, o aéreo, ambos importantes durante a guerra, como veremos depois.

Todas as novidades tecnológicas e artísticas estavam representadas nos salões da Exposição Universal de 1900, realizada em Paris. Com a presença de mais de quarenta países, o evento era o "símbolo de harmonia e paz" para toda a humanidade — ideia alegoricamente representada em uma das atrações, o Château d'Eau, em frente ao Palácio da Eletricidade, onde, em meio a chafarizes e cascatas, luzes coloridas iluminavam um conjunto escultural que representava a "Humanidade" sendo conduzida pelo "Progresso" em direção ao "Futuro", derrubando "Rotina" e "Ódio".

A Exposição Universal de Paris, em 1900, abriu o século XX como símbolo de "harmonia e paz" para toda a humanidade.
REPRODUÇÃO/LIBRARY OF CONGRESS

A ciência também vivia uma era de avanços e descobertas. Em 1895, o alemão Wilhelm Röntgen descobriu os raios X e realizou a primeira radiografia humana: a da própria mão. Pela descoberta, Röntgen ganharia o Prêmio Nobel da Física em 1901. No mesmo ano, Karl Landsteiner identificou os tipos sanguíneos, denominados por ele de A, B e O (o AB foi identificado no ano seguinte, em 1902). Com base no trabalho de Landsteiner foi possível realizar a primeira transfusão de sangue, em 1907 (ainda com o doador presente; somente em 1914, com a descoberta do citrato, utilizado na conservação do sangue, é que a presença do doador passou a ser desnecessária). O fim do século XIX viu nascer também a psicoterapia, com trabalhos dos médicos austríacos Josef Breuer e Sigmund Freud. O estudo do inconsciente humano era algo totalmente novo para a ciência. Quando Freud publicou *A interpretação dos sonhos*, em 1900, em torno de seus estudos surgiu o movimento psicanalítico, com a reunião de nomes como Carl Gustav Jung e Sándor Ferenczi. Às vésperas da Grande Guerra, Freud já era conhecido como o "pai da psicanálise".

Em 1900, o físico alemão Max Planck desenvolveu sua teoria "quântica" — a energia não era transmitida por ondas contínuas, como se imaginava, mas em pequenos "pacotes", que Planck denominou de "quanta". A teoria quântica passou quase despercebida até 1905, quando Albert Einstein publicou a Teoria da Relatividade e a famosa fórmula $E = mc^2$ (a primeira parte da teoria, chamada de Teoria da Relatividade Especial, ou Restrita, foi publicada em 1905; a outra parte, a Teoria da Relatividade Geral, seria publicada dez anos mais tarde, em meio à Grande Guerra). Einstein tinha apenas 26 anos, trabalhava em um escritório de patentes na Suíça, não tinha mestrado nem doutorado. Era um desconhecido não vinculado às universidades ou instituições de pesquisa, mas a publicação de seus artigos naquele ano revolucionaria o modo como o homem via o mundo. Curiosamente, na época, a teoria da relatividade foi rejeitada tanto pela esquerda quanto pela direita — a primeira por considerá-la incompatível com a ideia de ciência; a segunda por taxá-la de coisa de judeu. A despeito disso, Einstein se tornaria o nome mais conhecido da ciência do século XX. Mas suas ideias não foram as únicas a sofrerem com o descrédito. Em 1912, o meteorologista alemão Alfred Wegener formulou a teoria da deriva continental, sugerindo a existência original de apenas um único continente, a Pangeia. A ideia partira de uma observação aparentemente simples: a costa leste da América do Sul se encaixa perfeitamente na costa oeste da África. Três anos mais tarde, Wegener publicou *A origem dos continentes e oceanos*, mas permaneceu totalmente desacreditado até os anos 1960, quando se comprovou o movimento das placas tectônicas. Enquanto Wegener imaginava a origem dos continentes, Robert Peary e Frederick Cook disputavam quem chegava primeiro ao Polo Norte, quase ao mesmo tempo em que Robert Scott e Roald Amundsen competiam no Polo Sul. Cook, em 1908, e Amundsen, em 1912, saíram-se vencedores.

CONTROVÉRSIAS CIENTÍFICAS

No campo filosófico-religioso, doutrinas como a pregada pela Sociedade Teosófica, fundada pela mística russa Helena Petrovna Blavatsky, em 1875, espalhavam-se no meio intelectual e militar. A esposa do general Helmuth von Moltke, chefe do Estado-Maior alemão entre 1906 e 1916, era adepta da teosofia. Em 1907, o casal se tornou discípulo do guru Rudolf Steiner, líder da Sociedade Teosófica na Alemanha e mais tarde criador da antroposofia. Embora a doutrina de "Madame Blavatsky" ou "HPB", como ela preferia ser chamada, fosse uma miscelânea de elementos que envolviam religião oriental, esoterismo e ocultismo, importantes personalidades estiveram de algum modo envolvidas com a teosofia. Entre elas o escritor Lyman Frank Baum (autor de *O Mágico de Oz*), Jawaharlal Nehru (primeiro-ministro indiano pós-independência), o pintor Wassily Kandinsky e o inventor Thomas Edison. O espiritismo, organizado na França por Allan Kardec no final dos anos 1850, também tinha muitos simpatizantes na aristocracia. Nikolai Nikoláievitch, chefe do Estado-Maior russo, era frequentador das sessões espíritas e das mesas girantes, assim como o célebre criador do detetive Sherlock Holmes, Arthur Conan Doyle. Uma das obras menos conhecidas de Doyle é *História do espiritismo*, de 1920. Nos Estados Unidos, Mary Baker Eddy liderava o movimento religioso da Ciência Cristã, uma mistura de teologia, filosofia e, pretensamente, de uma "arte de curar" com base científica.

O culto à ciência era uma febre, mas a "ciência" ainda estava longe de caminhar com a ética. Nem sempre as pesquisas científicas eram isentas de preconceitos ou charlatanismos. "Voltados para o autoconhecimento e o culto da arte e dos valores do liberalismo, os cientistas da *Belle Époque*", escreveu a historiadora francesa Elisabeth Roudinesco, "confiavam cegamente na ciência".[4] "Eles acreditavam na razão como os católicos na Virgem Maria", observou o escritor francês Romain Rolland. Foi nesse meio, um território ainda mal definido e delimitado, que surgiram teorias que marcariam profundamente o século XX: as ideias sobre as origens da "raça" humana.

Embora o conceito de raça não fosse uma novidade, foi o livro do conde francês Arthur de Gobineau, *Ensaio sobre a desigualdade das raças humanas*, publicado entre 1853 e 1855, que deu início a um processo que culminaria com o Holocausto. Gobineau afirmava que a humanidade se dividia entre brancos, negros e amarelos, mas só os brancos — a raça dos arianos, indo-europeus — haviam desenvolvido os grandes impérios (o termo ariano vem do sânscrito *arya*, "nobre"). A miscigenação entre as raças causaria degeneração e Gobineau acreditava que os germanos que habitavam a Europa Ocidental eram os únicos que haviam mantido uma linhagem pura, portanto era imprescindível para o bem da civilização que eles se mantivessem livres de influências de outras raças. A separação da espécie humana por raças ganhou força com a publicação, em 1859, do livro de Charles Darwin, *A origem das espécies*. Os adeptos de Gobineau passaram a interpretar os conceitos de seleção natural e sobrevivência dos mais aptos como uma disputa entre as "raças" humanas, e não como algo que afetava primordialmente o sucesso reprodutivo dos indivíduos, como propunha Darwin. Mais tarde o "darwinismo social" faria ainda uma relação entre pobreza e inaptidão. Em 1883, o primo de Darwin, Francis Galton, publicou *Investigações sobre a faculdade humana e seu desenvolvimento*, em que descrevia a necessidade de se aplicar uma "seleção artificial" à sociedade humana. Nascia o que ele denominou de "eugenia", do prefixo grego *eu* ("bom") com *gênese* ("de boa estirpe, hereditariamente dotado de qualidades nobres"), um processo pelo qual se deveria adotar uma reprodução dirigida para o melhoramento da espécie humana.[5]

Em paralelo às teorias de Gobineau e Galton, pesquisas sobre as origens e a hereditariedade humanas continuavam sendo realizadas. Por outro caminho, em 1865, o padre tcheco Gregor Mendel havia apresentado à Sociedade de Ciência Natural em Brno, hoje na República Tcheca, um trabalho sobre hereditariedade tendo como base seu estudo com as ervilhas. Embora tenha passado despercebida na época, a pesquisa com o legume revolucionaria a ciência da biologia. No final do século, o trabalho de Mendel seria recuperado e daria origem ao que conhecemos hoje por genética — termo criado em 1905 pelo biólogo inglês William Bateson a partir da palavra grega *génos*, "gerar". Até pelo menos a década de 1910, no entanto, ainda não estava claro o que era ciência e o que não passavam de teorias pseudocientíficas — e isso ainda perduraria por mais algumas décadas.

UMA ÉPOCA NÃO TÃOBELA

As ideias de superioridade racial nascidas na França e na Inglaterra se ajustavam aos interesses do imperialismo europeu e se tornaram populares entre políticos, intelectuais e artistas. Em *A máquina do tempo*, de 1895, o escritor de ficção científica inglês H. G. Wells também imaginara o desenvolvimento de "raças"; de seres "evoluídos" ou "degenerados", termos que haviam entrado no vocabulário da ciência com Darwin e Galton, para quem uma "sociedade mais apta" poderia ser criada pela seleção de características desejáveis. Outro escritor inglês, Houston Stewart Chamberlain, sustentou a teoria de "raça ariana" elaborada por Gobineau em *As fundações do século XIX*, de 1899. Chamberlain defendeu a ideia de que os arianos puros ainda subsistiam na Alemanha e nos países nórdicos; em 1908 ele se casou com a filha do compositor alemão Richard Wagner, outro expoente do racismo, do antissemitismo e ultranacionalismo. O mesmo Wagner que era idolatrado por Hitler.

Em 1912, Londres recebeu a Primeira Conferência Internacional sobre eugenia —conferências posteriores ocorreriam em Nova York, em 1921 e 1932. Entre os patrocinadores e entusiastas presentes estavam o Primeiro Lorde do Almirantado, Winston Churchill; o inventor do telefone, Alexander Graham Bell; e Charles Eliot, presidente da Universidade de Harvard. Churchill já havia manifestado interesse pelas ideias racistas que moviam a eugenia em um romance, *Savrola*, publicado em 1899. O livro alcançou mais de 10 mil cópias vendidas nos primeiros anos do século XX. Em 1915, em meio à Grande Guerra, foram impressos 25 mil exemplares.

O político britânico Winston Churchill (1874-1965) participou da Primeira Conferência Internacional sobre eugenia, realizada em Londres, 1912. O Primeiro Lorde do Almirantado já havia manifestado interesse pelas ideias racistas que moviam a eugenia em um romance escrito no final do século XIX.

REPRODUÇÃO/LIBRARY OF CONGRESS

Como Galton havia morrido no ano anterior, o filho de Charles Darwin, Leonard, presidiu a conferência. Entre as palestras importantes do evento, destacou-se a de Bleecker van Wagenen, presidente da Associação dos Criadores Americanos e pupilo do zoólogo Charles Davenport, o pai do movimento eugenista estadunidense, autor da bíblia do grupo, *Hereditariedade em relação à eugenia,* e diretor do Departamento de Registro de Eugenia. Van Wagenen falou sobre os esforços operacionais que estavam sendo feitos para eliminar "linhagens defectivas" nos Estados Unidos, onde já havia centros planejados para manter cativos os "inaptos" e comitês para realizar a esterilização de homens e mulheres cuja genética era considerada indesejável: criminosos, deficientes visuais, epiléticos, surdos, pessoas com nanismo, esquizofrenia e portadores de deficiência óssea, entre outros. O próprio presidente do país, Theodore Roosevelt, era um adepto das teorias eugenistas e crente na superioridade da "raça ariana". "Os criminosos devem ser esterilizados, e aqueles mentalmente retardados devem ser impedidos de deixar descendência. A ênfase deve ser dada à procriação de pessoas adequadas", escreveu ele.[6] Nos anos 1920, a eugenia se tornaria uma mania nacional e a obra de Davenport serviria de manual de estudo em diversas universidades do país. Além de colônias prisionais para imbecis e idiotas, nos Estados Unidos havia concursos para a escolha de "bebês perfeitos" e exames de compatibilidade genética para casais — uma década mais tarde, o nazismo seguiria a mesma política. Em 1927, a Suprema Corte dos Estados Unidos decidiu esterilizar Carrie Buck, de apenas 21 anos de idade, que já estava vivendo em uma "colônia" para pessoas com debilidade mental — foi o primeiro caso de operação sob a Lei de Esterilização.[7]

O cientista alemão Alfred Ploetz, defensor da "higiene racial", fez outra importante palestra na conferência londrina. Nos anos 1920, as publicações de Ploetz ganhariam um leitor que levaria as ideias eugênicas ao extremo: Adolf Hitler. Mas antes do surgimento do nazismo, tais ideias eram divulgadas na Alemanha e aceitas tanto pelo meio científico quanto pelo militar. Em 1913, o general alemão Friedrich von Bernhardi publicou *A Alemanha e a próxima guerra,* em que defendia a sobrevivência do mais apto por meio de guerras contra Estados rivais e mediante conquista de raças e povos inferiores. Era uma ideia presente no país desde a fundação da Sociedade Alemã de Higiene Racial, em 1905, ampliada mais tarde, em 1911, quando eugenistas alinhados com arianistas criaram dentro da entidade um "Círculo Nórdico". Enquanto os nazistas baseavam sua política nas ideias eugênicas, os comunistas desprezavam os debates sobre genética e consideravam a ideia de gene uma invenção dos geneticistas para apoiar uma ciência da "burguesia podre e moribunda". Mais tarde, durante os anos 1930, Trofim Lysenko, diretor do Instituto de Genética da União Soviética, proibiria qualquer menção à genética mendeliana ou à evolução darwinista; qualquer cientista que pensasse diferente e defendesse "ideias burguesas" era enviado para os campos de trabalhos forçados.

PACIFISTAS VERSUS BELICISTAS

"A guerra é a única forma de depurar o mundo", afirmou o escritor futurista Filippo Tommaso Marinetti, que depois da Grande Guerra ingressaria nas fileiras do Partido Nacional Fascista de Benito Mussolini. "Assim como as tempestades saneiam o ar e derrubam árvores decrépitas e pútridas, enquanto o robusto e sólido carvalho se mantém ereto em meio à mais poderosa tormenta, assim é a guerra, um teste para o valor político, físico e espiritual de um povo e de um Estado", declarou o delegado alemão Karl von Stengel na Conferência de Haia. Tal pensamento não era uma ideia considerada absurda para a época; até mesmo Freud acreditava que a guerra tivesse um "efeito libertador", afastando "os piores miasmas".[8]

A ideia de que a guerra pudesse "purificar" ou "libertar" a Europa, no entanto, não era compartilhada por todos. Pouco antes de morrer, em 1891, o experiente marechal Helmuth von Moltke, o Velho, que conduzira o Exército do kaiser nas guerras da unificação da Alemanha nos anos 1860 e 1870, escreveu: "O que temos agora são guerras entre povos, e qualquer governante prudente deve evitar uma guerra dessa natureza, com suas consequências incalculáveis".[9] "Oito a dez milhões de soldados destruirão uns aos outros e, ao fazê-lo, deixarão a Europa mais nua que qualquer praga de gafanhotos", advertiu Friedrich Engels em 1887. "A fome e a penúria, a escassez e as doenças, brutalizarão o exército e a massa da população", escreveu o coautor do *Manifesto comunista*, amigo e colaborador de Karl Marx.[10] A pacifista Bertha von Suttner, por experiência própria, também escreveu a respeito. Nascida em Praga, então parte do Império Habsburgo, ela vivenciara os horrores das guerras Austro-Prussiana, em 1866, e Russo-Turca, em 1877, e passara desde então a dedicar seu tempo à campanha antibelicista, em favor do desarmamento e de soluções pacíficas para desentendimentos políticos. Em 1889, ela escreveu um romance intitulado *Abaixo as armas!* e, em seguida, fundou uma sociedade de "Amigos da Paz". Também era ativa no Comitê de Amizade Anglo-Germânica. Excelente propagandista, redigiu cartas e petições a poderosos do mundo inteiro e, além de conhecer e manter contato com o presidente norte-americano Teddy Roosevelt, convenceu Albert I, príncipe de Mônaco, e o industrial estadunidense Andrew Carnegie a apoiarem seu trabalho — o empresário, nascido na Escócia, criou a Fundação Carnegie pela Paz Internacional. Como ex-secretária e amiga de Alfred Nobel, o magnata dos explosivos e inventor da dinamite, Bertha convenceu o químico sueco a expiar a desgraça que ele causara instituindo o Prêmio Nobel para promover a paz internacional e o avanço científico em prol do bem-estar da humanidade. Von Suttner foi a primeira mulher a receber o Prêmio Nobel da Paz, em 1905, e quis o destino que ela morresse uma semana antes do assassinato do arquiduque e pouco mais de um mês antes da eclosão da Grande Guerra.

O banqueiro Ivan Bloch, nascido em uma família judaica de Varsóvia e convertido ao calvinismo, também atacou a guerra com previsões apocalípticas. Em 1898, ele publicou *A guerra do futuro e suas consequências*, obra com seis volumes que trazia uma série de argumentos contrários à guerra nos tempos modernos. A paridade tecnológica, argumentou ele, levaria um conflito bélico entre países europeus a um beco sem saída cujo fim seria a carnificina, uma catástrofe que destruiria "todas as instituições políticas existentes". "No futuro não haverá guerras, pois será algo impossível, agora que está claro que a guerra significa suicídio", escreveu.[11] Em 1909, o político e escritor inglês Norman Angell anteviu o desastre financeiro que adviria de uma guerra na Europa, ideia exposta em seu livro *A grande ilusão*. O escritor Karl von Lang, por sua vez, afirmou, já às vésperas da Grande Guerra, no início de 1914, que algo pairava no ar. O austríaco temia que, "da noite para o dia, uma tremenda comoção venha a acontecer".

Tanto na Inglaterra quanto nos Estados Unidos, o pacifismo tinha a liderança dos *quakers* e era um movimento consideravelmente mais articulado. Em 1891, eles organizaram em Berna, na Suíça, o Bureau pela Paz Internacional. Na França, os pacifistas eram menos religiosos (na verdade, fortemente anticlericais) e mais numerosos. Às vésperas da Grande Guerra, havia 300 mil pessoas engajadas em torno dessa ideia. No centenário da Revolução Francesa, em 1889, membros de parlamentos de diferentes países fundaram a União Interparlamentar, cujo objetivo era trabalhar pela paz. Em 1912, a organização contava com mais de 3,6 mil membros de 21 nações. Na Alemanha, o país mais militarizado da Europa, o movimento pacifista nunca atingiu mais do que 10 mil membros.

As preocupações com a juventude e uma suposta decadência moral serviram de desculpa para a campanha nacionalista e a militarização da sociedade. Na Inglaterra, surgiram organizações como a *Lads Drill Association* ("Associação para o Ensino de Moços"), a *Boys and Church Lads Brigade* ("Brigada de Meninos e Moços da Igreja") e, a mais popular de todas, a Associação de Escoteiros, criada em 1908 por Robert Baden-Powell, oficial da cavalaria na Guerra dos Bôeres, na África do Sul. A ideia de Baden-Powell era transformar "molengões" e "desajustados" em adolescentes patriotas e dinâmicos. Em dois anos, ele tinha reunido 100 mil membros e criado outra agremiação, a Associação das Bandeirantes, cuja finalidade era preparar as meninas para se tornarem úteis em caso de uma invasão francesa à Grã-Bretanha. Na Alemanha, a ideia do escotismo também foi liderada por oficiais militares que haviam atuado na África — em repressão aos herero e aos nama na Namíbia. O *Pfadfinder*, o escotismo alemão, no entanto, dava ênfase ao espírito germânico de lealdade ao kaiser e ao Reich. Em 1911, o general Colmar von der Goltz, renomado teórico militar, criou com anuência do kaiser a *Jungdeutschland-Bund*, a "Liga da Juventude Alemã", que em pouco tempo contava com 750 mil membros.

GUERRAS ANTES DA GRANDE GUERRA

"Nosso idealismo comum, nosso otimismo baseado no progresso fizeram-nos ignorar e desprezar o perigo geral", observou Stefan Zweig. A visão do jovem intelectual e de seu círculo, de que o mundo vivia uma época de progresso e razão, "um clima de alegre despreocupação", era ilusória. A Europa flertava com uma guerra de grandes proporções havia tempo, e nos anos 1910 o continente se dirigia rapidamente para um caminho sem volta, que levaria a uma era de destruição. A "fé crédula em que a razão à última hora poderia impedir a loucura foi, ao mesmo tempo, nossa loucura", afirmou Zweig. "Nunca amei a nossa velha terra mais do que nesses últimos anos que precederam a Primeira Guerra Mundial, nunca esperei mais pela unificação da Europa, nunca acreditei mais em seu futuro do que nesse tempo em que julgávamos vislumbrar uma nova aurora. Mas na realidade já era o clarão do incêndio mundial que se aproximava", escreveu ele.[12]

A amplamente disseminada ideia de que a Europa vivia um período sem guerras desde a Era Napoleônica, encerrada com o Congresso de Viena em 1815, não podia ser mais irreal. Além da Guerra Franco-Prussiana, último conflito significativo do século XIX ocorrido entre potências europeias — que matou 184 mil pessoas em um período relativamente curto (1870-1) —, mais de duzentos pequenos conflitos armados foram travados nesse período. A Guerra da Crimeia (1853-6), o primeiro grande conflito da era industrial e o primeiro a ter cobertura da imprensa em tempo real, envolveu russos, ingleses, franceses e turcos e causou a morte de 400 mil pessoas; a Guerra Russo-Turca (1877-8) opôs os dois grandes impérios eurasiáticos; e Itália e Alemanha se envolveram em uma série de guerras de unificação nos anos 1850 e 1860. A onda de violência atingiu outros cantos do mundo. Na América, aconteceram dois grandes conflitos: a Guerra Civil Americana (1861-5) e a Guerra do Paraguai (1864-70), com centenas de milhares de mortos. Na África do Sul, desde 1880 a Grã-Bretanha travava uma luta contra colonos de origem holandesa; em 1902, quando os bôeres foram derrotados, os ingleses enviaram para campos de concentração 28 mil pessoas, a maioria mulheres e crianças. Na Ásia, Japão e China se enfrentaram na Guerra Sino-Japonesa (1894-5). Um pouco mais tarde, um exército europeu combinado, aliado aos Estados Unidos e ao Japão, esmagava os boxers, um movimento popular antiocidental e anticristão na China (1899-1900). A onda de saques e atrocidades resultou em milhares de mortos. Uma década mais tarde, a China deixaria de ser um império para se transformar em uma república e palco de sangrentas revoluções que se arrastariam até o final dos anos 1950.

A Conferência de Paz realizada nos Países Baixos em 1899 teve pouca praticidade. Mal o novo século se abriu, a Rússia se envolveu em um conflito com o Japão (1904-5). Em 1911, França e Alemanha quase entraram em guerra na chamada "crise de Agadir". O envio de tropas francesas para sufocar uma revolta popular contra o sultão marroquino fez com que a Alemanha despachasse um navio para o porto africano. Os alemães queriam evitar que a França ocupasse o Marrocos. Nesse mesmo ano, sem declaração de guerra, a Itália invadiu os portos de Trípoli, Bengasi, Derna e Tobruk, conseguindo o controle da Cirenaica, na costa norte africana, e expulsando os turco-otomanos da Líbia. Somente o deserto permaneceu sob domínio senussi. Os italianos, no entanto, continuaram tentando adentrar e ocupar o território líbio; obtiveram êxito em 1931. Ao saber da invasão italiana na África, o kaiser alemão Guilherme II declarou profeticamente: "O começo de uma guerra mundial, com todas as suas consequências".[13] De fato, 1911 poderia ser apontado como o ano de início da Grande Guerra. "A série de guerras que assolou os Bálcãs começou na África", resumiu o historiador Christopher Clark.[14]

Com a invasão italiana, uma coalizão europeia composta por Sérvia, Bulgária, Montenegro e Grécia atacou o decrépito Império Otomano em várias frentes. Teve início a Primeira Guerra dos Bálcãs (outubro de 1912 a maio de 1913). Derrotados, os turcos foram expulsos da Albânia, da Macedônia e da Trácia, e o conflito seguinte, a Segunda Guerra dos Bálcãs (junho-julho de 1913), foi apenas uma disputa pelos despojos restantes entre os próprios vencedores. A Europa estava sentada em um barril de pólvora. O orçamento de defesa alemão saltou de 88 milhões de libras em 1911 para 118 milhões em 1913. No mesmo período, a Rússia elevou seu orçamento de 74 milhões de libras para 111 milhões. Os gastos militares do Exército britânico eram mais modestos, mas saltaram de 32 milhões de libras em 1887 para 77 milhões em 1913. A Marinha Real, que gastava 11 milhões de libras, passou a gastar 44 milhões. Nada que se comparasse aos gastos navais dos alemães, ansiosos em derrotar a mais poderosa marinha do mundo: de 90 milhões de marcos em 1890 para 400 milhões às vésperas da guerra. A corrida armamentista podia ser vista também no número de pessoas empregadas na indústria bélica. Em meados dos anos 1870, a alemã Krupp empregava 16 mil pessoas em suas fábricas; três décadas depois eram 45 mil, e em 1912 já chegava a 70 mil pessoas.[15]

Com base em ideias racistas e novas tecnologias, exploradas pelo ultranacionalismo, a Europa aguardava por Sarajevo.

2 OS TRÊS PRIMOS

Os três monarcas mais importantes da Europa eram ligados por laços de parentesco, primos cujos países — Alemanha, Rússia e Grã-Bretanha — eram rivais nos campos político e econômico. O kaiser, o tsar e o rei inglês tinham muitos gostos em comum, como a caça e o amor por uniformes, mas sua personalidade e seus poderes eram distintos e ajudaram a moldar o destino de suas nações e do mundo. Guilherme II era um egocêntrico irrequieto; Nicolau II, teimoso e indeciso; e Jorge V, diligente, porém, uma figura decorativa.

Em 24 de maio de 1913, as principais cabeças coroadas da Europa se reuniram na capital alemã para celebrar o casamento da única filha do kaiser Guilherme II, da casa dinástica dos Hohenzollern. Como ocorria sempre, o matrimônio de Vitória Luísa com o duque Brunswick, filho do duque de Cumberland e herdeiro do reino de Hannover, ia além de um caso de amor — na verdade, casos de amor eram raros entre a realeza. O casamento encerrava as desavenças que tiveram início em 1866, quando a Prússia anexou Hannover, território da casa real à qual pertenciam os reis ingleses desde 1714. Foi um "esplêndido sucesso", escreveu um observador. O sábado primaveril em Berlim serviu também para solidificar ainda mais a intrincada rede de laços de parentesco das principais monarquias do Velho Mundo.

Como neto mais velho da rainha Vitória, o pai da noiva era primo-irmão do rei Jorge V da Grã-Bretanha, assim como era primo da tsarina Alexandra Fiódorovna e do tsar Nicolau II da Rússia, em segundo e terceiro graus. O rei inglês, também parente próximo do tsar russo, foi inclusive o fundador da dinastia Windsor, uma casa real com ascendência alemã, já que a rainha Vitória fora casada com Alberto de Saxe-Coburgo-Gotha. Por razões óbvias, em 1917, em meio à Grande Guerra, Jorge alterou o nome da dinastia, de Saxe-Coburgo-Gotha para

Windsor. Ao longo dos séculos, os Románov haviam escolhido suas imperatrizes entre a nobreza alemã, e não obstante as rivalidades políticas, e além das ligações por casamentos ajustados, a dinastia prussiana dos Hohenzollern e os tsares russos desenvolveram autêntica amizade, como entre o kaiser Guilherme I (avô de Guilherme II) e o tsar Alexandre II (pai de Nicolau). Para o imperador alemão, além do matrimônio da filha, o ano de 1913 também era especial porque ele celebrava os 25 anos de seu reinado como kaiser e rei da Prússia, e o centésimo aniversário da vitória prussiana sobre Napoleão em Leipzig, na Batalha das Nações. Na Rússia, Nicolau festejava os trezentos anos da dinastia Románov. O tempo das celebrações, porém, havia acabado. O encontro em maio foi a última vez que os três primos — e líderes políticos — estiveram juntos. Dentro de cinco anos, dois deles seriam depostos (um seria assassinado), e apenas o inglês manteria a coroa.

O INQUIETO WILLY

Às vésperas da Grande Guerra, a Alemanha — uma criação de Otto von Bismarck, chanceler do avô de Guilherme II e responsável pela unificação dos Estados alemães — era a nação mais poderosa do mundo. Embora tivessem se passado apenas quatro décadas desde a fundação do Reich alemão, em 1871, e o país não desfrutasse dos imensos impérios coloniais de Grã-Bretanha e França, a Alemanha despontava no cenário europeu e mundial. Bem-sucedida em diversos setores, era líder na produção industrial, farmacêutica e tecnológica, desenvolvia e ponteava pesquisas científicas em quase todas as áreas, era a pátria das mentes mais brilhantes da época, tinha uma economia sólida e um programa de bem-estar social que fora pioneiro no mundo. Não à toa, o kaiser acreditava que a Alemanha era a verdadeira responsável pelo progresso e pela liberdade do mundo, em oposição à França, uma "nação decadente", e à Rússia, "uma nação semibárbara". Os alemães só se sentiam inferiores em relação aos ingleses; Guilherme era anglófilo e por um período relativamente longo tentou aproximar seu país do de sua avó. Mais tarde, já no exílio, Guilherme continuou apreciando tudo o que era inglês; lia os jornais britânicos, tomava chá inglês e sempre que possível mantinha contato com amigos ingleses. Mas, na verdade, antes da Grande Guerra, os alemães só tinham como rivais à altura os Estados Unidos: desde o início do século XX, a estrela do grande Império Britânico começara a eclipsar.

Guilherme, ou "Willy", como era chamado, nasceu Friedrich Wilhelm Viktor Albert Hohenzollern em 27 de janeiro de 1859, em Berlim, então capital do Reino da Prússia, um poderoso Estado de língua alemã na Europa Central cujo regente era seu avô desde 1858. O nascimento do herdeiro prussiano (mais tarde alemão) foi problemático. Sua mãe, Vitória, primogênita da rainha da Grã-Bretanha, tinha apenas 18 anos e o bebê estava em posição invertida. O obstetra chamado às pressas para o parto conseguiu salvar mãe e filho, mas o braço esquerdo do menino foi danificado, tornando-se atrofiado — historiadores especulam se os primeiros minutos sem oxigenação tenham perturbado também o cérebro do futuro imperador, possível explicação para sua instabilidade emocional e hiperatividade.[16] De qualquer forma, a rainha britânica descreveu o neto alemão como uma "bela criança gorda, com uma linda e macia pele branca". O braço, no entanto, seria um eterno transtorno para Guilherme, sendo mantido sempre junto à espada ou à cintura do monarca de modo a ocultar a atrofia. Precisava de ajuda para se vestir e cortar a comida. A fim de praticar a caça, seu esporte favorito, o kaiser atirava apoiado nos ombros de um criado. Embora com limitações, era um bom caçador, fazendo questão de manter registrado tudo o que abatia. Em 1897, ele totalizava 33.967 animais, entre auroques, alces, garças, cormorões, faisões e uma infinidade de outros bichos silvestres.

Superprotegido e mimado por uma mãe dominadora, Guilherme era descontrolado emocionalmente e sempre acometido de explosões de mau humor quando contrariado; era invejoso e arrogante, acreditando exageradamente ser o senhor de tudo e de todos. Bismarck o comparou a um balão: "Se você não segurar as cordas, ninguém sabe onde ele vai parar". Era ainda muito indolente e errático, distraindo-se com facilidade. A historiadora canadense Margaret MacMillan disparou: "Guilherme era preguiçoso e incapaz de se concentrar em alguma coisa por muito tempo".[17] "Nada aprendia direito e acabava achando que sabia tudo", afirmou Bismarck.[18] De fato, os estudos nunca foram seu forte. Quando se formou em Cassel, ficara em décimo lugar em uma turma de apenas dezesseis alunos. Já como imperador, tinha como hábito escrever comentários concisos e pouco educados em relatórios e documentos. "Droga" e "bobagem" apareciam com frequência, e até mesmo "pura masturbação". Chamava os diplomatas de "porcos" e os deputados de "idiotas" ou "cachorros", e constantemente fazia piadas de mau gosto ou brincadeiras humilhantes, como dar palmadas no traseiro de seu chefe de Estado-Maior em reuniões militares com representações estrangeiras. Nada que também não fosse hábito de muitos de seus assessores. Diplomatas prussianos frequentemente se referiam à rainha Vitória como a "avó beberrona" do kaiser, ou então como "mascate".

Para o historiador Max Hastings, Guilherme tinha "um forte desejo de sucesso marcial" e o "gosto por panóplias e espetáculos".[19] De fato, Guilherme tinha verdadeira paixão por uniformes e fazia questão de se exibir publicamente; às vezes, parecia mais uma espalhafatosa alegoria do que um líder político. Entre 1888 e 1904, fez 37 modificações em seus uniformes. O amor pelos trajes militares na Alemanha, um país de forte tradição militar, principalmente na Prússia, não era apenas um gosto pessoal do kaiser. Era comum que os filhos de prussianos importantes usassem uniforme militar desde os seis anos de idade, e até mulheres da nobreza exibiam e posavam em roupas com corte ao estilo utilizado pelo Exército. Também era costume que, em visitas oficiais — como no casamento de maio de 1913 —, os líderes das grandes potências exibissem publicamente sua relação de amizade vestindo-se um com o uniforme do outro. Mas o kaiser adorava se pavonear. Tinha apreço especial pela *red coat*, a casaca vermelha britânica, e pelo kilt dos regimentos escoceses. Em 1894, após muito implorar à avó, Guilherme recebeu da rainha Vitória a patente de coronel comandante do 1º Regimento dos Dragões Reais. Foi a primeira vez que um monarca estrangeiro entrou para o Exército britânico. Seis anos depois, ele foi feito almirante honorário da Marinha Real — com direito ao uniforme branco e dourado. "É mesmo de me dar vertigem", escreveu ele ao embaixador inglês. Além dos trajes, Guilherme fazia questão de manter a boa aparência física em suas constantes aparições públicas, quando se permitia e adorava ser fotografado. O defeito no braço era suprido com o porte atlético, cabelo bem penteado e o bigode em forma de "w", com as pontas cuidadosamente voltadas para cima e fixadas com pomada, que realçavam seus olhos grandes e castanhos. Os bigodes eram a moda da época e haviam substituído as costeletas que marcaram a geração de seu pai e avô.

O casamento, em 1881, com a princesa Augusta Vitória von Schleswig-Holstein-Sonderburg-Augustenburg, conhecida por "Dona", deu a Guilherme sete filhos (o herdeiro do trono, Wilhelm, outros cinco meninos e Vitória Luísa) e freara as farras dos tempos de universidade. Extremamente apegada à fé luterana e submissa ao marido, Augusta Vitória aceitava todos os devaneios de Guilherme, incluindo usar vestidos por ele desenhados — não obstante ser xenófoba, principalmente quanto aos ingleses adorados pelo kaiser. Em 1922, já viúvo, ele se casaria uma segunda vez, com a princesa Hermine von Schönaich-Carolath. Mas sua vida sexual foi muito além dos matrimônios oficiais, mantendo mais de uma amante ao mesmo tempo, em lugares distintos. Sua masculinidade, no entanto, foi contestada em 1907, quando se viu envolvido no "Caso Eulenburg", em que o jornalista judeu Maximilian Harden acusou publicamente o príncipe Philipp zu Eulenburg-Hertefeld e o general Kuno von Moltke, assessor do imperador e comandante militar de Berlim, de manterem relações homossexuais — o que na Alemanha era expressamente proibido por força de lei. Como eram pessoas próximas de Guilherme, o próprio kaiser foi acusado de dar apoio ao "Círculo de Liebenberg", o grupo de homossexuais que frequentava o castelo do príncipe Eulenburg. O exibicionismo e a obsessão por trajes e uniformes fizeram com que Guilherme fosse tido por muitos como um homossexual reprimido, embora desde a adolescência mostrasse interesse por meninas e enviasse frequentes cartas à mãe descrevendo sonhos eróticos em que ela o acariciava. O "que faremos na realidade quando estivermos sozinhos em nossos quartos, sem testemunhas", escreveu certa vez ele à genitora.[20]

Em junho de 1888, depois de apenas três meses de reinado, o pai de Guilherme, Frederico III, morreu. Quando assumiu o trono, o novo kaiser abreviou o calendário de despachos criado e seguido à risca por seu avô. Ele passou mais da metade de seu governo longe de Berlim ou de Potsdam. Seu primo e rei inglês, Jorge V, chamava-o de "Guilherme, o Inquieto"; seus ministros e assessores de "Guilherme, o Súbito". Sua atitude irrequieta escondia certa dose de insegurança. Guilherme mudava constantemente de ideia e posição. "É insuportável. Hoje uma coisa, amanhã outra e dias depois outra coisa completamente diferente", observou um ministro.[21] Dado que estava sempre visitando seus inúmeros palácios, pavilhões de caça de amigos ou em cruzeiros, seus ministros precisavam se deslocar até onde ele estava, a fim de tratar de assuntos políticos. Muitos só viam o imperador uma ou duas vezes por ano — na última década de seu reinado, desenvolveu o gosto por arqueologia, o que o levou a passar as primaveras escavando em Corfu, uma ilha grega no mar Jônico, situada na costa da Albânia.

Guilherme era o homem mais rico de Berlim e um dos cinco mais abastados da Alemanha. Sua fortuna pessoal era avaliada em 140 milhões de marcos, com rendimentos superiores a 22 milhões de marcos — em comparação com outras duas grandes cortes europeias, o rei inglês Eduardo VII, pai de Jorge V, recebia o equivalente a 11,6 milhões; o imperador austro-húngaro pouco mais de 19 milhões. Oficialmente, o kaiser possuía 53 castelos (apenas em Potsdam eram treze), numerosos edifícios e uma área explorada de mais de 119 mil hectares que lhe rendia uma receita líquida anual de cerca de 3,4 milhões de marcos.[22]

A Alemanha imperial não era um estado absolutista como a Rússia, tampouco uma democracia como os Estados Unidos ou a França; era, na definição de um historiador, uma "autocracia militarizada", regulada em parte por um parlamento, o Reichstag, controlado pelo Partido Social-Democrata. Não obstante a influência militar na direção do país, o movimento socialista alemão era o maior do mundo e profundamente hostil ao militarismo. Embora parecesse o país da disciplina e da organização, de modo geral não havia coordenação entre os Estados--Maiores do Exército e da Marinha, nem entre o kaiser e o chanceler. Militares, políticos e monarquia agiam de forma independente. Um conselho que incluísse todas as altas autoridades foi pensado em 1904, mas nunca posto em prática. Logo depois da guerra, Theobald Bethmann-Hollweg, chanceler entre 1909 e 1917, afirmou: "durante todo o meu mandato, nunca houve um conselho de guerra que permitisse aos políticos intervir contrariando os militares".[23] A mentalidade militar alemã, herança da Prússia de Frederico II, o Grande, simplesmente não tolerava a interferência de políticos civis em assuntos das forças armadas — e com o avançar da guerra, em 1916, uma ditadura militar colocou todas as decisões do país nas mãos dos generais Hindenburg e Ludendorff.

Com a corrida armamentista, desde a década de 1890, as principais potências europeias mantinham planos secretos de guerra. O projeto da Alemanha ficou conhecido como "Plano Schlieffen", porque foi delineado pelo general Alfred von Schlieffen, chefe do Estado-Maior do Exército entre 1891 e 1906. Em linhas gerais, o plano de Schlieffen (ampliado e alterado em muitos detalhes ao longo dos anos seguintes pelo general Helmuth von Moltke) tinha sérias implicações. Primeiro, porque os militares alemães desprezavam qualquer autoridade civil e se valiam de sua organização interna e desejo pela guerra para derrotar opiniões contrárias a um conflito armado. E a indecisão que cercava os políticos prejudicava a manutenção de um canal diplomático com potências estrangeiras, o que poderia evitar uma declaração de guerra. Segundo, porque se baseava na necessidade de tomar a decisão pela guerra antes de qualquer outro país; se era para haver uma guerra, que fosse logo, antes do crescimento da Rússia e de que a Alemanha ficasse para trás e fosse surpreendida. Por isso, o plano previa uma invasão não só à França inimiga, mas também a países neutros (Bélgica e Luxemburgo), o que desencadeava uma série de problemas diplomáticos com diversas nações europeias. Também estimava uma campanha de poucas semanas (como fora a de 1870), o que permitiria voltar-se para o outro inimigo, a Rússia, e então derrotá-lo enquanto ainda se preparasse para a guerra. Tanto a Alemanha quanto a Rússia nutriam a crença de que os dois impérios inevitavelmente travariam uma luta entre eslavismo e germanismo pela conquista da Europa — ideia que persistiria até a Segunda Guerra Mundial. Um ultraconfiante kaiser jocosamente batizou o Plano Schlieffen de "almoço em Paris, jantar em São Petersburgo".

Quando a crise se instaurou em julho de 1914 e o tsar Nicolau II deu início à mobilização de tropas, a Alemanha seguiu as diretrizes de Schlieffen-Moltke. Mas a estratégia germânica fracassou, o Exército alemão não derrotou a França com a rapidez prevista e se viu obrigado a travar uma guerra em duas frentes, tudo o que Bismarck sempre evitara com articulação diplomática. Uma guerra estática, de trincheiras, arruinou a economia alemã e despedaçou a política que mantivera o Reich unido até então. Nos dois anos finais da Grande Guerra, o país procurou de alguma forma encontrar uma "paz honrosa". Em novembro de 1918, depois que o Exército constatou ser incapaz de derrotar seus inimigos, os militares jogaram a responsabilidade (e a vergonha) de um armistício no colo dos políticos. Uma série de greves e manifestações paralisaram o país e derrubaram governos municipais e estaduais, um motim de marinheiros em Kiel exigiu a renúncia do kaiser, posição que se alastrou pela Alemanha. Na manhã de 9 de novembro, o general Wilhelm Groener, ligado aos sociais-democratas, declarou a Guilherme: "O Exército não apoia mais Vossa Majestade". O kaiser abdicou e partiu para a Holanda, onde passou seus últimos 23 anos cercado por quase cinquenta pessoas, das quais 26 eram criados — para seu novo lar foram enviados mais de setenta vagões de trens abarrotados de móveis, artefatos e até um automóvel e um iate. A Alemanha assinou o armistício em 11 de novembro e, em meio a uma revolução, tornou-se uma república.

O Tratado de Versalhes atribuiu toda a culpa pela deflagração da guerra à Alemanha e ao kaiser, mas tanto o rei Jorge quanto o tsar Nicolau pensavam diferente. Historiadores modernos também. "No frigir dos ovos, Guilherme não quisera a guerra, mas não foi capaz de impedi-la", observou a biógrafa Miranda Carter. Para Margaret MacMillan, o kaiser "não desejava uma guerra europeia e na crise de 1914, tanto quanto nas anteriores, inclinava-se pela preservação da paz". Embora "ele quase sempre se mostrasse cauteloso, dava a impressão de que seu governo era agressivo e militarista, o que normalmente não era", afirmou David Stevenson.[24] A falta de habilidade política e o desejo pessoal por glória levaram Guilherme a tomar decisões equivocadas, enredar a Alemanha e arrastar a Europa para uma guerra sem precedentes. Ele morreu aos 81 anos, em um solar do século XVII, em Doorn, na Holanda ocupada pelos nazistas, em 4 de junho de 1941.

O INSEGURO NICKY

O "tsar de todas as Rússias" era o oposto de seu parente alemão. Ao contrário do falante e exibicionista Guilherme, Nicolau II era tímido e desconfiado, mais modesto e extremamente teimoso. Raramente perdia a paciência, falava com calma e evitava confrontos; "exasperadamente polido", afirmou o ministro das Finanças Serguei Witte. Para Max Hastings, no entanto, o imperador russo era "um homem sensível, mais racional do que o kaiser, se não mais inteligente".[25] Mas tinha pouca imaginação e ainda menos habilidade política do que Guilherme. Em verdade, Nicolau se considerava acima da política, a ponto de desconsiderá-la. Acreditava, como o pai e seus ancestrais, na união mística entre o trono e os camponeses. Apesar da boa educação — além do russo, falava fluentemente alemão, francês e inglês —, Nicolau fora criado em uma bolha de privilégios, isolado do povo e imaginando ser alguém divino, amado por seus súditos. Para o biógrafo da dinastia Románov, Simon Sebag Montefiore, ele era apenas "medianamente inteligente", com a capacidade limitada pelo provincianismo de sua educação e expectativas.

Nicolau II, ou "Nicky", nasceu Nikolai Alexándrovitch Románov em São Petersburgo a 6 de maio de 1868, segundo o calendário juliano, seguido pelos russos; 18 de maio pelo calendário ocidental. Era o filho mais velho do tsar Alexandre III e da tsarina Maria Fiódorovna, uma princesa dinamarquesa que o tratou como criança por mais tempo do que o normal. "Era um homem de horizontes estreitos e visão tacanha, e durante anos mal cruzou as paredes dos jardins imperiais", relatou a condessa Isabel Naríchkina.[26] Não é de estranhar que tenha perdido a virgindade aos 25 anos. Foi com uma bailarina polonesa, Matilda Kchessínskaia, às vésperas do casamento. A noiva e futura tsarina, Alexandra Fiódorovna, nascida Alexandra de Hessen-Darmstadt, conhecida como "Alix" ou "Sunny", impressionara Nicolau desde o primeiro encontro, quando ele tinha dezesseis anos e ela, doze. O casamento ocorreu em novembro de 1894, pouco depois de Nicolau ter se tornado tsar, com a morte precoce do pai.

Na Páscoa seguinte, Alexandra recebeu de presente do esposo um ovo Fabergé, costume que Nicolau herdara de Alexandre III. Todo ano, o tsar encomendava ao joalheiro de origem germano-báltico Peter-Carl Fabergé ovos de Páscoa ricamente confeccionados em ouro, prata e esmalte. Em seu interior sempre havia um presente-surpresa, geralmente fabricado com diamantes e pedras preciosas. A joia era dada anualmente à tsarina, e Fabergé produziu cinquenta delas ao longo dos reinados do pai e do filho. Alexandra era uma luterana convicta, mas precisou se converter à fé ortodoxa para o casamento. Embora fosse consciente de sua posição e dedicada a trabalhos voluntários e sociais, era extremamente tímida e emotiva, tinha "devoção obsessiva" e "pudor de beata", a ponto de só aceitar em seu círculo mulheres de reputação ilibada, o que, em se tratando da nobreza, nem sempre era possível. Invariavelmente tinha problemas com questões assim, ferindo o orgulho de famílias tradicionais e que prestavam apoio à autocracia. Considerada fria e impopular, foi sempre tratada com desprezo geral. Quando a Grande Guerra teve início, sua ascendência germânica também causou transtornos para Nicolau.

A origem alemã, no entanto, não era o único nem seu mais grave problema. Embora vivesse um casamento feliz, Alexandra trazia no sangue o gene da hemofilia — herança de sua avó inglesa, a rainha Vitória. Só manifestada em homens, a doença atingiria o único herdeiro varão de Nicolau, Alexei Nikoláievich, nascido em 1904, depois de quatro meninas (Olga, Tatiana, Maria e Anastássia). A enfermidade do tsarévich era uma séria ameaça à dinastia que governava a Rússia desde 1613, e Nicolau a enfrentou fechando-se em um restrito círculo familiar, apegando-se à rotina e às suas paixões: a esposa neurótica e possessiva, os filhos, as caçadas e os uniformes.

O tsar apreciava passar as férias de verão com a família às margens do Mar Negro, no iate imperial ou nos jardins de Tsárskoie Seló, a cerca de trinta quilômetros de São Petersburgo. Longe de tudo e de todos, levava uma vida relativamente simples. Como observou uma historiadora, ele tinha "mais o perfil de nobre rural ou de prefeito de cidade pequena".[27] Adorava caçar, e mesmo no auge do inverno passava até seis horas por dia envolvido com o *hobby*. Em 1893, registrou 667 animais abatidos para 1.596 tiros disparados. Como o kaiser, também era apaixonado por uniformes. Nicolau possuía trajes de todos os regimentos do império e colecionava patentes honoríficas de regimentos estrangeiros. Tinha até trajes de camponeses russos, das mais variadas regiões do país. Ocupava-se constantemente da reconfiguração dos uniformes do Exército e de seus cortesãos, cuidava de detalhes nos capacetes, dos botões, dos cinturões e das plumas. O conde Robert zu Zedlitz-Trützschler observou que o tsar era um homem "obcecado com a questão das roupas e da aparência".

Dedicado à família e aos próprios gostos, ao contrário de seu pai Nicolau, tinha pouca ação política, o que era inaceitável em uma autocracia como a Rússia, um império multiétnico composto por mais de cem nacionalidades e 146 línguas que ocupava um sexto do globo terrestre. "Comandar, agir e decidir não interessavam a ele", escreveu o historiador francês Marc Ferro.[28] Extremamente teimoso, "para ele não existe visão geral, ampla, resultante de troca de ideias e argumentos, de debates", observou um antigo tutor. Para evitar discussões, "dominava no mais alto grau" a "arte de concordar com o interlocutor de maneira a fazê-lo acreditar que ficara muito impressionado e perfeitamente convencido de que o ouvia; um tipo de lisonja extremamente delicado", observou o barão Roman Románovitch Rosen.

Dos três primos, Nicolau foi o mais novo a assumir o trono, tinha apenas 26 anos quando foi coroado tsar, em 1894. O que explica, em parte, sua imaturidade e despreparo. O pai, conhecido por "Sacha" ou "Colosso", devido ao avantajado porte físico e aos quase dois metros de altura, tinha apenas 49 anos quando faleceu de uma doença renal. Ninguém imaginava, muito menos Nicolau, que um "perfeito brutamontes", gozando de boa saúde, fosse morrer tão cedo. Assumir a responsabilidade de dirigir um grande império caiu como bomba no colo do jovem Nicky. E desde o início de seu reinado as coisas nunca correram bem para ele. Na cerimônia de coroação, em 1896, enquanto era vestido com o manto imperial, a corrente de Santo André, o padroeiro da Rússia, quebrou-se; sinal, segundo alguns, de mau agouro. A festa para o povo, em Khodina, reuniu 700 mil pessoas, muito mais que as 400 mil esperadas, o que provocou distúrbios e mais de 3 mil mortos.

O tsar ficava horrorizado com o comportamento do arquiduque austríaco Francisco Ferdinando, principalmente quanto a "questões raciais", mas ele próprio era preconceituoso e antissemita. Nicolau chamava os japoneses, que ele considerava inferiores, de "macaquinhos de rabo curto", e os ingleses de *Yids*, judeus. Também comungava da crença popular da existência de uma conspiração judaica internacional para dominar o mundo — e a revolução de 1917, liderada por muitos homens de origem judaica, deu-lhe ainda mais motivos para acreditar nessa história. "Fui tomado por ódio aos judeus que crucificaram Cristo", anotou após ler a peça *O rei da Judeia*.[29] Seu antissemitismo se mostrou ainda mais claro quando estimulou e permitiu que uma onda de violência contra súditos judeus causasse a morte de milhares de pessoas durante seu governo. Motivo pelo qual foi chamado de "tsar dos pogroms".

Não obstante isso, dos três imperadores aparentados, Nicolau foi o único que tentou impedir a corrida armamentista e propôs algo efetivo em prol da paz, fosse por idealismo, fosse por mera necessidade: a Rússia tinha problemas para alcançar tecnologias desenvolvidas por Grã-Bretanha e Alemanha, assim como sua produção industrial. Em janeiro de 1898, ele convidou representantes de diversos países para uma conferência que se realizaria em Haia, nos Países Baixos, no ano seguinte. O objetivo era preservar a paz e limitar os armamentos, "um gesto de boa vontade para receber o novo século". Para Nicolau, as "terríveis máquinas de destruição" eram um "grave problema" a ser resolvido. O movimento pacifista mundial saudou a ideia com entusiasmo.

Entre maio e julho de 1899, a reunião proposta pelo tsar envolveu representantes de 26 países (vinte europeus, quatro asiáticos e dois do continente americano; o Brasil declinara do convite e não participou). A pacifista Bertha von Suttner também esteve presente. A proposta russa previa congelamento de efetivos militares, limite para produção de algumas armas modernas e a criação de normas de conduta de guerra. Das grandes potências, Inglaterra, Áustria-Hungria e Alemanha não estavam interessadas em desarmamento. O kaiser permitiu que uma delegação alemã fosse enviada: "vou em frente com essa comédia", disse ele, "mas manterei minha adaga à mão durante a valsa". "É a maior insensatez, a maior tolice que já ouvi", afirmou o rei inglês Eduardo VII. A França era a única potência europeia interessada em, pelo me-

GRANDES GUERRAS

nos, discutir as propostas. Os Estados Unidos também se inclinavam para o diálogo, para sentar-se à mesa de negociações e buscar soluções pacíficas.

Apesar de tudo, a Conferência de Paz conseguiu avançar onde outras tentativas anteriores haviam falhado — pelo menos em teoria. Um Tribunal Permanente de Arbitragem foi criado para permitir uma resolução pacífica em disputas entre nações, e acordos internacionais foram firmados para garantir a não utilização de determinados tipos de armamentos e o "tratamento humano" aos prisioneiros de guerra. Outra conferência foi realizada em 1907, ampliando e detalhando convenções adotadas em 1899. Na prática, porém, o tribunal e os acordos continuaram a ser ignorados ou desrespeitados, e canhões seguiram troando na Europa.

O nascimento de um herdeiro incapaz, a guerra perdida para o Japão — primeira vez que um país asiático derrotava uma potência europeia — e uma revolta que terminou com milhares de mortos, em 1905, arruinaram a já frágil capacidade de liderança de Nicolau. Não obstante a Duma — uma assembleia consultiva — ter lhe declarado apoio incondicional e aprovado um imenso orçamento militar, o envolvimento da Rússia em uma guerra desnecessária, como a de 1914, e o fracasso em derrotar um inimigo externo eliminou qualquer possibilidade de restauração da autocracia que marcara a dinastia Románov. Muito pelo contrário, expôs claramente o quanto o tsar era frágil e incapaz de governar e de perceber o que ocorria ao seu redor. Quando Nicolau soube do assassínio de Francisco Ferdinando, em Sarajevo, estava com a família na Crimeia e mais preocupado com Raspútin, que sofrera um atentado no mesmo dia, do que com o futuro da Europa após a morte do herdeiro austríaco. Com a guerra em andamento, embora tivesse decidido partir para a frente de combate e assumido o comando supremo do Exército (*Stavka*), ele deixara a inapta e "estrangeira" Alexandra no comando do país. Mesmo ali, parecia mais preocupado em ler romances e as cartas da esposa do que em tomar decisões militares — os dois trocaram mais de 1,6 mil cartas. Alexandra o chamava constantemente de "pobrezinho", e, inseguro e indeciso quanto ao que fazer, ele parecia aceitar os acontecimentos com certo fatalismo, dando crédito às orientações do monge Raspútin — que a essa altura era considerado por muitos o verdadeiro tsar — e aumentando a crença compartilhada com a esposa de que milagres salvariam a Rússia de qualquer problema. Em pouco tempo, o próprio tsar seria destronado em meio ao caos instalado com a Grande Guerra e a ebulição política que varria o país.

A FIGURA DECORATIVA

Jorge foi o último dos três primos a assumir o trono. Foi também o mais velho deles a chegar ao poder. Em 1910, tinha 45 anos de idade. A mãe de Jorge era tia de Nicolau; primos em primeiro grau, os dois eram tão semelhantes fisicamente que pareciam gêmeos, sendo constantemente confundidos, sobretudo depois que o inglês passou a conservar barba. Ambos beiravam 1,70 metro de altura, a mesma estatura de Guilherme.

Jorge nasceu George Frederick Ernest Albert em 3 de junho de 1865, no palácio de Marlborough House, em Londres. Filho de Alberto Eduardo, príncipe de Gales, e Alexandra da Dinamarca. Embora tenha estudado nas melhores escolas, tenha tido um tutor e viajado por América do Sul, África do Sul, Egito, Terra Santa, Austrália e Extremo Oriente, Jorge nunca desenvolveu real interesse pelo mundo exterior. Era disléxico e deficiente, para não dizer medíocre, nas disciplinas mais elementares. Mais de uma

Os primos Nicolau (1868-1918) e Jorge (1865-1936), na Inglaterra, 1893. Os futuros governantes de Rússia e Inglaterra eram tão parecidos que eram frequentemente confundidos.

REPRODUÇÃO/LIBRARY OF CONGRESS

década servindo na Marinha bastou para que ele se transformasse no príncipe inglês mais viajado da história e em um jovem saudoso de casa e de seu "adorável quartinho". Para a historiadora Margaret MacMillan, Jorge tinha poucas ambições, o pensamento político de um nobre rural e aversão a tudo que lembrasse socialismo, nutrindo antipatia tanto por grevistas quanto por sufragistas.

Em julho de 1893, Jorge se casou com a viúva de seu irmão mais velho e segundo na linha de sucessão ao trono. Maria de Teck, chamada de "May", era inglesa, mas o pai tinha origem alemã. Jorge assumiu o título do irmão, duque de York, e quando a avó, a rainha Vitória, morreu, em 1901, seu pai tornou-se o rei Eduardo VII e ele, príncipe de Gales, passou a ser o primeiro na linha de sucessão. May deu a Jorge seis filhos, entre eles os futuros reis Eduardo VIII e Jorge VI, pai da atual rainha Elisabeth II. Embora não tivesse a aversão que Nicolau sentia pela burocracia administrativa, Jorge igualmente preferia a família e a vida doméstica a uma vida na corte e suas intrigas políticas. Fazia todo o possível para manter-se longe da atenção pública; no entanto, era consciente de sua posição, prezava pela rotina e seguia detalhadamente todo o cronograma que a corte exigia, detestando qualquer perturbação ou desajuste. Mas, como o tsar, era incapaz de ver além das demonstrações públicas de lealdade — rigorosamente organizadas com esse fim. Caçar e colecionar selos eram suas paixões. Passava várias tardes por semana organizando a coleção, examinando catálogos e arquivando raridades. Depois de coroado, passou a colecionar apenas selos com o próprio rosto. No fim da vida, sua coleção filatélica compreendia 325 álbuns. Em 1894, Jorge se mudou para York Cottage, uma pequena mansão na propriedade de Sandringham, com trezentos hectares de área para caça. Ali ele podia viver como queria, livre da etiqueta da corte, abatendo até mil faisões num único dia. "Durante dezessete anos, ele nada fez senão matar animais e colar selos", escreveu seu biógrafo Harold Nicolson.

Em maio de 1910, quando Eduardo VII morreu, o filho tornou-se rei com o título de Jorge V. Para surpresa geral, ele decidiu ser coroado imperador na Índia, em um durbar, um antigo festejo mogul. Os novos monarcas do Império britânico, a potência onde o sol nunca se põe,

OS TRÊS PRIMOS

com 450 milhões de súditos, sentaram-se em tronos de prata, sob uma cúpula dourada, trajando túnicas de coroação, tendo a seus pés marajás indianos para lhes prestar homenagens. Jorge ostentava uma coroa cravejada com mais de 6 mil diamantes, safiras, esmeraldas e rubis. Cerca de 40 mil tendas foram montadas e pelo menos 100 mil pessoas estiveram presentes aos festejos. Aproveitando a viagem à Ásia, talvez a razão principal dela, Jorge foi ao Nepal para caçar; estava acompanhado de um marajá, seiscentos elefantes e mais de mil servidores. Ele abateu 21 tigres, oito rinocerontes e um urso.[30]

Ao contrário de Nicolau, que podia, mas não queria tomar decisões, Jorge tinha boas intenções, mas não tinha poder. A Inglaterra era uma monarquia parlamentar constitucional desde o século XVII — e assim continuou com a criação do Reino Unido no século seguinte. O rei não governava senão em acordo com seus ministros; não era mais do que uma figura decorativa. As principais decisões passavam, na prática, por um chanceler. Quando o secretário particular de Jorge questionou se o rei poderia ser mais participativo nas decisões do conflito, em 1916, ouviu do secretário de gabinete do primeiro-ministro um sonoro "não". Ele também pouco pôde fazer pela família imperial russa, prisioneira dos bolcheviques, lamentando mais tarde não ter conseguido ajudar de forma mais efetiva o primo cativo. Mantido alheio às decisões e rumos de seu país, Jorge desconhecia completamente as implicações reais de uma guerra na Europa. "O rei parecia ansioso, mas não me deu a impressão de que percebesse de fato as graves consequências para o nosso país, assim como para sua própria casa", observou o general Douglas Haig. Não obstante estar disposto ao sacrifício — desde que a guerra fosse vencida, é claro —, coube ao rei apenas cumprir formalidades e uma agenda meramente propagandística: realizou sete inspeções a bases navais, 450 inspeções militares, trezentas visitas a hospitais, cinco visitas ao front e 50 mil condecorações e medalhas pessoalmente conferidas. Realizou ainda um número grande de visitas a fábricas de munição e áreas bombardeadas. Também demonstrou austeridade; deixou de beber e economizou 100 mil libras com gastos pessoais que foram devolvidos ao Tesouro do país.

Com o fim da Grande Guerra, o Reino Unido e seu rei, vencedores nos campos de batalha do continente europeu, saíram derrotados no quintal de casa: uma guerra civil tornou parte da Irlanda independente da Coroa. Reestruturações foram necessárias, e foi Jorge o criador da moderna monarquia britânica, uma "instituição doméstica, decorativa, cerimonial e algo impassível".[31] Em 1935, preocupado com a ascensão do nazismo e uma nova guerra europeia, ele celebrou seu Jubileu de Prata; afirmou preferir agitar uma bandeira vermelha na Trafalgar Square a permitir um novo conflito que envolvesse seu país. Mas, aos setenta anos de idade, o monarca tinha uma saúde frágil, seu coração era fraco e o fumo o debilitara ainda mais. Em 20 de janeiro de 1936 a situação se agravou; enfermo, Jorge perdia e recuperava a consciência por breves períodos. À noite ele recebeu uma injeção letal de cocaína e morfina do médico da corte. Em consenso com a família, o momento fora decidido para que a notícia da morte do rei fosse anunciada nos jornais matutinos e não nos vespertinos, "menos apropriados".

3
O IMPERADOR, O ARQUIDUQUE E O NACIONALISTA

A região dos Bálcãs era um barril de pólvora, onde se chocavam os interesses da Sérvia, protegida da Rússia e interessada na unificação dos povos eslavos, e da Áustria-Hungria, uma coroa dual multiétnica governada pelo idoso Francisco José I. O monarca com origem germânica, avesso às modernizações e alheio aos anseios de seus súditos, tinha como herdeiro um sobrinho taciturno e impopular. Os tiros disparados por Gavrilo Princip em Sarajevo serviram de pretexto para Viena declarar guerra a Belgrado, desencadear o complexo sistema de alianças europeias e dar início à Primeira Grande Guerra Mundial.

Sarajevo, 28 de junho de 1914. O domingo de verão amanheceu ensolarado na capital da Bósnia-Herzegovina, recentemente anexada ao Império Austro-Húngaro. Francisco Ferdinando, o herdeiro Habsburgo, e sua esposa, Sofia Chotek, chegaram à cidade pela manhã, depois que o arquiduque passara dias inspecionando manobras do Exército na região. O dia era especial para os dois, pois marcava o aniversário da renúncia de Francisco Ferdinando às pretensões de sua linhagem ao trono, o que permitira o casamento com Sofia. A presença do casal na região, porém, soava como uma afronta aos ultranacionalistas servo-bósnios. Isso porque nessa mesma data, dia de são Vito, os sérvios haviam sido derrotados pelos turcos na batalha de Kosovo, em 1389, e seu império nos Bálcãs anexado ao Império Otomano. Em 1914, pela primeira vez o dia do santo, patrono nacional, era celebrado após a "libertação" de Kosovo, ocorrida durante a Segunda Guerra dos Bálcãs.

Como o roteiro de Francisco Ferdinando pela capital fora antecipadamente divulgado, um pequeno grupo formado por membros da organização Jovens Bósnios, vinculada à sociedade secreta Mão Negra, sabia exatamente por onde o arquiduque passaria naquela manhã e o que deviam fazer quando ele se aproximasse da população que o saudava pelas ruas. Os sete estavam armados com bombas, revólveres e cianureto, para dar fim à própria vida tão logo cumprissem a missão de assassinar o herdeiro austro-húngaro.

Depois de deixar a estação de trens, a comitiva oficial seguiu pelo Appel Quay, um bulevar às margens do rio Miljacka. Os visitantes haviam sido acomodados em um cupê esporte Gräf & Stift Bois de Boulogne cinza-escuro, modelo 1910, que estava com a capota reclinada para que o povo pudesse saudar o herdeiro do trono. Pouco depois da ponte Cumurija, um dos terroristas jogou uma bomba sobre o carro do casal arquiducal, mas errou o alvo e acabou atingindo o veículo que vinha logo atrás. A explosão feriu alguns oficiais e fez um buraco na rua, mas Francisco Ferdinando não se intimidou com o atentado, ordenou que os feridos fossem levados ao hospital e o comboio seguisse até a prefeitura, como previsto. Depois de cumprir o protocolo, o arquiduque quis visitar os feridos, mas seu motorista não foi avisado da mudança de planos. No caminho de volta, quando o carro de Francisco Ferdinando entrou à direita na ponte Lateiner, em direção à rua Franz Joseph, como programado originalmente, o governador da Bósnia que estava junto com o casal alertou o equívoco: "Não é por esse caminho!". O motor foi desligado em frente à delicatéssen de Moritz Schiller; como não tinha marcha à ré, o carro foi sendo lentamente empurrado para trás, a fim de seguir pelo Appel Quay, até que Gavrilo Princip se aproximou e disparou dois tiros certeiros com uma pistola Browning de calibre .380 (e não .32, como amplamente divulgado). O primeiro tiro atravessou a porta do carro e atingiu o abdômen de Sofia, perfurando a artéria gástrica. O segundo disparo acertou o pescoço de Francisco Ferdinando, rompendo a veia jugular. Quando ela caiu sobre seu colo, ele implorou para que Sofia não morresse: "Fique viva, pelos nossos filhos!". Princip foi imediatamente capturado e quase linchado por populares. O carro com o casal mortalmente alvejado saiu em disparada para a residência do governador; a duquesa pereceu durante o curto trajeto e o arquiduque chegou inconsciente ao palácio Konak. Seu ajudante pessoal ainda cortou o uniforme na esperança de ajudá-lo a respirar, mas não pôde fazer muito mais. Por volta das onze horas, Francisco Ferdinando estava morto. Em pouco mais de um mês, toda a Europa estaria em guerra.[32]

COMPROMISE

A Hungria estava anexada aos domínios Habsburgos desde o final do século XVII; antes o país pertencera ao Império Otomano, por quinhentos anos. Em 1686, o título de "rei da Hungria" foi incorporado aos títulos dos imperadores da Áustria. Com as Revoluções de 1848 (a chamada "Primavera dos Povos"), no entanto, a ideia de libertação do domínio estrangeiro entrou na pauta das reivindicações húngaras. A derrota da Áustria em uma guerra contra a Prússia em 1866 deu oportunidade para que austríacos e magiares negociassem um acordo, um *Compromise* (que a Áustria chamou de *Ausgleich*, e a Hungria, de *Kiegyezés*). Nascia assim, em 1867, uma "monarquia dual", uma parceria entre o reino da Hungria (incluindo a Transilvânia, a Croácia e a Eslovênia) e os territórios Habsburgos (a própria Áustria, a Boêmia e a Morávia, além de partes da Itália, da Polônia e da Ucrânia atuais). Cada reino administrava seus assuntos internos, com parlamento, ministros e tribunais próprios. Em comum, eram tratados apenas assuntos de relações exteriores, de defesa e as finanças — anualmente, cada parlamento escolhia uma delegação para que questões importantes fossem tratadas em conjunto.

A Áustria-Hungria não era uma nação, "mas uma coleção de propriedades conquistadas pelos Habsburgos", escreveu Margaret MacMillan. Um "regime estranho", a "antítese do princípio nacional", observou o historiador britânico David Stevenson. "Um pesadelo crescente de animosidade racial", disparou Paul Johnson.[33] Em 1910, de seus mais de 50 milhões de habitantes, menos da metade eram alemães (12 milhões) ou magiares (10,1 milhões). A maioria da população pertencia a nove etnias, quase todas eslavas: tchecos (somando 6,6 milhões de pessoas), poloneses (5 milhões), rutenos (4 milhões), croatas (3,2 milhões), romenos (2,9 milhões), eslovacos (2 milhões), sérvios (2 milhões), eslovenos (1,3 milhão) e italianos (700 mil).[34] Para além das questões étnicas havia ainda diferenças religiosas. Os alemães eram cristãos, católicos em sua maioria, mas muitos eslavos eram ortodoxos e uma parte considerável, principalmente nas províncias do sul, professava a fé islâmica — herança da presença otomana. Ainda havia 1,5 milhão de judeus espalhados por muitos lugares do império, como na Galícia (região entre as atuais Polônia e Ucrânia) e na Boêmia.

Os dois parlamentos eram palcos de brigas constantes; não raro os parlamentares impediam seus colegas de se pronunciar valendo-se de discursos prolongados, uso de sinos e cornetas ou até mesmo arremessando objetos. Os partidos, em geral, estavam divididos segundo questões étnicas e religiosas — e o parlamento austríaco de 1907 era uma amostragem do país: 241 deputados alemães, 97 tchecos, oitenta poloneses, 34 rutenos, 23 eslovenos, dezenove italianos, treze croatas, cinco romenos, cinco judeus e três sérvios. Lutas nacionalistas localizadas ocorriam com frequência: entre poloneses e rutenos na Galícia; alemães contra tchecos na Boêmia e na Morávia, ou contra italianos no Tirol. Muitas estações ferroviárias não tinham nome porque nunca se chegava a um acordo quanto ao idioma a ser usado. A língua a ser adotada nas escolas, nas universidades e nas sinalizações nas ruas era um problema sério, motivo de brigas intermináveis e insolúveis, causa constante de manifestações públicas, protestos e greves. A origem étnica de cantores de ópera, atores de teatro ou escritores era motivo de disputas e mexericos de jornais. "Um ar de irrealidade impregnava tudo", observou um jornalista inglês. Em 1903, uma crise no Exército quase dissolveu o país (as Forças Armadas eram chamadas de *Landwehr* na metade austríaca e de *Honvéd* na húngara): os húngaros queriam maior participação nas questões militares, o direito de manter regimentos exclusivamente magiares, oficiais que dessem ordens em húngaro e pudessem usar a bandeira do país. Às vésperas da Grande Guerra, a Áustria-Hungria era um Estado que nem de longe lembrava o esplendor e o poder Habsburgo de outrora. Quando o conflito estourou em 1914, o parlamento austríaco estava fechado havia meses — e só voltaria a se reunir em 1917. Na Alemanha, o império aliado era chamado de "cadáver do Danúbio".

Esse Estado moribundo era governado havia mais de seis décadas por Francisco José I, um imperador preso às antigas tradições, avesso às mudanças políticas e incapaz de controlar as tensões advindas das diversidades étnicas e religiosas de seu gigantesco império. Para ele, "só existem conceitos primários. Belo, feio, morto, vivo, saudável, jovem, velho, esperto, estúpido", escreveu um cortesão. "Suas ideias não conhecem nuances."[35]

Francisco José nasceu em Viena, em 1830, como Franz Joseph Karl, filho do arquiduque Francisco Carlos, da casa de Habsburgo-Lorena, e de Sofia, uma princesa bávara. Em 1848, em meio às revoluções sociais que ocorriam na Europa, assumiu o trono austríaco após a abdicação do tio, Fernando I, e de seu pai. Desde cedo adotou uma rotina rígida e trabalho intenso, próprio do pensamento militar. Embora fizesse parte da nobreza, tinha gosto por comidas simples. Acordava às quatro horas da madrugada e, se não houvesse recepções ou bailes na corte, deitava-se por volta das oito horas da noite. Em seus últimos dias, vivia em regime espartano, dormindo em uma cama de campanha extremamente rústica — na opinião de um de seus assessores, "miserável". Além do alemão, sua língua materna, Francisco José falava francês, italiano, tcheco, croata, polonês e latim. Tinha como esporte de lazer a caça. Não gostava de arte moderna e preferia música mais antiga. Detestava impontualidade e gargalhadas, matinha rotinas previsíveis e formalidades — apertou uma única vez a mão de seu ajudante de ordens, o conde Albert von Margutti, que o serviu por quase vinte anos.

Não obstante tenha reinado por quase sete décadas com relativo sucesso no campo político, teve uma vida pessoal marcada pela tragédia. Seu irmão Maximiliano foi executado no México após uma frustrada tentativa de im-

O imperador austro-húngaro Francisco José I (1830-1916). Com origem germânica, Francisco José governava, desde 1867, uma coroa dual multiétnica em que a maioria da população tinha origem eslava.

REPRODUÇÃO/GEORGE GRANTHAM BAIN COLLECTION/ LIBRARY OF CONGRESS

O IMPERADOR, O ARQUIDUQUE E O NACIONALISTA

plantar uma monarquia norte-americana. Seu único filho e herdeiro cometeu suicídio com a amante, um caso nunca completamente esclarecido e recheado de teorias conspiratórias — Rudolf era melancólico, depressivo, viciado em morfina e sexo e atormentado pela gonorreia. A sobrinha favorita morreu queimada quando um cigarro incendiou suas roupas, e sua linda esposa, uma das mulheres mais belas da Europa, a imperatriz Sissi, foi assassinada por um fanático anarquista em 1898. Embora apaixonado pela esposa, Francisco José manteve muitos casos extraconjugais, sendo o mais conhecido o que viveu com a atriz vienense Katharina Schratt, 23 anos mais jovem que ele, e que acompanhou o imperador até seu leito de morte.

No começo da década de 1910, motivadas por uma desenfreada corrida imperialista e armamentista, as principais potências do Velho Mundo haviam formado dois blocos de alianças rivais. De um lado, a Tríplice Entente era formada por Inglaterra, Rússia e França. Do outro, encontrava-se a Tríplice Aliança, em que estavam alinhadas inicialmente Alemanha, Áustria-Hungria e Itália — que mais tarde trocaria de lado, dando espaço a uma aliança entre o Império Otomano, alemães e austro-húngaros (as chamadas Potências Centrais). A Alemanha e a Áustria tinham muito em comum e por pouco não haviam se transformado em um único país em 1866. Mas a Tríplice Entente deixava ambas em situação delicada, cercando-as tanto a leste quanto a oeste. Ainda pesava contra os Habsburgos austríacos o fato de que a maior parte de seu império sofria influência da Rússia, interessada nos povos de origem eslava da região. Os russos lideravam uma liga pan-eslávica que tinha como objetivo libertar os povos eslavos da influência germânica e otomana, reunindo-os sob a proteção da coroa dos Románov.

Para a Rússia era importante afastar dos Bálcãs a influência da Áustria-Hungria e da Alemanha, que, sem colônias como a França e a Inglaterra, estavam ansiosas por se apoderar dos restos do decadente Império Otomano — a Bósnia-Herzegovina foi anexada à Áustria-Hungria em 1908. A região era considerada de importância vital para os russos: pelo estreito de Dardanelos passavam quase 40% de todas as exportações do país (80% em se considerando apenas trigo e centeio). A Alemanha, por sua vez, se aproximava cada vez mais dos turcos, ameaçando as relações econômicas que franceses e ingleses tinham com os otomanos. Em 1888, os alemães haviam iniciado a construção de uma ferrovia com mais de 3 mil quilômetros que ligava o país a Bagdá, no Iraque, passando pelos Bálcãs (incluindo a Sérvia), Constantinopla e Anatólia. Em 1913, uma missão militar alemã fora enviada à capital otomana sob o comando do general Otto Liman von Sanders. Antes de se transformar em Primeira Grande Guerra Mundial, a guerra iniciada em 1914 era, em verdade, a Terceira Guerra dos Bálcãs.

O ARQUIDUQUE

A esperança de um futuro para a Áustria-Hungria residia em Francisco Ferdinando. Seus planos para salvar a monarquia dual incluíam descartar o *Compromise*, centralizar o poder e criar uma federação. Ao contrário do que desejava a maioria dos militares, o arquiduque era radicalmente contra a guerra, que ele considerava uma insanidade. Certa vez, ele escreveu que "jamais entraria em guerra contra a Rússia". "Farei sacrifícios para evitá-la", afirmou. "Um confronto entre a Áustria e a Rússia terminaria com a queda dos Románov ou com a dos Habsburgo, ou talvez de ambos."

Francisco Ferdinando, muitas vezes mencionado como Franz Ferdinand, seu nome em alemão, nasceu em 18 de dezembro de 1863, em Graz, duzentos quilômetros ao sul de Viena. "Franzi", como era chamado na intimidade, era o filho mais velho de Carlos Luís, um dos irmãos de Francisco José. Teria levado uma vida sem maiores comprometimentos políticos se o suicídio do único filho homem do imperador, em 1889, não tivesse posto seu pai na linha direta de sucessão ao trono do Império *Habsburgo*. Quando Carlos Luís morreu sete anos depois, Francisco Ferdinando tornou-se o herdeiro presuntivo do trono.

Ao contrário do primo suicida, popular, individualista e sedutor, Francisco Ferdinando era impopular, avesso às badalações, doente e, apesar de ter se envolvido com cantoras e bailarinas, nem um pouco atraente. Ainda assim, pelo menos duas mulheres alegaram ter tido filhos seus. Para se curar de uma doença pulmonar que quase o matou, viajou pelo mundo durante dez meses, percorrendo 80 mil quilômetros. Conheceu Egito, Índia, Austrália, Hong Kong, Japão e Estados

Unidos. Por onde andou, caçou tigres, ursos, cangurus e avestruzes. Ao voltar para a Áustria, trouxe 37 baús de quinquilharias. Francisco Ferdinando não era exemplo de inteligência; gostava de histórias, mas tinha dificuldade com línguas; falava francês, mas seu inglês era sofrível; estudou a vida inteira, mas nunca aprendeu húngaro (chamava seus súditos húngaros de "traidores" e os sérvios de "porcos"). "Era alto, simpático, com olhos grandes e expressivos", escreveu Margaret MacMillan.[36] "Olhos grandes e brilhantes, azuis como a água sob as resolutas sobrancelhas escuras", descreveu o ministro conjunto austro-húngaro das Relações Exteriores Leopold von Berchtold, amigo de infância de Francisco Ferdinando. Para David Stevenson, o arquiduque era "um homem sem atrativos, autoritário, colérico e xenófobo".[37] Conhecido por seu antissemitismo, além do ódio que nutria por maçons e qualquer possível inimigo da Igreja católica, "ele não era de fascinar multidões. Nada carismático, era irritadiço e propenso a súbitos acessos de raiva", escreveu o historiador Christopher Clark. "Suas feições rechonchudas e imóveis pareciam antipáticas a quem nunca vira seu rosto ganhar vida, iluminado por seus olhos azuis, quando estava em companhia da família ou de amigos íntimos".[38] O historiador Max Hastings o definiu como um "cinquentão corpulento" não muito amado por ninguém, salvo a esposa.[39] Segundo Stefan Zweig, faltava a Francisco Ferdinando "amabilidade no trato pessoal, charme humano e sociabilidade". "Jamais era visto sorrindo, nenhuma fotografia o mostrava numa atitude mais descontraída", escreveu o escritor austríaco. "Não tinha nenhum pendor para a música, nenhum pendor para o humor, e sua mulher era igualmente antipática."[40] Para Zweig, o arquiduque tinha uma "nuca de buldogue e os folhos frios e rígidos". A opinião pública europeia às vésperas da Grande Guerra, reforçada depois pela propaganda antiaustríaca, fazia coro a essa imagem. De modo geral, era tido como alguém de "visão estreita", de natureza desconfiada, impaciente e caprichosa. Dado a acessos de raiva, tinha maneiras arrogantes e era mal-humorado, um verdadeiro "ogro". Uma vez no trono, é o que se imaginava, instalaria um governo inflexível, retrógrado e tirânico. O fato de ele ser um exímio caçador — durante toda a vida abateu 274.889 animais — respaldava a ideia que muitos faziam dele, de que tinha caráter sanguinário.

Membro da família imperial, qualquer defeito no caráter ou em suas capacidades intelectuais seria aceitável, menos uma coisa: desposar alguém que não estivesse à altura da realeza dos Habsburgos, uma "não igual". Pois foi por uma mulher assim, uma aristocrata, que o herdeiro do império se apaixonou. Sofia Maria Josefina Albina de Chotek, Condessa de Chotkow e Wognin, tinha os dezesseis parentes nobres necessários para a admissão na corte. Os Chotek eram barões da Boêmia desde 1556 e condes desde 1723, tinham uma vasta folha de serviços prestados ao império, mas ainda assim, para questões de casamento real, nunca foram considerados à altura. E não importava à etiqueta que ela fosse bela e inteligente. "Nem um bom conto de fadas é completo sem sofrimentos e incertezas", observaram Greg King e Sue Woolmans, biógrafos do casal. Depois de anos sem obter autorização para o casamento, um apaixonado e desesperado Francisco Ferdinando escreveu uma derradeira solicitação ao tio: "Reitero que o desejo de desposar a condessa não é um capricho, mas sim o transbordamento de um enorme afeto [...]. Não posso me casar com nenhuma outra e nunca o farei; essa ideia me repugna, pois sou incapaz de me ligar a uma mulher sem amor".[41]

Em 1900, o imperador consentiu sob uma condição: o sobrinho precisava jurar solenemente que tanto Sofia quanto seus filhos jamais se tornariam herdeiros do trono da Áustria-Hungria. A condição era humilhante. A esposa e os rebentos do arquiduque nunca seriam dignos e não estariam à altura de outros membros da família, sequer poderiam participar de cerimônias oficiais e recepções da família imperial, não teriam direito a propriedades do Estado e nem mesmo a ser sepultados na cripta da família Habsburgo, em Viena. Francisco Ferdinando aceitou. Depois do juramento, em 28 de junho, o casamento morganático ocorreu no dia 1º de julho. Não na capital, como era costume entre os herdeiros do trono, mas no distante castelo de Reichstadt, na Boêmia (hoje Zákupy, República Tcheca). O imperador não participou do ato, impediu que o arcebispo realizasse a cerimônia e vetou a presença da família imperial. A celebração foi realizada por um deão do castelo e apenas a madrasta do noivo e duas meias-irmãs tiveram coragem de contrariar as ordens de Francisco José.

Enquanto esperava para ser imperador, Francisco Ferdinando passou boa parte da década no castelo de Konopischt (hoje Konopiste, na República Tcheca) cercado por pouco mais de cinquenta serviçais — adotada como residência da família, a construção do século XII era chamada de "nosso lar". Sofia deu a ele três filhos, nascidos entre 1901 e 1904: Sophie, Maximilian e Ernst. Longe da vida da corte e na intimidade da família, o arquiduque cultivava rosas, mostrava-se um pai atencioso e amoroso e um marido fiel. A despeito de todas as humilhações impostas por sua condição de "não igual", a duquesa de Hohenberg, seu título depois de casada, revelou-se uma mulher paciente, profundamente religiosa, dedicada e comprometida com o casamento e com os filhos. Francisco Ferdinando a chamava sempre de "minha amada Soph".

Em junho de 1914, o casamento do herdeiro presuntivo do trono ainda era uma mácula para aquela que fora uma das mais importantes e poderosas casas reais da Europa. Quando as notícias do assassinato do casal na capital bósnia chegaram a Viena, a maioria dos Habsburgos achou que o destino corrigira a afronta. Os ritos fúnebres foram breves, em uma pequena capela no palácio de Hofburg. Monarcas europeus não foram convidados e o próprio imperador fez uma aparição rápida. O arquiduque e a esposa foram sepultados no castelo de Artstetten, na Áustria. A cripta contém uma inscrição latina: *Iuncti coniugio Fatis iunguntur eisdem*, "Unidos no matrimônio, unidos pelo mesmo destino". A frieza com que a duquesa era tratada foi igualmente dispensada aos filhos órfãos, os herdeiros morganáticos do casal. Os filhos de Francisco Ferdinando nunca receberam apoio da família imperial austríaca ou do Estado. Com a Segunda Guerra Mundial, sofreram perseguições por parte dos nazistas. A história se repetiria com os comunistas iugoslavos durante a Guerra Fria.

DECLARAÇÕES DE GUERRA

O autor dos disparos que atingiram o casal em Sarajevo fazia parte de uma das muitas organizações ultranacionalistas financiadas pelo governo sérvio para promover atentados e conspirações na Áustria-Hungria e no Império Otomano. A Mão Negra era comandada pelo chefe de inteligência militar da Sérvia, coronel Dragutin Dimitrijevic, que devido à compleição física era conhecido por "Ápis" — o Touro, como o deus egípcio. Foi por meio dele que os Jovens Bósnios receberam treinamento em Belgrado, conseguiram pistolas e bombas e meios para cruzar a fronteira. Ápis era inimigo político do primeiro-ministro sérvio Nikola Pasic, cujo governo tentou avisar os austríacos sobre o complô, ainda que de forma não muito clara. Ainda mais nebuloso foi o comportamento das autoridades austro-húngaras em Sarajevo, que mesmo sabendo dos riscos que o arquiduque corria não tomaram qualquer ação preventiva — na verdade, a segurança de Francisco Ferdinando foi completamente omissa; para alguns, propositalmente.

Gavrilo Princip era um jovem franzino e pálido, de apenas dezenove anos. Filho de um lavrador sérvio da Bósnia, tentara ser poeta e se apresentara como voluntário para lutar pela Sérvia na Primeira Guerra dos Bálcãs, em 1912. Princip refletia o perfil típico dos Jovens Bósnios: estudantes idealistas, desocupados sem emprego regular, financiados de alguma forma pela família, puritanos com desprezo por álcool e sexo, acreditavam que os Habsburgos deviam ser destruídos. Gavrilo ainda era extremamente introvertido, achava-se desprezado por todos. "Aonde quer que eu fosse, consideravam-me um fracassado", disse ele à polícia.

Quando a notícia do assassinato do arquiduque austro-húngaro chegou a Kiel, na Alemanha, uma lancha foi enviada até o iate onde estava o kaiser. Guilherme retornou imediatamente para Berlim na tentativa de evitar a guerra, mas sua decisão de dar apoio à Áustria-Hungria em uma ação punitiva contra a Sérvia acionou a engrenagem que levaria à guerra. No dia 23 de julho, Viena enviou um ultimato a Belgrado. Os termos eram inaceitáveis e os sérvios se sentiram compelidos a resistir depois que a Rússia garantiu apoio à causa de sua protegida. Enquanto as chances de paz se esvaíam, Theobald Bethmann-Hollweg, o chanceler alemão, pressentia o pior: "Vejo uma ruína que a força humana não é capaz de deter pendendo sobre a Europa e sobre o nosso próprio povo". O general Conrad Hötzendorf, chefe do Estado-Maior do Exército austríaco, também tinha uma visão pessimista quanto à paz. Como ardoroso defensor da guerra, entre janeiro de 1913 e janeiro de 1914, ele clamara pelo conflito 25 vezes. "O destino das nações e das dinastias", escreveu ele, "é decidido nos campos de batalha e não na mesa de negociações".[42] Agora, com o assassinato em Sarajevo, ele tinha em mãos uma boa desculpa. Como o historiador inglês Max Hastings observou, a morte de Francisco Ferdinando não foi a causa autêntica da guerra, apenas serviu de pretexto para "justificar o desencadeamento de forças já atuantes". Margaret MacMillan, por sua vez, escreveu que "a Grande Guerra não resultou de uma causa isolada, e sim de uma combinação delas, e, por fim, de decisões humanas". Eric Hobsbawm disparou: as origens da Grande Guerra estão submersas em "águas profundas e turbulentas".[43] A diplomacia funcionara bem em crises como as de 1905, 1908, 1911, 1912 e 1913, mas agora falhara completamente.

Em 28 de julho de 1914, o imperador Francisco José I declarou guerra à Sérvia. Três dias depois, o tsar Nicolau II ordenou a mobilização de seus exércitos, enquanto o kaiser Guilherme II enviava ultimatos a São Petersburgo e Paris. Em 1º de agosto, franceses e alemães deram início à mobilização militar, ao passo que Berlim declarava guerra à Rússia. Dois dias mais tarde, a Alemanha declarou guerra à França, dando início à invasão da Bélgica, no mesmo momento em que os ingleses declaravam guerra à Alemanha. Assim teve início o primeiro grande conflito do século XX. "Um dos mais absurdos conflitos da história humana", observou o historiador David Landes; "a calamidade da qual brotariam todas as outras", afirmou Fritz Stern.[44]

Primeiro Lorde do Almirantado e mais tarde primeiro-ministro britânico, Winston Churchill escreveu à esposa: "Minha querida, tudo indica que haverá catástrofe e destruição. Estou animado, cheio de energia e feliz. Não é terrível ser assim?". O secretário de Relações Exteriores britânico, Edward Grey, era menos otimista e estava profeticamente mais próximo da realidade: "As luzes estão se apagando em toda a Europa. Não as veremos acesas de novo enquanto vivermos".[45] Na Alemanha, o diretor do Instituto de Física de Berlim, Albert Einstein, escrevendo a um amigo afirmou que "a Europa, em sua insanidade, deu início a uma coisa inacreditável. [...] Nesse momento, percebemos a que triste espécie de animal pertencemos". Poucos se opuseram firmemente à guerra; além do próprio Einstein, entre alguns nomes estavam o líder socialista francês Jean Jaurès, a socialista polaco-alemã Rosa Luxemburgo e o romancista Romain Rolland. Nem mesmo o escritor e mais tarde ardoroso pacifista Stefan Zweig se manifestou publicamente contrário à guerra antes de 1915 — em larga medida porque acreditava, como quase todo o mundo, que o conflito não duraria muito. Havia consenso de que todos estariam em casa até o Natal. Mas a guerra não acabou em dezembro.

Dentro de pouco mais de dois anos, Francisco José estaria morto — em 1916, o imperador austro-húngaro completara 86 anos de idade. Gavrilo Princip foi levado a julgamento, mas escapou da execução por ser considerado menor de idade, segundo a lei austríaca, sendo condenado a vinte anos de prisão. Ele morreu tuberculoso pouco antes do final da Grande Guerra, em abril de 1918, no hospital-prisão de Theresienstadt — tinha 22 anos e estava pesando cerca de quarenta quilos.

4

"INVENÇÕES DO DIABO"

Avanços tecnológicos proporcionaram uma carnificina nunca antes vista na história da humanidade. Aviões, navios de guerra, explosivos, metralhadoras e outros armamentos poderosos foram desenvolvidos para matar mais e com rapidez. Ironicamente, o criador da guerra química alemã — cujas substâncias tóxicas marcaram presença nas trincheiras da Grande Guerra e seriam usadas nos campos de extermínio nazistas durante a Segunda Guerra — era um cientista judeu.

Quando as declarações de guerra correram a Europa, uma onda de entusiasmo e furor patriótico tomou conta do continente. Manifestações de júbilo, como poucas vezes vistas antes, aconteceram nas principais capitais do Velho Mundo. Milhões foram às ruas entoar hinos nacionais e saudar líderes políticos e militares. O rei Jorge V foi aclamado por uma multidão no Palácio de Buckingham, em Londres, e milhares de russos caíram de joelhos ao ver Nicolau II na sacada do Palácio de Inverno, em São Petersburgo. A Duma endossou a decisão dando amplo apoio ao tsar, e os revolucionários socialistas, anti-imperialistas, foram rapidamente postos de lado. Em Berlim, o kaiser foi ovacionado no Portão de Brandemburgo e o Reichstag aprovou o restabelecimento do Conselho de Príncipes, dando a Guilherme e ao Exército poder absoluto sobre o destino da nação. Jornais por toda a parte reverenciaram a guerra como uma dádiva. Na Alemanha se falava em "ressurreição", em um país unido pela "força do dever moral". Na Rússia, até mesmo jornais de esquerda conclamaram o povo a lutar. "Já não existem mais esquerdas e direitas", afirmava um deles, "nem governo nem sociedade, apenas uma nação russa unida". Para o historiador Eric Hobsbawm, "em 1914, os povos da Europa foram alegremente massacrar e ser massacrados".[46]

"INVENÇÕES DO DIABO"

AVANÇOS TECNOLÓGICOS

E foram de trem. As ferrovias emblemavam um grande avanço da era industrial e não eram uma novidade nas guerras europeias. A Alemanha derrotara a Áustria em 1866 e a França em 1870 devido principalmente à sua capacidade de transportar exércitos por vias férreas. Mas nada que possa ser comparado ao que ocorreu com a mobilização para a Grande Guerra. Em pouco mais de quinze dias, os alemães transportaram em 11 mil trens — número muitas vezes maior do que o usado na Guerra Franco-Prussiana — mais de 1,4 milhão de soldados para a frente belga. Só pela ponte Hohenzollern, em Colônia, passaram 2.150 comboios com 54 vagões cada um. Os franceses, porém, tinham aprendido a lição; na primeira semana de mobilização, 4,5 mil trens foram despachados para a linha de frente. O que era um símbolo de civilidade e comodidade agora servia a propósitos menos nobres.

As conferências de Haia, em 1899 e 1907, assim como as convenções de Genebra, de 1864 e 1906, haviam estabelecido leis claras quanto ao tratamento dado à população civil durante as guerras, à proteção a militares capturados e às garantias a cidadãos e navios mercantes de países neutros. Acordos internacionais proibiam o lançamento de projéteis e explosivos por meio de balões, o emprego de artefatos que tivessem por fim espalhar gases asfixiantes ou venenosos e determinados tipos de balas. Também haviam estabelecido convenções para ações de guerra terrestre e restrições ao uso da guerra marítima. Em agosto de 1914, tudo foi posto de lado.

No século XVIII, quando um exército raramente passava de 50 mil homens, um mosqueteiro atirava no máximo três vezes por minuto, se ele fosse rápido. Na época da Grande Guerra, um soldado de infantaria podia disparar quinze vezes por minuto. Uma metralhadora, por sua vez, disparava seiscentas vezes por minuto, e o avanço dessa arma podia dizimar um batalhão de mil homens em pouco tempo. A artilharia pesada também mudara muito no último século. Em Waterloo, em 1815, Napoleão tinha apenas 246 canhões, que atiravam até cem descargas cada um. Em 1870, em Sedan, o Exército invasor prussiano disparou mais de 33 mil descargas sobre as linhas francesas. Na semana que antecedeu a batalha do Somme, em 1916, a artilharia britânica despejou sobre as linhas alemãs nada menos do que 20 mil toneladas de metal e explosivos, mais de 1 milhão de projéteis. Um dos motivos para tal diferença é que, até a década de 1870, o principal explosivo era a pólvora, uma mistura de carregamento lento, que produzia muita fumaça preta e não de todo segura. Em 1871, descobriu-se que o ácido pícrico era um detonador mais eficiente, e tanto franceses quanto ingleses rapidamente o adotaram em campanha. O problema era que, sob chuva ou em condições úmidas, o ácido pícrico falhava ou formava cristais que o tornavam sensível ao choque. Quando a Grande Guerra teve início, esse composto ainda era usado em larga escala pelos Aliados, mas a Alemanha já havia desenvolvido um explosivo mais potente, o *trinitrotolueno*, mais conhecido por TNT. O TNT não era afetado pela umidade, podia ser facilmente derretido e colocado dentro de bombas e cartuchos, além de ter resistência a impactos, o que permitia maior capacidade de penetrar blindagens espessas. A vantagem inicial alemã foi interrompida quando os ingleses começaram a receber TNT fabricado nos Estados Unidos. Porém, a capacidade da Alemanha para criar novas tecnologias era quase ilimitada – principalmente por poder contar com os melhores físicos e químicos da época. Em 1908, o químico alemão Fritz Haber havia desenvolvido o amoníaco sintético, que substituía o salitre importado do Chile na fabricação de fertilizantes (dois terços do salitre mundial, essencial para a produção de fertilizantes, vinha do país sul-americano). Em 1913, uma parceria entre Haber e Carl Bosch permitiu à Alemanha produzir o amoníaco sintético em escala industrial. Quando a guerra estourou na Europa no ano seguinte e o bloqueio naval britânico impediu as importações, os alemães já haviam contornado o problema. Em época de guerra, no entanto, mais importante do que produzir fertilizantes para a agricultura era fabricar explosivos para os campos de batalha, e a criação de Haber foi igualmente útil. Em reação com o oxigênio, o amoníaco produz dióxido de nitrogênio (o precursor do ácido nítrico), essencial na fabricação de compostos nitrados explosivos.[47]

A revolução tecnológica nas armas de fogo havia aumentado consideravelmente a capacidade humana de matar, em escala e rapidez.

Napoleão perdera 27 mil dos 72 mil soldados combatentes de que dispunha em sua derradeira batalha; Wellington, seu oponente inglês, 15 mil dos 68 mil homens. Cinco décadas mais tarde, na Guerra Civil Americana, morreram 204 mil soldados em quatro anos de combates. O Império Habsburgo, derrotado por italianos e alemães no século XIX, perdera 12,5 mil homens em 1859, e 20 mil em 1866. Números altos, mas infinitamente menores que os resultantes da Grande Guerra. Até setembro de 1915, o primeiro ano do conflito, a França tinha perdido mais de 1 milhão de homens. No ano seguinte, somente na batalha de Verdun, os franceses sofreram com baixas de 500 mil combatentes, entre mortos e feridos. Do outro lado, os alemães perderam 400 mil soldados. Na batalha do Somme, só no primeiro dia os britânicos contabilizaram 20 mil mortos. Em um ano ficou claro "que a vitória não era mais uma questão de pernas, de coração ou de estômago, mas de obuses, de canhões e de aço", observaram os historiadores Emmanuel Hecht e Pierre Servent.[48]

O general Moltke, chefe do Estado-Maior alemão, escreveu à esposa, impressionado com as baixas no primeiro mês da guerra: "O terror frequentemente apodera-se de mim quando penso nisso e sinto que devo responder por tamanho horror".[49] As doenças, que eram o grande flagelo das guerras

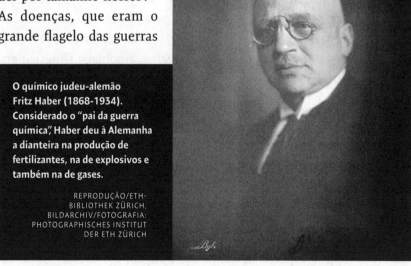

O químico judeu-alemão Fritz Haber (1868-1934). Considerado o "pai da guerra química", Haber deu à Alemanha a dianteira na produção de fertilizantes, na de explosivos e também na de gases.

REPRODUÇÃO/ETH-BIBLIOTHEK ZÜRICH, BILDARCHIV/FOTOGRAFIA: PHOTOGRAPHISCHES INSTITUT DER ETH ZÜRICH

até então, passaram a matar menos do que as armas — a Guerra dos Bôeres, na África do Sul, foi a última em que a Grã-Bretanha perdeu mais soldados por infecções do que por projéteis. "As metralhadoras e a artilharia de campo eram os assassinos em massa", observou o historiador David Stevenson.[50] Todos os exércitos possuíam versões da metralhadora Maxim, cujo modelo mais usado em "ninhos", nas trincheiras, pesava até sessenta quilos. A Maxim era uma invenção recente, desenvolvida pelo estadunidense naturalizado inglês Hiram Stevens Maxim, e datava de meados da década de 1880. E foi a partir dela que surgiram as versões britânica (Vickers) e alemã (Maschinengewehr 08, mais conhecida por MG 08). Versões mais leves, que podiam ser carregadas por um soldado, foram aprimoradas — algumas pesavam menos de catorze quilos e eram mais usadas como armas defensivas. No começo da guerra, um regimento padrão no Exército alemão dispunha de doze companhias de carabineiros e apenas uma de operadores de metralhadoras — geralmente com seis peças. Dois anos depois, a eficácia do equipamento já havia elevado essa proporção, de uma companhia com metralhadoras para quatro com rifles. Uma única peça disparava tanto quanto catorze carabineiros; seu alcance podia chegar a uma elipse de mais de 2.280 metros de comprimento por 450 metros de largura; se fosse municiada e refrigerada adequadamente, podia disparar 12,5 mil balas de forma ininterrupta.

As bombas de artilharia eram outro flagelo. Causavam 58% das mortes, sem contar o forte impacto psicológico. No Somme, em apenas cinco dias os britânicos lançaram 1,5 milhão de bombas sobre o campo inimigo. Ao visitar Lens em 1918, depois de quatro anos em que a cidade foi tomada pelos invasores e recuperada pelos defensores diversas vezes, o então coronel Alan Brooke — mais tarde *Sir* e marechal de campo durante a Segunda Guerra — viu apenas "ruína e desolação". "Subi no monte de pedras que marcava o local onde a igreja estivera e olhei para a devastação", escreveu. "Se as pedras falassem, e repetissem o que testemunharam e o que viram nos olhos dos homens que morriam, pergunto a mim mesmo se voltaria a haver guerras".[51]

"INVENÇÕES DO DIABO" 75

Ao longo da guerra, as Potências Centrais perderam 3,5 milhões de soldados, tendo a Alemanha perdido o maior número, cerca de 1,8 milhão de homens. Na Tríplice Entente, mais de 5,1 milhões de combatentes morreram; a França arcou com maiores perdas, mais de 1,3 milhão de soldados. Ao todo, foram mais de 65 milhões de pessoas mobilizadas, com mais de 8,6 milhões de soldados mortos. Entre os civis, por meio de bombardeios, fome e doenças, aproximadamente 5 milhões de pessoas perderam a vida. Na Sérvia, o número de civis mortos foi maior do que o de soldados (82 mil contra 45 mil). No total, o número de feridos e amputados se aproximou dos 20 milhões de pessoas; pelo menos 4 milhões de mulheres ficaram viúvas e cerca de 8 milhões de crianças, órfãs.

GASES TÓXICOS

Armas químicas eram utilizadas desde a Antiguidade; entre suas aplicações estavam o envenenamento de fontes de abastecimento de água e a propagação de fogo, como o chamado "fogo grego" utilizado pelos bizantinos. Além dos povos antigos, ameríndios e nativos africanos também utilizavam lanças e flechas envenenadas — e algumas tribos ainda as usam, essencialmente para a caça de animais. O uso de gases tóxicos obtidos pela queima da mostarda já era mencionado em tratados militares da antiga China. A primeira evidência arqueológica conhecida de guerra química data de 256 da nossa era. Em Dura-Europos, a quatrocentos quilômetros de Alepo, na Síria, arqueólogos encontraram corpos de soldados romanos em um túnel subterrâneo escavado por soldados sassânidas com o objetivo de minar as muralhas da cidade. Ao entrarem na galeria, os defensores romanos foram envenenados por uma fumaça tóxica. Nada, porém, comparado ao que ocorreu na Grande Guerra. Em agosto de 1914, na tentativa de deter o avanço alemão dentro de seu território, os franceses usaram gás lacrimogêneo contra o invasor. O cheiro de pera podre, os espirros e as irritações leves foram os únicos incômodos, mas seu uso serviu de experiência. Em janeiro de 1915, em Bolimov, a meio caminho entre Lódz e Varsóvia, na Polônia, os alemães testaram a bromoacetona, também conhecida como "substância T", uma espécie de gás lacrimogêneo não letal. Também era uma experiência. Em 22 de abril, quando teve início a segunda batalha de Ypres, na Frente Ocidental, os alemães lançaram uma nuvem de cloro sobre as linhas defendidas por tropas coloniais argelinas. Bem mais poderoso, quando inalado o cloro faz os pulmões produzirem líquido em demasia e sufocarem a vítima. Sua produção, que utilizava restos do processo de tingimento de tecidos, era realizada por um conglomerado de empresas alemãs que após a guerra seria denominado IG Farben. Seu manuseio e aplicação como arma era complexo e perigoso. O gás era armazenado em cilindros posicionados antecipadamente diante das trincheiras inimigas e então abertos para que o vento fizesse o restante do trabalho. Em Ypres, 6 mil cilindros foram utilizados para espalhar 180 toneladas de cloro. "O gás alemão chegou até nós como uma nuvem trazida pelo vento, mudava de cor a vegetação, secava as árvores e deixava em seu rastro uma cicatriz de destruição", observou um soldado inglês.

O programa de guerra química do Ministério da Guerra alemão era dirigido por Fritz Haber, então consultor técnico do Alto Comando do Exército e diretor do importante centro de pesquisas Instituto Kaiser Wilhelm (hoje Instituto Max-Planck). Em Ypres, o próprio Haber comandou a ação como capitão do Exército. Ao chegar em casa depois da batalha, ele entrou em uma discussão violenta com a esposa Clara Immerwahr. Em circunstâncias nunca devidamente esclarecidas, ela teria cometido suicídio com um revólver e ele retornou à frente de combate no dia seguinte. Haber, que havia nascido no seio de uma família de judeus de Breslau e se convertido ao luteranismo, tinha dado à Alemanha a dianteira na produção de fertilizantes, de explosivos e de gases. Não é por menos que Haber ficou conhecido como "pai da guerra química". Em 1918, em meio a uma controvérsia ética e protestos da comunidade científica, ele ganharia o Prêmio Nobel de Química sob a alegação de que a produção do amoníaco sintético ajudara na produção mundial de alimentos. Haber também esteve diretamente envolvido na criação de um comitê técnico para o controle de pragas, roedores e insetos. Por ironia, os cientistas desse comitê desenvolveram e patentearam em 1920 um gás à base de cianeto e cloro chamado de Zyklon, que, mais tarde, com o nome de Zyklon B, seria usado para gasear judeus e outros grupos perseguidos por nazistas nos campos de concentração durante a Segunda Guerra Mundial. Entre os mortos em Auschwitz estavam a filha de sua meia-irmã, o marido dela e dois filhos.[52]

Em maio de 1915, os alemães voltaram a atacar na Frente Oriental. Dessa vez, o gás usado foi o fosgênio, que causava asfixia, mas seu efeito era retardado, manifestando-se só 48 horas após a inalação. A enfermeira russa Sophia Botcharski, que atendia em Wola Szydłowiecka, escreveu que os corpos encontrados após o ataque estavam "tão distorcidos, tão atormentados, tão anormais que é quase impossível diferenciar uns dos outros". Um soldado russo acusou os soldados do kaiser: "Estamos sendo envenenados como ratos, os alemães mandaram uma nuvem que nos persegue".[53] Tanto o cloro quanto o fosgênio usados pelos alemães formavam nuvens de coloração esverdeada, por isso eram chamados de bombas "cruz verde".

Em 1916, em Verdun, os franceses também passaram a usar o fosgênio. Esse gás era seis vezes mais tóxico que o cloro e, assim como o produto usado pelos alemães, de manuseio perigoso: dependia do vento para se espalhar, o que não raro atingia as próprias tropas. Antes do uso em Ypres, os alemães temiam usar gases tóxicos com receio de que os ventos do oeste, comuns na França e na Bélgica, atingissem a própria Alemanha. No começo da guerra não havia meio de proteção especial, e tecidos de algodão encharcados em uma solução de bicarbonato de sódio ou até mesmo em urina eram utilizados para cobrir o rosto e diminuir os efeitos do gás. Os russos usavam argila ou amônia. Para aliviar a dor e o sofrimento dos atingidos, muitas vezes enfermeiras aplicavam injeções de óleo de cânfora. Em 1917, os ingleses criaram "Companhias Especiais de Gás" e aperfeiçoaram o lançamento de gases usando morteiros, os chamados "projetores Livens", que eram mais fáceis de carregar que os cilindros alemães, menos perigosos em sua manutenção e com a vantagem de não denunciar o seu uso antes do ataque. No entanto, desde o ano anterior, o desenvolvimento de máscaras antigás havia limitado os efeitos causados pelo cloro, pelo fosgênio e pelo disfogênio. A mais eficiente delas era a máscara inglesa chamada SBR, "Respirador de Caixa Pequena", na sigla em inglês.

GRANDES GUERRAS

Os alemães responderam com um novo produto: o gás "mostarda" — nome dado ao enxofre destilado. Usado pela primeira vez em junho de 1917, em Ypres, o gás ganhou esse nome por causa de seu cheiro e coloração. O composto também ficou conhecido por "iperita", alusão ao local da batalha. Mais tóxico que os gases anteriores, que tinham efeito apenas quando inalados, o gás mostarda podia se infiltrar pelas roupas e botas; em contato com os olhos ou com a pele, causava queimaduras, dilacerações, cegueira e dor intensa. A inalação provocava espirros, rouquidão, asfixia, sangramento nas vias respiratórias e edemas pulmonares. Na terceira batalha de Ypres, também chamada de Passchendaele, o soldado inglês Ian MacDonnell descreveu o ataque alemão à sua trincheira, localizada a cerca de três quilômetros da linha de frente, da seguinte maneira: "Fomos dormir e às 0h15 houve um grito. Acordei com a boca impregnada por um fedor sufocante, ao som do bramido das bombas — gás! Ainda no escuro, colocamos nossas máscaras. As bombas caíam por toda a parte. [...] O resto é um pesadelo. [...] Havia vidros partidos de um lado ao outro, escuridão — e homens vomitando e arfando em busca de ar. Dois tiveram as pernas mutiladas. Ficamos com nossas máscaras das 0h15 às 4h. Parecia que choviam bombas. Cegavam-nos os olhos mesmo por trás das máscaras".[54] MacDonnell ainda lamentou que toda a comida do campo fora envenenada, incluindo um bolo que a mãe lhe enviara.

Em junho de 1918, após a terceira ofensiva de primavera, os alemães chegaram a pouco mais de sessenta quilômetros de Paris. O ataque à frente em Montdidier e Compiègne foi intenso e utilizou 750 mil granadas de gás mostarda, difenilcloroarsina e fosgênio, num total de 15 mil granadas de agentes químicos. Aproximadamente 4 mil soldados franceses ficaram incapacitados e 32 homens morreram.[55] Foi o último grande ataque com gás. Até o fim da guerra, o número de civis que trabalhavam nas grandes instalações que produziam armas químicas se aproximava de 75 mil, sem contar os milhares de soldados especializados encarregados do transporte do produto. No total, mais de 124 mil toneladas de gás foram utilizadas por todas as nações, sendo metade pela Alemanha. O número de baixas foi de 500 mil na Frente Ocidental, com 25 mil mortes; outros 10 mil morreram na frente italiana e um número muito maior na Rússia. Algumas estimativas acreditam que o total de mortos por intoxicação de gases químicos esteja entre 75 mil e 100 mil.

"INVENÇÕES DO DIABO"

O chefe do Estado-Maior alemão, Erich von Falkenhayn, afirmou que muitas das máquinas e equipamentos utilizados na guerra eram "invenções do diabo". Uma delas era o zepelim. Na Alemanha, a tecnologia dos balões dirigíveis vinha sendo desenvolvida desde o início dos anos 1890 a partir do uso de balões com gás, os aeróstatos. Em 1900, com o voo do LZ 1, o general e conde alemão Ferdinand von Zeppelin ganhou notoriedade. Em 1908, em sua base em Friedrichshafen, no sul da Alemanha, Zeppelin começou a fabricação de seus aparelhos com finalidade comercial, o transporte de passageiros. Com uma tripulação de trinta pessoas, 170 metros de cumprimento e inflado com 30 mil metros cúbicos de hidrogênio acondicionados em células revestidas de pano presas dentro de uma armação de alumínio, o zepelim podia viajar mais alto, mais longe e com uma carga mais pesada do que qualquer outra máquina voadora até então — até 1914, quase 40 mil pessoas já haviam voado nos grandes "charutos". Não foi por menos que sua utilização como arma de guerra nasceu ao mesmo tempo em que sua produção comercial teve início. Em 1908, o entusiasta da aviação e autor de ficção científica Rudolf Martin estimou que a Alemanha poderia preparar uma invasão à Grã-Bretanha com um ataque de oitenta zepelins.[56] Os alemães iniciaram os testes dois anos depois, mas os resultados foram considerados muito ruins, mesmo quando bombas eram atiradas a baixas altitudes. Ainda assim, usando uma versão experimental, os italianos bombardearam tropas otomanas na Líbia em fevereiro de 1912. Quando a Grande Guerra teve início, apesar do terror psicológico, os danos causados pelos zepelins ainda eram considerados insignificantes do ponto de vista militar — condições meteorológicas adversas costumavam empurrar os dirigíveis para longe do alvo e até forçavam o pouso em território inimigo. O primeiro ataque alemão com zepelim ocorreu em 6 de agosto de 1914, em Liège, na Bélgica. Pela primeira vez na história, uma cidade europeia era bombardeada pelos céus. Como resultado, nove pessoas morreram. Em janeiro de 1915, os zepelins cruzaram o Canal da Mancha, e a Inglaterra sofreu o primeiro ataque aéreo alemão, lançado sobre Norfolk; quatro pessoas morreram. Em maio, foi a vez de Londres; mais sete mortos e 35 feridos. Em toda a campanha contra a Grã-Bretanha, 208 zepelins perfizeram 54 *raides*, despejando 196 toneladas de bombas, matando 557 pessoas e ferindo mais de 1,3 mil.[57]

Simultaneamente aos testes com zepelins, nos anos 1900 outra "arma" estava surgindo e se mostraria mais letal do que o dirigível: o avião. Desde o final do século XIX, diversos inventores, cientistas e entusiastas vinham trabalhando em um projeto de máquina mais pesada que o ar, que pudesse se manter nos céus com meios próprios — entre os pioneiros estava o alemão Otto Lilienthal, o primeiro homem a fazer voos com planadores. Na primeira década do novo século o sonho tornara-se realidade. Se meu leitor for norte-americano dirá que o mérito coube aos irmãos Orville e Wilbur Wright; se tiver nascido no Brasil, defenderá que foi Alberto Santos Dumont. Seja como for, certo é que os irmãos Wright tinham mais propensão comercial do que o brasileiro. Em 1907, eles ofereceram a nova tecnologia a generais alemães, que rejeitaram a proposta por acreditarem no poder dos dirigíveis. Só dois anos mais tarde, quando a França já havia comprado a ideia e treinava mais de quarenta pilotos militares, os alemães começaram a formar um "corpo aéreo". A Inglaterra também tardou a investir em aviões para fins militares: somente em 1912 foi criado o RFC, "Corpo Real de Voo" na sigla em inglês, embrião da Real Força Aérea. De toda forma, muitos países já usavam aviões para bombardeios aéreos; os italianos, por exemplo, haviam testado sua utilidade na África do Norte na mesma época. Quando a Grande Guerra teve início, os alemães dispunham de 254 pilotos e 246 aeronaves (Taubes, Albatroses e Aviatiks), os britânicos contavam com 197 pilotos e 113 aviões (Farmans e BE2), e os franceses possuíam quinhentos pilotos treinados e duzentas máquinas prontas para o combate (Caudrons e Morane-Saulniers). A Áustria-Hungria tinha menos de cinquenta aeronaves e a Rússia duzentos aparelhos — embora quase todos sem condições de combate.[58] Os primeiros aviões utilizados eram quase todos monoplanos lentos cuja principal finalidade era o reconhecimento aéreo do campo de batalha.

"INVENÇÕES DO DIABO"

Em alguns casos, os pilotos atuavam como bombardeiros, ainda que fosse uma operação extremamente difícil. Era preciso guiar o aparelho enquanto se mantinha a bomba entre os joelhos, usando uma das mãos para inserir o detonador, mirar soldados ou instalações e então jogar o artefato explosivo. O piloto audacioso de um Taube alemão lançou cinco pequenas bombas sobre Paris em agosto de 1914.

Com o tempo, biplanos mais potentes, mais ágeis e rápidos começaram a ganhar os céus, como o inglês Sopwith Camel, o francês Nieuport 17 e o Albatros alemão. Ainda que precisassem de mais de meia hora para alcançar uma altitude de 1.800 metros, eles agora tinham motores de propulsão montados na frente do piloto e atingiam até cem quilômetros por hora. Em 1915, o aviador Roland Garros equipou sua aeronave com uma metralhadora que atirava por entre as pás da hélice, que eram revestidas de metal para desviar das balas que as atingissem. Após o avião francês ser abatido e capturado, a companhia alemã Fokker conseguiu criar um dispositivo de sincronização que permitia que uma metralhadora fosse instalada na parte dianteira da aeronave e atirasse através do propulsor sem atingir as pás. Os Aliados deram o troco capturando o modelo alemão e criando seu próprio dispositivo. Os novos modelos agora tinham outro objetivo: destruir aparelhos inimigos. Surgiu, assim, a aviação de caça e um novo tipo de piloto: o especializado em perseguir e abater rivais. Quando o aviador alcançava cinco vitórias, recebia o título de "ás". Os britânicos produziram 537 ases, os alemães 367, os franceses 159 e os Estados Unidos 88.[59]

O maior ás da Grande Guerra foi o barão alemão Manfred von Richthofen, com oitenta aviões inimigos abatidos entre setembro de 1916 e abril de 1918. Richthofen iniciou sua carreira no Exército servindo na cavalaria. Em 1915, ele se transferiu para uma unidade de reconhecimento e rapidamente se destacou como piloto, passando a liderar uma esquadrilha, a *Jasta 11*. Em janeiro de 1916, após dezesseis vitórias, ele recebeu a *Pour le Mérite*, a mais alta condecoração alemã, e em seguida tornou-se líder de toda uma unidade, a *Jagdgeschwader 1*, composta de quatro Jastas (as de número 4, 6, 10 e a dele próprio). Sua fama como piloto tornou-se lendária quando passou a pintar seu Albatros D.III todo de vermelho, transformando-se no temido "Barão

Vermelho" — sua imagem mais popular, porém, é pilotando um Fokker DR I, o último modelo de avião que ele utilizou. "Quando derrubo um inglês, minha paixão pela caça se acalma por pelo menos quinze minutos", escreveu Richthofen. Além de abater inimigos, o ás alemão tinha por hábito pousar para recolher parte dos destroços, fossem pás de hélices, metralhadoras, os números de identificação ou objetos pessoais do piloto vencido. "Caçadores precisam de troféus", afirmava. Por sua eficácia, a *Jagdgeschwader 1* passou a ser conhecida por "Circo Richthofen" ou "Circo Voador".[60] Em 21 de abril de 1918, enquanto sobrevoava o Somme, na França ocupada, Richthofen foi atingido pelo aviador canadense Roy Brown — pelo menos esta é a versão oficial; estudos posteriores acreditam que a bala fatal tenha sido disparada por um artilheiro terrestre. Ele conseguiu pousar o avião, mas já estava morto quando tropas australianas chegaram ao local — tinha apenas 25 anos de idade. Sua unidade foi denominada "Esquadrão Richthofen" e ao perder o segundo comandante, em julho de 1918, passou a ser liderada por Hermann Göring, líder da Luftwaffe durante a Segunda Guerra, amigo de Hitler e um dos mais proeminentes nomes do nazismo.

Em 1916 começaram a aparecer aviões cuja finalidade era jogar bombas sobre alvos civis ou militares, e não apenas caçar aeronaves inimigas. Os alemães desenvolveram os bombardeiros Gotha, que passaram a atacar a Grã-Bretanha no ano seguinte. Em Londres, o aviso de ataque aéreo era feito alterando a pressão do gás. Quando as luzes se apagavam e se acendiam duas vezes, todas as cortinas das janelas dos edifícios tinham de ser fechadas. No maior ataque sobre a capital, em junho de 1917, catorze Gothas despejaram cem bombas causando mais de 160 mortes. Até o final da guerra, os bombardeiros alemães jogaram 2.772 bombas sobre as Ilhas Britânicas (mais de 73 toneladas de explosivos), causando 857 mortes e mais de 2 mil pessoas feridas. Em retaliação, os ingleses lançaram mais de 14 mil bombas sobre o território alemão, causando a morte de mais de 740 pessoas e ferindo outras 1,8 mil.

Quando o conflito terminou, a França tinha fabricado mais de 52 mil aviões, a Alemanha 48 mil e a Inglaterra aproximadamente 43 mil. O número de homens mortos em combates aéreos durante a Grande Guerra é estimado em 55 mil.[61]

BLINDADOS E ENCOURAÇADOS

Ao mesmo tempo que a aviação se desenvolvia, novas tecnologias surgiam também na guerra terrestre. E iam muito além dos projéteis e explosivos. Em 26 de fevereiro de 1915, os alemães utilizaram o lança-chamas pela primeira vez, em mais de noventa unidades contra as trincheiras francesas em Verdun. As disposições das trincheiras, porém, não permitiram que o aparelho fosse usado em larga escala, o que não impediu que franceses e norte-americanos também o utilizassem como elemento-surpresa ou em ataques em aldeias ocupadas por unidades remanescentes.

Outra arma a surgir durante a Grande Guerra foi o tanque, que entrou em ação pela primeira vez em 15 de setembro de 1916 como apoio às tropas britânicas no Somme e em Arras, no norte da França. Primeiro foi chamado "destróier-metralhadora", pois consistia basicamente em um carro com espessas chapas metálicas de blindagem que transportava uma ou duas metralhadoras pesadas. O primeiro tanque de combate, o Mark I, foi construído por uma companhia de máquinas agrícolas. Sua finalidade básica era possibilitar o cruzamento de trincheiras, mas o desempenho inicial ficou aquém do esperado; pesando trinta toneladas e portando motores com menos de cem cavalos de força, a velocidade dos primeiros tanques não ultrapassava os seis quilômetros por hora. Além disso, tinham a autonomia de apenas oito horas. Dos 49 tanques preparados para o ataque no Somme, treze sequer alcançaram a linha de partida. Lento, pouco armado e difícil de guiar, era uma presa fácil para a artilharia. Por isso, apenas 10 mil tanques foram construídos até 1918. A contribuição do tanque como máquina de guerra eficiente ficaria para o conflito seguinte e a cargo dos alemães.

Os combates marítimos eram quase tão antigos quanto a própria guerra, mas, assim como no caso das armas de fogo, o poder destrutivo mostrado durante a Grande Guerra foi algo totalmente novo. Depois que uma aliança anglo-germânica fracassou, em 1901, as duas marinhas passaram a disputar a supremacia nos mares na Europa e no mundo. Em 1906, a Marinha Real lançou o revolucionário *dreadnought*, um encouraçado com motores de turbina e canhões de doze polegadas (muito além das quatro polegadas que tinham os de navios anteriores), o que o transformava no mais poderoso vaso de guerra, fortemente blindado, mais rápido e bem armado do que qualquer outro no mundo, capaz de atingir um inimigo a trinta quilômetros de distância. Dois anos depois, a Alemanha estabeleceu como meta a produção anual de quatro navios de guerra do mesmo porte; a Inglaterra respondeu com a produção de oito. Às vésperas da Grande Guerra, os alemães haviam perdido a corrida pelos mares — pelo menos quanto ao poderio de sua esquadra: eles tinham apenas dezesseis *dreadnoughts* contra 28 britânicos. Mas a grande batalha naval do conflito, travada na Jutlândia, no Mar do Norte, em 31 de maio de 1916, foi inconclusiva. A esquadra britânica era composta por 151 navios e a alemã por 103. O número de homens somados se aproximava dos 110 mil. Ao final de um dia de combate, porém, a Alemanha perdera onze navios e pouco mais de 3 mil homens; as perdas inglesas foram muito maiores: catorze belonaves (totalizando 110 mil toneladas, o dobro das perdas alemãs) e 6.768 marinheiros. Mas como a *Kriesgmarine* era consideravelmente mais frágil, as perdas alemãs incapacitaram as ações da esquadra do kaiser por meses, pondo em xeque futuras operações de superfície.[62]

Assim, a partir de 1917 a Alemanha adotou a tática da guerra submarina total, que visava afundar 600 mil toneladas de provisões por mês e forçar a Grã-Bretanha a uma rendição por escassez de alimentos. Navios submersíveis eram desenvolvidos na Alemanha desde os anos 1850, mas em 1914 o país tinha apenas 28 deles em operação. Eram chamados de U-boot (ou U-Boats), do alemão *Unterseeboot*, "barco que navega sob a água". No ano seguinte, eram pouco mais de cinquenta unidades; em 1917, havia mais de 140 em operação; e até o final da guerra pelo menos 375 submarinos haviam sido colocados no mar. As embarcações eram operadas por trinta homens, tinham em média 65 metros de comprimento por oito metros de altura e desenvolviam a velocidade de trinta quilômetros horários. A maioria dos submarinos tinha pouca autonomia e era incapaz de escapar de um ataque com cargas de profundidade. Os modelos mais comuns eram armados com apenas quatro torpedos, o que reduzia sua capacidade destrutiva. Também não eram equipados com canhões de convés, o que os impedia de lutar na superfície — motivo pelo qual mais de duzentos foram perdidos em ação. Só na fase final da guerra é que os grandes U-boots puderam transportar e disparar doze torpedos, levando maior perigo aos navios Aliados. Muito embora tenham causado estragos na frota mercante e em pequenos navios de guerra, a ação dos submarinos alemães foi insignificante como estratégia para derrotar a Marinha Real e vencer o conflito. Para David Stevenson, especialista em Grande Guerra, a contenda travada pelos U-boots foi "aleatória, indiscriminada e calculadamente baseada no terror".[63] Seu resultado mais marcante não atingiu militares. Em maio de 1915, o U-20 do comandante Walther Schwieger torpedeou e afundou o transatlântico britânico *RMS Lusitania*, que fazia uma viagem entre Nova York e Liverpool. Entre os mais de 1,2 mil mortos estavam 128 estadunidenses, o que possibilitou uma mudança na opinião pública norte-americana quanto à neutralidade dos Estados Unidos. Em menos de dois anos, após novos ataques de U-boots a navios mercantes, o presidente Woodrow Wilson declarou guerra ao kaiser.

5 NO FRONT: A GUERRA DE TRINCHEIRAS

Em poucos meses, a Grande Guerra transformou-se em uma guerra estática, travada em trincheiras. Além de viver sob fogo inimigo e com a visão da morte, os soldados sofriam com privações, doenças, ratos e piolhos. Apenas uma única vez houve trégua e esperança de paz, em um Natal, o de 1914. Um soldado alemão sobreviveu às vicissitudes, manteve casos amorosos, escapou da morte e foi condecorado; ele se tornaria um dos homens mais odiados da história: Adolf Hitler.

O Natal de 1914 foi o primeiro da Grande Guerra. Quando o conflito teve início, em agosto, cinco meses antes, muita gente acreditava que todos passariam a festividade, tão cara aos cristãos, em casa. Não obstante batalhas importantes tivessem sido travadas, ainda havia esperanças de que tudo logo acabasse. Quando o fim do ano se aproximou, tentativas de interrupção do conflito surgiram de todos os lados. Um grupo de sufragistas britânicas escreveu uma carta aberta no começo de dezembro pedindo por uma trégua e um acordo de paz. O papa Bento XV, recém-eleito, também pediu formalmente aos governos envolvidos que as armas pudessem "cair em silêncio; pelo menos na noite em que os anjos cantam". Ordens em contrário, no entanto, foram expedidas a todas as linhas de frente. Os britânicos chegaram a anunciar "fogo imediato" a qualquer possível bandeira branca alemã.

Às vésperas do Natal, tropas dos dois lados das trincheiras receberam cartas e caixas de presentes vindas de casa. Além de uma mensagem do rei Jorge V, as tropas inglesas ganharam da jovem filha do monarca, princesa Mary, caixas com bolo de ameixa, manteiga, chocolate, açúcar e cigarros. Os alemães, por sua vez, receberam do kaiser cachimbos, tabaco e árvores de Natal. Na noite do dia 24 de dezembro, de forma espontânea e contrariando ordens superiores, diversos setores nas linhas de frente entre a França e a Bélgica demonstraram atividade pacífica. O silêncio da noite foi quebrado com a cantoria dos alemães, que entoavam a tradicional *Noite feliz*, rapidamente identificada por ingleses, franceses e belgas. Os ingleses notaram, escreveu mais tarde Graham Williams, "que luzes começaram a aparecer ao longo da balaustrada alemã, e estava claro que eram árvores de Natal improvisadas, adornadas com velas acesas, que ardiam constantes no ar silencioso gélido". Árvores de Natal como a que o soldado alemão Carl Mühlegg havia montado depois de percorrer quinze quilômetros atrás de um pinheiro. Ele também se vestiu de Papai Noel, acendeu três velas e desejou paz aos camaradas, ao povo alemão e ao mundo. Comovidos, seus compatriotas deixaram as trincheiras e procuraram os inimigos para a confraternização cristã do nascimento de Jesus. Juntos, soldados de quatro nações cantaram canções natalinas, hinos religiosos e nacionais. Manifestações desse tipo se espalharam em diversos setores ao longo da linha de frente. "Passamos a conversar com os alemães", escreveu o tenente Edward Hulse. "E aqui estamos, rindo e conversando com os homens, que, apenas uma hora antes, estávamos tentando matar", anotou no diário o oficial britânico John Ferguson. "Saí e apertei a mão de vários oficiais e homens inimigos — quando pude constatar que a maior parte deles ficaria tão satisfeita em voltar para casa quanto nós", escreveu Alfred Chater à mãe. Foi uma noite "verdadeiramente mágica", lembrou-se mais tarde o soldado francês François Guilhem, depois de presenciar a cantoria de "chucrutes" e franceses. "Inimigos cheios de ódio e rancor cantavam ao redor de uma árvore de Natal! Por toda a minha vida, jamais esquecerei essa cena", escreveu aos pais o alemão Josef Wenzl.

Na manhã seguinte, soldados alemães deixaram novamente suas trincheiras e se dirigiram às adversárias. Os "comedores de salsicha" ofereceram suvenires aos ingleses, que deram em troca pudins de ameixa. Juntos, enterraram seus mortos, caçaram lebres, cantaram e jogaram uma partida de futebol — que os alemães venceram, segundo algumas fontes. Tréguas semelhantes ocorreram em quase todos os fronts, exceto no sérvio. Na Galícia, austríacos e russos também confraternizaram, trocando fumo, bebida, carne e pão. "Era quase impossível acreditar no que estava acontecendo", observou Johan Davey. Tão impossível que os oficiais ordenaram "que tal atividade, tão oposta à guerra, deveria cessar". E cessou, embora tréguas ocorressem durante mais alguns dias. A chamada "trégua de Natal" envolveu dois terços da linha mantida pelas tropas britânicas que davam apoio ao Oitavo Exército francês, que enfrentava o Quarto e o Sexto Exércitos alemães. O número de soldados nos dois lados é estimado em 100 mil. Em 2005, o último sobrevivente da trégua morreu na Escócia: Alfred Anderson tinha 108 anos de idade.[64]

A VIDA NAS TRINCHEIRAS

As grandes potências europeias permaneceram um período relativamente longo sem travar combates entre si no solo do Velho Mundo — pelo menos quatro décadas, como visto no primeiro capítulo. Quando a Grande Guerra teve início, os generais, em sua maioria, ainda acreditavam que um bom número de soldados bem treinados poderia fazer a diferença para vencer batalhas. "Deem-me 700 mil homens e eu dou uma volta na Europa", gabou-se o general francês Édouard de Castelnau. As experiências dos pequenos conflitos anteriores, principalmente as guerras balcânicas (1912-3), não serviram de aprendizado ou alerta. Assim, não obstante o ímpeto inicial dos alemães na Frente Ocidental, em pouco mais de dois meses os exércitos simplesmente ficaram imobilizados. Todas as estratégias de ataques rápidos e decisivos fracassaram diante do poder de fogo da artilharia e das novas armas. A solução encontrada para resistir foi começar a cavar fossos. A partir de outubro de 1914, franceses, belgas e britânicos de um lado e alemães do outro se viram "atolados" em trincheiras, sem poder seguir adiante. Para avançar e conquistar poucos metros de terreno era preciso meses de batalha. Em um ano ficou claro que a vitória não dependia mais apenas de homens, mas de armas. O resultado foi um impasse insolúvel que duraria até 1918; e uma carnificina sem igual.

Em 1915, havia trincheiras do Canal da Mancha até os Alpes suíços, do Báltico aos Cárpatos; mais de 2.100 quilômetros de buracos e túneis. Em alguns setores, as escavações se prolongavam de forma ininterrupta por mais de vinte quilômetros, em outros passavam de 160 quilômetros. Em um primeiro momento eram primitivas, mas, à medida que a guerra se estendia, um complexo sistema foi sendo aprimorado. A chamada "linha de frente", disposta diante do exército inimigo, possuía três linhas de trincheiras, que eram cavadas com uma distância de dezoito metros entre elas – todas em zigue-zague, para proteger os soldados de explosões ou permitir um contra-ataque caso um setor fosse ocupado pelo adversário. A primeira linha servia às sentinelas; na segunda ficavam as unidades principais; e uma terceira linha servia de apoio à segunda. A profundidade variava conforme o terreno, podendo ter de 1,80 metro até nove metros de fundura, como as construídas pelos alemães no Somme, França. Um ou dois quilômetros atrás da linha de frente ficava disposta uma segunda linha de trincheiras, fortemente defendida com arame farpado e metralhadoras pesadas. Mais alguns quilômetros retaguarda adentro era construída uma terceira linha de trincheiras, onde ficavam os postos de comunicação, com abrigos antibombas, companhias de reserva e contra-ataque e a artilharia pesada. De certa forma, o arame farpado era uma novidade. Embora seu uso para fins militares tenha sido observado na Guerra Franco-Prussiana, em 1870, foi somente com a Grande Guerra que se começou a produzir arame farpado especial para as linhas de frente. O fio usado para agropecuária tinha, em média, sete pares de farpas por metro; o de uso militar foi produzido com catorze farpas por metro. Com o novo arame, barreiras eram construídas diante das trincheiras, geralmente com nove metros de largura.[65]

Entre as duas linhas de frente inimigas estava a "terra de ninguém". A expressão era usada no medievo europeu para descrever uma área sem dono que ficava fora dos muros de Londres, onde ocorriam as execuções. Em 1915, quando o oficial britânico Lionel Tennyson ameaçou atirar em soldados que retornassem prematuramente de patrulhas enviadas às áreas não ocupadas pelos exércitos, a expressão "terra de ninguém" passou a denominar o espaço entre trincheiras rivais. Em algumas frentes a terra de ninguém tinha apenas nove metros; em fronts menos importantes chegava a um quilômetro. Em média, no entanto, a distância ficava entre noventa e 360 metros. Não é preciso dizer que não havia vida na terra de ninguém, nem uma única árvore, nem um só centímetro escapava da destruição. "Não existe nada mais do que barro e imensas crateras de bombas, em cujo fundo repousam centenas de cadáveres", escreveu à esposa o tenente-coronel britânico Rowland Fielding.

Manter uma posição conquistada e viver em uma trincheira na linha de frente não era tarefa fácil. Em guerras anteriores, soldados lutavam por um ou dois dias no campo de batalha, retirando-se ou avançando em seguida. Com a guerra estática de 1914-8, porém, era preciso permanecer sob fogo inimigo por um tempo infinitamente maior e em condições de penúria, podendo passar dias com pouca alimentação ou mesmo sem comida alguma. A dieta era baseada em carne em conserva, bolachas, pão e geleia — e, pelo menos em um primeiro momento, contava com alimentos enviados por familiares, o que, no entanto, passou a ser cada vez mais raro à medida que também começou a faltar comida em casa. Como se isso não bastasse, trincheiras profundas costumavam se encher de água com as chuvas torrenciais. Quando não estavam com as roupas encharcadas ou com água até a cintura, os soldados podiam permanecer horas, dias ou meses sobre a lama — ou sob nevasca. O resultado, invariavelmente, era o "pé de trincheira", uma doença comum que aparecia quando os pés ficavam por muito tempo imersos em água ou expostos a locais úmidos e frios. Além de dormência e inchaço, o pé de trincheira podia causar gangrena, o que era fatal. As trincheiras e os alojamentos de retaguarda tinham melhores condições. Principalmente aqueles que acomodavam oficiais. Como era permitido confiscar o que quisessem de casas e apartamentos da população civil, o produto do saque mobiliava os abrigos, de fogões a lenha e camas a utensílios domésticos. As paredes eram decoradas, claro, com ilustrações de mulheres seminuas recortadas de revistas francesas.

"Quatro semanas numa trincheira, sem uma casa, jornal ou banho, nos fatigaram a todos", escreveu à esposa e à filha William Guy Lamont, pastor de Russel, no Kansas, Estados Unidos.[66] "Em uma cratera de bomba", continuou ele, narrando o fim de uma batalha em 1918, "vi sete rapazes amontoados. Um deles era um primeiro-tenente. Cabeças estouradas, uma perna jazia a dez metros de distância, braços mutilados. Os corpos estavam espalhados por quilômetros, empilhados em uma e outra parte. Em alguns lugares, havia tantos alemães mortos que se podia caminhar sobre eles, dizimados de todas as formas imagináveis". Lamont também contou à família como era dormir em meio a corpos insepultos de batalhas anteriores: "Uma noite, eu estava em uma trincheira alemã na Linha Hindenburg e usava uma enxada e uma pá para arrumar um lugar para dormir. Justamente quando parecia confortável, desencavei um alemão que fora enterrado na beira da trincheira, de tal modo que tive de mudar de lugar uns três metros, onde me acomodei a contento e fiquei por três noites. Bem ao lado dessa 'cama', a cerca de três metros do barranco, dois alemães foram enterrados e, de outro lado, a alguns poucos metros, havia outro insepulto. Quando parti, ele ainda estava no mesmo lugar".

A inglesa Florence Farmborough, que atuava como enfermeira no Exército russo, observou um campo de batalha às margens do rio Dniester: "Encolhidos, esticados, com os rostos no chão. Austríacos e russos, lado a lado. Corpos mutilados manchando o solo [...] uma visão horrível [...] um soldado russo, pendurado no arame farpado, estava com as pernas dobradas sob o corpo. Moscas infestavam as feridas abertas e cheias de vermes. [...] Esses 'amontoados', poucas horas antes, tinham sido seres humanos, de carne e osso. Homens jovens, fortes, cheios de vida".[67] Milhares de corpos insepultos atraíam companheiros indesejáveis para o soldado preso a uma trincheira: os roedores. "Existem milhões de ratazanas nas trincheiras, algumas enormes, quase tão grandes quanto os gatos. Muitos de nossos homens, ao acordar, se deparam com um rato escondido debaixo de seus cobertores", escreveu o tenente-coronel britânico Walter Vignoles. Um soldado francês relatou que um colega, durante uma patrulha, ao avistar rapazes abatidos por metralhadoras, "viu enormes ratos saindo debaixo de seus casacos desbotados. Estavam gordos da carne humana de que se alimentavam. Com o coração batendo, ele se aproximou rastejando de um morto. O capacete tinha rolado. O morto ostentava uma careta na face desprovida de carne; o crânio pelado, os olhos comidos. Uma dentadura caíra em sua camisa decomposta e, da boca, escancarada, saltou um animal imundo". "Quase toda manhã um desses bichos malditos e enormes aparecia, sentava-se nas pernas traseiras e roía alguma coisa", escreveu Thomas McIndoe. "Eu costumava mirar e mandar uma chuva de balas. Fazia picadinho deles." Os piolhos também eram um problema. Ao visitar a família na Inglaterra, o soldado Huber Trotman precisou tirar punhados de piolhos das axilas. "Tínhamos mais piolhos do que um bando inteiro de macacos", lembrou.[68]

Além de visitar a família ou os pais, o tempo de licença era gasto com jogos de futebol, visitas a cantinas e cafés e, principalmente, a bordéis. Licenças especiais de uma semana podiam ser concedidas a oficiais mediante preenchimento de requerimento. O capitão britânico Cyril Dennys lembrou que, certa vez, um colega de farda informou o motivo do pedido, "sem um pingo de vergonha": fome e sexo. Mas não eram apenas as chamadas relações "naturais" que circulavam na frente de combate. Não obstante os manuais militares britânicos proibissem os soldados de "se satisfazerem sexualmente entre si", pelo menos 270 soldados e 22 oficiais foram levados à Corte Marcial por "atos de indecência com outro homem". Na Inglaterra, a descriminalização da homossexualidade só ocorreria em 1967. Na Alemanha, o artigo 175 do Código Penal condenava à prisão e à perda dos direitos civis tanto homossexuais quanto pessoas que praticassem sexo com animais — o artigo, instituído em 1872, só foi revogado em 1994. Um comitê de estudos sobre homossexualidade existia no país desde 1897, criação do sexólogo judeu-alemão Magnus Hirschfeld. Durante a guerra, uma "Liga para os Direitos Humanos", que buscava descriminalizar a homossexualidade, foi criada e chegou a contar com 100 mil membros, dos quais cerca de 25 mil eram mulheres. Em 1916, o comitê de Hirschfeld publicou as cartas que um soldado identificado apenas como "S." enviava da Rússia, onde morreu, ao namorado na Alemanha. A proibição do relacionamento gay no Exército alemão estava na pauta: "É deplorável que, por causa de uma lei míope, a pátria ainda torne impossível que bons cidadãos, pessoas com excelente caráter, sintam-se iguais aos outros".[69] O movimento pela causa homossexual no pós-Grande Guerra na Alemanha teve fim quando os nazistas tomaram o poder; o trabalho de Hirschfeld foi destruído e ele precisou se refugiar na França, onde acabou assassinado pela Gestapo.

O tempo de licença ou folga das trincheiras também era destinado a ler ou escrever cartas para casa. O Exército britânico entregou diariamente 7 mil sacos de correspondências e 60 mil pacotes durante a Grande Guerra. Os soldados alemães receberam 9,9 milhões de cartas e enviaram outras 6,8 milhões para amigos e familiares — durante a Guerra Franco-Prussiana, em 1870, haviam sido apenas 500 mil cartas.[70]

O CABO DO REGIMENTO BÁVARO

Antes da eclosão da guerra, em janeiro de 1914, o certificado de baixa de Adolf Hitler o descreveu como "inapto para o serviço militar e para o serviço de auxiliar do Exército, muito fraco. Incapacitado". A guerra mudou as coisas. Quando a mobilização de tropas teve início, ele enviou uma carta diretamente ao rei Ludwig II da Baviera solicitando ser convocado. Na agitação que se seguiu à declaração de guerra, mesmo sendo austríaco, Hitler acabou aceito e recebeu como resposta ordens para se apresentar ao 16º Regimento Bávaro de Infantaria de Reserva, o "Regimento List", em Munique, onde serviria durante os quatro anos seguintes.

Nascido em 1889, na fronteira austríaca com a Alemanha, Hitler era filho de um funcionário de alfândega do Império Austro-Húngaro, Alois Hitler, e de uma doméstica, Klara Pölzl. Quando o pai morreu, em 1903, um desocupado Hitler começou sua peregrinação pelo império do velho Francisco José I. Chegou a Viena em 1907, onde tentou se estabelecer como pintor. Foi reprovado duas vezes no exame de admissão da Academia de Belas-Artes, tendo sobrevivido por certo tempo vendendo aquarelas dos prédios históricos da capital. Em maio de 1913, Hitler deixou Viena para morar em Munique, capital do reino da Baviera, no então Império Alemão. Tinha 24 anos. Por coincidência, na capital bávara, Hitler ocupava o quarto de número 3 em um apartamento na rua Schleissheimer, 34, no bairro Schwabing, a poucos passos de onde Lênin residira anos antes, no número 106.[71]

No Exército, depois de um período de treinamento, Hitler foi enviado para a linha de frente, na Bélgica. Em *Mein Kampf*, ele registrou sua primeira experiência na guerra, seu "batismo de fogo", em 29 de outubro de 1914, na primeira batalha de Ypres: "Então começou o concerto das balas e o estrondo dos canhões, os gritos e gemidos dos homens, e cada um se sentiu tomado pelo calor da batalha, olhos febris, indo em frente, sempre mais depressa, até que afinal subitamente o combate se precipitou mais adiante, além dos campos de beterraba e sebes, na luta corpo a corpo".[72] Ypres foi uma das mais sangrentas batalhas da primeira fase da guerra. Do regimento de Hitler, cujo efetivo inicial era de 3,6 mil homens, as baixas foram superiores a 70%. Ele mesmo afirmou em carta ao amigo Joseph Popp, com quem compartilhava o quarto em Munique, que haviam sobrevivido ilesos apenas seiscentos companheiros. Poucos dias depois, em 3 de novembro de 1914, Hitler foi promovido a cabo, sua primeira e última promoção. Os superiores o descreveram como "um homem calmo", um "sonhador". Às vezes, escreveu um companheiro de trincheira, com um "quepe enterrado na cabeça permanecia sentando num canto, mergulhado em seus pensamentos, e ninguém do nosso regimento era capaz de tirá-lo de sua apatia". Hitler atuava como mensageiro entre o Estado-Maior do regimento e os postos avançados na linha de frente, o que o deixava exposto a perigos como o fogo da artilharia inimiga. Ele foi ferido em duas oportunidades. Em 1916, em Le Barqué, foi alvejado na coxa esquerda e, por isso, transferido para um hospital próximo a Berlim, onde permaneceu por cinco meses. Na noite de 13 para 14 de outubro de 1918, próximo a Ypres, quando os ingleses atacaram a linha de frente com gás mostarda, Hitler, que se encontrava em uma colina em Wervik, foi atingido pelos efeitos de granadas tóxicas e perdeu a visão. No dia 21, ele foi enviado para o hospital militar em Pasewalk, na Pomerânia, onde permaneceu até o final da guerra.

Ainda que jamais tenha conseguido alcançar patente superior à de cabo — segundo seus superiores, por lhe faltar capacidade de liderança; na opinião de Churchill, por não passar de um "soldadinho" —, Hitler foi condecorado por bravura várias vezes. Duas delas com a *Eiserne Kreuz*, a "Cruz de Ferro", importante honraria militar alemã. A primeira condecoração, a Cruz de Ferro de Segunda Classe, ele recebeu logo no começo da guerra, em dezembro de 1914. A segunda, a Cruz de Ferro de Primeira Classe, algo raro para um cabo, foi concedida a Hitler em agosto de 1918, quando a guerra já chegava ao final. Curiosamente, a indicação para a premiação partiu do tenente Hugo Gutmann, que era judeu. Em 1939, fugindo do nazismo, Gutmann deixou a Alemanha, voou até Lisboa e de lá para os Estados Unidos. Hitler recebeu ainda a Cruz de Mérito Militar, em 1917, a Distinção por Ferimento *Schwarz mit Schwertern*, a Medalha Militar por Longo Tempo de Serviço de Terceira Classe e um "Diploma do Regimento" por bravura em ação em Fontaine, em 1918.[73] Como escreveu mais tarde, para ele próprio a Grande Guerra foi "a maior de todas as experiências".

Um acontecimento supostamente ocorrido com Hitler durante a Grande Guerra, dois meses antes do final do conflito, teve repercussão direta no destino da Europa e do mundo. Em 28 de setembro de 1918, quando os alemães começavam a recuar após um combate feroz em Marcoing, a meio caminho entre Arras e Saint-Quentin, no norte da França, Henry Tandey, que servia no Regimento Duque Wellington, cruzou com um cabo alemão ferido. Parado em frente a ele, o inimigo ficou imóvel, aguardando que Tandey atirasse. O inglês, do condado de Warwickshire, empunhou o rifle, fez pontaria, mas não atirou. O alemão assentiu com a cabeça em sinal de agradecimento e desapareceu na confusão que se instalara entre as tropas germânicas. Embora ferido, Tandey silenciou uma metralhadora alemã e possibilitou o contra-ataque britânico que tomou a posição do inimigo. Por sua ação destemida, ele recebeu a Cruz da Vitória, a mais alta condecoração do Grã-Bretanha por bravura em combate, das mãos do próprio rei Jorge V, em dezembro de 1919 — Tandey seria agraciado também com a Medalha de Conduta Distintiva e a Medalha Militar. A notícia da condecoração de Tandey foi amplamente divulgada pelos jornais britânicos, e, aparentemente, o cabo Adolf Hitler teria recortado e guardado a nota.

A história ressurgiu em 1937, quando Hitler, já como Führer, viu a cópia de um quadro do italiano Fortunino Matania que retratava um soldado inglês carregando um companheiro ferido, próximo a Menin, no norte da França. A pintura original fora encomendada a Matania pelo regimento Green Howards, de Yorkshire, em 1923, e uma cópia fora dada ao dr. Otto Schwend, oficial médico alemão que servira na França durante a guerra e atendera um tenente-coronel britânico do regimento. Hitler teria associado a foto de Tandey do jornal que ele recortara com a pintura de Matania. Em 1938, quando o primeiro-ministro britânico

O cabo Adolf Hitler (1889-1945), à esquerda, sentado, com colegas de um regimento bávaro, em 1914. Hitler serviu por mais de quatro anos, sendo condecorado diversas vezes. A Grande Guerra, escreveu ele mais tarde, foi "a maior de todas as experiências".

REPRODUÇÃO/NATIONAL ARCHIVES CATALOG

Neville Chamberlain se reuniu com Hitler no Berghof para tratar da questão dos Sudetos, o ditador alemão teria dito: "Esse homem esteve tão perto de me matar que pensei que nunca mais veria a Alemanha. A Providência me salvou". Hitler teria pedido a Chamberlain que encontrasse Tandey e transmitisse uma mensagem de agradecimento. Não se sabe se o primeiro-ministro fez contato com o ex-soldado, que então trabalhava em uma fábrica de automóveis — pelo menos nada ficou registrado. Certo é que Tandey soube da história e durante a Segunda Guerra relatou à imprensa que não era algo incomum evitar matar soldados feridos — principalmente nos últimos meses de guerra, quando se esperava por um armistício. Ele lamentou, no entanto, ter poupado a vida de alguém que tantos danos causava à Inglaterra. Tandey morreu em 1977, aos 86 anos de idade. Seu corpo foi cremado e as cinzas enterradas no cemitério inglês em Marcoing. Não obstante seja popular entre os ingleses, a história é contestada por muitos historiadores pelo simples fato de que Hitler poderia não estar em Marcoing. David Johnson, que escreveu uma biografia de Tandey, acredita que tudo não passou de uma confusão sobre a qual se criou um mito. Em agosto de 1918, o batalhão de Hitler foi movido para Cambrai a fim de ajudar a conter a ofensiva britânica em Bapaume, mas, em setembro, tinha retornado para a área de Ypres, em Wytschaete e Messines, a mais de 120 quilômetros de onde Tandey estava lutando, e teria deixado escapar um soldado alemão.[74]

Os relacionamentos amorosos de Hitler durante sua estadia na França ocupada também são motivo de controvérsias. Pelo menos três mulheres tiveram algum envolvimento com o futuro líder alemão. A pista sobre uma delas veio do próprio Hitler. Em 1940, enquanto o Exército alemão avançava pela França novamente, em visita aos campos de batalha da época da Grande Guerra, Hitler teria perguntado a Max Amann, que o acompanhava e servira como sargento no Regimento List, onde estaria "Madeleine". Amann não soube responder, mas depois da Segunda Guerra os historiadores franceses Jean-Michel Charlier e Jacques de Launay saíram em busca de Madeleine. Encontraram informações em Comines: a moça de quem Hitler se lembrara era filha do dono de um bistrô, ponto de encontro dos soldados alemães em licença durante a guerra. Hitler frequentara o local, mas, ao que parece, nunca teve algo sério com Madeleine. Em Comines, porém, Charlier e Launay encontraram outra história, a de Héléna Leroy, que trabalhara como cozinheira em Wavrin, próximo a Lille, com quem o cabo teve um contato muito próximo durante quase dois anos, entre 1915 e 1917. Depois que Hitler deixou a região, Leroy deu à luz um filho. Os historiadores concluíram que o filho seria de Hitler. Especialistas chegaram a identificar alguma semelhança entre o rebento de Leroy e o líder alemão, mas nunca foram encontradas provas concretas. Leroy morreu em 1963.[75]

O suposto caso com Charlotte Lobjoie, uma camponesa de dezesseis anos de idade, do Aisne, continua rendendo especulações. Nos anos 1970, Jean-Marie Loret entrou em contato com o historiador alemão Werner Maser afirmando que, durante a Segunda Guerra, oficiais alemães o teriam procurado e examinado, motivo pelo qual a mãe lhe revelara a identidade do pai logo após o fim do conflito: "o nome do seu pai é Hitler". O encontro sexual entre Lobjoie e Hitler teria ocorrido em junho de 1917, em Fournes-in-Weppe, ao norte da Picardia, tendo como resultado o nascimento de Jean-Marie em março de 1918. Familiares de Lobjoie, no entanto, negaram a história, afirmando que Charlotte teria mantido um caso amoroso com um soldado alemão, mas este seria um tenente e com certeza não era Hitler. Não se dando por satisfeito, Maser, que era um respeitado pesquisador da vida do Führer, conseguiu que a Universidade de Heidelberg, na Alemanha, realizasse um teste de DNA, mas o resultado não confirmou as expectativas de Loret e Maser.

Loret, que escreveu um livro sobre sua história de vida, *Ton père s'appelait Hitler* [O nome do seu pai era Hitler], morreu em 1985. Maser faleceu em 2007, ainda acreditando que Hitler fosse realmente o pai de Loret. Em 2018, a casa de leilões Weidler, de Nuremberg, anunciou que uma tela de 63x48 centímetros contendo a assinatura "A. Hitler" iria a leilão.[76] Maser a havia intitulado *Retrato de uma garota* e afirmado que a mulher na pintura, uma jovem com um lenço vermelho na cabeça e uma camisa aberta que expunha parte do seio esquerdo, seria Charlotte Lobjoie. A tela é tida como verdadeira, mas a identidade da mulher que teria servido de modelo é motivo de contestações.

6 MISCELÂNEA DE SOLDADOS

Durante a Grande Guerra, os exércitos combatentes eram um conjunto confuso de etnias e nacionalidades. Além de milhares de africanos terem sido recrutados para lutar na Europa, venezuelanos e germânicos combateram no Exército otomano, 14 mil índios lutaram no Exército dos Estados Unidos e 900 mil indianos no britânico. As Forças Armadas da Áustria-Hungria incluíam soldados de treze nacionalidades e doze grupos religiosos diferentes. Pombos e cães também atuaram como soldados, e o uso de drogas, como a cocaína em comprimido, era generalizado.

Não obstante a Grande Guerra ter iniciado na Europa, em pouco tempo as potências beligerantes perceberam que o material humano de que dispunham em suas colônias era essencial para seu "esforço de guerra" — além disso, manter colônias e protetorados era importantíssimo por questões estratégicas e econômicas. Dessa forma, populações na África, na Ásia e na América foram convocadas para compor exércitos europeus ou combater por europeus em teatros de operações que França, Grã-Bretanha e Alemanha consideravam vitais. A França "alistou" mais de 600 mil homens em suas colônias na África. A Bélgica fez o mesmo, embora com números mais modestos. Pelo menos 150 mil africanos serviram na Frente Ocidental com as forças francesas e belgas. Aproximadamente 30 mil morreram em combate. Foi inclusive um regimento marroquino o mais condecorado do Exército francês. Depois de 1917, com a Revolução de Fevereiro e a queda do tsar, muitos soldados russos leais aos Románov também se alistaram e passaram a lutar no Exército francês.

O Império Britânico, por sua vez, sequer teria exército não fossem suas colônias além-mar. Desde 1907, Canadá, Austrália, Nova Zelândia e África do Sul, com população branca e fortes ligações com a Grã--Bretanha, receberam "autonomia interna" e passaram a se denominar "domínios", ou seja, em questões internacionais ainda eram obedientes à Coroa em Londres. Quando a guerra teve início, os domínios enviaram grandes contingentes de soldados para o continente europeu. Pelo menos 458 mil canadenses lutaram ao lado dos ingleses, além de 332 mil australianos, 112 mil neozelandeses, 8 mil soldados da Terra Nova, 136 mil sul-africanos brancos e outros 75 mil não brancos (engajados no Corpo de Trabalho de Nativos Sul-Africanos, SANLC, na sigla em inglês). Também serviram ao rei inglês 140 mil irlandeses e 16 mil caribenhos. A África Oriental Britânica e a África Ocidental Britânica colaboraram enviando 59 mil combatentes. A fim de combater pela França ou pela Grã-Bretanha, aproximadamente 2 milhões de africanos foram recrutados durante a Grande Guerra, muitos atuando como soldados, mas a maioria servindo como carregadores e trabalhadores braçais — principalmente no leste da África, onde a taxa de mortalidade dos trabalhadores foi de 20%, maior até mesmo que a de soldados britânicos mortos. Na Europa, cerca de 10% dos soldados africanos não sobreviveram à guerra. A Inglaterra ainda detinha poder e influência direta sobre a Índia, importantes portos na Ásia e enorme quantidade de território no continente africano. Em tempos de paz, a Índia, com uma população de mais de 300 milhões de habitantes, era administrada por apenas 1,2 mil funcionários públicos brancos, setecentos policiais e 77 mil soldados britânicos. No Egito, a situação era semelhante, alguns poucos burocratas e 4 mil soldados britânicos geriam um país com mais de 12 milhões de habitantes. Quando a Grande Guerra estourou, os indianos foram conclamados a contribuir. Nada menos do que 1.440.437 soldados indianos serviram na Europa ou no Oriente Médio, sendo que 877.068 eram combatentes. Destes, 49 mil foram mortos em combate — 29 mil somente na Mesopotâmia. A Índia também contribuiu com o esforço de guerra aliado fabricando 555 milhões de balas e mais de 1 milhão de projéteis. Mais de 55 mil indianos serviram no Corpo de Trabalho Indiano como alfaiates, sapateiros, lavadores de roupa, açougueiros, padeiros e carpinteiros.[77]

Os Estados Unidos não tinham colônias, era um país de nativos, ex-escravos e imigrantes. Às vésperas da guerra, sua população total era de 92 milhões de habitantes, dos quais cerca de 2,5 milhões haviam nascido na Alemanha. Quase 6 milhões tinham pai ou mãe alemães, ou ambos. Pelo menos 522 jornais e revistas em língua alemã circulavam no país. Por isso, a opinião pública estadunidense demorou a tomar partido; não obstante o governo se alinhasse com a aliança anglo-franco-russa, parte importante da população tinha ligações com Alemanha e Áustria-Hungria. De toda forma, quando a Grande Guerra terminou, os Estados Unidos tinham cerca de 2 milhões de soldados estacionados na França, muitos dos quais haviam lutado contra o país de seus pais e avôs. Pouco mais de 10% do Exército estadunidense, no entanto, era composto por afrodescendentes e membros de tribos indígenas. Pelo menos 200 mil eram negros, os chamados *Buffalo Soldiers*, "soldados búfalo", que, por causa da segregação, serviram todos em uma única unidade, a Nonagésima Segunda Divisão de Infantaria — a expressão havia sido cunhada no final dos anos 1860 por nativos americanos, e os negros adotaram não apenas o apelido, mas também o emblema, pois o desenho de um búfalo identificava a divisão. Os índios norte-americanos também participaram do esforço de guerra do país. Dos 17.313 alistados, pelo menos 14 mil foram enviados à França (6 mil osagues e quapaws, 4 mil sioux, 1,9 mil cherokees, 1 mil chippewas, novecentos cheyennes e duzentos indígenas de outras tribos).[78] Antes mesmo da entrada dos Estados Unidos na guerra, em 1916, voluntários norte-americanos criaram na França a esquadrilha N124, por eles denominada de *Escadrille La Fayette*, em homenagem ao marquês francês que lutara ao lado dos Estados Unidos na Guerra de Independência Americana. A unidade com quase trinta pilotos, composta por aviões Nieuport 11, tinha na insígnia a cabeça de um índio sioux — o comandante era o capitão francês Thénaul. Com a entrada dos Estados Unidos na guerra, em 1917, o tenente-coronel William Thaw assumiu a esquadrilha. Quando a guerra terminou, 267 estadunidenses haviam lutado pela aviação francesa — 52 deles morreram em combate.[79]

Os exércitos das Potências Centrais — Alemanha, Áustria-Hungria e Império Otomano — também eram uma miscelânea étnica. As Forças Armadas austro-húngaras incluíam homens de treze nacionalidades e doze grupos religiosos diferentes (entre cristãos, muçulmanos, judeus e outras minorias). Os otomanos também contavam com grande número de soldados de etnias e comunidades religiosas distintas. Mas também com voluntários de outros países, como o venezuelano Rafael Inchauspe de Nogales Méndez, engajado na cavalaria. Ele já havia lutado na Guerra Hispano-Americana em 1898, no próprio país em 1904, e na Guerra Russo-Japonesa no ano seguinte — além de procurar ouro no Alasca e trabalhar como vaqueiro nos Estados Unidos. Quando a Grande Guerra iniciou, Méndez se dirigiu para a Europa, tentou entrar no Exército belga e, não sendo aceito, partiu para a Bulgária e depois para a Turquia, onde serviria durante todo o conflito. O general prussiano Otto Liman von Sanders chegou a Istambul em 1913, sendo guindado ao posto de marechal otomano. Era neto de um judeu-alemão convertido ao cristianismo e um dos muitos oficiais alemães enviados para o Oriente Médio. Von Sanders era o comandante do Quinto Exército Otomano quando os Aliados tentaram tomar Galípoli, em 1916.

As tropas alemãs na Europa eram mais homogêneas, embora contassem com alemães étnicos, assim chamados por habitarem regiões que não faziam parte do Império Alemão. No Continente Negro, os germânicos também recrutaram a população nativa. Na África Oriental Alemã (hoje Tanzânia, Burundi e Ruanda), o general Paul Emil von Lettow-Vorbeck nunca foi derrotado. Seu exército era composto de apenas 3 mil soldados alemães, 12 mil guerreiros africanos e outros 45 mil carregadores. Dada a inferioridade numérica, Lettow-Vorbeck usou da tática de guerrilha para atacar fortes, ferrovias e postos de comunicação de possessões britânicas no sul da África. O médico alemão Ludwig Deppe observou: "Já não somos os agentes da cultura; nosso caminho é marcado pela morte, pelo roubo e por aldeias devastadas". Quando Lettow-Vorbeck se rendeu em Abercorn, na Rodésia do Norte, em 23 de novembro de 1918, após quatro anos de luta restavam duzentos alemães e 3 mil africanos.[80] Os britânicos haviam perdido mais de 3 mil soldados indianos e outros 2 mil africanos.

Em um mundo com políticas ultranacionalistas, um caleidoscópio étnico só poderia gerar preconceitos. O cirurgião estadunidense Harvey Cushing achava que os belgas usavam "pompons ridículos" no uniforme e que os russos não sabiam trabalhar, muito menos lutar. Os britânicos, de modo geral, se referiam às pessoas do Mediterrâneo, de países como Itália, Espanha e Portugal (os "latinos", de pele morena), como *"dagos"*, uma gíria desdenhosa e preconceituosa. Os alemães eram chamados por eles de "chucrutes", "bárbaros" ou "Munsters", um trocadilho com a cidade de Münster, na Alemanha, onde fora assinada a Paz da Vestfália em 1648, e *monsters*, "monstros" em inglês. Os judeus eram excluídos do corpo de oficiais tsaristas, assim como poloneses, bálticos e asiáticos, que, em geral, não podiam exceder 25% de um regimento russo. No Exército alemão, os alsacianos eram discriminados; os otomanos faziam o mesmo com os sírio-arábicos. Na Itália, soldados nascidos no sul do país eram malvistos; o mesmo ocorria com os franceses, que consideravam os soldados originários do sul menos aptos para lutar. O Exército persa era treinado e liderado por oficiais suecos, depois por alemães. Os asiáticos geralmente eram considerados inferiores aos europeus; um soldado alemão escreveu que os japoneses eram "macacos amarelos ladrões".

Ingleses e franceses chamavam a si mesmos de *"tommies"* e *"poilus"*. A origem do termo inglês vem de "Tommy Atkins", nome fictício usado em formulários do Exército britânico para demonstrar como os documentos deveriam ser preenchidos. A expressão francesa surgiu na Era Napoleônica para designar soldados de infantaria, os "peludos", aparência física dos soldados de então, que usavam barbas e bigodes.

"O BOM SOLDADO MATA SEM PENSAR"

Quando o conflito se espalhou e não foi mais possível fazer a paz, o ministro da Guerra prussiano Erich von Falkenhayn afirmou que "mesmo que tenhamos que morrer, vale a pena". Um entusiasmo patriótico correu a Europa inteira. Até mesmo o psicanalista Sigmund Freud, escrevendo ao amigo Karl Abraham, não pensava diferente dos militares nacionalistas. "Pela primeira vez em trinta anos, sinto-me um austríaco e sinto como se estivesse dando a este império não muito promissor uma nova oportunidade. Em todos os lugares, o moral é excelente", observou o médico que também servira no Exército austro-húngaro quando jovem.[81] Três filhos de Freud foram à guerra: Martin, Oliver e Ernst. Os dois mais novos estavam em casa quando a Áustria-Hungria pediu o armistício, mas Martin, o mais velho, permaneceu prisioneiro na Itália até fevereiro de 1919. Depois de quatro anos de carnificina, Freud mudara de ideia. Como ele, a maioria dos homens descobrira que não sabia por que lutava ou que o motivo pelo qual lutava não valia o sacrifício. Os soldados russos, predominantemente camponeses recrutados à força, mal sabiam o motivo da guerra. Uma canção inglesa popular nas trincheiras explicava bem o sentimento de muitos: "Estamos aqui porque estamos aqui porque estamos aqui porque estamos aqui".

A desilusão foi maior quando os soldados descobriram que não eram mais do que números em uma mesa com mapas de operações. O tenente-coronel da Décima Nona Divisão de infantaria otomana, Mustafá Kemal, tentando repelir o ataque de soldados Aliados em Galípoli, na Turquia, despachou para a frente de combate o Quinquagésimo Sétimo Regimento sem munição e em número bastante reduzido: "Eu não estou dando ordem para vocês atacarem, estou ordenando que morram". A ideia de invadir a Turquia pelo estreito de Dardanelos partira do Primeiro Lorde do Almirantado, Winston Churchill. Quase meio milhão de soldados Aliados foram mobilizados para a campanha — entre eles, indianos, neozelandeses, australianos e senegaleses. Mas a invasão, que deveria contar com um ataque anfíbio, foi mal planejada e inabilmente executada. Quando Churchill se deu por vencido e precisou ordenar a evacuação das praias, em dezembro de 1915, as baixas chegavam a 250 mil soldados, com 50 mil mortos. "O desastre foi acachapante", escreveu o historiador inglês Ian Kershaw.[82] Kemal, pelo contrário, afirmou sua reputação de herói nacional. Ativo na revolução que derrubara o sultão Abdul Hamid II em 1908, mais tarde, ao fim da guerra, Kemal liderou o Movimento Nacional Turco que pôs fim ao Império Otomano, tornando-se o primeiro presidente da República da Turquia, em 1923. Ficou conhecido como *Atatürk*, "pai dos turcos".

Com o transcorrer do tempo, a morte de soldados desconhecidos causava pouco pesar entre os combatentes. "Essa indiferença talvez seja a melhor reação que pode ter um homem no meio de uma batalha", escreveu um soldado francês. "O longo período de emoções muito fortes finalmente chegou ao fim, com a morte da própria emoção." A insensibilidade também. "Foi uma cena celestial vê-lo cair para a frente", confidenciou ao diário, em 1915, um soldado britânico após atirar à queima-roupa em um jovem soldado alemão que, ao se render, havia levantado os braços e implorado por misericórdia. O sargento Stefan Westmann, da Vigésima Nona Divisão de Infantaria do Exército alemão, em meio a uma batalha e à beira de um ataque de nervos lembrou-se do que era ensinado: "O bom soldado mata sem pensar no inimigo como ser humano — quando ele passa a ver o adversário como um semelhante, deixa de ser um bom soldado". "Por que nós soldados", refletiu mais tarde, "desferíamos estocadas uns nos outros, estrangulávamos uns aos outros, nos lançávamos uns contra os outros como cães loucos? Por que, se não tínhamos nada uns contra os outros do ponto de vista pessoal, lutávamos até morrer?".[83] "Como a guerra é cruel e intransigente!", escreveu Kresten Andresen, um jovem soldado dinamarquês de 23 anos de idade que lutava com os alemães. "Desconsideração total para com os valores da nossa sociedade: cristianismo, moralidade, lar e família. Ao mesmo tempo, fala-se em cultura. Como dar crédito à cultura quando todos os outros valores são desrespeitados?".[84] Andresen não sobreviveu à guerra, foi dado como desaparecido em agosto de 1916, no Somme. Para Ian Kershaw, "a estereotipagem nacional do inimigo contribuiu bastante para o processo de criação de ódio".[85] Em grande parte, o trabalho de demonização que já havia sido feito antes da guerra deu seguimento durante o conflito e até mesmo após o seu fim.

Em 1924, o pacifista alemão Ernst Friedrich publicou um livro intitulado *Krieg dem Kriege* [Guerra contra as guerras], em que apresentava fotografias estarrecedoras tiradas durante o conflito mundial. A campanha de Friedrich visava mostrar a futilidade e os horrores causados pela guerra em nome da civilização. Publicado originalmente em quatro línguas (alemão, inglês, francês e holandês) e mais tarde em outras cinquenta, o livro chocou a opinião pública mundial, principalmente por apresentar dezenas de fotografias originais e inéditas. Imagens de soldados espanhóis posando com cabeças de soldados marroquinos espetadas em ponta de baionetas; de combatentes deformados por armas de fogo ou intoxicação de gás; de igrejas e cidades destruídas na França; de sepultamentos coletivos; de corpos em decomposição; de soldados mutilados e de execuções; de prostitutas com soldados alemães e do corpo de uma mulher morta após estupro perpetrado por soldados russos. Embora impactante, o livro não impediu que uma nova grande guerra voltasse a ocorrer.

TRAUMAS, FUZILAMENTOS E DROGAS

O sonho de quase todo soldado era ser ferido apenas o suficiente para que fosse enviado de volta para casa. Para alguns, a morte era um medo menor; um ferimento sério, mas não incapacitante, podia ser salvador. Os alemães o chamavam de *Heimatschuß* — "tiro que leva à pátria"; os britânicos de *blighty wound* — trocadilho com *Blighty*, termo carinhoso com que soldados ingleses no estrangeiro se referiam à Inglaterra.

Os postos médicos de campanha costumavam ser pouco higiênicos. O acesso à água era restrito e, às vezes, inexistente; a iluminação era precária e invariavelmente os poucos médicos tratavam dos doentes ao lado de cadáveres. Um doutor observou que havia "cheiro de matéria viva, sangue, vômito". Se, apesar disso, o sortudo sobrevivesse e fosse levado aos hospitais da retaguarda, suas chances de recuperação eram altas. Durante a Grande Guerra, avanços da medicina como raio X, transfusão de sangue e cirurgia em equipe reduziram a mortalidade por ferimentos para 8% — na Guerra Civil Americana era de 13% e na da Crimeia, de 20%. Na Grã-Bretanha, mais de 80% dos feridos voltaram ao trabalho; na Alemanha, dos mais de 4,3 milhões de feridos, três quartos voltaram às atividades.[86]

Em uma guerra de trincheiras, a cabeça era a parte mais exposta do corpo humano. Aproximadamente 13% dos ferimentos infligidos aos soldados da Grande Guerra eram na cabeça — quase 60% eram fatais. O hábito de cortar o cabelo curto, iniciado durante a guerra, surgiu não por causa dos piolhos, mas para facilitar o tratamento das feridas. O capacete também ganhou função menos decorativa e mais defensiva; em vez de cores e plumas, aço. (Os alemães mantiveram os tradicionais *Pickelhauben*, em couro e com uma ponta de metal sobre o elmo, até 1916, quando foi substituído pelo *Stahlhelm*, inteiramente de metal. Esse novo modelo serviria de referência para todas as nações nas décadas seguintes.) Mesmo para lesões na cabeça estavam surgindo novas técnicas de tratamento. O neozelandês Harold Gillies foi um dos pioneiros da cirurgia plástica reconstrutiva. Nascido em Dunedin, ele se formou em otorrinolaringologia no Hospital de São Bartolomeu, na Inglaterra, em 1906. Em 1914, Gillies ingressou no Corpo Médico da Armada Real como capitão. No ano seguinte, ele estava atuando como voluntário da Cruz Vermelha em Wimereux, na França, quando conheceu o dentista franco-americano Charles Valadier, que trabalhava em um hospital de campo britânico. Gillies se surpreendeu com os métodos de Valadier no tratamento de lesões da mandíbula e deu início às próprias pesquisas na área. Ele acompanhou de perto o cirurgião plástico francês Hippolyte Morestin, que realizava as mais avançadas cirurgias reconstrutivas da época no Hospital Val-de-Grâce, em Paris. Em 1916, com a experiência adquirida, Gillies começou a desenvolver a própria unidade de tratamento para lesões faciais no Hospital Militar de Cambridge, transferida no ano seguinte para o Queen's Hospital, em Londres. Entre 1917 e 1923, Gillies e sua equipe operaram mais de 5 mil pacientes.[87]

A medicina avançara, mas a ferocidade dos combates aumentara a quantidade de feridos. Como nem sempre havia médicos para o atendimento imediato (eram atendidos primeiro os ferimentos graves), muitos soldados que não suportavam aguardar recebiam ou usavam por conta própria pílulas de ópio e vários outros remédios caseiros, como a mistura de óleo de rícino com clorodina.

A clorodina era um analgésico muito popular na época, embora fosse viciante e pudesse levar à morte se não ministrada com moderação. Com gosto de menta e à base de ópio, cânabis e clorofórmio, o remédio fora descoberto por um médico britânico na Índia para aliviar a cólera, sendo posteriormente patenteado, comercializado e pirateado em larga escala — mas já sem a cânabis e com uma dose menor de ópio. O álcool também era usado como anestésico, assim como um meio de aliviar as tensões. Algumas drogas tinham a mesma finalidade. Para o pesquisador polonês Lukasz Kamienski, a brutalidade da guerra, o anonimato e as condições adversas na linha de frente "estimularam a demanda militar por cocaína, não apenas por seu valor médico. Juntamente com o álcool, o tabaco e a morfina, a cocaína permitiu a fuga temporária da realidade aterrorizante da guerra moderna".[88] O uso da cocaína era am-

MISCELÂNEA DE SOLDADOS

plamente aceito e disseminado. Desde o final do século XIX era possível comprar cocaína sem receita médica. Um dos mais famosos consumidores da droga era Sigmund Freud, que a usava no combate à ansiedade e à depressão — influenciado, em parte, por outro médico e amigo, o otorrinolaringologista berlinense Wilhelm Fliess. A substância era produzida por vários laboratórios farmacêuticos, principalmente alemães, e estava disponível na forma injetável ou em pastilhas. Em 1879, o tradicional laboratório Merck produzia apenas cinquenta gramas de cloridrato de cocaína; em 1885 eram trinta quilos e, em 1913, eram produzidos aproximadamente 9 mil quilos.[89] Seu ingrediente ativo era usado em vinhos, chás e refrigerantes, como a Coca-Cola. Em 1903, a marca estadunidense hoje mundialmente famosa retirou a cocaína da fórmula do refrigerante, em parte devido a um boato de que a bebida levava homens negros a estuprar mulheres brancas — cada litro de refrigerante continha 250 miligramas de cocaína. Às vésperas da Grande Guerra, a cocaína já começara a sofrer restrições em virtude dos transtornos causados por seu uso. A deflagração do conflito, no entanto, possibilitou nova onda de consumo irrestrito, principalmente entre prostitutas e soldados. Em Paris ou Londres, cafés e restaurantes vendiam a substância livremente. A cocaína era usada por pilotos alemães e aviadores franceses — seu efeito minimizava a ideia de risco. Mas a infantaria também fazia uso indiscriminado da droga. Antes do ataque a Galípoli, em abril de 1915, soldados australianos receberam doses consideráveis de cocaína. O Exército britânico usou extensivamente um medicamento disponível no mercado desde o início do século XX sob o nome comercial de *Tabloid*, "tabloide", ou *Forced March*, "marcha forçada". A droga, que continha cocaína e extrato de noz de cola, era manufaturada pela Burroughs Wellcome & Co., uma companhia farmacêutica londrina que também comercializava cocaína em comprimidos. Outro produto popular era o *Ryno's Hay Fever*, indicado para dor, vermelhidão e congestão nasal. Composto 99,9% de cocaína, o medicamento combatia a rinite alérgica, pois limpava as vias respiratórias, reduzindo o inchaço da mucosa e a secreção. Em julho de 1916, o Exército britânico proibiu o acesso de militares à cocaína, assim como à morfina, à heroína e ao ópio.

GRANDES GUERRAS

Sepultar os mortos era uma experiência mais repugnante do que enfrentar hospitais. Era comum que os corpos estivessem em estado de putrefação, com as faces negras, inchadas e cobertas por vermes. E fedendo horrivelmente! "Era preciso ter estômago", revelou Louis Maufrais, enfermeiro do Exército francês. Nem todos os soldados conseguiam enfrentar os horrores da frente de batalha. O medo da morte, o pânico causado pelo estrondo da artilharia e a visão de inimigos e companheiros despedaçados provocaram uma epidemia de doenças mentais que iam desde pequenos tremores incontroláveis a distúrbios gástricos, passando por paralisias, cegueira, alucinações, tiques, pesadelos e insônia. A medicina não estava preparada para os então chamados "choques de projéteis". O colapso mental que acometia muitos soldados era associado a danos cerebrais causados por barragens de artilharia pesada e gás. Apenas com o avanço da psicanálise é que se descobriu que o dano era emocional e não físico. No pós-guerra, aproximadamente 250 mil soldados de todas as nações foram declarados mentalmente incapacitados. Mas em campo de batalha, soldados apavorados, inaptos para o combate e, principalmente, desertores, eram julgados e invariavelmente condenados por covardia.

No primeiro ano da guerra, quando ainda se acreditava que o conflito não se estenderia por muito tempo, pouco mais de quinhentos soldados franceses desertaram. Em 1917, porém, já eram mais de 30 mil. O abandono do serviço militar era considerado um crime grave, julgado por uma Corte Marcial e punido com a pena de morte, aplicada por um pelotão de fuzilamento. As execuções eram comumente realizadas ao amanhecer, quando o soldado era amarrado a uma estaca e tinha os olhos vendados. Um pano branco era colocado no bolso do casaco, na altura do coração, para orientar os atiradores. Entre os rifles do pelotão, alguns eram carregados apenas com balas de festim — um expediente para que o atirador não soubesse ao certo se dispararia o tiro fatal. O primeiro soldado britânico a ser executado por deserção, Thomas Highgate, enfrentou o pelotão de fuzilamento um mês após o início da guerra; tinha dezessete anos. A idade de muitos dos desertores. O judeu-polonês Abraham Bevistein, por exemplo, também tinha dezessete anos. "Fazia tanto frio na trincheira que me refugiei

MISCELÂNEA DE SOLDADOS 113

em uma granja", escreveu ele à mãe, "fui levado para a prisão e amanhã serei julgado. Vai dar tudo certo, não se preocupe". Na Itália, o próprio general Luigi Cadorna atirava, sem qualquer julgamento, em soldados que hesitavam em combater. Na batalha de Caporetto, em 1917, ele teria matado um batalhão inteiro. Codorna também demitiu mais de duzentos generais entre 1915 e 1917 por não os considerar rígidos ou eficientes. Segundo os registros oficiais, 330 mil soldados italianos foram acusados de crimes militares (um para cada dezessete soldados), mais de 60% foram considerados culpados, 4 mil receberam penas capitais e 750 foram executados. Na Grã-Bretanha, foram 3 mil culpados e 346 execuções. Os franceses consideraram culpados 2 mil soldados, executando setecentos deles. A Alemanha culpou 150 e executou 48.[90]

SOLDADOS JUDEUS

Tão logo a guerra teve início, começaram a surgir críticas à comunidade judaica. Na Alemanha, afirmavam muitos, os judeus estariam fugindo das convocações, aproveitando-se da guerra para agir como operadores do mercado negro e do grande capital. O chanceler Theobald Bethmann-Hollweg chegou a ser chamado de "o chanceler dos judeus alemães". Para fazer calar vozes antissemitas, Kurt Alexander, editor de uma importante publicação judaica, escreveu em seu jornal: "É nosso dever sagrado fazer mais do que os outros. Cada judeu deve tentar tornar-se herói, não importa se na batalha ou em sua profissão civil". Em 1916, para atender aos apelos populares, o governo alemão fez um "censo judaico". O resultado, que provava que os judeus estavam tão engajados quanto os alemães cristãos (em verdade, proporcionalmente, muito mais engajados), nunca foi divulgado oficialmente. Às vésperas da Grande Guerra, a comunidade judaica na Alemanha não era grande. Apenas 538 mil judeus viviam no país, que tinha como população total mais de 65 milhões pessoas. Segundo o diretor do escritório de estatísticas de Berlim, Jacob Segall, em um livro publicado quatro anos depois do fim do conflito, 84.352 judeus serviram no Exército alemão durante a Grande Guerra. Ou seja, mais de 15% da população judaica foi mobilizada para o esforço de guerra alemão — um número extraordinário, haja vista que entre 1885 e 1914 o Exército prussiano tinha recebido em suas fileiras 30 mil judeus. Do total, mais de 77% foram parar na linha de frente, pelo menos 10.073 como voluntários — incluindo Joseph Zippes, de apenas treze anos de idade. Mais de 2 mil eram oficiais, 29.874 foram condecorados e 19.545 promovidos; aproximadamente 12 mil morreram em combate.[91] Dos cerca de 10 mil pilotos alemães, 120 eram judeus, entre eles o tenente Wilhelm Frankl, laureado com a *Pour le Mérite*, a mais alta condecoração militar alemã, e o subtenente Fritz Beckhardt, que combateu com um avião que tinha a suástica pintada na fuselagem. "Estamos unidos, um povo, um exército", escreveu um poeta judeu-alemão.

De qualquer forma, na Alemanha de Guilherme II, oficiais judeus era algo pouco comum. Em 1906, o país tinha mais de 33 mil oficiais na ativa, mas apenas dezesseis eram judeus. (No Exército prussiano, judeus convertidos ou cristãos com ascendência judaica tinham mais chances de se tornarem oficiais; o preconceito nessa época era religioso, e não racial.) Na Áustria-Hungria, porém, o governo de Francisco José era bem mais aberto à comunidade judaica. Apenas 4,5% da população do império tinha origem judaica, mas nas Forças Armadas os judeus representavam 8% do corpo de oficiais (entre eles seis generais e um almirante). Durante a Grande Guerra, aproximadamente 300 mil judeus serviram nas forças austro-húngaras, sendo 25 mil como oficiais (24 judeus chegaram ao posto de general e 76 atuaram como capelães); 25 mil morreram em combate, 76 receberam a Medalha de Ouro por bravura e 22 a Ordem da Cruz de Ferro de Terceira Classe.[92] Na totalidade, pelas Potências Centrais lutaram cerca de 450 mil judeus, sendo que 50 mil morreram em campo de batalha. Aproximadamente 150 mil judeus alemães também lutariam pela Alemanha nazista durante a Segunda Guerra (sobre a qual falaremos mais tarde). Pela Tríplice Entente, combateram na Grande Guerra pouco mais de 1 milhão de judeus; o número de mortos foi de 124 mil.

CAVALOS, POMBOS E CÃES

Nenhum animal foi mais utilizado durante a Grande Guerra do que o cavalo. Os três países com maior número de divisões de cavalaria eram França, com dez divisões e 40 mil cavalos; Rússia, com 36 divisões e mais de 144 mil cavalos; e Alemanha, que possuía 49 divisões de cavalaria, contabilizando mais de 274 mil animais.[93] Mas os equinos não serviam apenas como arma de guerra; eram a principal força de tração para o transporte da artilharia, que ganhava mais espaço e importância do que em qualquer guerra anterior. Em 1914, um regimento alemão precisava de mais de 1,1 mil carretas de tração animal para se locomover, cerca de 250% a mais do que na Guerra Franco-Prussiana quatro décadas antes. A Grã-Bretanha entrou na guerra com 53 mil cavalos e chegou ao fim dela com 450 mil animais. Seu Corpo de Veterinários passara de 360 especialistas em 1914 para mais de 28 mil quatro anos depois. Um cavalo comia por dez soldados, e isso significava alimentação extra que também precisava ser transportada, exigindo, dessa forma, mais cavalos. O exército do general Alexander von Kluck, por exemplo, contava com 84 mil cavalos, o que exigia 900 mil quilos de forragem por dia. Para atender a demanda, os alemães ocupavam um quinto de seu sistema ferroviário para o transporte de alimento para cavalos (no caso do Exército russo era quase a metade). Isso explica o porquê de aproximadamente 2 milhões de cavalos e mulas terem servido apenas na Frente Ocidental, e de 8 milhões ser o número de equinos mortos durante a Grande Guerra, em todos os teatros de operações. Em resumo, morreram mais cavalos do que seres humanos.[94]

Embora o sistema telegráfico e o rádio já existissem, era difícil operar os aparelhos em campos de batalha, além de os equipamentos estarem sujeitos às destruições das centrais e dos cabos devido ao fogo da artilharia. Sinalizadores, heliógrafos, semáforos e bandeiras também eram utilizados como meios de comunicação, mas dependiam de bom tempo. Por isso, quando a Grande Guerra eclodiu, alemães, franceses, belgas e italianos tinham um sistema de pombos-correios bem desenvolvido. Havia inúmeros pombais com aves bem treinadas — pombos conseguem percorrer mil quilômetros por dia a uma velocidade média de noventa quilômetros por hora. Havia até pombais móveis, que eram usados quando as tropas avançavam ou recuavam. Somente os alemães utilizaram 30 mil pombos-correios durante a guerra. Os britânicos largaram atrás, mas organizaram rapidamente o "Serviço de Pombos-Correios" sob a liderança do coronel A. H. Osman, então editor da principal revista sobre as aves, a *The Racing Pigeon*. O Corpo de Informações Britânico enviava pombos-correios para as linhas de frente em balões equipados com mecanismos automáticos que liberavam cestas de aves em intervalos programados. Muitos espiões eram despachados para a Bélgica ou para a França levando às costas cestas com pombos-correios experimentados. A utilização de pombos-correios era tão comum, e o medo de que fossem usados para espionagem se tornou tão obsessivo ao longo do conflito, que um criador de pombos de Londres foi condenado a seis meses de trabalho forçado por manter sua criação sem licença. Suas 24 aves receberam pena de morte. Quando a guerra terminou, os britânicos tinham mais de 150 pombais em serviço, e os norte-americanos cinquenta. De um deles saiu um dos mais conhecidos heróis do país. Cher Ami atuava na Septuagésima Sétima Divisão do Exército norte-americano quando, em setembro de 1918, o batalhão do major Charles Whittlesey foi separado da força principal, em Argonne, e ficou cercado por tropas alemãs durante cinco dias. Depois de ter dois pombos-correios abatidos, Whittlesey soltou Cher Ami na esperança de que ele alcançasse o quartel-general norte-americano. O pombo voou por quarenta quilômetros, foi atingido diversas vezes, mas chegou ao destino para indicar a posição do "batalhão perdido". Cher Ami estava quase cego e com uma perna parcialmente decepada. Pelo ato de heroísmo, o pombo recebeu a Cruz de Guerra francesa e uma perna de madeira. Enviado de volta para os Estados Unidos, morreu em junho de 1919, sendo empalhado e exposto no Smithsonian, em Washington. Estima-se que mais de 500 mil pombos foram utilizados durante a guerra, dos quais 20 mil morreram em ação.[95]

Os cães também serviam como mensageiros, por vezes com máscaras para evitar as nuvens de gás. Seu campo de ação foi bem maior do que o dos pombos. Além de serem usados como mascotes e sentinelas, cumpriam funções perigosas como levar armas ou munição até as linhas de frente, mesmo sob fogo da artilharia, e auxiliavam a Cruz Vermelha a encontrar feridos em escombros ou montes de soldados mortos. Muitos exércitos também usavam cachorros para puxar carroças com cargas diversas, como metralhadoras pesadas, peças de artilharia e até mantimentos. É estimado que mais de 40 mil cães tenham servido às forças da Tríplice Entente. Um dos cães mais famosos da guerra foi Stubby, que "serviu" no Centésimo Segundo Regimento de Infantaria da Vigésima Sexta Divisão do Exército norte-americano. Em dezoito meses, Stubby participou de dezessete batalhas na França, incluindo uma em que foi ferido com gás mostarda. Depois de se recuperar, voltou à ativa usando uma máscara projetada para cães. Em 1918, depois de capturar um soldado alemão, ele foi promovido a sargento — o primeiro animal a receber esse posto no Exército dos Estados Unidos. Depois da guerra, Stubby foi recebido pelo presidente Woodrow Wilson. Quando morreu, em 1926, foi empalhado e exposto no Smithsonian, junto com Cher Ami.

7

ATRÁS DAS LINHAS: A GUERRA EM CASA

Pela primeira vez na história, populações civis longe das frentes de batalha sofreram com a guerra. O conflito de 1914-18 mudou o comportamento sexual, provocou migrações em massa e fome generalizada. Na Alemanha, produtos básicos como café e pão desapareceram das prateleiras, a carne foi substituída por vegetais, o cigarro passou a ser feito com casca de raízes secas e as roupas com fibras de urtiga. Mais de 760 mil civis alemães morreram de fome durante a Grande Guerra.

Em 26 de agosto de 1914, batedores alemães foram vistos nos arredores de Paris. O Exército germânico chegara ao Marne e ameaçava perigosamente a capital. A cavalaria alemã tomou as pistas de corrida em Chantilly e movia-se em direção ao centro de Paris, de onde já era possível avistá-la da Torre Eiffel, a essa altura cercada com abrigos para metralhadoras. No começo de setembro, o governo deixou Paris, levando consigo as reservas de ouro do Banco da França. A burguesia enterrou sua valiosa prataria nos jardins ou em locais seguros. No dia 6 de setembro, o general Joseph Galliéni — veterano da Guerra Franco-Prussiana e já na reserva quando fora chamado para defender a capital — ordenou que toda a frota de táxis de Paris fosse convocada para levar tropas para os pontos mais frágeis do avanço alemão e ali atacar o inimigo. Galliéni era um herói improvável. Sobre ele, Lloyd George escreveu: "Um homem muito doente; pálido, encolhido e angustiado. A morte parecia expulsar as partículas de vida de suas veias". Ainda assim, a estratégia de Galliéni deu certo; uma frota de mais de quatrocentos táxis, carros particulares e ônibus foi reunida. Os automóveis eram quase todos do modelo da Renault, o Type AG, de 1905, que mal atingia quarenta quilômetros por hora. De qualquer forma, o inesperado meio de transporte militar, que também incluiu bicicletas, conseguiu transportar 4 mil soldados de Pantin, no subúrbio de Paris, até Nanteuil, próximo à frente de batalha. O contra-ataque francês barrou a ofensiva alemã, mas os taxistas não deixaram de cobrar pela corrida — o salário de duas semanas. Paris fora salva pelo que ficou conhecido como "milagre do Marne". Galliéni, como esperado, morreu no ano seguinte, aos 67 anos.

PROPAGANDA EM TEMPOS DE GUERRA

Durante toda a guerra, a cidade de Paris correu o risco do cerco, transformou-se em abrigo para feridos e soldados exaustos dos combates e para refugiados de todo o país. O ódio antigermânico renasceu. A derrota da França em 1870-1, o cerco e as humilhações sofridas por Paris quatro décadas antes fizeram surgir forte propaganda contra os *"Boches"*, como os alemães eram chamados. "Parisienses comuns falavam dos hediondos *Boches* com cara de porco, matadores de bebês e canibais, que representavam a antítese dos valores civilizados", escreveu o jornalista e professor de literatura Andrew Hussey.[96] "Hunos", "selvagens" e "desonestos" eram outros adjetivos muitos usados contra os soldados germânicos. Lojas de suvenires e ambulantes vendiam de soldados de brinquedo a bandeiras, anéis e enfeites com as cores nacionais. Até mesmo personagens infantis das histórias em quadrinhos explodiam fábricas alemãs e atuavam como soldados ou enfermeiras. Canções como "A caça aos bárbaros" tornaram-se extremamente populares entre os jovens. O jornal mais vendido era o *Le Parisien,* mas muitos outros eram disputados logo que deixavam as prensas no cruzamento do bulevar Poissonnière com a rua Montmartre. Quando falsificações, histórias fantasiosas e sensacionalistas começaram a circular, o governo francês implantou a censura, proibindo informações sobre as ruas, casas e prédios bombardeados pelos alemães — e até que cartomantes e astrólogos fizessem previsões agourentas sobre o destino da França.

A propaganda era uma arma de guerra. Para o bem ou para o mal. Na Bélgica ocupada, o jornal patriótico *Libre Belgique* mantinha a chama da liberdade acesa alcunhando o governante militar alemão Ludwig von Falkenhausen de "ave de rapina enviada para viver da palpitante carne da Bélgica", e se referindo ao kaiser como "Sua Satânica Majestade". Em

Berlim, o governo criou o Escritório Central de Censura e o Escritório de Imprensa de Guerra, e a censura entrou em vigor em 1915; era proibido discutir sobre derrotas ou criticar comandantes militares, assim como escrever sobre políticos e políticas. A Alemanha, porém, pouco fez para desmoralizar o inimigo. Depois da guerra, o próprio general Erich Ludendorff reconheceu que a propaganda alemã fora extremamente ineficiente. Os britânicos se saíram bem melhor. A força dos jornais era tamanha que o governo da Grã-Bretanha tinha uma "Agência Secreta de Propaganda de Guerra", responsável por promover a simpatia internacional pela causa britânica assim como moldar a opinião pública na própria Inglaterra. O Escritório de Imprensa não era secreto, mas filtrava informações que o governo tinha dos campos de batalha e que deveriam ou não ser levadas ao conhecimento do público inglês. O escritório mantinha uma lista com cinquenta editores aos quais eram repassadas informações confidenciais com a identificação de "notícias D", e o modo como deveriam ser tratadas. Segredos militares e listas de mortos, por exemplo, não eram publicados. Com o tempo, o país criou um departamento próprio para gerenciar como as informações seriam passadas à população dos países estrangeiros.

O Diretório de Propaganda em Países Inimigos era coordenado por Alfred Harmsworth, lorde Northcliffe, diretor dos jornais *Daily Mirror* e *The Times*. Durante toda a guerra, Northcliffe manteve uma linha duramente antigermânica, atacando a Alemanha e a Áustria-Hungria — o Império Otomano era da alçada do ministério da Informação, dirigido por Max Aitken, lorde Beaverbrook. Contando com jornalistas e escritores, como o célebre H.G. Wells, o departamento de Northcliffe era dividido por países inimigos, e além de divulgar informações falsas em jornais, também imprimia folhetins a serem despejados sobre as linhas adversárias. Eram produzidos 1 milhão de folhetins por mês e 250 mil cópias diárias de um jornal em língua alemã. Em julho de 1918, o serviço inglês de inteligência jogou sobre as trincheiras alemãs cerca de 2 milhões de panfletos de propaganda.

Apesar de os alemães terem atacado civis durante a ocupação da Bélgica – com certa dose de violência, é verdade, principalmente porque os germânicos sofriam de verdadeira paranoia com a possibilidade de ser mortos por franco-atiradores –, muitos dos relatos apresentados nos jornais ingleses e franceses serviam para incutir ódio pelo invasor e eram obra dos homens de Northcliffe. Histórias sobre uma enfermeira que tivera os seios decepados, uma criança belga com as mãos cortadas e soldados ou civis crucificados circulavam em quase todos os periódicos, mas tinham muito pouco de realidade.[97] Entre as muitas mentiras que o *The Times* fez circular estava a de que prisioneiros ingleses eram tatuados com uma águia alemã no rosto e que uma fábrica na Alemanha produzia sabão com os corpos dos soldados e civis mortos. A história só foi desmentida oficialmente em 1925.

A troca de acusações pela imprensa internacional também envolveu o caso do *RMS Lusitania*, afundado por um submarino alemão em 1915. Os ingleses e norte-americanos alegaram que o navio transportava apenas passageiros, mas, como ficou provado mais tarde e era alegado pelos alemães na época, a embarcação carregava também 73 toneladas de munição para o Exército britânico. Sobre o mesmo caso, histórias de que a Alemanha havia criado uma medalha para homenagear o capitão do submarino, Walther Schwieger, circularam em vários jornais da época, mas não passava de propaganda enganosa. A maioria dessas mentiras foi desmascarada por lorde Arthur Ponsonby, parlamentar britânico e contrário ao envolvimento da Inglaterra na guerra, em um livro publicado em 1928, *Falsehood in war-time* [A falsidade em tempos de guerra]. A experiência de Ponsonby durante a Grande Guerra permitiu que ele identificasse um grupo de ideias que foi largamente utilizado na época e ainda hoje é usado por marqueteiros políticos: nós não queremos a guerra; o adversário é o único responsável pela guerra; o adversário é um ser execrável; nossos fins são nobres; o adversário comete atrocidades arbitrariamente, as nossas são equívocos involuntários; o adversário utiliza armas ilegais; nossas perdas são pequenas se comparadas às do adversário; artistas e intelectuais apoiam nossa causa; os que colocam em dúvida nossas informações são traidores.

FOME NA EUROPA

Com a Grande Guerra, pela primeira vez na história um conflito afligia populações civis distantes das frentes de batalha; e como nunca antes visto, moradores de áreas livres de combate também estavam envolvidos diretamente com o esforço de guerra. Diferente das contendas anteriores, com objetivos específicos e limitados, a primeira grande guerra do século XX era ilimitada.[98] Tudo e todos estavam envolvidos de alguma forma no que a imprensa francesa chamou, em 1917, de *la guerre totale*, "a guerra total". Em diversos lugares da Europa, a população civil se percebeu em meio a exércitos combatentes, proposital ou involuntariamente. Em setembro de 1914, uma inocente menina de apenas treze anos chamada Rosa Zenoch foi atingida por estilhaços e perdeu uma perna ao tentar carregar água aos feridos na batalha de Rawa-Ruska (hoje na Ucrânia, então parte do Império Austro-Húngaro). Em Viena, ela foi condecorada com a medalha da Cruz Vermelha e recebeu uma prótese doada pelo imperador.

Na França, o racionamento de alimentos para a população foi instaurado em 1917. A ração diária de pão, por exemplo, foi limitada a 280 gramas. Na Grã-Bretanha, a restrição chegou somente em 1918, na fase final da guerra. Na Europa Central, porém, a crise econômica se instaurou tão logo os britânicos deram início a um bloqueio naval que impedia a chegada ao continente tanto de matérias-primas para a guerra quanto de bens de consumo. Aproximadamente 60% do comércio marítimo estava nas mãos da Tríplice Entente — só os ingleses detinham 43% do mercado —, enquanto as Potências Centrais possuíam apenas 15%. "A Alemanha efetivamente padeceu de um déficit absoluto mais sério que a França e a Grã-Bretanha", observou o historiador David Stevenson. Antes da guerra, um quarto do consumo de alimentos do país provinha de importações. Em pouco tempo, a população civil alemã começou a sentir os efeitos do bloqueio. Em 1915, o racionamento foi instaurado e os preços dos alimentos subiram 415%. A indústria química alemã, a mais avançada da época, aliou criatividade e enorme capacidade de adaptação para criar o que os alemães chamaram de produtos *Ersatz*, "substitutos", que iam desde matérias-primas estratégicas até roupas, passando pela alimentação básica. O café não era café, o alumínio foi falsificado, as bandagens passaram a ser de papel e os botões começaram a ser fabricados em madeira. O primeiro produto a faltar na mesa alemã foi o pão, motivo pelo qual nasceu o chamado *Kriegsbrot*, feito de farinha de batata, feijão, ervilha, castanha-da-índia e trigo-sarraceno.

O "pão de guerra" era palatável somente após alguns dias depois de assado, mas tinha a vantagem de poder ser consumido mesmo depois de uma semana. O café também ganhou um substituto feito de cevada, aveia tostada e um produto químico derivado do alcatrão; porém, era tragável apenas com leite, e quando os cereais começaram a faltar, foi substituído por outro feito com nabo e cenoura, entre outras coisas — ao todo, 511 produtos foram registrados como alternativos ao café. O chá foi substituído por brotos de faias e pinha; o chocolate, por ervilhas tostadas, aveia e um produto químico extraído do alcatrão, para deixar o gosto semelhante. Obtido do carbono, o alcatrão passou a ser a base de mais de 440 produtos químicos usados na medicina e no tratamento de resíduos, além da própria alimentação. O tabaco era feito de raízes e cascas secas de batata. A carne animal foi totalmente substituída por cereais ou vegetais, surgindo então a "costela de carneiro" (nada mais que uma massa à base de arroz amassado, cozida em gordura de ovelha e enfeitada com um osso falso, de madeira) e os "bifes" (elaborados com farinha de milho, espinafre, amendoim, batata e ovos). Mais de 830 preparados foram registrados e aprovados como alternativas à carne na fabricação de salsichas.[99] Para substituir o algodão usado na confecção de roupas, os alemães desenvolveram um tecido à base de fibra de urtiga (que também era usada como alimento) e outro à base de papel e linho, utilizando o mesmo maquinário empregado na fabricação de papel para jornais. A aspereza era reduzida com tratamento químico.

Em 1916, com o "programa Hindenburg", toda a economia alemã foi direcionada para o esforço de guerra e aproximadamente 2 milhões de homens foram dispensados do serviço militar para auxiliar na indústria de armamentos, número maior do que o total de soldados envolvidos na Guerra Franco-Prussiana.[100] Os gastos públicos com a guerra saltaram de 18% para 76% do PIB — na Grã-Bretanha chegou próximo dos 70%. Mesmo quando havia alimento, faltava transporte, todo direcionado ao uso das tropas. As indústrias, quase todas a serviço do Estado e militarizadas, passaram a produzir mais e somente para o Exército; as matérias-primas destinavam-se à fabricação de armamentos, sendo todo o carvão utilizado na produção do aço. O estanho substituiu o cobre e demais metais — no caso das telhas de cobre, elas foram substituídas por telhas de folha de flandres. As caçarolas de alumínio deram lugar às panelas de ferro e as moedas de níquel foram substituídas por moedas de ferro. "Produtos de mentira para um mundo de mentira", escreveu o historiador sueco Peter Englund. Com o recrutamento de camponeses e agricultores, a produção de alimentos caiu drasticamente. Quem permaneceu no campo vendia seus produtos no mercado negro, muito mais lucrativo. Pelo menos metade dos ovos e da carne de porco produzidos na Áustria e na Alemanha foi parar no mercado negro. A ração diária civil foi reduzida para que se pudesse alimentar os soldados na linha de frente. Em 1914, cada habitante na Alemanha tinha direito a 145 gramas de carne por dia. Em 1918, a cota era de apenas 28 gramas. Estudantes, como Heinrich Beutow, eram tirados das escolas para fazer o levantamento de todos os víveres de casas e fazendas, a contagem de cabras, ovelhas e coelhos. "Todos pareciam estar criando coelhos por causa da falta de carne", relatou ele.

Com o carvão direcionado para a produção de aço e o corte nas importações de petróleo e parafina, usada na fabricação de velas, a economia de energia também era extremamente necessária. A ideia surgida no final do século XVIII de adiantar os relógios na primavera e atrasá-los no outono precisou ser posta em prática — a Alemanha não tinha alternativas. Teve início a campanha "Usem a luz do Sol!". Em 1916, o governo alemão decretou que no dia 30 de abril todos os relógios do país fossem, obrigatoriamente, adiantados em uma hora. O *Sommerzeit*, "horário de verão" alemão, gerou uma hora extra de luz diária e o sucesso germânico foi rapidamente seguido por outros países. A Grã-Bretanha aplicou o novo horário no mês seguinte, e os Estados Unidos adotaram vários fusos horários a partir de 1918.

Por extrema necessidade, a Alemanha precisou desenvolver um complexo sistema de reciclagem. O lixo doméstico era separado por materiais de acordo com a finalidade de cada um. As sobras de comida, quando havia, eram destinadas à alimentação dos animais. Mas nos anos finais da guerra, quando o país estava à beira de um colapso, era comum ver os mais pobres revirando pilhas de lixo em busca de algo para comer. O inverno de 1917-8 foi o "inverno da fome" na Alemanha; também foi chamado de *Kohlrübenwinter*, "inverno do nabo", o único alimento disponível em maior quantidade.[101] Os alemães comiam nabo na sopa e como salada, havia mingau de nabo, pudim de nabo, geleia de nabo, bolinho e purê de nabo. Para o preparo, usava-se gordura rançosa; para disfarçar o cheiro, dar gosto ou evitar o enjoo, quando possível o nabo era cozido com cebolas ou maçãs. A falta de gordura e de uma dieta variada aumentaram as enfermidades intestinais. Estima-se que civis e militares alemães tenham perdido aproximadamente 20% do seu peso. Em Viena, na Áustria, o peso médio das crianças de nove anos baixou de trinta quilos para pouco menos de 23 quilos. O embaixador alemão observou em 1917: "O povo dos subúrbios de Viena está morrendo de fome". Um oficial na embaixada estadunidense relatou que havia "filas de mulheres e crianças pobremente vestidas" aguardando pelo leite. "Os retardatários voltaram para casa de mãos vazias e os felizardos não receberam mais do que a metade do que esperavam".[102] No final da guerra, a capital consumia apenas 70 mil litros de leite por dia, bem menos do que os 900 mil consumidos antes da guerra. Na França, os leiteiros foram pegos comercializando leite misturado com água. Uma averiguação policial descobriu que quase 60% do leite era diluído com água das fontes públicas.

"Pobres bebês! Só pele e osso, morrendo de fome", relatou Elfriede Kuhr, uma jovem alemã que ajudava no hospital infantil de Schneidemühl, na Prússia, hoje Polônia. "Que olhos grandes eles têm! Quando choram, ouve-se apenas um som fraco. Um dos meninos não viverá por muito tempo. Seu rosto lembra o rosto seco de uma múmia".[103] Em 1918, a mortalidade infantil havia dobrado na Alemanha. A de mulheres saltou de 11% em 1916 para 30% em 1917. A de idosos havia subido 33% em relação ao ano da eclosão da guerra. Aproximadamente 762 mil civis alemães morreram por desnutrição ou por enfermidades causadas pela fome durante a Grande Guerra — mais de 80 mil no primeiro ano do conflito e 290 mil no último, quando as perdas civis pela fome já estavam próximas às dos soldados em combate. O bloqueio naval britânico só foi levantado em julho de 1919, alguns dias antes de os alemães assinarem o Tratado de Versalhes. A Alemanha havia assinado o armistício e a guerra tinha acabado havia oito meses. Durante esse tempo, estima-se que cerca de 250 mil civis alemães tenham morrido de fome.

MUDANÇAS DE COMPORTAMENTO

Na Alemanha, com metade dos homens entre dezesseis e sessenta anos servindo no Exército, a quantidade de casamentos despencou. O número de nascimentos, que quase chegara aos 2 milhões em 1900, foi reduzido a pouco mais de 900 mil nos dois anos finais da guerra.[104] Uma mulher alemã tinha, em média, seis filhos em 1913; cinco anos depois, dava à luz apenas um.

Os longos períodos de ausência masculina elevaram o número de casos de onanismo, relações homossexuais e extraconjugais — fenômenos proibidos e considerados imorais. A prostituição e a ocorrência de doenças venéreas se multiplicaram. O número de meninas, de mulheres casadas e de idosas envolvidas com soldados aumentou. Concepções fora do casamento e abortos ilegais tornaram-se comuns. Tudo em nome do que se considerou "compaixão por aqueles que podem ser feridos ou mortos no front" — ou seja, dar iniciação ou satisfação sexual, talvez a última, a jovens e homens que eram enviados para a morte. Mais de um terço da população masculina alemã entre dezenove e 22 anos morreu durante a Grande Guerra.

Uma mulher de Treuen, na Saxônia, escreveu em 1917 para um oficial comandante pedindo que o esposo fosse liberado temporariamente da guerra: "Embora meu marido esteja em campo há apenas quatro meses, gostaria de solicitar que lhe fosse concedida uma licença, por causa de nossa relação sexual. Gostaria de ter meu marido uma única vez para satisfazer meus desejos naturais. Não posso viver desse modo. Não posso suportar."[105] Não querendo trair o esposo e tendo respeito aos filhos, sendo "impossível buscar outras formas de satisfação", ela garantia ao oficial que depois de saciada, "poderei me controlar até que sejamos vitoriosos". O oficial Kurt Zehmisch respondeu seis dias depois: "Tenho muitos homens em minha companhia que estão longe de seus lares há praticamente um ano. Para ser justo com esses homens, peço-lhe que seja paciente por mais uma ou duas semanas. Então, poderei adicionar seu marido à nossa lista de homens que sairão de licença." Outro caso inusitado, para dizer o mínimo, ocorreu em 1915: o proprietário de um cinema ficou sabendo que um oficial do Exército planejava surpreender a esposa com o amante no intervalo de uma sessão. Para evitar qualquer escândalo, ele indicou aos presentes uma saída pelos fundos, que deveria ser usada logo que as luzes fossem apagadas. Para espanto geral, mais de trezentos casais deixaram o recinto. A fim de evitar problemas como esse, "Ivy", a namorada do soldado britânico John Bateman Beer, do Vigésimo Segundo Regimento de Londres, enviou-lhe uma carta em setembro de 1917: "Meu caro Jack, ao longo do último mês, empenhei-me para juntar coragem suficiente para escrever-te e dizer que está tudo acabado entre nós. Não há dúvida de que me achará terrivelmente grosseira e até mesmo leviana por escrever isso quando estás longe de casa [...]. Quando partiste, disse que te amava muito, e isso, de fato, era verdade, Jack, mas muita coisa parece ter acontecido desde então [...]. Jack, não posso evitar amar Charlie".[106]

A carta de uma esposa ao marido, um soldado turco, revela o desespero de quem permanecia à espera de informações e ajuda: "Humildemente imploro que me contes a respeito de tua abençoada saúde. Tua filha envia-te seus especiais salamaleques e beija-te as mãos. Desde que partiste, não me encontrei com ninguém. Desde a tua partida, não tenho tido paz. Desde então, tua mãe não parou de chorar. Estamos todos muito mal. Tua esposa afirma para si mesma: 'Enquanto meu marido estava aqui, tínhamos alguns meios', desde a tua partida, não recebemos nada. Por favor, escreva logo e mande o que puder. Todos os teus amigos beijam-te as mãos e pés. Que Deus te guarde e nos proteja dos desastres desta guerra. Tua esposa, Fátima".[107] Não é possível saber se o marido de Fátima respondeu a ela, a carta foi encontrada junto ao corpo dele em um campo de batalha.

Quando a mão de obra ficou escassa em alguns setores, o governo francês permitiu que empresas contratassem trabalhadores estrangeiros. Aproximadamente 100 mil chineses foram admitidos para algum tipo de serviço na Frente Ocidental. Os cules (de "*coolie*", como eram chamados os trabalhadores braçais asiáticos) recebiam um ou dois francos por dia, trabalhavam dez horas diárias, sete dias por semana, algo inaceitável para os franceses. A Alemanha teve menos pudor: usou como mão de obra escrava a população civil dos territórios ocupados ou mesmo soldados aliados capturados.

Nem todos, no entanto, eram usados como operários, gerando uma enorme massa humana desocupada e mal alimentada. O caçador de montanha do Exército italiano Paolo Monelli, preso em um campo para prisioneiros em Hart, próximo a Innsbrück, Áustria, escreveu sobre como era a vida: "Somos apenas cadáveres inquietos, que deixam suas sepulturas para dar uma caminhada com outros mortos. Ódio dos camaradas com quem os austríacos nos obrigam a ter intimidade, um odor terrível causado por quinhentos prisioneiros, um rebanho faminto e egoísta, corpos jovens destinados à ociosidade e à masturbação".[108] As diferentes origens causavam estranhamentos. Os alemães, por exemplo, mantinham em um campo em Zossen, próximo a Berlim, prisioneiros negros, indianos e muçulmanos — para os quais, inclusive, foi construída uma mesquita. Em Ruhleben, havia *sikhs*, africanos e malaios, boa parte detida no mar após ataques da Marinha Imperial. O fotógrafo britânico Percy Brown relatou o que viu, com certa dose de preconceito: "Muitos homens de cor tocavam, cantavam e dançavam. Sua vida era um concerto contínuo". Em muitos lugares do interior, camponeses levavam a família para passear aos fins de semana e espiar detentos nos campos de prisioneiros. Compaixão pelas aflições dos estrangeiros era vista como demonstração antipatriótica, e relações íntimas eram proibidas, pelo menos formalmente. Uma inglesa que teve um filho com um soldado alemão morto na França teve recusado seu pedido de pensão; o governo não queria alimentar o filho de um inimigo.

Com o fim da Grande Guerra e uma guerra civil sendo travada na Rússia, as deportações e migrações em massa atingiram aproximadamente 5 milhões de europeus. Só de russos eram mais de 1,5 milhão, mas ainda havia 300 mil armênios e milhares de outras minorias étnicas perambulando sem rumo e sem pátria. Eram tantos os chamados "sem Estado" ou "apátridas" que foi necessário criar um salvo-conduto especial, o "passaporte de Nansen". Concebido pelo norueguês Fridtjof Nansen, o documento era reconhecido por dezenas de nações, permitindo que refugiados pudessem encontrar abrigo e trabalho em países que não eram os seus de origem.

INVESTIMENTOS

Somente entre 1914 e 1916, a Grã-Bretanha vendeu à Rússia mil aviões, 250 canhões pesados, 27 mil metralhadoras, 1 milhão de rifles, 8 milhões de granadas, 200 mil toneladas de explosivos e 2,5 bilhões de car-

Grupo de refugiados em Paris, França. Com o fim da Grande Guerra e uma Guerra Civil sendo travada na Rússia, migrações em massa atingiram aproximadamente 5 milhões de europeus.

REPRODUÇÃO/LIBRARY OF CONGRESS

tuchos de bala. Britânicos e franceses, por sua vez, compravam armamentos nos Estados Unidos — teoricamente, um país neutro, mas que vendia armamento tanto para a Inglaterra quanto para a Alemanha. Hidroaviões, submarinos e canhões pesados eram transportados em segredo pelo Atlântico por meio de navios disfarçados ou sob escolta de belonaves britânicas — como no caso do *RMS Lusitania*.

A Alemanha tentou de diversas formas financiar e municiar todo e qualquer movimento revolucionário no Império Britânico ou em seus territórios. Aproximadamente 500 mil revólveres, 100 mil rifles e 200 mil caixas de munição foram comprados pelo governo alemão nos Estados Unidos e remetidos para os *sikhs* na Índia, além de dinheiro e oficiais para o treinamento de tropas; o armamento só não chegou ao destino porque o navio que o transportava foi aprisionado pelos italianos. O governo do kaiser enviou dinheiro para que os bengalis se libertassem dos britânicos. Por meio da Espanha, os alemães também enviaram dinheiro e rifles para os rebeldes que lutavam para libertar o Marrocos da França.

Em 1916, conversações secretas para uma paz em separado russo-alemã, realizadas na neutra Estocolmo, Suécia, entre o industrial alemão Hugo Stinnes e o vice-presidente da Duma, Aleksandr Protopopov, não chegaram a termo. Um dos motivos foi a decisão do kaiser e do general Ludendorff em proclamar um novo país que faria fronteira com as duas nações: o reino da Polônia, com capital em Varsóvia, ficaria livre dos russos (o que acabou se concretizando mais tarde, após o fim da guerra). A Alemanha passou a manter contato com os adversários de Nicolau. Os bolcheviques, que tramavam a queda do império, receberam apoio e dinheiro do Reich alemão e conseguiram seu objetivo.

Em janeiro de 1917, o ministro alemão das Relações Exteriores Arthur Zimmermann enviou um telegrama ao embaixador da Alemanha em Washington, o conde Johann von Bernstorff, que deveria ser repassado ao plenipotenciário alemão na Cidade do México Heinrich von Eckardt. Se os Estados Unidos entrassem na guerra contra a Alemanha, Von Eckardt estava autorizado a oferecer aos mexicanos ajuda alemã, financeira e bélica, para que o país norte-americano recuperasse os territórios perdidos para os Estados Unidos depois da guerra de 1846-48 (o Arizona, o Novo México e o Texas). O documento, enviado por rádio pelo serviço diplomático sueco e pelo próprio serviço diplomático alemão, foi interceptado pela inteligência britânica e entregue às autoridades estadunidenses, que o tornou público em 1º de março. Dois dias depois, Zimmermann confirmou a autenticidade.[109]

Ao final de quatro anos, os Estados Unidos saíram vitoriosos não apenas no campo militar, mas também e principalmente no econômico. Os Aliados deviam a Washington mais de 2 bilhões de dólares. Para se ter uma ideia do que isso representava, antes da guerra todo o ouro de Alemanha, França e Grã-Bretanha juntas chegava aos mesmos 2 bilhões de dólares.

Os gastos totais do conflito são estimados em mais de 208 bilhões de dólares. Entre as grandes potências, a Alemanha havia gastado 47 bilhões; a Grã-Bretanha, mais de 43 bilhões; os Estados Unidos, 36 bilhões; a França, 28 bilhões; a Rússia, 16 bilhões; e a Áustria-Hungria pouco mais de 13 bilhões.[110]

8

POGROMS NA RÚSSIA, GENOCÍDIO NO IMPÉRIO OTOMANO

Antes que Hitler desse início à sua campanha antissemita na Alemanha dos anos 1930, os judeus eram perseguidos e vítimas de pogroms na Rússia tsarista. Durante a Grande Guerra, campanhas de "faxina" expulsaram ou assassinaram milhões de judeus no Leste Europeu. Enquanto isso, na Anatólia, outro genocídio era praticado no Império Otomano, onde cerca de 1,5 milhão de armênios foram mortos por um programa de "reassentamento" étnico levado a cabo por autoridades turcas.

Para muitos judeus, em muitos lugares do mundo, o período que compreende a metade final do século XIX e os primeiros anos do século XX foi uma época áurea, como poucas até então. Em muitos países europeus, eles eram reconhecidos como cidadãos. No Império Habsburgo, o imperador José II promulgou a Lei de Tolerância em 1781, abolindo uma série de restrições impostas aos judeus havia séculos. A revolução de 1848 derrubou as últimas barreiras e, um ano depois, o jovem imperador Francisco José I garantiu plenos direitos aos judeus austríacos. A nobreza considerava o comércio e o ramo das finanças, assim como alguns outros ofícios, incondizentes e indignos de seu *status*, o que permitiu que judeus cultos e empreendedores ascendessem socialmente e alcançassem posições de destaque na sociedade austríaca. A população judaica era pequena, mas seus membros representavam 50% dos alunos de medicina e quase 60% dos de direito. Um ramo da poderosa família de banqueiros Rothschild vivia em Viena, onde também residia Karl Wittgenstein, o magnata do aço austríaco e pai do filósofo Ludwig Wittgenstein. Todos os jornais liberais da capital pertenciam a judeus — o principal deles era editado pelo jornalista Karl Kraus. A elite culta e intelectual vienense era quase toda judia. Escritores como Stefan Zweig, Hugo Hofmannsthal e Arthur

Schnitzler e os músicos Gustav Mahler, Alban Berg e Arnold Schoenberg provinham todos de famílias de origem judaica. Eram judeus também Sigmund Freud e o celebrado escritor Franz Kafka. Em que pese boa parte deles ter se convertido ao protestantismo ou se desligado do meio religioso; eram chamados de "judeus assimilados". Freud, por exemplo, estava tão adaptado à cultura germânica que a família decorava a casa com um pinheiro no Natal e coloria ovos na Páscoa.

Na Alemanha não era diferente. A Prússia — o Estado de língua alemã que liderou a formação da Alemanha, em 1871 — foi um dos primeiros Estados europeus a emancipar os judeus, em 1812. Dos cem homens mais ricos na Prússia, em 1910, 29 deles eram judeus. Em Berlim, eles eram dez entre os onze mais ricos. "Somente uma pequena proporção de judeus era rica, mas o número de judeus entre os super-ricos era desproporcional", observou o historiador britânico Martin Kitchen.[111] Judeus se destacavam também como artistas, políticos, pensadores e cientistas; Albert Einstein, Max Born, Fritz Haber e Paul Ehrlich eram todos oriundos de famílias judaicas; os Mendelssohn viviam a gerações na Alemanha e haviam dado ao país banqueiros, músicos e eruditos.

Até o final do século XIX, o antissemitismo ainda estava associado à religião (e ao mantra medieval "os assassinos de Cristo"), e não a questões raciais, como se verá mais tarde, especialmente nos anos 1920. Por isso, muitos haviam renegado a religião e a própria história. O banqueiro e barão Moritz von Hirsch, o judeu mais rico de Viena depois da família Rothschild, investiu uma fortuna em projetos de emigração de judeus para a Argentina: "Toda a nossa miséria vem de judeus que querem subir demasiadamente alto", afirmou ele. Karl Kraus, convertido ao catolicismo e depois ao protestantismo, era conhecido com um "extraordinário judeu antissemita". O filósofo alemão Karl Marx era filho de judeus convertidos ao luteranismo e desdenhava do judaísmo (que ele acreditava dar valor demasiado às questões financeiras e à necessidade de burlar as leis), e não raro usava termos como "judeuzinho" para desafetos como Ferdinand Lassalle. Para o historiador judeu Bernard Wasserstein, a assimilação dos judeus à cultura nacional dos países onde viviam levou comunidades tradicionais "à beira de um colapso terminal".[112]

Os anos 1880, no entanto, marcaram a guinada em direção a um antissemitismo mais radical. Na Alemanha, começaram a surgir partidos antissemitas, e na Áustria-Hungria, o herdeiro do trono, arquiduque Francisco Ferdinando, era conhecido por nutrir ódio visceral aos judeus. O prefeito de Viena, Karl Lueger, era antissemita e descobriu que podia facilmente mobilizar as massas por meio de velhos ressentimentos contra judeus. Mesmo sem o apoio do imperador Francisco José, ele foi eleito em 1897, permanecendo no cargo até sua morte em 1910, com altos índices de popularidade. A capacidade de articulação política de Lueger marcou profundamente um jovem que se mudara para a capital em 1907: Adolf Hitler.

Na França, por outro lado, vivia uma grande e promissora comunidade judaica europeia. A Revolução Francesa, em 1789, havia concedido direitos iguais aos judeus e, embora tenham passado por períodos de turbulência ao longo do século XIX, um provérbio iídiche — a língua germânica dos judeus da Europa Central e Oriental — afirmava que felicidade era ser "feliz como um judeu na França". Pelo menos até o chamado "Caso Dreyfus" ganhar manchete nos jornais e dividir o país.

Em 1894, o capitão Alfred Dreyfus, um irrepreensível oficial judeu do Estado-Maior do Exército francês, foi apressadamente condenado por uma Corte Marcial e enviado para a colônia penal na Ilha do Diabo, na América do Sul. A inteligência francesa havia interceptado uma carta anônima endereçada ao adido militar alemão em Paris. A correspondência continha segredos militares. A traição foi atribuída a Dreyfus, mas em 1896 descobriu-se que fora forjada pelo major Charles Esterhazy, o verdadeiro espião e traidor. Ainda assim, com as novas provas ocultadas pelo Exército, a sentença foi mantida. A França ficou dividida entre os que eram anti-Dreyfus (defensores do comando pela lei e a ordem militar) e os que eram seus partidários (que acreditavam que a lei não poderia ser mantida senão em associação com a verdade e a justiça natural), como o escritor Émile Zola. Outro que acompanhou o caso de perto foi jornalista austro-húngaro Theodor Herzl, que, sensibilizado pela situação dos judeus europeus, criaria o movimento sionista e a ideia de um Estado judeu independente. As discussões em torno do caso reacenderam o antissemitismo adormecido e inflamaram os ânimos nacionalistas que marcariam o período pré-Grande Guerra no país.

Em 1904, um escândalo envolvendo uma lista de oficiais católicos e antirrepublicanos divulgada por maçons anticlericais acirrou o debate em torno do Exército. Um nacionalista francês disparou: "Um grupo de maçons, judeus e estrangeiros está tentando desacreditar o exército para entregar nossa nação aos ingleses e aos alemães".[113] Dreyfus foi trazido à França em 1899 e um segundo julgamento acabou por inocentá-lo, em 1906. Durante esse período, surgiu a "Liga da Pátria Francesa", liderada pelo poeta Charles Maurras — nomes famosos como Edgar Degas, Auguste Renoir e Júlio Verne estavam entre os membros da organização. Maurras também era editor de um jornal de orientação nacionalista, antiprotestante, antimaçônica e antissemita, e que faria eco inclusive no Brasil: *L'Action Française*.

Mas, apesar de presente na Europa Ocidental, em nenhum outro lugar o antissemitismo era mais virulento do que no Leste Europeu, onde vivia a maior comunidade judaica do mundo.

POGROMS

Quando Alexandre III assumiu o trono russo, em 1881, ele restabeleceu o regime autocrático e impôs uma série de "contrarreformas" à política modernizadora do pai, o tsar reformador que havia libertado os servos russos em 1861. Alexandre promoveu a censura de imprensa, proibiu a contratação de cidadãos envolvidos com movimentos políticos e aboliu a autonomia universitária, não permitindo que pessoas de origem humilde estudassem ou tivessem mobilidade social. Além disso, intensificou o processo de "russificação" de regiões que integravam o Império, como a Polônia, a Finlândia e áreas no Cáucaso. Línguas regionais foram proibidas e adeptos de religiões não ortodoxas (a Igreja ortodoxa era a Igreja oficial do Estado), como católicos, protestantes, muçulmanos e, em especial, judeus, foram discriminados e perseguidos.

Na Rússia, ações violentas contra judeus eram comuns desde o século XVII. Em 1648, o líder cossaco Bogdan Khmelnítski massacrou entre 20 mil e 100 mil judeus na Ucrânia — eviscerados e decapitados, com crianças fatiadas, assadas e comidas na frente de mães estupradas.[114]

Pedro, o Grande, tsar fundador da Rússia moderna, achava que os judeus não passavam de "patifes e enganadores". O próprio Alexandre III se referia aos judeus como "os assassinos de Cristo" — quando seu pai sofreu um atentado a bomba e veio a falecer em 1881, o boato espalhado era que o "tsar de Deus" fora morto por judeus. Tentativas de expulsá-los já haviam ocorrido em 1727 e 1740. As "Leis de Maio", de 1882, limitaram as áreas de assentamentos e um sistema de cotas restringiu o acesso de judeus às escolas de ensino médio e universidades; com anuência do Estado, a comunidade judaica foi vítima de uma onda de ataques a propriedades e assassinatos violentos.[115] Uma nova palavra começou a circular para se referir às ações antissemitas: *pogrom* (do russo *gromit*, "destruir"). Alexandre deu ordens para que os judeus fossem expulsos de Moscou e do Exército. A Grande Sinagoga foi fechada e as mulheres receberam autorização para permanecer, mas apenas se fossem registradas como prostitutas. Teve início uma emigração em massa — na década seguinte, milhares de judeus deixariam a Rússia anualmente; até 1914, 2,5 milhões haviam emigrado.

Em 1903, um pogrom ocorreu em Kishinev, na Bessarábia (hoje Moldávia), após a acusação de que uma criança cristã havia sido morta e seu sangue usado por judeus para preparar o *matzá*, pão sem fermento consumido durante a Páscoa judaica. Histórias como essas surgiram em Norwich, na Inglaterra do século XII; casos semelhantes atingiram Gloucester, Bury St. Edmunds e Winchester. Desde então se espalharam pela Europa e Oriente Médio. Chamadas de os "libelos de sangue", consistiam em disseminar provas falsas contra judeus, que eram acusados de matar cristãos para rituais macabros. Em Kishinev, na onda de violência que durou dois dias, mulheres foram estupradas, cerca de setecentas casas foram destruídas, mais de noventa judeus ficaram gravemente feridos e pelo menos 47 foram assassinados.

Na Rússia, o antissemitismo estava tão arraigado à cultura do país, que dentro do movimento nacionalista extremado União do Povo Russo, cujo lema era "Tsar, Fé e Pátria", havia uma milícia denominada "Centúrias Negras", responsável por atacar revolucionários e judeus. O grupo chegou a contar com 300 mil membros. Foi nesse meio que surgiram, em 1903, os *Protocolos dos sábios de Sião*, suposto relatório de uma reunião secreta de líderes judeus que planejavam dominar o mundo articulando guerras e revoluções, o controle da economia e a disseminação do ateísmo e do liberalismo econômico. A primeira versão saiu, de forma seriada, no jornal *Znamya*. Era provavelmente uma criação da polícia secreta do tsar, a *Okhrana*, com base em dois livros publicados nos anos 1860 e dirigidos contra o imperador francês Napoleão III (e sem qualquer ligação com os judeus). A versão mais conhecida, no entanto, foi publicada em 1905 como apêndice do livro *Os grandes e os pequenos: a vinda do anticristo e o domínio de satã na Terra*, do escritor e místico russo Sergei Nilus. Não demorou para que o livro fosse identificado como embuste, o que não impediu sua publicação em várias línguas e a propagação do antissemitismo. O tsar Nicolau II, que, como afirmou um assessor, tinha "ódio feroz aos judeus", continuou a acreditar na originalidade da obra e lê-la mesmo depois de sua abdicação, em 1917.

Em fevereiro, maio e setembro de 1905, distúrbios e greves políticas sacudiram a Rússia. A dura repressão do governo provocou uma onda de matança. Pressionada, a autocracia, no entanto, aceitou a convocação de um parlamento e assinou a paz com o Japão, com quem o país estava em guerra desde o ano anterior. Na esteira da violência da revolução fracassada, 15 mil opositores do regime tsarista foram assassinados; os judeus estavam entre os principais alvos. O ministro do Interior, Piotr Stolípin, prometeu "afogar a revolução em sangue judeu". Em outubro, mais de 3 mil foram assassinados em quase setecentos pogroms. Em Odessa, a ação foi insuflada por panfletos antissemitas impressos pela própria polícia: oitocentos judeus morreram, 5 mil ficaram feridos e mais de 100 mil foram desabrigados. Segundo o primeiro-ministro conde Serguei Witte descobriu mais tarde, era o próprio ministério do Interior, com anuência do tsar, que editava e publicava os panfletos.

Em 1911, o corpo do menino Andrei Iuschiski foi descoberto nos arredores de Kiev e as Centúrias Negras alegaram que o sangue da criança fora drenado por ritualistas judeus. Mesmo sem provas, a polícia prendeu Mendel Beilis. Segundo a historiadora e biógrafa Miranda Carter, o governo do tsar forjou acusações "na expectativa de que o antissemitismo popular contribuísse para mobilizar os russos leais ao governo", e o próprio Nicolau II presenteou o juiz do caso com um relógio de ouro na tentativa de influenciar o veredito.[116] Após dois anos preso, Beilis foi inocentado, mas, com base em "especialistas científicos", um tribunal em Kiev atestou que o ritual de sangue de crianças cristãs era uma tradição judaica. Os treze ferimentos encontrados em Iuschiski, usados para drenar o sangue, confirmariam a teoria; o número treze era mágico para os judeus.

Apesar dos pogroms e da onda emigratória, quando a Grande Guerra estourou, em 1914, ainda havia na Rússia quase 5 milhões de judeus. Do outro lado de sua extensa fronteira viviam muitos outros milhões. Na Galícia, então pertencente ao Império Austro-Húngaro, havia aproximadamente 1 milhão de judeus. Quando o gigantesco Exército russo começou a ofensiva contra as forças do imperador Francisco José, os civis judeus foram as principais vítimas dos saques e assassinatos. Os cossacos que compunham a cavalaria russa provocaram uma migração em massa já em agosto de 1914. Quem não conseguiu fugir sofreu as consequências da invasão: mortes, roubos e estupros. Teve início uma nova onda de pogroms. Vilarejos judaicos foram destruídos e propriedades judaicas confiscadas. O Exército russo aprisionou cerca de mil judeus ricos, tomados como reféns como meio de extorsão. Outros 50 mil foram deportados para a Rússia, nos longínquos Turquistão ou Sibéria.[117] O mesmo ocorreu com os judeus que viviam na Polônia ou nos Países Bálticos, que então estavam sob o domínio do Império Russo. Em outubro de 1914, os judeus serviram de bode expiatório para o sucesso alemão na fronteira da Rússia com a Prússia Oriental. Judeus foram atacados em Vilna, Grodno e Bialystok. Em Tłuszcz, quando um trem que transportava um regimento russo parou na estação da cidade, antes de chegar à linha de frente, os soldados desceram e saquearam lojas de comerciantes judeus. Em Lublin, ocorreu o mesmo. "Os soldados sabiam que sua palavra valeria mais que a de um judeu, e mesmo o assassinato de judeus assaltados quase sempre ficava impune", observou o historiador Josh Samborn.[118]

Em janeiro de 1915, o grão-duque Nikolai Nikoláievitch, comandante em chefe do Exército russo, e o general Nikolai Ianuchkévitch, chefe do Estado-Maior do Stavka, o quartel-general supremo do Exército, ordenaram que todo o teatro de operações sofresse uma "faxina", limpando da área "todos os judeus e indivíduos suspeitos". Nikoláie-vitch, um gigante de dois metros de altura, apelidado de "Nicolacha, o terrível", tão antissemita quanto o tsar, afirmou que os judeus eram "elementos indesejáveis", de "mentalidade moral desagradável, eles são fracos, covardes e sem senso de dever".[119] Judeus falantes do ií-diche foram aprisionados e os suspeitos de traição executados. Mais tarde, quando os exércitos do kaiser começaram a empurrar os russos de volta para o Leste, a tática de "terra arrasada" promoveu a expulsão de aproximadamente meio milhão de judeus — além de cerca de 740 mil poloneses, 300 mil lituanos e 250 mil letões; no começo de 1917, havia quase 6 milhões de desalojados. Até mesmo Nicolau se comoveu ao ver "multidões de judeus" em trens abarrotados, com os restos de seus pertences e crianças pequenas.

Em 1916, a enfermeira inglesa Florence Farmborough, que atuava no Exército russo, comentando sobre a população civil na parte aus-tríaca da Galícia, escreveu que "a situação dos judeus que vivem em Chortkov é lamentável. Eles são tratados com hostilidade vingativa".[120] O Exército invasor requisitou todas as casas de judeus possíveis. Às vezes, vinte ou trinta soldados cossacos ocupavam o mesmo lugar. "Até a palavra 'judeu' é algo obsceno para os soldados russos", observou Farmborough. E não é de estranhar, já que a própria família imperial russa costumava fazer piada e deboche dos judeus — a tsarina Alexan-dra tinha como hábito desdenhar dos "judeus odiosos e podres", e o tsar usava o termo "judeu" para adjetivar tudo o que era ruim.[121]

Na Palestina, quinhentos judeus russos emigrantes foram expul-sos pelo comandante turco Djemal Paxá e deportados para o Egito. Em Jerusalém, Djemal prendeu e expulsou os principais líderes sionistas de um comitê que estava dando apoio aos otomanos: David Ben-Gu-rion e Yitzhak Ben-Zvi. Os dois foram enviados para o porto de Jafa com a recomendação de que fossem "banidos definitivamente do Império Turco". Depois de alguns anos nos Estados Unidos, ambos retornaram à Palestina — então sob domínio britânico, após a Grande Guerra. Mais tarde, com o fim da Segunda Guerra, Ben-Gurion lideraria o movimen-to pela criação do Estado de Israel, sendo primeiro-ministro do novo país entre os períodos de 1948-53 e 1955-63.

Em 1917, os judeus saudaram a Revolução Bolchevique como o prenúncio da emancipação e o fim das perseguições. Muitos dos principais líderes bolcheviques russos eram judeus, entre eles Grigori Zinóviev, braço direito de Lênin, e Liev Trótski, criador do Exército Vermelho e um dos principais nomes da Revolução. Eram judeus também Iákov Sverdlov, presidente do Comitê Central do Partido Comunista; Maxim Litvinov, comissário das Relações Exteriores; Karl Radek, comissário de Imprensa; e Lazar Kagonovich, assessor de Stálin e mais tarde comissário da Indústria. A avó materna de Lênin era judia, mas a informação era desconhecida na época e só foi confirmada muito tempo mais tarde. Além da Rússia, nomes judeus lideraram movimentos ou governos de esquerda na Europa Central: Kurt Eisner e Rosa Luxemburgo na Alemanha, Victor Adler e Otto Bauer na Áustria e Béla Kun na Hungria.

O entusiasmo com o movimento revolucionário levou muitos judeus a aderir ao socialismo, a fazer parte da administração e da polícia soviéticas — em Kiev, na Ucrânia, por exemplo, aproximadamente 75% dos integrantes da Tcheka, a polícia política, tinham origem judaica. Embora, de modo geral, a maioria dos judeus não fizesse parte de movimentos e ações revolucionárias, com o tempo e a propaganda antissemita, o judaísmo passou a ser associado ao bolchevismo e judeu virou sinônimo de comunista. O que não deixa de ser curioso, já que antes da revolução os judeus eram vistos como exploradores das massas trabalhadoras e a encarnação do capital financeiro.

Os pogroms não terminaram com a queda do tsar e o armistício de 1918. Com a guerra civil, essas ações continuaram e em maior escala. "Os judeus são odiados em toda parte", escreveu um sociólogo russo, "são odiados independentemente de sua classe ou educação, opinião política, raça ou idade".[122] Na Ucrânia, mais de 1,3 mil pogroms assassinaram entre 50 mil e 60 mil judeus. A onda antissemita atingiu também a Hungria e regiões ao leste do rio Danúbio, onde mais de 3 mil judeus foram mortos em 1922. Na década seguinte, na Polônia, onde então se concentrava a maior população judaica da Europa, e na Alemanha nacional-socialista, o antissemitismo seria institucionalizado e um novo termo surgiria para o assassinato em massa: Holocausto.

GENOCÍDIO ARMÊNIO

No final do século XIX, o que restara do outrora grandioso Império Otomano englobava uma pequena margem de terra no norte da África (principalmente o Egito, perdido para a Inglaterra em 1882), a parte sul dos Bálcãs (a Albânia e partes da Grécia e Bulgária atuais) e o Oriente Médio (os territórios atuais de Turquia, Síria, Palestina, Israel, Líbano, Iraque, Jordânia e partes da Arábia Saudita). Possessões turcas foram tomadas por Áustria-Hungria e Rússia, suas tradicionais inimigas, e, mais tarde, por franceses e ingleses. De qualquer forma, mesmo diminuído e espoliado, o Império comportava uma grande diversidade étnica e religiosa, o que invariavelmente era motivo de tensões e distúrbios.

O Império Otomano era composto principalmente por turcos e árabes muçulmanos, com minorias religiosas como judeus, ortodoxos gregos e siríacos e armênios cristãos — todos eles divididos em grupos menores, étnicos e tribais. Seguidores das religiões monoteístas que aceitavam o que o islamismo reconhecia como revelações anteriores ao profeta Maomé — os cristãos entre eles — eram tolerados e agrupados no chamado *millet*. Essa comunidade político-religiosa não tinha os mesmos direitos dos cidadãos que seguiam o islã, mas estava sujeita aos próprios líderes desde que suas leis não conflitassem com as do Estado muçulmano. A liberdade religiosa e a autonomia comunal, no entanto, implicavam fidelidade ao Império, com obrigações como o serviço militar ou público compulsório.

Considerada a primeira nação cristã do mundo (oficialmente desde 301 d.C.), a Armênia fora subjugada ao longo do tempo por bizantinos, persas e, em um último momento, pelos turcos, no século XIV. No século XVIII, o país foi dividido entre Pérsia, Império Russo e Império Otomano. Dentro deste último, os armênios eram uma minoria bastante numerosa que vivia principalmente na parte oriental da Anatólia, entre os lagos Van e Sevan. A comunidade era considerada uma *millet-i Sadika*, uma "*millet* fiel" ao Estado muçulmano. Tanto que durante o século XIX, os otomanos chegaram a indicar e ter como ministro de Relações Exteriores um armênio. Mas a decadência e a fragmentação do decrépito Império Otomano despertaram na comunidade cristã o desejo de uma Armênia independente. Nos anos 1890, a crescente hostilidade étnica e religiosa, principalmente por parte de tribos curdas – com anuência otomana –, proporcionou o surgimento de ações armadas e rebeliões. Várias organizações, como a *Dashnak*, a "Federação Revolucionária Armênia", e o Partido Hunchak, passaram a mobilizar uma insurreição geral e a procurar apoio de potências estrangeiras, em especial da Rússia, onde vivia parte da comunidade armênia.

Os não muçulmanos começaram a ser chamados de "tumores" dentro do Império. Entre 1894 e 1896, uma repressão brutal assassinou mais de 80 mil armênios, muitos deles pelos *Hamidiye*, uma tropa irregular organizada com permissão do sultão Abdul Hamid II para combater os armênios e seus simpatizantes. "Os ataques de surpresa e a guerra entre cristãos, isto é, armênios, e muçulmanos, isto é, turcos, circassianos e aldeões e nômades curdos, tornaram-se endêmicos", escreveu o especialista em história do Oriente Médio Bernard Lewis.[123] Os massacres continuaram na década seguinte. Depois da derrubada do sultão pelos modernizadores "Jovens Turcos", em 1908, o Império seguiu o "racismo científico" baseado no positivismo do filósofo francês Augusto Comte e em teorias raciais que começavam a circular e se tornar populares no começo do século XX – o médico turco Mehmet Resid, por exemplo, acreditava que os armênios eram "micróbios perigosos" que deviam ser exterminados. O triunvirato de Mehmed Talaat, Ahmed Djemal e Ismail Enver, os "Três Paxás", instaurou um regime que tinha como proposta eliminar a influência da religião na vida política do país e criar um Estado étnico, puramente turco. Para a historiadora inglesa Karen Armstrong, Talaat, Djemal e Enver não eram fanáticos religiosos como comumente se costuma pensar, mas secularistas confessos.[124] Quando a ideia de independência armênia amadureceu em 1909, com a derrubada do sultão muçulmano, o Império dos Jovens Turcos reagiu assassinando 20 mil armênios no episódio conhecido como "Massacre de Adana", nome da província otomana que foi palco das atrocidades.

Após breve pausa, quando a Grande Guerra estourou, as perseguições e os massacres reiniciaram. Em dezembro de 1914, o tsar Nicolau II visitou a frente no Cáucaso e garantiu ao líder da Igreja armênia que "um futuro brilhante" esperava pelos cristãos armênios que viviam na

POGROMS NA RÚSSIA, GENOCÍDIO NO IMPÉRIO OTOMANO **145**

Turquia. A derrota do Exército otomano diante das tropas russas na região foi vexatória e os Três Paxás atribuíram o desastre militar à traição armênia. De fato, pelo menos cinco batalhões de armênios voluntários lutaram ao lado dos russos. Insurreições de nacionalistas armênios nas localidades de Zeitun (Süleymanli) e Van aumentaram a ira dos governantes otomanos, que acusaram a população armênia de deslealdade para com o Império. Em Van, a catedral de São Paulo foi destruída por ordem do governador turco por abrigar atiradores armênios. O venezuelano Rafael de Nogales, voluntário servindo na cavalaria otomana, escreveu que "em apenas um dia, Van perdeu seus mais importantes templos, que durante novecentos anos estiveram entre os mais famosos monumentos históricos".[125]

Em 24 de abril de 1915, cerca de trezentos líderes políticos e intelectuais armênios foram presos e levados a Ancara para serem executados; entre eles estavam os redatores do *Azadamard*, o principal jornal em língua armênia no Império, deputados do parlamento, doutores e professores universitários. Os soldados armênios que serviam no Exército otomano foram obrigados a entregar rifles, pistolas e todas as armas em seu poder. Em seguida, foram deslocados para batalhões de trabalho — os chamados *amélés* — e enviados para cidades como Harpurt, onde deveriam construir estradas. Mas o envio de contingentes desarmados e desprotegidos para áreas ocupadas por muçulmanos apenas permitiu que execuções fossem levadas a cabo sem o menor controle do Estado. Em verdade, era essa a real intenção do projeto. O embaixador estadunidense no Império Otomano, Henry Morgenthau, escreveu que "não apenas os homens curdos desceram as montanhas para atacar aquele regimento faminto e enfraquecido, mas as mulheres também surgiram com seus facões para ganhar crédito junto a Alá por matar cristãos".[126]

No começo de maio, a Lei de Transferência e Reassentamento foi promulgada, mas a palavra "reassentamento" não passava de um eufemismo para deportações e assassinato em massa de *giaours*, como os muçulmanos designavam todos os infiéis. O governo otomano estimou que 2 milhões ou mais de armênios poderiam ser reassentados nas fronteiras do Império, mas o que se viu não foi o deslocamento de uma população, e sim uma limpeza étnica. No dia 18, os governos de Rússia, França e Grã-Bretanha denunciaram publicamente as deportações e os massacres. O governo otomano foi responsabilizado por "crimes contra a humanidade e a civilização" — usada pela primeira vez, a expressão entraria para a história —, mas Istambul respondeu que estava apenas se defendendo de movimentos revolucionários instigados pela Tríplice Entente.

Em junho, o programa otomano já havia se transformado em barbárie. Em Bitlis, próximo ao lago Van, o massacre durou oito dias e matou 15 mil armênios. Em Siirt, mais ao sul, centenas de cristãos armênios foram assassinados. Nestorianos e jacobitas tiveram o mesmo fim. Nogales observou "montanhas de cadáveres", corpos seminus e ensanguentados, dispostos uns sobre os outros. "Das gargantas cortadas escorria sangue", escreveu ele. "Bandos de abutres bicavam os olhos dos mortos e dos moribundos, cujos olhares parados pareciam ainda refletir o horror e a dor que haviam sentido. Cães, com suas afiadas presas, devoravam corpos que ainda pulsavam de vida".[127] Localidades armênias nas províncias de Erzerum, Dyarbekir, Kastamonu, Sivas e muitas outras sofreram o mesmo infortúnio.

Os massacres e atrocidades assustaram os próprios aliados turcos; alemães e austríacos decidiram protestar. Walter Rossler, o cônsul alemão em Alepo, pressionou Berlim para que interviesse acionando autoridades otomanas contra a política cruel que estava sendo praticada na Anatólia. O protesto foi infrutífero. Durante toda a primavera e o verão de 1915, a população cristã foi deportada ou massacrada. De todos os lugares do Império — com exceção das grandes cidades, como Istambul, Esmirna, Alepo e Jerusalém — os armênios foram enviados em grupos para o deserto sírio e para a Mesopotâmia. Os *kaghakatsi*, como eram chamados os armênios residentes em Jerusalém, onde estava localizado o quartel-general do Oitavo Exército Otomano, foram destituídos dos cargos púbicos, mas permaneceram em aparente segurança. Quando os sobreviventes das deportações da Anatólia chegaram à cidade, foram residir no bairro armênio, onde receberam permissão para ficar no convento de são Tiago. No restante do Império, a polícia otomana espalhou cartazes por aldeias armênias indicando locais públicos onde as famílias, despojadas de seus pertences e propriedades, eram obrigadas a se entregar. A polícia caiu sobre eles "como a erupção do Vesúvio caiu sobre Pompeia", escreveu Morgenthau.

Igrejas foram saqueadas, altares destruídos, cerimônias cristãs ridicularizadas e religiosos espancados nas ruas. Pelo menos cinco bispos foram mortos, além de 126 dos 250 sacerdotes — das dezesseis dioceses, restaram apenas três; e após a guerra, a sede do patriarcado em Cilícia foi transferida para Beirute, no Líbano. O tenente do Exército otomano Hasan Maruf relatou que forças imperiais reuniram os armênios em uma igreja e depois a incendiaram. Prisioneiros turcos que haviam presenciado o ocorrido ficaram horrorizados e enlouqueceram. Soldados russos afirmaram que após vários dias "o odor da carne humana queimada ainda impregnava o ar". Cristãos que escondiam armas ou eram suspeitos de manter armamento sofriam torturas. Uma prática comum era bater nas solas dos pés dos detidos com um bastão; com o tempo, os pés inchavam e estouravam, necessitando de amputação. Outros métodos de tortura incluíam arrancar as sobrancelhas e a barba "quase fio por fio": "Arrancavam as unhas das mãos e dos pés, queimavam o peito da vítima com ferro, dilaceravam sua carne com alicates incandescentes e derramavam manteiga fervendo nas feridas". Como se isso não bastasse, os turcos pregavam as mãos e os pés das vítimas a pedaços de madeira, numa alusão à crucificação de Cristo.[128] Mulheres eram despidas, espancadas e constantemente estupradas. "Vi milhares de mulheres e crianças inocentes colocadas em barcos que foram emborcados no Mar Negro. Outras foram jogadas amarradas no Eufrates", escreveu Giacomo Gorrini, cônsul italiano em Trabzon.

Os que escaparam dos massacres foram enviados para o deserto, onde se transformavam em "esqueletos ambulantes e imundos" marchando para a morte. Com pouco acesso à comida ou água, dizimados pelo tifo, disenteria e cólera, milhares de armênios morreram pelo caminho. Os deportados eram constantemente assediados pela polícia otomana ou por grupos criminosos; mulheres, crianças e idosos passaram fome, foram envenenados, sufocados ou queimados. Uma das caravanas que deixou Harpurt em direção a Alepo, a quinhentos quilômetros de distância, contava inicialmente com cerca de 18 mil pessoas, mas só 150 chegaram a seu destino. O restante havia morrido pelo caminho; as mulheres e garotas mais atraentes haviam caído nas mãos de curdos e turcos para servirem como escravas sexuais ou, as que tiveram mais sorte, como esposas. Homens entre quinze e setenta anos eram amarrados em grupos de quatro e obrigados a marchar por horas até chegarem a vales isolados, onde camponeses turcos davam livre vazão à sede de matança, utilizando como armas de ataque porretes, martelos, ceifadeiras, machados, pás e serras. Os corpos mutilados eram deixados ao ar livre para que fossem devorados por animais selvagens. Um observador notou que na fronteira da Mesopotâmia, em *Tell Armeni*, além de cadáveres em decomposição em cisternas, poços e reservatórios, havia "corpos insepultos por todos os lados, alguns debaixo de pedras, de onde se via um braço ou uma perna já roídos pelas hienas". (*Tell Armeni* pode ser traduzido como "entulho de armênios".)

Em um relatório do governo norte-americano, uma sobrevivente de nome Zarouhi contou ao príncipe Argutinsky que "sentia arrepios ao pensar nas centenas de crianças mortas pelos turcos a golpes de baionetas e jogadas no Eufrates, e nos homens e mulheres que foram despidos, amarrados às centenas, mortos a tiros e, depois, atirados no rio". Eram tantos os mortos, descreveu ela, "que, em uma curva do rio perto de Erzinghan, os milhares de cadáveres criaram uma barragem tão grande que o Eufrates mudou de curso por cerca de cem metros".[129] Em seu livro de memórias, Morgenthau afirmou não revelar os "detalhes mais terríveis" do genocídio armênio, pois o relato completo das "orgias sádicas" sofridas por aquele povo não seria publicado em um livro na América. Os horrores foram documentados em fotografias pelo médico do Exército, e também escritor e defensor dos direitos civis alemão, Armin Wegner. Suas imagens estão entre as mais conhecidas do genocídio. Em 1933, Wegner travaria outra luta inglória: tentou persuadir Hitler a parar com a perseguição aos judeus.

Tentando salvar os refugiados, a França enviou cinco navios de guerra à costa síria, de onde 4 mil sobreviventes dos massacres foram levados em segurança até Port Said, no Egito. O gesto humanitário pouco pôde fazer. Em sete meses, 600 mil armênios foram assassinados e outros 400 mil pereceram durante as marchas forçadas. Para se livrarem das torturas e sofrimentos, aproximadamente 200 mil armênios converteram-se ao islã. "Tão grandes são a angústia e o sofrimento dos armênios, tão odiosos e sem precedentes, que se devem considerar a infinidade e a insondabilidade do universo para classificá-los", escreveu o poeta Avetik Isahakian. "Não há palavras nos dicionários para qualificar o terror; não há um único poeta que encontre palavras".

O governo otomano — pelo menos algumas autoridades — tentou conter os excessos. Cerca de 1,4 mil julgamentos civis e militares condenaram alguns poucos à morte por crimes cometidos contra deportados. Nada que diminuísse o número de mortos. Cálculos modernos estimam que aproximadamente 1,5 milhão de armênios tenham sido massacrados. Documentos do próprio governo otomano da época estimam em 1 milhão o número de deportados. O historiador britânico Arnold Toynbee calculou em 1,1 milhão as vítimas, com 600 mil mortos e outro meio milhão de sobreviventes. Os governos aliados chegaram a números semelhantes, variando entre 1 milhão e 1,2 milhão. O número apresentado pela delegação armênia na Conferência de Paz de Paris, de 1919, apontava para algo em torno de 700 mil mortos. Morgenthau calculou que "pelo menos 600 mil pessoas foram aniquiladas, podendo esse número chegar a 1 milhão".

Em um congresso da *Dashnak*, de 1919, os armênios decidiram organizar uma operação de vingança. Shahan Natalie, cuja família havia sido assassinada nos massacres, foi encarregado de planejar e executar a "Operação Nêmesis" — uma alusão à deusa grega da justiça e da vingança. Em três anos, os principais responsáveis políticos pelo genocídio armênio foram mortos pela Nêmesis: o ex-grão-vizir Said Halim foi assassinado na Itália, Talaat em Berlim e Djemal executado em Tbilisi, na Geórgia. Dois deles, Talaat e Djemal, haviam feito parte do triunvirato que dirigiu o Império Otomano durante a Grande Guerra. O terceiro membro do governo, Enver, morreu na Rússia, na mesma época, em circunstâncias nunca devidamente esclarecidas.

Depois da guerra, com a criação da República da Turquia, Mustafá Kemal completou a "modernização" do país. Embora admirado no Ocidente como um líder muçulmano esclarecido, Kemal era um ditador que detestava o islã — que ele descrevia como "cadáver putrefato".

O político substituiu o fez turco pelo chapéu-coco, a escrita árabe do islã por outra adaptada do alfabeto latino, adotou o calendário gregoriano do Ocidente, confiscou as propriedades dos líderes religiosos, desautorizou suas ordens e aboliu a Sharia, que era a base legal da sociedade muçulmana, substituindo-a por um código civil semelhante ao de países europeus. Proibiu expressões e palavras em árabe e persa e as trocou por expressões populares turcas. Por fim, declarou o califado inválido. Ainda que não tivesse mais autoridade política, o califado estava historicamente ligado à comunidade muçulmana e ao profeta Maomé. Kemal completou o expurgo étnico-religioso iniciado antes da Grande Guerra promovendo a deportação de cerca de 1,3 milhão de gregos cristãos que viviam na Turquia para a Grécia; 400 mil turcos muçulmanos foram obrigados a fazer o caminho inverso.

9 MULHERES NA GRANDE GUERRA

*Quando a Grande Guerra de 1914-8 teve início,
as mulheres já travavam a própria guerra havia
décadas: ocupar seu lugar na sociedade. Aos
poucos, a ideia da inferioridade feminina — física
e intelectual — perdeu espaço. Com a chegada
do novo século, elas conquistaram o direito de
estudar, votar, trabalhar e até lutar em campos
de batalha. Mas com o conflito, sofreram
humilhações conhecidas desde a Antiguidade:
estupros e prostituição.*

té 1903, os prêmios Nobel da Paz e da Literatura atraíam ampla cobertura da imprensa mundial, mas os dedicados às ciências (Física, Química e Medicina) tinham pouca repercussão porque eram considerados incompreensíveis para a população em geral. Naquele ano, no entanto, a indicação de uma mulher para a premiação mudou a imagem da ciência e da própria mulher.

Marya Skłodowska nasceu em Varsóvia, então parte do império dos tsares, em 1867. Em 1891, depois de deixar uma paixão da juventude e o trabalho como doméstica, ela chegou à França para se matricular na Universidade de Paris — tinha pouco dinheiro no bolso, um pequeno baú, a cadeira desmontável que usara para poder se sentar no vagão de quarta classe do trem que a trouxera e uma mente brilhante. Quatro anos depois, ela se casou com Pierre Curie, diretor de um laboratório de química e física, e passou a assinar Marie Curie, nome pelo qual passaria à história. O Prêmio de Física de 1903, por "pesquisas conjuntas sobre fenômenos da radiação", ela dividiu com o marido e Henri Becquerel. Virou uma celebridade, embora mais por ser mulher do que pelo intelecto. Em 1911, já viúva, ela recebeu o Prêmio Nobel de Química, devido à descoberta do rádio. Pela primeira vez um cientista era laureado com dois prêmios Nobel. Naquele momento, porém, a imprensa conservadora francesa estava ocupada em atacá-la, não obstante ela ter se transformado em uma respeitada cientista. Curie estava tendo um romance com um homem casado, o físico Paul Langevin. Em um país cada vez mais antissemita e nacionalista, ela foi acusada de ser judia (o que não era verdade) e estrangeira e a insultaram de "a Vestal do Rádio" e "ladra de maridos!".[130] Langevin divorciou-se da esposa apenas para se reconciliar pouco depois; aos homens tudo era permitido. Curie seguiu seu próprio caminho.

Quando eclodiu a Grande Guerra, a cientista esqueceu as ofensas, reuniu seu estoque de rádio e percorreu Paris solicitando equipamentos em laboratórios e dinheiro às mulheres ricas. Com permissão do ministério da Guerra, ela deu início à montagem de um serviço móvel de raios-X. Em novembro de 1914, seu "petit Curie" estava pronto, a tempo de atender os feridos da batalha do Marne. Até o final do conflito, ela conseguiria organizar duzentas estações de raios-X nas frentes de combate, treinaria 150 técnicas e atenderia um milhão de soldados. A França nunca reconheceu o trabalho dela durante a guerra. Curie morreu de leucemia, em 1934.

OCUPANDO ESPAÇOS

Em 1848, na esteira das revoluções que varriam o continente europeu, um grupo de mulheres fundou, em Viena, a primeira associação democrática feminina. O objetivo era combater o assédio masculino e a perseguição que o movimento feminista sofria por parte de membros da imprensa. No mesmo ano, em Nova York, outro grupo de mulheres organizou uma entidade que tinha como finalidade protestar contra a exclusão feminina do sufrágio e do sistema educacional. Na América, as ações do então incipiente movimento feminista se multiplicaram, mas na Áustria-Hungria de Francisco José e em muitos países do Velho Mundo, as mulheres foram proibidas de formar organizações e pertencer a sindicatos e partidos políticos. Para o senso comum, a mulher devia permanecer sob a tutela do homem, mas vozes contrárias já começavam a ser ouvidas, ainda que isoladas. Em 1861, o britânico John Stuart Mill defendeu a igualdade dos sexos em *A sujeição das mulheres*, afirmando que as diferenças eram uma consequência da criação do homem, não algo biológico ou natural. Mas a teoria revolucionária de Mill não vingou e a mulher continuou sendo vista como incapaz tanto pela sociedade quanto pela ciência, principalmente depois que, em 1894, Henry Havelock Ellis publicou *Man and woman* [Homem e mulher], uma defesa "científica" da inferioridade feminina com base em sua constituição biológica — somente três décadas mais tarde Ellis reconheceria o erro. No final do século XX, as mulheres austríacas haviam conseguido o direito de frequentar as universidades de medicina do país, e Bertha Papenheim liderava um bem articulado movimento feminista na Alemanha, mas a ideia de uma sociedade não patriarcal ainda causava mal-estar em muita gente. Em 1905, estudos sobre o cérebro humano e testes de QI não encontraram provas de que os homens fossem mais inteligentes que as mulheres. O determinismo biológico começou a declinar, mas ainda imperava em vários lugares e era defendido por muitos cientistas renomados. Em 1906, o médico alemão Wilhelm Fliess escreveu em *Der Ablauf des Lebens* [O curso da vida], sua obra mais importante, que "na vida mental da mulher a lei da indolência domina; ela recebe passivamente e nada acrescenta de si". Dois anos depois, Fritz Wittels, da Sociedade Psicanalítica de Viena, publicou um artigo intitulado "A posição natural das mulheres", repleto de ideias antiquadas e pseudocientíficas, mas que recebeu do amigo Freud total apoio. "Uma mulher não pode se sustentar e, ao mesmo tempo, educar os filhos", afirmou o pai da psicanálise.[131] Enquanto a ciência debatia se a mulher era ou não inferior ao homem, os direitos civis avançavam. Nos Estados Unidos, as mulheres de Wyoming tinham conquistado o direito ao voto em 1869, enquanto as de Colorado, Idaho e Utah haviam logrado sucesso no início dos anos 1890. A Nova Zelândia, onde o sufrágio feminino foi admitido em 1893, foi o primeiro país a conferir esse direito político em termos nacionais. Na Europa pré-Grande Guerra, países como Finlândia e Noruega foram pioneiros na concessão do direito ao voto às mulheres. A Inglaterra, que fora um dos berços do movimento sufragista na década de 1830, só permitiu o voto feminino em 1918, ainda assim apenas às mulheres casadas, maiores de trinta anos e com nível universitário. Apenas em 1928 o Parlamento inglês aprovaria a igualdade de condições.

No mercado de trabalho as mudanças eram mais significativas. Durante a *Belle Époque*, a mulher deixou de se dedicar apenas ao emprego doméstico e ao trabalho nas fábricas de tecidos e roupas, passando a ocupar espaços que se caracterizariam como femininos nas décadas seguintes: lojas e escritórios. Era um avanço e tanto. Na Alemanha, havia 32 mil vendedoras de lojas no começo da década de 1880; em 1907 já eram 174 mil. Na Grã-Bretanha, funcionárias no comércio passaram de 6 mil para 146 mil. Em 1917, quase 20% das mulheres alemãs casadas trabalhavam, enquanto quase metade das francesas na mesma situação tinham alguma ocupação fora de casa. As inglesas, por outro lado, avançaram de forma mais lenta, e só alcançaram essa porcentagem na década posterior à guerra. O aumento e a melhoria nos sistemas de educação primária também atraíram muitas mulheres para o magistério. Não obstante o baixo salário, a profissão era preferida aos serviços domésticos. A condição de professora garantia *status* e independência, principalmente às solteiras, já que a maioria era obrigada a deixar o cargo ao se casarem.[132] Em países como Estados Unidos e Inglaterra, lecionar passou a ser uma ocupação essencialmente feminina.

ESFORÇO DE GUERRA

A Grande Guerra deu início a algumas transformações, embora as maiores mudanças viessem a ocorrer apenas na Segunda Guerra. A necessidade de enviar um número crescente de homens para as frentes de combate permitiu que as mulheres ocupassem cargos e postos antes exclusivamente masculinos. "Sem mulheres, não há vitória rápida", afirmou o político britânico Lloyd George. Apareceram, assim, as primeiras carteiras, bancárias, bombeiras e motorneiras. As que atuavam nos bondes e na França receberam o nome de *"ponsinettes"*, porque a empresa de transportes pertencia a um senhor de nome Pons. As francesas que trabalhavam em fábricas de munição eram chamadas de *"munitionettes"*, e não eram poucas: em 1918 contavam cerca de 400 mil, um quarto do total. Em quase todos os setores houve incremento da mão de obra feminina. No começo da guerra, as fábricas da Renault em Billancourt empregavam apenas 190 mulheres de um total de quase 5 mil funcionários. Dois anos depois esse número havia saltado para 3.654 e, em 1918, era de mais de 6,7 mil mulheres. Na Inglaterra, o número de mulheres trabalhando em fábricas de munição passou de 412 mil para 1,65 milhão no período de quatro anos. Nos transportes, o número aumentou mais de seis vezes, passando de 18 mil para 117 mil. Em 1911, a força de trabalho feminina na metalurgia representava 5,5% do total; sete anos mais tarde, com o esforço de guerra, aumentara para 25%.[133] Entre 1914 e 1918, o número de ferroviárias inglesas passou de mil para mais de 14 mil. No campo, elas também assumiram a liderança. Quase metade das granjas da Baviera era administrada por mulheres em 1916, enquanto 800 mil mulheres cuidavam de propriedades agrícolas na França.

Na Alemanha, às vésperas da guerra, 22% dos trabalhadores industriais eram do sexo feminino; no fim do conflito eram 34% do total. O aumento não foi tão significativo; a principal mudança se deu no local de trabalho. No lugar da indústria têxtil, mulheres passaram a atuar na indústria metalúrgica, na de engenharia mecânica e na de produtos químicos. Nas fábricas da Krupp, a maior produtora de armas da guerra, 38% dos funcionários eram mulheres. Os salários, no entanto, continuaram muito mais baixos que os dos homens: na metalurgia, a diferença era de quase 40%. Além disso, durante a guerra, mulheres e crianças passaram a trabalhar até quinze horas por dia em condições pouco saudáveis.[134] As mulheres também contribuíram como o esforço de guerra alemão atuando em hospitais. Em 1915, servindo ao lado dos soldados havia 92 mil enfermeiras militares. Na Grã-Bretanha, 80 mil mulheres serviram no Exército, na Marinha Real e na RAF. Somente o Corpo de Enfermagem do Exército Real Rainha Alexandra contou com mais de 10 mil enfermeiras. O nome de Edith Cavell virou exemplo de heroína de guerra e sinônimo de patriotismo. Ela prestava assistência médica aos combatentes em Bruxelas ao mesmo tempo que ajudava soldados ingleses e franceses feridos a escapar da Bélgica ocupada para a neutra Holanda. Civis também eram escondidos por Cavell, recebiam passaportes falsos do príncipe Réginald de Croÿ e auxílio para a fuga. Presa pelos alemães, ela foi executada por um pelotão de fuzilamento em outubro de 1915. A doutora

Elsie Inglis também prestou relevantes serviços à causa humanitária. Em 1914, ela fundou o Hospital de Mulheres Escocesas no Exterior. Até o final da guerra, a entidade conseguira montar e equipar com enfermeiras, médicos e ambulâncias catorze unidades hospitalares na França e em diversos países balcânicos e do Leste Europeu.[135] Nos Estados Unidos, as mulheres podiam servir em hospitais militares dentro e fora do país, bem como atuar em escritórios — o que, a partir de 1917, permitiu que mais homens seguissem para a linha de frente. Aproximadamente 13 mil mulheres foram alistadas para trabalhar em serviços administrativos antes destinados somente aos homens. Ao todo, cerca de 1 milhão de mulheres estavam no mercado de trabalho nos Estados Unidos. A Cruz Vermelha norte-americana, fundada por Clara Barton, contava com 28 milhões de membros em 1918, e a França recebeu mais voluntárias norte-americanas do que soldados. Mais de 21 mil enfermeiras atuaram no Exército e outras 1,4 mil serviram na Marinha estadunidense.

O armistício em 1918, no entanto, representou drástica queda no trabalho feminino, principalmente nos cargos administrativos, de escritório ou considerados tipicamente masculinos. No Reino Unido, o "Ato de Restituição das Práticas Pré-Guerra" obrigou as mulheres a ceder espaço aos soldados que voltavam da França e a aceitar o trabalho em fábricas, onde ganhavam bem menos. Demitidas em massa, em maio de 1919 elas representavam três quartos dos desempregados do país. Passaram a receber, dessa forma, o que se chamava de "doação de desemprego", uma espécie de seguro-desemprego, e só podiam se candidatar às "tradicionais ocupações femininas", essencialmente na indústria têxtil. Situação semelhante ocorreu na Alemanha, onde as mulheres empregadas durante a guerra foram obrigadas a assinar um contrato no qual se comprometiam a abandonar o trabalho tão logo o conflito terminasse; tudo para que os homens não ficassem desempregados. Em um mundo ainda misógino, a situação da mulher no pós-guerra não era nada encorajadora. Em 1918, a França tinha 600 mil viúvas e a Alemanha meio milhão delas.

DE UNIFORME

Na Europa oriental não era incomum mulheres atuarem em exércitos combatentes. Das tropas recrutadas na Galícia, o general austríaco Conrad von Hötzendorf contava com quarenta mulheres disfarçadas de homem atuando como soldados. Entre elas, Zofia Plewińska, uma artista vienense de origem polonesa que servia com o nome de Leszek Pomianowski. Mesmo descoberta, ela foi enviada para o front, em Lipnica Murowana, no sul da Polônia atual. Parecia claro aos comandantes militares que, se as mulheres fossem boas como soldados, não havia motivos para dispensá-las.

Os russos também tinham as suas guerreiras. Uma delas foi Olga Kokovtseva, que alcançou o posto de coronel do Sexto Regimento de Cossacos do Ural, além de receber a Cruz de São Jorge por ato de bravura, em 1915. Outra é Maria Bochkareva, filha de um camponês que lutara nas guerras russo-turcas. Depois de abusada por dois maridos, ela se alistou quando a Grande Guerra teve início. Ferida quatro vezes e condecorada por bravura em três ocasiões, chegou à patente de sargento. Em 1917, quando as deserções no Exército russo no front ocorriam em massa — principalmente porque os homens queriam se juntar à revolução que acontecia em casa —, "Yashka", como era conhecida, organizou um grupo de trezentas mulheres, o Primeiro Batalhão de Mulheres Russas, também chamado de "Batalhão Feminino da Morte". "Se os homens se recusam a lutar pelo país, nós, mulheres, mostraremos a eles do que somos capazes", disse ela. Depois da queda do tsar, o governo provisório russo e a sufragista britânica Emmeline Pankhurst deram apoio ao batalhão. As ações das combatentes de Bochkareva teriam aprisionado cerca de 2 mil soldados austríacos. Mas os bolcheviques, receosos de represálias do inimigo, espancaram sua líder e desfizeram o batalhão. A enfermeira inglesa Florence Farmborough atendeu algumas delas em Seret e não viu heroísmo: "Em honra dessas mulheres voluntárias, constará que entraram em combate e que 'subiram às trincheiras', ainda que nem todas. Algumas ficaram nas trincheiras, a desmaiar e mostrar-se histéricas; outras correram ou arrastaram-se para a retaguarda. Bochkareva retirou-se com seu dizimado batalhão. Estava muito zangada, de coração destroçado, mas aprendera uma grande lição: as mulheres não estão aptas a serem soldados".[136] Envolvida com o Exército Branco (forças ligadas ao antigo regime tsarista), Bochkareva fugiu da Rússia por Vladivostok, no Extremo Oriente, no vapor *Sheridan* — o mesmo navio que levava Farmborough para casa. Esteve nos Estados Unidos e na Inglaterra, mas, ao retornar ao seu país, foi capturada e executada pelos comunistas, em 1920. Fiéis a Aleksandr Kérenski, premier do governo provisório russo, muitas das sobreviventes do batalhão de Bochkareva guarneciam o Palácio de Inverno quando ele foi tomado pelos vermelhos em outubro de 1917.

O "Batalhão Feminino da Morte", organizado por Maria Bochkareva (1889-1920) para lutar no Exército russo. "Se os homens se recusam a lutar pelo país, nós, mulheres, mostraremos a eles do que somos capazes", disse ela.

AUTOR DESCONHECIDO/HOBOPOCC/REPRODUÇÃO

A história de Milunka Savic também é um caso ímpar. Nascida no povoado de Koprivnica, então Reino da Sérvia (hoje na Croácia), Savic iniciou sua ligação com os campos de batalha quando começaram as convocações para a luta contra a Bulgária, na Segunda Guerra dos Bálcãs. Aos 24 anos ela cortou o cabelo, vestiu uniforme e se apresentou no lugar do irmão. Ferida na batalha de Bregalnica, Savic foi levada a um hospital, onde o embuste foi descoberto. Seu oficial superior, no entanto, permitiu que ela continuasse como soldado. Quando a Grande Guerra iniciou, ela voltou para o front, participando de ações de alto risco e sendo ferida diversas vezes ao longo de quatro anos — em 1916, ela capturou sozinha mais de vinte soldados inimigos. Além da Ordem da Estrela de Karadordeve, a mais alta condecoração outorgada pelos sérvios, Savic foi laureada com honrarias estrangeiras, como a Ordem de São Jorge (Rússia), a Ordem de São Miguel e São Jorge (Reino Unido) e a Legião de Honra e a Cruz de Guerra (da França) — única mulher a receber essa última distinção durante a Grande Guerra. Ela morreu em Belgrado, em 1973, aos 84 anos. Os sérvios a consideram a mulher mais condecorada da história.

Foi no país de Savic que a única mulher britânica a se alistar oficialmente como soldado na Grande Guerra atuou. Filha de irlandeses, Flora Sandes nasceu em Nether Poppleton, norte da Inglaterra, e já tinha quase quarenta anos quando se alistou como voluntária em um grupo de enfermeiras que seria enviado para os Bálcãs em 1914, a fim de ajudar a Cruz Vermelha. Ao chegar a Kragujevac, a unidade de Sandes se juntou ao Segundo Regimento de Infantaria do Exército sérvio, que, pouco depois, pressionado pelos austro-húngaros, iniciou uma retirada rumo à Albânia. Para sobreviver, Sandes pegou em armas e se juntou às tropas que combatiam os invasores. Depois de ferida em combate, ela foi promovida a sargento e recebeu a Ordem da Estrela de Karadordeve. Em 1916, com base em suas cartas e diários, ela escreveu *An English woman-sergeant in the Serbian army* [Uma sargento inglesa no Exército sérvio]. Sandes se manteve no Exército mesmo com o fim da guerra, sendo desmobilizada somente em 1922. Ela faleceu em 1956, aos oitenta anos.[137]

A LUZ VERMELHA (E A AZUL)

Quando o tenente galês William Noel Morgan morreu, aos 92 anos, em 1983, a família encontrou em uma lata de biscoitos alguns rolos de negativos velhos.[138] Aos serem revelados, surgiram mais de cem fotografias da época da Grande Guerra, quando Morgan servira na França, na Centésima Septuagésima Quinta Companhia de Engenheiros Reais. Para surpresa da neta que fizera a descoberta, entre as fotografias de uma namorada francesa que o avô mantivera entre 1917 e 1918, foram reveladas também algumas fotos tiradas dentro de um bordel — conhecido na França por *maison tolérée* ou *maison close*. É bem provável que sejam as únicas imagens de oficiais britânicos durante a guerra em um bordel "lâmpada azul" — como ficou conhecida a refinada categoria de bordéis reservada pelo edito secreto do Exército britânico para uso exclusivo de oficiais. As lanternas azul-celeste identificavam os bordéis na antiga China, onde eram chamados de "alcovas azuis" ou "casas azuis", e, além de distinguir as casas de prostituição, também deram origem ao termo inglês *Blue Movie*, usado para designar o cinema erótico e pornográfico.[139] O príncipe de Gales, mais tarde rei Eduardo VIII, deixou registradas as suas primeiras impressões "dessas coisas" durante visita a um bordel de lâmpada azul em Calais, na França, mas fotografias desses locais nunca haviam sido encontradas.

A prostituição organizada na Frente Ocidental sempre foi um grande tabu na Grã-Bretanha. Um dos poucos a quebrar a regra de silêncio foi o poeta e autor Robert Graves em sua famosa autobiografia *Goodbye to all that* [Adeus a tudo isso], publicada em 1929. "Não houve restrições na França", escreveu ele. "Esses meninos tiveram dinheiro para gastar e sabiam que tinham uma boa chance de serem mortos dentro de algumas semanas de qualquer forma. Eles não queriam morrer virgens." A miséria das trincheiras e o medo da morte iminente parecem ter dissolvido as inibições sexuais de dezenas de milhares de jovens. Se os oficiais tinham acesso a lugares luxuosos e higienizados, com direito a quarto exclusivo, os soldados comuns formavam enormes filas nos bordéis identificados por "lâmpadas vermelhas", que se espalhavam por diversas cidades francesas. De acordo com um relatório, em pouco mais de um ano, 171 mil soldados britânicos visitaram bordéis localizados em uma única rua em Le Havre. Mas com milhares de soldados chegando todos os dias a Paris, era para a capital que se dirigiam prostitutas de toda a França — fosse por gosto ou necessidade. Mesmo para um país onde o sistema de bordéis era legalizado havia muito tempo, a prisão pela prática ilegal da prostituição aumentou em mais de 40%. O socialista e pacifista Michel Corday, funcionário público francês do ministério do Comércio e do Correio, contou como as prostitutas andavam pelas ruas e avenidas parisienses: "Com chapéus grandes como guarda-sóis, saias até os joelhos, seios à mostra, meias transparentes e muita maquiagem".[140] Muitas publicações ajudavam os mais abastados, principalmente oficiais, a encontrar diversão segura. A revista *La Vie Parisienne* era famosa tanto por suas ilustrações de mulheres seminuas quanto por seus anúncios de "viúvas" à procura de um "novo marido" e soldados em busca de uma "madrinha", o que na realidade eram códigos usados para marcar encontros ocasionais entre militares abonados e mulheres que não tinham outra coisa a vender senão o próprio corpo.

Com uma das populações mais duramente atingidas pela guerra, a França se transformou em um bordel gigantesco, com todos os seus dissabores. Em 1917, mais de 15% dos soldados estadunidenses recém-chegados ao país havia contraído sífilis ou gonorreia. Entre os canadenses, 22% sofreram com algum tipo de doença venérea. No verão daquele ano, de todos os soldados aliados que visitaram Paris, 20% foram contaminados. Quase todos os exércitos distribuíam preservativos aos soldados em licença, mas não eram raros os casos em que a doença era contraída por opção. Muitas prostitutas infectadas cobravam mais do que as colegas que gozavam de boa saúde, pois atraíam soldados dispostos a adquirir uma doença que os levasse de volta para casa. A procura era tal que nasceu um comércio de fluidos corporais contaminados com secreção de gonorreia. Os que não conseguiam adoecer por meio de sexo compravam a secreção e a esfregavam em seus órgãos genitais — há relatos de casos de cegueira de soldados que a haviam aplicado nos olhos. Na Áustria-Hungria, combatentes contaminados por doenças sexualmente transmissíveis eram punidos. Na Grã-Bretanha, a solução foi fazer com que os soldados passassem vergonha. Muitos anos após a guerra, Thomas McIndoe, do Décimo Segundo Batalhão de Infantaria do Regimento de Middlesex, contou em depoimento que ao chegar ao "Campo de Descanso Número Um", em Le Havre, França, descobriu o motivo de muitos soldados de unidades diferentes estarem no mesmo local cavando buracos como loucos: para serem curados das doenças venéreas, os rapazes recebiam injeções de mercúrio a fim de lhes aumentar a temperatura do corpo e fazer suar muito, pois, segundo McIndoe foi informado, isso aumentava a eficácia do tratamento, que era chamado de "606". Por fim, um memorando foi afixado nos quadros de avisos: "Os pais do doente, sua mulher ou seus parentes serão avisados se algum soldado se tornar incapaz de prestar serviço militar por haver contraído doença venérea".[141]

Para dar conta da demanda e impedir o avanço das doenças venéreas, as prostitutas que serviam aos soldados germânicos eram registradas e monitoradas. Em 1915, quando os alemães invadiram Varsóvia, passaram a registrar e controlar as mulheres que praticavam "fornicação remunerada". Para facilitar o controle, o Exército alemão instituiu até mesmo bordéis móveis, não mais do que carroções com uma cama simples de campanha — os britânicos os chamavam de *BMCs*, sigla em inglês para "Bordéis Militares de Campanha". Ali, mulheres atendiam pelo menos trinta homens por dia, recebendo um marco alemão por soldado — como comparação, na França ocupada, uma cerveja custava 1,50 marco. Na retaguarda, o valor cobrado por alguns minutos de sexo era maior. E a procura também. Prostitutas francesas e belgas atendiam uma vasta clientela, tanto britânicos e franceses quanto alemães, nos mais diversos lugares: em aldeias, em quartos improvisados em celeiros, castelos abandonados ou em bairros dentro das grandes cidades. O preço variava entre 2,50 a dez francos franceses e não raro se viam filas com centenas de homens a esperar a vez e ter, em média, dez minutos para se satisfazer. Os relatos desses encontros afirmam que havia uma única posição sexual. A mulher aguardava o cliente nua e de pé; quando ele chegava, ela apenas inclinava-se para receber o homem. A atividade era tão esgotante que a maioria das prostitutas permanecia apenas três semanas na lida antes de se retirar em licença.

Em julho de 1917, autoridades alemãs em Bruxelas e Louvain arrolaram a presença de 3.855 prostitutas nas duas cidades — quatro vezes mais do que antes da guerra. A explicação, nesse caso, não estava ligada ao aumento da procura masculina por sexo. Mulheres e meninas, muitas com catorze e quinze anos de idade, e não raro com dez, eram forçadas a se prostituir devido à miséria, conforme o custo de vida aumentava e o desemprego se generalizava.[142] Na Frente Oriental a situação não era diferente. A enfermeira Florence Farmborough, que servia no Exército russo, relatou o caso de uma jovem ucraniana de dezoito anos que sobrevivia vendendo o corpo aos soldados em Chortkov: "Seu corpo, cheio de feridas, contava sua triste história de prostituição".[143]

Mas bordéis que atendiam soldados não eram uma exclusividade da Europa. No Cairo, Egito, proliferaram casas de jogos e dançarinas nuas para atender os milhares de combatentes britânicos estacionados ali, que tinham recursos financeiros e estavam à procura de diversão. William Henry Dawkins, um jovem engenheiro australiano de apenas 21 anos de idade, relatou que na Sexta-Feira Santa de 1915 centenas de soldados australianos e neozelandeses promoveram distúrbios na "zona de meretrício" quebrando bordéis e bares, jogando os móveis na rua e ateando fogo neles. Tanto a polícia local quanto a própria cavalaria britânica tiveram dificuldade em conter os arruaceiros impacientes e ávidos por mulheres.

A prostituição não era o único problema ligado ao sexo durante a Grande Guerra. Na França houve um intenso debate sobre os estupros perpetrados por soldados alemães ou a chamada "prostituição de guerra". Algumas mulheres exigiram o direito de abortar o feto, apoiadas por médicos, alergistas e eugenistas que argumentavam que o "filho de um *Boche*", como eram chamados os soldados alemães, seria um "inimigo interno". Os filhos nascidos dos estupros foram chamados também de "filhos de bárbaros". Soldados alemães e austro-húngaros igualmente cometeram estupros durante a invasão da Itália. Pelo menos 735 casos foram reportados à comissão real de investigação pós-guerra sobre violações dos direitos humanos, mas muitos casos nunca foram denunciados e o número certamente é bem maior.

A prática do estupro de populações de países ocupados não era algo novo na história e não se restringiu às Potências Centrais. Aqueles cometidos por russos e cossacos na invasão da Áustria-Hungria, principalmente em comunidades judaicas, tinham como objetivo "punir" quem resistisse. Quando a Grande Guerra acabou e o Tratado de Versalhes foi assinado, a França enviou suas tropas coloniais (negras) para ocupar a Renânia a fim de humilhar e ferir os orgulhosos alemães. Dos aproximadamente 25 mil negros que viviam na Alemanha na década de 1930, grande parte era o resultado da presença de tropas africanas no país.

NASCER DO SOL

A presença de oficiais militares em bordéis sempre fez dos lupanares centros importantes de espionagem. Uma mulher atraente e inteligente podia conseguir, na cama, segredos que de outra forma nem os espiões mais experientes poderiam obter. Quando o tema envolve sexo, espionagem e Grande Guerra, não há nome de maior expressão do que o da dançarina holandesa Mata Hari. Ela soube, como poucas de sua época, inovar e apostar no erótico e no mito da sensualidade oriental para alcançar dinheiro e sucesso. Sua atuação como espiã, porém, esteve muito aquém do que a propaganda antigermânica criou no imaginário popular francês e mundial.

Mata Hari nasceu Margaretha Geertruida Zelle, em 1876, na pequena Leeuwarden, distante 130 quilômetros de Amsterdã, na Holanda, filha de um chapeleiro holandês e uma javanesa — a origem de sua beleza exótica. Quando Margaretha tinha treze anos de idade, seu pai fugiu de casa e da família com uma amante e ela logo aprendeu que o sexo poderia servir como moeda de troca. Principalmente porque sua pele escura contrastava com a pele clara e os cabelos louros da maioria das meninas holandesas — uma amiga a comparou a uma orquídea entre dentes-de-leão. Aos catorze anos, Margaretha perdeu a virgindade; aos dezesseis, envolveu-se com o diretor casado de uma escola; e aos dezoito, casou-se com o capitão Rudolf MacLeod após ele ter anunciado em jornal a vontade de desposar uma jovem. "Eu queria viver como uma borboleta no sol", afirmou ela mais tarde. Numa viagem para as Índias Orientais Holandesas (atual Indonésia), Margaretha descobriu que MacLeod, vinte anos mais velho que ela, era portador da sífilis e que a doença fora transmitida aos dois filhos do casal. Depois dos dissabores vividos no Oriente, ela retornou para a Europa em 1902, divorciou-se e criou a identidade que a marcaria pelo resto da vida: a dançarina Mata Hari, expressão em malaio que significa "nascer do sol".

Em 1905, Mata Hari realizou sua primeira apresentação pública no *Musée Guimet*, um museu de arte asiática, em Paris. Tudo foi pensado nos mínimos detalhes. Seiscentos convites foram entregues à elite parisiense e a coreografia apresentou danças em trajes transparentes, barriga à mostra e seios quase nus, com um sutiã cravejado de joias. Era algo totalmente novo e bastante atraente para os olhares curiosos dos europeus da *Belle Époque*. Mata Hari rapidamente conquistou para si a atenção de ricos e poderosos, tornando-se a mulher mais fascinante e desejável de Paris. O antropólogo Pat Shipman escreveu que ela se destacou por ser "chamativa, marcante em sua aparência, ousada, brilhante e talentosa em idiomas" — além do holandês, falava francês, inglês, italiano e alemão.[144] Para escapar da censura, ela marcava suas performances com explicações sobre a história e as origens sagradas da dança e das roupas que usava. Fotografias suas em poses sensuais e trajes eróticos eram cuidadosamente distribuídas e percorreram as principais capitais da Europa, atraindo aristocratas, diplomatas, empresários ricos e militares, que a presenteavam com casacos de pele, joias, móveis, quartos luxuosos e muito dinheiro.

Quando a Grande Guerra teve início, Mata Hari estava com quase quarenta anos de idade e suas atuações já não tinham mais o esplendor dos primeiros anos. Mas ela ainda era procurada como cortesã, mantendo perto de si homens ricos e poderosos, o que a deixava em posição de destaque e um alvo perfeito a ser atraído para o mundo da espionagem de guerra. Em 1915, ela estava em Haia quando foi procurada pelo cônsul alemão, que lhe ofereceu dinheiro a fim de que espionasse para a Alemanha. Mata Hari aceitou a oferta — que enxergou como pagamento pelo sequestro de seus bens pelos alemães — mas não se comprometeu com a espionagem; pelo menos nunca se provou algo a esse respeito.[145] Fato é que suas viagens constantes chamaram a atenção do *Deuxième Bureau*, serviço de espionagem francês, comandado por Georges Ladoux. No *Grand Hotel*, onde ela morava, tudo passou a ser vigiado, desde correspondência e conversas telefônicas a saídas a restaurantes, parques, butiques e boates.

Nessa mesma época, ela se apaixonou por Vladimir de Massloff, um capitão russo que lutava no Exército francês. Com a ajuda do ex-

-amante Jean Hallaure, ela tentou um salvo-conduto para chegar até Massloff, que, atingido por um ataque a gás alemão, ficara cego de um olho e estava se tratando em um balneário do interior francês. Para azar de Mata Hari, Hallaure trabalhava para Ladoux. Ele levou a dançarina até o bulevar Saint-Germain, 282, sede do Departamento Militar de Estrangeiros e onde também funcionava o *Deuxième Bureau*. Ladoux lançou a isca: permitiria que ela visitasse Massloff desde que concordasse em trabalhar como espiã a serviço da França — ela ainda receberia como recompensa 1 milhão de francos, uma verdadeira fortuna. Agora, pelo menos em teoria, ela era uma agente dupla trabalhando para alemães e franceses. De Paris, Mata Hari deveria voltar para Haia via Espanha e aguardar por instruções do *Deuxième Bureau*. Atrapalhada, ela partiu para Madri sem perguntar quem seria seu agente de ligação na Holanda, como faria comunicações com Paris e quem deveria espionar. Ladoux também não lhe informou nada, apenas enviou-lhe uma carta pelo correio regular avisando que ela receberia dinheiro para reformar seu guarda-roupa espoliado pelos alemães. Na Espanha, Mata Hari embarcou no *SS Hollandia*, mas o navio parou em um porto inglês. Interrogada, foi presa e enviada para Londres. Ansiosa para ser liberada, confessou aos ingleses que era uma agente francesa sob ordens de Ladoux. Consultado, o chefe do *Deuxième Bureau* pediu que a enviassem de volta para a Espanha.

Em Madri, Mata Hari decidiu por conta própria descobrir segredos militares alemães, aproveitando que um diplomata germânico, o major Arnold von Kalle, apaixonara-se por ela. Não precisou muito para que ele desse com a língua nos dentes, deixando escapar os planos de um desembarque no Marrocos. Mata Hari transmitiu a informação a Ladoux, mas não obteve resposta. Ela aproveitou, então, o contato com o coronel francês Joseph Denvignes, outro que caíra em seus encantos, para informar Paris sobre detalhes dos planos alemães. A pouca habilidade de Mata Hari com os segredos de espionagem, porém, haviam feito o major alemão suspeitar que ela fosse uma espiã, avisando Berlim sobre o fato. Como desde o final de 1916 Ladoux ordenara que todas as mensagens de rádio entre Madri e Berlim fossem interceptadas, quando a embaixada alemã na Espanha começou a se referir a um espião de codinome H-21, os franceses imediatamente o identificaram como sendo Mata Hari. Quando ela retornou a Paris, Ladoux recusou-se a vê-la e o serviço secreto francês negou que mantivesse contato com Denvignes. Segundo Pat Shipman, biógrafo de Mata Hari, Ladoux provavelmente foi a única pessoa a ter acesso às mensagens trocadas entre Madri e Berlim e foi ele, quase com certeza, quem as falsificou, levando o *Deuxième Bureau* a fundamentar a ideia de que Mata Hari era uma espiã alemã. As mensagens originais desapareceram e mais tarde o próprio Ladoux foi preso, acusado de ser um agente duplo.

Em fevereiro de 1917, Mata Hari foi presa pelo investigador e capitão Pierre Bouchardon. O moralista Bouchardon acreditava que ela era uma "devoradora de homens" e a enviou para a prisão de Saint Lazare, em uma cela infestada de pulgas e ratos, onde Mata Hari não teve acesso a sabonetes, banhos, roupas limpas e tampouco a tratamento médico adequado. Seu advogado, Edouard Clunet, era um ex-amante com mais desejo de ajudar do que capacidade para a libertar das garras dos militares. Quando teve início o julgamento, Ladoux já havia sido desmascarado e as mensagens que comprometiam Mata Hari eram tidas como falsificações. Não havia uma única prova concreta de que ela cometera traição, mas os jurados eram todos militares nacionalistas e xenófobos, e pesava contra ela o mito que sempre fizera questão de explorar: o de mulher fatal. Assim, entre as acusações que lhe foram feitas estavam a de ter tido uma conduta imoral, de realizar gastos extravagantes em tempos de guerra e de ter dormido com os inimigos da França, além de ter "causado a morte de cerca de 50 mil de nossos filhos" com as informações repassadas para a inteligência alemã — uma boataria típica dos jornais patrióticos e do sentimento popular antigermânico da época. Ladoux testemunhou contra Mata Hari, afirmando que ela era mesmo espiã, embora não tivesse repassado informações importantes aos alemães. Mais tarde, o próprio promotor do caso também admitiu que não havia provas suficientes para condená-la. Ainda assim, ela recebeu como sentença a pena de morte.

Na prisão, à espera de ser fuzilada, ela escreveu ao capitão Bouchardon. Durante toda a sua vida como dançarina, ela tinha vivido como Mata Hari, pensava e agia como tal, havia perdido a noção dos gastos, das viagens, das distâncias e dos perigos, "mas peço-lhe que acredite que nunca trabalhei como espiã contra a França. Nunca. Nunca".[146] Foi em vão. Em 15 de outubro de 1917, no castelo de Vincennes, Mata Hari enfrentou o pelotão de fuzilamento com altivez e olhos descobertos. Segundo o jornalista britânico Henry Wales, que acompanhava a execução, ela ainda teve a ousadia de jogar um beijo aos doze soldados que se preparavam para atirar. Depois dos disparos, seu corpo tombou; um oficial se aproximou e deu-lhe um último tiro na cabeça.

GRANDES GUERRAS

10

O BRASIL VAI À GUERRA

A colaboração brasileira com o esforço de guerra Aliado foi pequena, é verdade, mas o país foi o único da América Latina a participar efetivamente do conflito. E a história do Brasil na guerra vai além da vexatória e folclórica Batalha das Toninhas ou da gripe espanhola que assolou a Marinha; aviadores brasileiros lutaram com a RAF e um tenente do Exército liderou um pelotão francês composto por soldados coloniais de origem muçulmana.

Na América Latina, oito países declararam guerra à Alemanha, entre eles o Brasil — os outros foram Cuba, Panamá, Guatemala, Costa Rica, Nicarágua, Honduras e Haiti. Outras quatro nações romperam relações diplomáticas com Berlim e Viena (Bolívia, Peru, Uruguai e Equador) e sete decidiram permanecer neutras (Argentina, México, Chile, Colômbia, Venezuela, Paraguai e El Salvador). O México tinha razões de sobra para não entrar em um conflito ao lado dos Estados Unidos, que declarou guerra às Potências Centrais em 6 de abril de 1917. As relações entre os dois países eram tensas desde meados do século anterior, quando os estadunidenses tomaram dos mexicanos extensas porções de seu território. O presidente Venustiano Carranza foi inclusive instigado pelos alemães com uma proposta de dinheiro e armas para que invadisse o país vizinho caso os estadunidenses entrassem na guerra contra a Alemanha. Carranza, porém, manteve-se neutro durante todo o conflito. O mesmo fizeram os presidentes argentinos Victorino de la Plaza e Hipólito Yrigoyen. Mesmo quando os alemães fuzilaram o vice-cônsul argentino em Dinant, Remy Himmer, após a invasão da Bélgica, e submarinos germânicos torpedearam navios de Buenos Aires, a Argentina manteve a neutralidade. Em 1917, um telegrama sigiloso da Alemanha para seu embaixador no país, Karl von Luxburg, foi interceptado pela inteligência britânica, que o tornou público. Luxburg chamava Yrigoyen de "asno anglófilo". Foi o suficiente para ser expulso de Buenos Aires, mas não para que a Argentina entrasse na guerra. O país lucrava muito mais mantendo a neutralidade do que se engajando na luta. Um exemplo da vantagem de se manter isento foi dado pela Holanda, que, apesar de ter metade de sua frota mercante afundada pelos alemães, permaneceu neutra e fez fortunas comercializando com várias nações, incluindo a própria Alemanha.

O BRASIL VAI À GUERRA

No começo dos anos 1910, o Brasil era um país essencialmente agrário, com uma população rural e praticamente analfabeta — oito em cada dez brasileiros não sabiam ler e escrever; em todo o país havia apenas dezesseis cursos de direito, que formavam aproximadamente quatrocentos profissionais por ano. O principal produto de exportação era o café, que correspondia a mais de 60% das exportações brasileiras. A safra de 1906-7 havia sido a maior da história, mais de 20 milhões de sacas. Outro importante produto nacional era a borracha, que representava 20% das exportações. A incipiente produção industrial brasileira estava centrada no Rio de Janeiro (33% do total), em São Paulo (com pouco mais de 16%) e no Rio Grande do Sul (cerca de 15%). A capital paulista tinha então mais de 1,7 mil automóveis e uma boa parte da indústria estava nas mãos de imigrantes; em muitos setores eles passavam dos 75%. Somente entre 1900 e 1915 haviam aportado ao Brasil mais de 1,2 milhão de estrangeiros, a maioria portugueses, espanhóis e italianos. No Sul, os alemães haviam chegado em massa no século anterior e correspondiam a uma parcela significativa da população. Em muitas cidades gaúchas e catarinenses a língua alemã era mais falada que a língua portuguesa.[147]

Mesmo passadas duas décadas desde o golpe militar que derrubara a monarquia, no entanto, as condições políticas ainda eram instáveis. Duas guerras civis haviam abalado o país no final do século XIX, Canudos (1893-7) e a Revolução Federalista (1893-5), e uma revolta popular, a Revolta da Vacina, em 1904, abrira o novo século. A república ca ainda engatinhava e já patinava na corrupção. O marechal Hermes da Fonseca fora eleito presidente em 1910 fraudando as eleições. No mesmo ano, uma insurreição na Armada, como era chamada a Marinha brasileira então, pôs o Rio de Janeiro em xeque. Liderados por João Cândido, o "Almirante Negro", aproximadamente 2 mil marinheiros que se rebelaram contra a aplicação de castigos físicos, como a chibata — daí o nome da rebelião, Revolta da Chibata —, tomaram navios importantes, dispararam contra a capital e só foram vencidos após dias de negociações e a promessa de que a punição física seria abolida da Marinha.

Em agosto de 1914, enquanto declarações de guerra corriam a Europa e o mundo, no Brasil o governo de Hermes da Fonseca declarou que o país se manteria neutro. O que não impediu que um intenso debate fosse criado entre intelectuais e políticos sobre qual posicionamento o país deveria tomar diante do conflito. Principalmente porque, com a guerra, exportações e importações despencaram, o poder de compra da população decaiu e o custo de vida aumentou. Até o final da guerra, os preços do varejo registraram alta de mais de 150%, o que aumentou a insatisfação popular com o governo e proporcionou o fortalecimento da classe operária, das greves e dos movimentos sindicais — em 1917, uma greve geral com mais de 50 mil pessoas paralisou a capital paulista e cidades vizinhas, alastrando-se por vários estados brasileiros.

Os que defendiam um alinhamento com a Tríplice Entente eram chamados de "aliadófilos". A favor da Alemanha e seus coligados estavam os germanófilos. E ainda havia os defensores da manutenção da neutralidade, os denominados "neutrais", que temiam que um possível compromisso com uma ou outra aliança poria o país em condição delicada no cenário internacional. O nome mais expressivo desse grupo, que apostava na tradição pacifista do Brasil para manter o país longe da guerra, era o jornalista Assis Chateaubriand, o Chatô.

A elite brasileira nutria simpatia pela cultura da França desde os tempos do Império. Da mesma forma, a influência inglesa na política nacional vinha desde os tempos de d. João VI. Era natural, dessa forma, que o Brasil tivesse inclinação para a causa anglo-francesa. Assim, em 1915 surgiu a Liga Brasileira pelos Aliados, que tinha como presidente Rui Barbosa e nomes como Olavo Bilac, Pandiá Calógeras, Assis Brasil,

Miguel Lemos, José Veríssimo, Graça Aranha, Manuel Bonfim e Barbosa Lima. Com apoio da imprensa, principalmente do *Jornal do Comércio*, a liga levantou fundos para a Cruz Vermelha internacional e organizou manifestações públicas e petições ao Congresso Nacional. Entre os que militavam por um alinhamento com as Potências Centrais, o nome mais importante era o do deputado João Dunshee de Abranches Moura, ex-presidente da Associação Brasileira de Imprensa e então presidente da Comissão de Diplomacia da Câmara. Destacado jornalista e escritor, intelectual que havia estudado medicina e direito, Abranches era professor de química, física e história natural no Instituto H. Höpker e no Colégio Brasileiro-Alemão, além de professor honorário na Universidade de Heidelberg, na Alemanha. Para Abranches, a origem do conflito estava ligada a questões econômicas. Inglaterra e França pretendiam se livrar de um poderoso inimigo, não passando de ingenuidade brasileira a ideia de que britânicos e franceses lutavam em defesa da civilização e contra a barbárie.

Em um primeiro momento, no entanto, o recém-eleito presidente Wenceslau Braz preferiu manter a neutralidade declarada por seu antecessor, causa apoiada tanto pela imprensa quanto pela população. Em março de 1915, no Rio de Janeiro, chegou a ser criada uma "Comissão Popular de Agitação contra a Guerra". Em São Paulo, a "Comissão Internacionalista contra a Guerra", organizada por socialistas, reuniu quatrocentas pessoas na Praça da Sé por ocasião do Dia do Trabalho. Um "Manifesto pela Paz" foi distribuído nas ruas, e cartazes com dizeres como "Abaixo a Guerra. Viva a Internacional dos Trabalhadores!" e "Abaixo a Guerra, Queremos a Paz!" eram vistos por toda parte. A guerra, no entanto, chegou ao país um ano depois. No dia 1º de maio de 1916, um submarino alemão afundou o navio *Rio Branco*, que transportava madeira da Noruega para o norte da Inglaterra usando a bandeira brasileira. Tão logo as notícias chegaram ao Brasil, em uma onda de patriotismo a população se revoltou contra os imigrantes alemães, demonstrando pela primeira vez hostilidade a jornais de língua alemã, comércios e fábricas de brasileiros com origem germânica. De forma injustificada, pois o navio, que não pertencia mais a brasileiros havia seis meses, era tripulado por escandinavos, transportava carga ilegal e navegava em águas restritas usando a bandeira do Brasil para despistar os U-boots — além disso, o submarino abordara o navio, consultara a documentação, dera tempo para que a tripulação desocupasse o barco e só depois o afundara.[148] A opinião pública, no entanto, tinha tomado partido e a campanha brasileira pela causa aliada começou a ganhar dimensão internacional. Por ocasião das celebrações pelo centenário da independência argentina, em 14 de julho daquele ano, discursando na Faculdade de Direito de Buenos Aires, Rui Barbosa protestou duramente contra os métodos de guerra empregados pelos alemães. Em setembro de 1916, Olavo Bilac, Pedro Lessa, então ministro do Supremo Tribunal Federal, e Miguel Calmon, criaram a Liga de Defesa Nacional, cujo objetivo era estimular o patriotismo e valorizar as Forças Armadas do país.

Em 3 de abril de 1917, o navio mercante brasileiro *Paraná*, que transportava 95 mil sacas de café e de feijão para a França, foi torpedeado pelo UB-32 próximo a Barfleur, na costa francesa. Três brasileiros morreram. "A alma brasileira, solidária e unida, vibra de indignação e patriotismo, diante da selvageria alemã", escreveu o cronista da revista *A Cigarra*. Oito dias mais tarde, o Brasil rompeu relações diplomáticas com a Alemanha, mas manteve uma posição de neutralidade. O povo foi às ruas. Lojas, escritórios e restaurantes alemães ou de imigrantes alemães foram depredados e incendiados. Em Porto Alegre, 5 mil pessoas reunidas no Café Colombo atacaram a sede do jornal *Deutsche Zeitung*, apedrejaram estabelecimentos comerciais alemães, como a Casa Voeckler, e só não conseguiram destruir o Clube Turnerbund porque uma força da Brigada Militar as impediu.

O ataque ao *Paraná* derrubou o ministro das Relações Exteriores Lauro Müller, descendente de alemães, ex-governador catarinense e ministro desde 1912. Em seu lugar assumiu Nilo Peçanha. Em 20 de maio, outro navio brasileiro foi a pique: o *Tijuca* foi afundado nas proximidades de Brest, no litoral francês. Dois dias depois foi a vez do *Lapa*, torpedeado nas proximidades de Trafalgar. O presidente Wenceslau Braz encaminhou um pedido ao Congresso Nacional para a revogação da neutralidade brasileira e o aprisionamento dos mais de quarenta navios mercantes alemães ancorados em portos do país, medida que

O BRASIL VAI À GUERRA

foi aprovada pelos parlamentares. Trinta navios o Brasil cederia à França, como empréstimo, com tripulações brasileiras e a um custo de 105 milhões de francos.

Em 18 de outubro, o cargueiro *Macau* foi atacado em águas espanholas — a embarcação, fabricada na Alemanha em 1912, era um dos navios alemães aprisionados que passou a ter bandeira brasileira. O U-93, do capitão Helmuth Gerlach, abordou-o e ordenou que o capitão Saturnino Furtado de Mendonça e o taifeiro Arlindo subissem a bordo do submarino, enquanto os demais 47 tripulantes eram retirados do *Macau*. Então o cargueiro foi torpedeado e os tripulantes salvos, mas o U-93 desapareceu com os dois prisioneiros brasileiros — o submarino alemão foi afundado, provavelmente em janeiro de 1918. Quando a notícia chegou ao Brasil cinco dias mais tarde, revoltas populares por todo o país saquearam e destruíram jornais, fábricas, armazéns, restaurantes e clubes germânicos. Em Florianópolis, a sede do Club Germania foi destruída, assim como a do Tiro Germania. Em Porto Alegre, empregados da Livraria Krahe foram obrigados a dar "vivas" ao Brasil e "morras" à Alemanha. Em São Paulo, as fachadas do Hotel Suíço e dos salões Lyra e Germânia foram apedrejadas, assim como foram atingidos a Casa Lemcke, o Bar Alemão e a Relojoaria Bamberg, entre outros locais identificados como alemães ou austríacos.

Pressionado pelas circunstâncias, em 25 de outubro de 1917, Wenceslau Braz enviou ao Congresso Nacional o pedido de rompimento de neutralidade. No dia seguinte, a solicitação foi aprovada e "reconhecido e proclamado o estado de guerra, iniciado pelo Império Alemão contra o Brasil."[149] Apenas o senador Joaquim Pires, do Piauí, votou contra, alegando inconstitucionalidade. No mês seguinte, o governo decretou estado de sítio no Rio de Janeiro e em São Paulo, bem como nos três estados sulistas, com grande presença de imigrantes alemães. Na França, o ministro plenipotenciário brasileiro Olinto Máximo de Magalhães participou da Conferência Interaliada, realizada em Paris a 30 de janeiro de 1918, e definiu a participação do Brasil no conflito com o envio de missões militares.

MISSÃO ACHÉ

Com um exército de menos de 20 mil homens, o Brasil não podia enviar para a Europa um efetivo significativo — não obstante os Estado Unidos acreditassem, baseados em dados da National Geographic Society, que o país pudesse enviar 500 mil homens para a Europa, ou seja, 25 vezes o tamanho real das forças brasileiras.[150] O que fez o governo, então, foi enviar uma Comissão de Estudos de Operações de Material. Criada em 21 de dezembro de 1917 sob a liderança do general Napoleão Felippe Aché, um veterano da Guerra de Canudos, a "Missão Aché", como ficou conhecida, tinha como objetivo reunir conhecimento militar e adquirir armamento para remodelagem do Exército brasileiro. Na época, o país seguia o modelo do Exército alemão, e as principais peças da artilharia e armas da cavalaria e infantaria haviam sido importadas da Alemanha, em 1908, por Hermes da Fonseca, então ministro militar — eram 10 mil lanças Erhardt, 400 mil fuzis Mauser e 38 canhões e obuses da Krupp, mais os canhões de 305 milímetros que equipariam o Forte de Copacabana.

Além do general Napoleão, a Missão Aché era composta por 24 oficiais: um tenente-coronel, treze tenentes, quatro majores e seis capitães. Alguns entraram em combate e receberam condecorações francesas por bravura. Um dos mais destacados foi o tenente paraibano José Pessoa Cavalcanti e Albuquerque, sobrinho do futuro presidente da República Epitácio Pessoa. Ele comandou um pelotão do Quarto Regimento de Dragões da Segunda Divisão de Cavalaria francesa, composto por soldados coloniais franceses de origem muçulmana. Por sua ação em Flandres entre setembro e novembro de 1918, ele recebeu a Cruz de Guerra francesa e o posto de capitão. Sobre ele, o comandante do regimento escreveu: "Conduziu seu pelotão sob o fogo em condições particularmente delicadas e perigosas. Distinguiu-se pela bravura e sangue-frio, tendo solicitado permissão, por várias vezes, para reconhecer as primeiras linhas inimigas, o que levou a efeito debaixo de fogos extremamente violentos".[151] Ao retornar ao Brasil, Cavalcanti e Albuquerque foi o responsável pela introdução de uma nova arma bélica, surgida durante a guerra: o tanque blindado. Ele trouxe também uma enfermeira inglesa da Cruz Vermelha, Blanche Mary Edward, que o atendera em um hospital de campanha e que se tornaria sua esposa. Outros nomes também se destacaram, como o capitão médico João Afonso de Souza Ferreira, condecorado com a Medalha Militar francesa por prestar auxílio em campo de batalha. O tenente-coronel José Fernandes Leite de Castro, mais tarde ministro da Guerra com a Revolução de 1930, participou como adido em um regimento de artilharia pesada. A única baixa da "Missão Aché" foi o tenente de artilharia Carlos de Andrade Neves, que a gripe espanhola matou em Meaux um mês antes do fim da guerra.

A BATALHA DAS TONINHAS

À época da eclosão da Grande Guerra, a Marinha brasileira era um misto de navios velhos e outros não tão velhos, quase todos ultrapassados se comparados com as novas tecnologias — o mais antigo fora construído havia mais de duas décadas; o mais novo tinha cinco anos. Ao todo, a Esquadra de Alto-Mar, baseada no Rio de Janeiro, tinha quatro encouraçados, seis cruzadores, dez contratorpedeiros, um torpedeiro, dois navios-varredores, dois tênderes, um navio-escola, três brigues, quatro iates, um rebocador e três submarinos.[152] As duas joias da Marinha eram os encouraçados *São Paulo* e *Minas Gerais*, construídos em 1909 pela Armstrong Whitworth em Elswick, Inglaterra, e palcos do motim liderado por João Cândido em 1910. A exemplo dos poderosos navios ingleses, tinham 165 metros de comprimento, 23 metros de largura, doze canhões de doze polegadas e 22 de cinco polegadas. Mas esses nem seriam enviados à guerra.

Com os ataques de submarinos a navios mercantes, o Brasil reestruturou sua esquadra a fim de defender melhor a costa, espalhando sua força em três divisões navais: a do Norte, baseada em Natal; a do Sul, em São Francisco; e a do Centro, mais bem equipada, tendo a capital como centro de operações. Após a declaração de guerra e as deliberações da Conferência Interaliada, o Brasil criou a Divisão Naval de Operações em Guerra, conhecida pela sigla DNOG. A missão dessa esquadra brasileira, que operaria vinculada ao Nono Esquadrão de Cruzadores da Marinha Real, chefiado pelo contra-almirante Dawson Lees Sheppard, seria patrulhar a costa ocidental africana, entre Dakar, no Senegal, e o estreito de Gibraltar, no sul da Espanha.

Vista área do Arsenal da Marinha, na Ilha das Cobras, Rio de Janeiro, em 1918. Em primeiro plano é possível identificar o encouraçado Minas Gerais, um dos mais importantes navios da esquadra brasileira. Fotografia de Jorge Kfuri (1893-1965).

REPRODUÇÃO/BIBLIOTECA NACIONAL

A DNOG era composta pelos cruzadores *Rio Grande do Sul* e *Bahia* (pouco menores do que os encouraçados), os contratorpedeiros *Paraíba*, *Rio Grande do Norte*, *Piauí* e *Santa Catarina*, o rebocador *Laurindo Pitta* e o tênder *Belmonte* — um navio de apoio. O comando da divisão foi concedido ao contra-almirante Pedro Max de Frontin, um fluminense de 51 anos de idade. Frontin escolheu como navio capitânia da DNOG o *Rio Grande do Sul*, que ele comandara anos antes. Ao todo, o efetivo da divisão era de 1.502 homens, sendo 702 marinheiros, 481 foguistas, 84 taifeiros, 75 oficiais de Marinha, cinquenta oficiais maquinistas, um submaquinista, cinco oficiais intendentes, 41 suboficiais, 43 sargentos mecânicos, quatro médicos, um farmacêutico, um dentista, um capelão, um pedreiro e três barbeiros. As belonaves foram reunidas no Arsenal da Marinha e somente após quatro meses é que começaram a zarpar para Fernando de Noronha, de onde seguiriam para a África. Mais reparos e três meses de espera foram necessários até que, em 1º de agosto, a DNOG finalmente conseguisse deixar o Brasil.

Na véspera da chegada a Dakar, um U-boot atacou o *Belmonte*. O *Rio Grande do Norte* contra-atacou o submarino alemão e, ao que parece, conseguiu afundá-lo.[153] A DNOG aportou na colônia francesa no dia 26 de agosto e começou a travar uma guerra inesperada. Duas semanas após a chegada, uma gripe assolou o cruzador *Bahia*. Duzentos marinheiros manifestaram os sintomas da doença que era conhecida por "espanhola", uma pandemia do vírus influenza que logo mataria mais de 20 milhões de pessoas ao redor do mundo, incluindo o presidente brasileiro eleito em 1918, Rodrigues Alves. A primeira vítima foi um dos médicos da esquadra, o capitão-tenente Pedro Monteiro Gondin Júnior. Em pouco tempo, a gripe se espalhou pelos navios e 55 brasileiros da DNOG morreram. A epidemia só foi controlada em outubro, mas vitimara mais de 150 brasileiros; outros 140 doentes precisaram retornar ao Brasil. Dos oitos navios originais, apenas quatro tiveram condições de seguir para Gibraltar a fim de patrulhar a costa. Durante a viagem, efetuaram duas únicas ações de guerra. Confundindo um cardume de toninhas com o rastro de espuma deixado pelo periscópio de um submarino alemão, o *Bahia* teria disparado contra os cetáceos e só notou o equívoco quando observou enorme quantidade de sangue no mar. A "Batalha das Toninhas" passou para a história como um vexame, mas segundo o jornalista Marcelo Monteiro, autor de um livro sobre a participação do Brasil na guerra, a narrativa "pode ter sedimentado ao longo dos anos após ter surgido de um causo narrado à época da guerra". Uma das razões do ocorrido seria o contato visual do contratorpedeiro *Rio Grande do Norte* — e não o *Bahia* — com um "objeto flutuante, com oscilações, que poderia tratar-se de um submarino". O navio brasileiro, segundo o diário de bordo, fez o "sinal de submarino pressentido" e tomou as "providências adequadas". Outro fato semelhante aconteceu com o *Piauí*, sob o comando do capitão Alfredo de Andrade Dodsworth, que quase afundou um caça-submarinos estadunidense — também confundido com um U-boot.[154] De qualquer forma, a DNOG chegou a seu destino no dia 10 de novembro de 1918; no dia seguinte, os alemães assinaram o armistício em Compiègne.

AVIAÇÃO DE GUERRA

Quando o arquiduque Francisco Ferdinando foi assassinado em Sarajevo, embora um dos pioneiros da aviação fosse brasileiro, o país ainda não tinha uma escola de formação de aviadores. Em 1911, um grupo de entusiastas havia criado o Aeroclube Brasileiro, no Campo dos Afonsos, no Rio de Janeiro. Entre eles estavam os jornalistas Irineu Marinho e Victorino de Oliveira e o almirante Jose Carlos de Carvalho. Santos Dumont era o presidente de honra.[155] Foi no jornal *A Noite*, de propriedade de Marinho (pai do jornalista Roberto Marinho, do Grupo Globo), que surgiu a ideia de que o Exército brasileiro usasse aviões como armas de guerra. Uma escola de aviação em parceria com o ministério da Guerra foi imaginada, mas não concretizada. O Exército preferiu contratar a Escola Brasileira de Aviação, criada por três italianos. Nove aviões foram comprados na Europa e a escola começou a funcionar sob orientação do tenente da Marinha João Henrique Moller, o primeiro brasileiro a receber brevê de piloto internacional, em abril de 1911 — o segundo foi o tenente da cavalaria Ricardo João Kirk, em outubro de 1912; ambos haviam sido enviados à França para a formação. A escola, porém, fechou antes que alguém pudesse receber o brevê de piloto. A oportunidade de empregar o avião como arma de guerra, no entanto, surgiu em 1915, na insurreição do Contestado, em Santa Catarina. O general Fernando Setembrino de Carvalho, responsável pelas operações militares que visavam acabar com o levante sertanejo, solicitou ao ministério da Guerra que expedisse as novas armas. Kirk foi enviado para o Sul com três aviões e o piloto italiano Ernesto Darioli. Ao chegar ao teatro de operações, os dois foram incumbidos de bombardear o reduto de Santa Maria, mas, pouco depois de decolar, o piloto brasileiro chocou-se contra um pinheiro e morreu no acidente.[156]

Antes da declaração de guerra à Alemanha, em 1917, Marinha e Exército brasileiros acabaram criando suas escolas de aviação de forma independente e enviaram diversos pilotos para especialização nos Estados Unidos e na Itália. Com a Conferência Interaliada, Brasil e Inglaterra acordaram que nove oficiais brasileiros seguiriam para a Europa a fim de receber treinamento de guerra. O primeiro grupo, com cinco homens, partiu para a Grã-Bretanha em 8 de janeiro de 1918.

O restante seguiu dezoito dias mais tarde. Em Eastbourne, os brasileiros receberam treinamento em aviões bipostos Avro 504 e Airco DH6 e monopostos Sopwith Pup e Camel. Ainda na fase de provas, o tenente Eugênio Possolo morreu em um acidente com um Camel e três outros oficiais contraíram a gripe espanhola, ficando incapacitados até o fim da guerra. O restante dos brasileiros, depois de formados, seguiu para a base da RAF em Cattewater, próximo a Plymouth, onde passaram a integrar os esquadrões 237 e 238, com aviões Felixstowe F5, Short 184 e 240, da Décima Força de Defesa Costeira. Em companhia de pilotos britânicos e estadunidenses, eles atuaram na patrulha antissubmarina e na busca por minas magnéticas no Canal da Mancha, recebendo ordens para voltar ao Brasil somente em março de 1919, quatro meses após o fim da guerra.

MISSÃO MÉDICA

O último grupo brasileiro enviado à França, em conformidade com o acordo firmado na conferência de novembro de 1917, foi uma missão de assistência médica. Criada em 10 de julho de 1918, a Missão Médica Militar Brasileira estava subordinada inicialmente ao general Aché.[157] Era composta por mais de 130 homens, com mais de oitenta médicos, entre oficiais do Exército e da Marinha, além de civis e acadêmicos de medicina. A coordenação técnica da Missão Médica ficou sob a responsabilidade do cirurgião mineiro José Nabuco de Gouveia. Em Paris, parte do grupo brasileiro ficou responsável por um hospital para atendimento de mais de quinhentos leitos; o restante dos médicos foi enviado para hospitais em Marselha, Nice, Renens, Montpellier, Nantes e Bordeaux, entre outras cidades com carência de atendimento médico. A Missão Médica foi extinta quando o armistício foi assinado, mas se manteve atuante na França por vários meses. Em novembro de 1919, um ano após o fim da guerra, as instalações do Hospital Brasileiro foram entregues à Faculdade de Medicina de Paris.

Embora Inglaterra e França não concordassem inicialmente, o Brasil foi aceito na Conferência de Paz de Paris, mas somente como uma potência aliada de "interesses limitados". Depois da recusa de Rui Barbosa, a liderança da delegação brasileira foi entregue a Epitácio Pessoa. Junto com ele, como delegados plenipotenciários, estavam Pandiá Calógeras, Olinto Magalhães e Raul Fernandes. Armando Burlamaqui, Malan d'Angrogne, Rodrigo Otávio de Langaard Meneses e Hélio Lobo atuaram como consultores técnicos e secretário-geral, respectivamente. Outros sete secretários e oito adidos completavam o grupo. Mesmo com uma atuação modesta, como único país da América Latina a participar efetivamente do conflito, o Brasil recebeu como recompensa os navios alemães apreendidos nos portos nacionais e o direito de ser membro da Liga das Nações.

11

REVOLUÇÕES E GUERRA CIVIL NA RÚSSIA

O líder bolchevique era um homem de emoções intensas e ações virulentas. Seus verbos preferidos eram atacar, incendiar, purgar e exterminar. Lênin foi financiado pelos alemães para instaurar o caos na Rússia, o que ajudaria o kaiser a vencer a guerra. Após a tomada do poder, criou um eficiente sistema de repressão e um novo modelo econômico. Nem a Grande Guerra foi responsável por tantas mortes; somente de fome, mais de 8 milhões de pessoas pereceram.

ekaterinburg, madrugada de quarta-feira, 17 de julho de 1918. Um dos líderes bolcheviques locais, Iákov Iuróvski, acorda a família imperial, que dormia no segundo andar da Casa Ipátiev, onde os Románov são mantidos prisioneiros desde abril. O ex-tsar Nicolau, a esposa Alexandra Fiódorovna, as quatro filhas do casal — Olga, Tatiana, Maria e Anastássia — e o pequeno Alexei, de apenas treze anos de idade, descem as escadas acompanhados do médico da família, dr. Bótkin, do cozinheiro Kharitonov, da criada Demidova e de Trupp, valete do imperador. Iuróvski é filho de um vidraceiro judeu, trabalhara como relojoeiro e fotógrafo antes de se juntar aos Vermelhos, tornar-se ordenança médico, membro do Soviete dos Urais e chefe da Tcheka, a temida polícia secreta de Lênin. Três décadas antes, aos treze anos de idade, um Iuróvski deslumbrado vira o então tsarévich Nicolau passar por Tomsk, sua cidade natal, ao voltar de uma viagem ao redor do mundo. Agora, com o Exército Branco se aproximando de Iekaterinburg, antes que o monarca fosse resgatado, ele recebera autorização do Krêmlin para que o "assassino coroado", "culpado diante do povo por inumeráveis crimes sangrentos", e a família fossem eliminados. Iuróvski reuniu o grupo de condenados em um porão dizendo-lhe apenas que seriam removidos dali. Com ele estavam cerca de dez homens armados com

REVOLUÇÕES E GUERRA CIVIL NA RÚSSIA

rifles, pistolas e revólveres. Alexandra sentou-se em uma das cadeiras dispostas no recinto enquanto, na outra, Nicolau acomodou Alexei. O restante da família e os serviçais se postaram de pé, encostados à parede.

Então Iuróvski leu um papel que trazia à mão: "Em vista do fato de que seus camaradas continuaram sua ofensiva contra a Rússia soviética, o Comitê Executivo do Soviete Regional dos Urais decidiu condená-los à morte". Um Nicolau aturdido protestou. Houve confusão, Iuróvski sacou uma arma e disparou contra o peito do tsar. Na sequência, como previamente combinado, os executores começaram a disparar e um tiroteio intenso encheu o quarto de fumaça. Quando a fuzilaria cessou, ouviram-se "gemidos, gritos e soluços baixinhos". Alexei e as meninas ainda viviam. Foram alvejados com mais disparos e transpassados violentamente por baionetas. "Jaziam corpos numa pavorosa desordem, olhos cheios de horror fitando o vazio, roupas banhadas em sangue. O chão estava liso e escorregadio como um rinque de patinação com sangue, miolos e coágulos", lembrou Piotr Vóikov, um dos carrascos. O cãozinho Jemmy e o buldogue Órtino, de Tatiana, também foram mortos por estocadas de baionetas. Apenas Joy, o cão de Alexei, sobreviveu; fugindo durante o tiroteio, ele retornou mais tarde à procura do dono, foi adotado por um guarda Branco e enviado para a Inglaterra. Às três horas, os corpos foram levados a um caminhão que aguardava do lado de fora da casa — Maria e Anastássia começaram a chorar e foi preciso golpeá-las outras vezes até que estivessem realmente mortas — e transportados até uma velha mina, dezenove quilômetros dali. Os corpos foram despidos, e as roupas, incineradas. Na esperança de uma possível fuga, a família escondera diamantes em quepes, corpetes e meias; oito quilos de joias foram encontrados nas roupas. Depois de os cadáveres terem sido jogados numa cova rasa, Iuróvski jogou ácido sulfúrico sobre eles e ateou fogo. Um telegrama, em código, foi enviado a Moscou: "Toda a família teve o mesmo destino do chefe".[158]

LÊNIN

"O nome de Lênin é como uma estrela orientadora para os trabalhadores de todo o mundo", escreveram os autores de uma hagiografia do líder bolchevique, publicada pelo Instituto de Marxismo-Leninismo.[159]

Para Anatoli Lunacharski, nomeado comissário para Instrução Popular após a Revolução de Outubro, cargo que ocuparia por mais de uma década, Lênin tinha um encanto pessoal único: "Esse magnetismo é colossal", atestou. "As pessoas que entram em sua órbita não só o aceitam como líder político, mas ficam de uma estranha maneira apaixonadas por ele". Isso incluía intelectuais, como o escritor Máximo Gorki, e Trótski, o criador do Exército Vermelho, que o conheceu em 1902, em Londres. Apesar de terem se desentendido em várias oportunidades ao longo dos anos pré-Revolução de Outubro, Trótski "enamorou-se perdidamente" de Lênin, observou o historiador estadunidense Bertrand Patenaude; ele foi "incapaz de resistir à força do encanto pessoal de Lênin". "Ele foi meu mestre", afirmou Trótski, já exilado no México.[160]

Para Angélica Balabanoff, uma ex-secretária, Lênin "era desprovido de qualquer egocentrismo, era totalmente indiferente ao que se dissesse ou escrevesse dele". Com notável talento para a síntese e a análise crítica, Lênin tinha uma memória aguçada e uma autoconfiança ímpar. Certa vez, a líder política dos socialistas alemães Rosa Luxemburgo teria confidenciado a Clara Zetkin, feminista e marxista, em uma conferência internacional: "Aquele é Lênin. Veja a cabeça obstinada e teimosa. Uma cabeça de verdadeiro camponês russo com alguns suaves traços asiáticos. Aquele homem tentará derrubar montanhas. Talvez seja esmagado por elas, mas nunca se renderá".[161]

Lênin nasceu Vladímir Ilítch Uliánov, em Simbirsk, às margens do rio Volga, a mais de oitocentos quilômetros de Moscou, em 10 de abril de 1870, segundo o calendário juliano; 22 de abril pelo calendário ocidental. Em sua homenagem, mais tarde Simbirsk foi rebatizada como Ulianovsk. Seu pai, Iliá Nikoláievich Uliánov, professor de matemática e física, pertencia a uma família de pequenos burgueses com origem em Astracã, próxima ao Mar Cáspio. A mãe, Maria Alexándrovna, era filha de um médico. Lênin era o quarto de uma família de oito filhos, dos quais dois morreram ainda pequenos. "Volódia", como era então chamado, estudou dos nove aos dezessete anos em Simbirsk. "O melhor aluno", segundo sua biografia oficial, bom nadador, patinador e enxadrista. Teria sido seu irmão mais velho, Aleksandr Uliánov, o "Sacha", quem lhe apresentou *O capital*, do filósofo alemão Karl Marx. Sacha era estudante em São Petersburgo e foi preso em março de 1887 por participar do atentado contra o tsar Alexandre III, pai do futuro Nicolau II. Aos 21 anos de idade, julgado e condenado à forca, o irmão de Lênin foi executado em maio do mesmo ano. Enquanto isso, Volódia entrava na Universidade de Kazan, a antiga capital tártara, como estudante de direito. "Estudante excepcionalmente talentoso, diligente e preciso", descreveu-o Fiódor Kérenski, diretor escolar e pai do futuro primeiro-ministro do governo provisório de 1917. Pouco tempo após ingressar na faculdade, porém, Lênin se envolveu com grupos marxistas ilegais, sendo preso e banido da universidade. Foi durante a vigilância policial, entre os anos de 1888-9, que se dedicou a ler *O capital*. Era um leitor voraz, e, não obstante se dedicasse à leitura de filósofos e teóricos políticos, apreciava a literatura de Tolstói, embora divergisse de suas posições filosóficas; o escritor russo mais citado em seus artigos era Saltikov-Shchedrin. Admirava ainda Krílov, Gógol, Púchkin e Nekrássov, Shakespeare, Molière e Schiller. Vietcheslav Mólotov, um dos poucos líderes bolcheviques da primeira hora a sobreviver aos expurgos da era stalinista, dizia que, além de extremamente pontual, Lênin era "preciso e infernalmente organizado". Era uma marca pessoal que, segundo a irmã, herdara da mãe, de origem germânica. No campo pessoal, era frugal e reservado, adorava a companhia de cães e principalmente de gatos, com quem se deixou fotografar inúmeras vezes. Depois de casado, saía constantemente de bicicleta com a esposa, frequentavam o teatro e iam a concertos.

A primeira ação de natureza política em que Lênin se envolveu mais seriamente aconteceu em 1891, quando tinha 21 anos de idade. Ele se negou a participar da organização de bailes e concertos que estavam sendo realizados no intuito de angariar fundos para atender camponeses famintos. Lênin acreditava que ações voltadas a aliviar consciências não eram a melhor forma de acabar com o problema, serviam apenas para ocultá-lo. Além do mais, ele pensava que tais ações não passavam de desperdício de dinheiro. Para Lênin, "as discussões sobre ajuda aos famintos não passavam, psicologicamente falando, de expressões de sentimentalismo patético, bem típico de nosso povo instruído", relatou Vassíli Vassílevitch Vodovózov. "Além disso, a fome não somente destruiu a fé no tsar, como também a fé em Deus".[162] Como para ele qualquer cooperação com as autoridades era inaceitável, Lênin fez os próprios protestos de forma independente.

Com ajuda da mãe, depois de ser rejeitado em várias universidades, Lênin foi aceito pela Universidade de São Petersburgo, em 1891. No ano seguinte, foi-lhe concedida permissão para trabalhar — ainda que sob vigilância policial. Entre 1892-3, atuou como advogado, atendendo 24 casos ao todo. Deixando a advocacia, estabeleceu-se como intelectual independente — embora não fosse muito, suas publicações lhe rendiam alguma coisa. Para o historiador húngaro Tamás Krausz, porém, foi o bom nível econômico da família o "fator relevante em seu desenvolvimento intelectual". Sem a ajuda financeira vinda da mãe, ele dificilmente teria conseguido sobreviver e financiar os estudos. Em 1895, viajou por Suíça, Alemanha e França. Conheceu sociais-democratas importantes, como Georgi Plekhanov e Wilhelm Liebknecht. Ao voltar, foi preso em razão de seu trabalho com a União da Luta pela Emancipação da Classe Operária. Condenado a catorze meses de prisão e três anos de exílio em Chúchenskoie, uma aldeia de 1,5 mil habitantes na Sibéria, mais uma vez recebeu auxílio da mãe. Ali Lênin se casou com Nadejda Krúpskaia, também presa por atividade política, em 10 de julho de 1898.

O nome "Lênin" apareceu em 1901, em um artigo para o *Iskra*, e pouco depois no *Zariá*, um diário teórico e científico da social-democracia russa publicado na Alemanha. Nem mesmo Krúpskaia sabia a origem e o motivo do nome. Lênin usara mais de 150 pseudônimos em seus artigos. A bibliografia soviética associa Lênin ao rio Lena, da mesma forma que associa o pseudônimo de Plekhanov, "Vólguin", ao rio Volga. De toda forma, já nessa época Lênin admitia que nunca renunciaria ao terror para alcançar seus objetivos. "Que posição você toma na revolução? Você é a favor ou contra? Se ele é contra, nós o colocaremos no paredão!" Ele adorava rechear seus textos com metáforas e termos militares: "estado de sítio", "ofensivas", "marchas", "lâminas de aço", "círculo de ferro", "pelotão de fuzilamento". Verbos como "atacar", "incendiar", "purgar" e "exterminar" apareciam com frequência. Nutria prazer incomum em se utilizar de um linguajar virulento, um "ódio verbal", como observou um historiador. Fazia questão de atacar seus opositores atribuindo-lhes supostos defeitos morais, mesmo aqueles que discordavam minimamente de suas ideias e teorias. Já como chefe de governo, expressões e ordens como "contra o paredão" e "fuzile-os" continuaram comuns.

Não é por menos que Lênin observava com contentamento e inveja o movimento de Mussolini na Itália — o professor de escola primária e jornalista político era um dos socialistas mais lidos da Europa de então. Com 29 anos de idade, Mussolini tomou o poder no Partido Socialista Italiano em 1912, insistindo para que a organização seguisse uma orientação "marxista, internacionalista e inflexível". Escrevendo para o *Pravda* em julho daquele ano, Lênin afirmou que os italianos tomavam "o rumo certo". A Grande Guerra, no entanto, mudaria o direcionamento do líder socialista italiano; em 1919, envolvido com o ultranacionalismo, Mussolini deixou o marxismo de lado e fundou um novo partido, o Partido Nacional Fascista — que não era completamente alheio a suas antigas ideias.

A escritora Vera Zasulitch, niilista e colaboradora do *Iskra*, afirmou que a ideia de Lênin para o partido era a de uma ditadura personalizada nos moldes do rei francês Luís XIV ("o Estado sou eu") e não muito diferente da de Mussolini na Itália. Também usando a França como comparação, Trótski afirmou que Lênin era um Robespierre, um ditador terrorista, "uma caricatura da intransigência trágica do jacobinismo". "O partido é substituído pela organização do partido, a organização do partido pelo comitê central e, finalmente, o comitê central pelo ditador".[163] Lênin acreditava que revoluções deveriam ser feitas por um pequeno grupo de homens, com um líder absoluto e inconteste. Exatamente o contrário do que imaginavam os marxistas alemães, mais inclinados a acreditar que o triunfo do proletariado dar-se-ia quase que como uma evolução. "A prática é cem vezes mais importante que a teoria", afirmava Lênin. "O que vale é vencer." Ele próprio nunca visitara o interior de uma fábrica ou pisara em uma fazenda. Somente em 1906, após anos de publicações teóricas, é que ele discursou pela primeira vez diante de trabalhadores, em um comício. Foi a única aparição pública de Lênin antes de 1917. Ele fez o discurso diante de 3 mil pessoas, em São Petersburgo, sob o pseudônimo de "Kárpov".

Quando o Segundo Congresso de Sovietes, em outubro de 1917, suprimiu a pena de morte, Lênin disparou: "É um erro, uma fraqueza inadmissível, uma ilusão pacifista". Em meio às disputas pelo poder, em junho de 1918, um dirigente bolchevique foi morto por um militante socialista-revolucionário em São Petersburgo — o que não era incomum; mais de setenta incidentes antibolcheviques haviam acontecido até aquele mês, inclusive um contra o próprio Lênin, ocorrido em janeiro de 1918, quando um radical desiludido disparou contra seu carro. Lênin respondeu afirmando que a hora era "ultramarcial"; na visão dele, era tempo de apoiar o "terror de massa": "É indispensável encorajar a energia e o caráter de massa do terror dirigido contra os contrarrevolucionários".[164] Para Rosa Luxemburgo, estava ficando claro que Lênin cada vez mais se aproximava daquilo que afirmava combater: "O 'ego' esmagado e pulverizado pelo absolutismo russo reapareceu na forma do 'ego' do revolucionário russo" que "continua teimosamente a se proclamar de novo o mais absorvente consumidor da história". A notável filósofa alemã afirmou que a ideia de Lênin contrariava a base científica da teoria marxista, chamando-a de "elitista". O que, para Luxemburgo, conduziria inevitavelmente ao "ultracentralismo militar". Assustada com o terror pós-Outubro Vermelho, ela escreveu no programa do Partido Comunista Alemão, em dezembro de 1918: "A revolução proletária não precisa de terror para cumprir seus propósitos, ela detesta e abomina o assassinato".[165] Já às vésperas da Revolução de Outubro, o militante socialista franco-russo Charles Rappaport observou que Lênin considerava que "só ele é um socialista" e que uma "guerra é declarada a quem quer que discorde dele". Para Georgi Plekhanov, o verdadeiro fundador do marxismo russo e do *Iskra*, Lênin "confundia a ditadura do proletariado com a ditadura sobre o proletariado".[166]

A REVOLUÇÃO DE FEVEREIRO
Muito embora a revolução de 1905 tivesse fracassado, os bolcheviques— termo que vem do russo *bol'shinstvo*, "maioria", e surgira em 1903, em Londres, durante o II Congresso do Partido Operário Social--Democrata Russo, o *Posdr*; os adversários de Lênin ficaram conhecidos como mencheviques, de *men'shinstvo*, "minoria" — não foram comple-

REVOLUÇÕES E GUERRA CIVIL NA RÚSSIA 193

tamente derrotados. A repressão ao levante de 1905 foi brutal: números oficiais citam 1,2 mil execuções e 70 mil presos, mas é provável que o número de mortos passasse de 15 mil, com outros 45 mil deportados. O tsar conseguira manter-se de pé, não obstante tenha sido forçado a convocar eleições gerais para o parlamento, a Duma (do russo *dumat*, "pensar"), que seria encarregada de elaborar uma constituição para a Rússia e, teoricamente, limitar seus poderes de autocrata. O que nunca ocorreu. Passado o período de crise, Nicolau não atendeu as reivindicações da Duma e, em 1913, comemorou, inclusive, com toda pompa possível, os trezentos anos de sua dinastia. Mas a fragilidade do governo permanecera presente no interregno 1906-14. Nos dois últimos anos, mais de 9 mil greves tinham sacudido o país sem que o governante conseguisse encontrar soluções para problemas básicos. Em 1914, às vésperas da Grande Guerra, havia 1,5 milhão de trabalhadores em greve e a condição econômica da Rússia era grave. Quando Nicolau declarou guerra à Alemanha, em agosto daquele ano, Lênin a saudou como o "melhor presente" que o tsar poderia dar aos revolucionários.[167]

O parlamento russo declarou apoio incondicional à guerra e imprudentemente aprovou um imenso orçamento militar, mas, na Alemanha, os socialistas se mantiveram fiéis às resoluções da Segunda Internacional, posicionando-se contra o que consideravam uma "guerra imperialista". Mais tarde, a social-democracia votaria contra os créditos de guerra, sendo expulsa do parlamento alemão. Em agosto de 1914, Lênin, que vivia exilado em Neumarkt, na Galícia Ocidental, foi preso pela polícia austríaca. O líder dos sociais-democratas austríacos, Victor Adler, conseguiu libertá-lo, garantindo às autoridades que, com isso, o líder bolchevique russo faria uma campanha contra o tsar. Como Adler e a bancada socialista da Áustria-Hungria haviam apoiado a declaração de guerra, sua influência no governo garantiu a libertação de Lênin, que teve permissão para seguir para a Suíça — um país neutro. Em Genebra, Lênin escreveu artigos sobre os caminhos do socialismo e suas famosas teses sobre a guerra, conclamando os trabalhadores do mundo a se oporem ao conflito.

Em janeiro de 1915, o filósofo e político socialista russo-germânico Alexander Helphand procurou o embaixador alemão em Istambul, na

Turquia. Segundo informou ao diplomata, os revolucionários russos tinham o mesmo interesse que os alemães: derrotar o tsar Nicolau II. Helphand, que militava na social-democracia alemã, explicou que o objetivo bolchevique era destruir o tsarismo e dividir a Rússia em estados menores. A Alemanha, lembrou Helphand, não conseguiria derrotar o gigantesco império Románov se não houvesse uma revolução interna que desestruturasse a nação. O kaiser assentiu e, em abril, o governo alemão transferiu dinheiro a um intermediário estoniano para que fosse entregue a Lênin. O líder bolchevique deveria prosseguir com suas atividades contrárias à guerra e, tão logo fosse possível, retornar à Rússia para promover uma revolução.

Em setembro de 1915, uma Conferência da Internacional Socialista se reuniu em Zimmerwald, na Suíça. Além de Lênin, também estavam presentes Trótski, os socialistas alemães Luxemburgo e Liebknecht, e o belga Émile Vandervelde. O resultado, de efeito quase nulo, foi a apresentação de um manifesto público contra a guerra e uma petição pela paz imediata. Em abril do ano seguinte, também na Suíça, a Segunda Internacional Socialista se reuniu em Kienthal. Os socialistas acreditavam que a guerra havia sido criada como uma conspiração capitalista com o objetivo de beneficiar industriais fabricantes de armas e governos interessados em ganhos territoriais — o que, de certo modo, era verdadeiro. Mas Lênin não conseguiu convencer os delegados alemães e franceses de que a Grande Guerra era um prelúdio necessário e inevitável para a queda do capitalismo.

Enquanto a Grande Guerra prosseguia e os socialistas tentavam se articular, na Rússia a autoridade e a imagem de Nicolau II eram destruídas não apenas pela incompetência do monarca em gerir as questões políticas e econômicas. Fofocas corriam por todo o país dando conta de que o monge Raspútin dormia com a tsarina e sua dama de companhia, Anna Virubova, além de ter estuprado as filhas de Nicolau. Em 1915, ao chegar bêbado ao Yar, um famoso restaurante em Moscou, Raspútin deu início a uma briga, pôs o pênis sobre a mesa e afirmou que podia fazer o que bem entendesse com a "velha menina" — a tsarina Alexandra Fiódorovna.

Grigóri Raspútin era considerado pelos Románov um *stárets*, um homem santo. Mas o siberiano não tinha nada de santo; não sabia ler

REVOLUÇÕES E GUERRA CIVIL NA RÚSSIA **195**

ou escrever e fora ladrão de cavalos, além de se envolver com prostitutas e orgias regadas a álcool, cantos e fornicações. "Homem de traços toscos, malcheiroso e rude, gostava de mulheres e as entendia, e elas formavam a maioria de seus adeptos", escreveu o historiador Simon Montefiore.[168] Seu pênis, de "escala equina", fazia sucesso entre a nobreza, mas sua ascensão junto à família imperial deu-se pelo fato, aparentemente milagroso, de fazer parar as hemorragias do tsarévich Alexei. Em dezembro de 1916, Raspútin foi assassinado pelo príncipe Félix Iussúpov com ajuda de um agente secreto britânico. Durante a Revolução, seu corpo foi desenterrado e seu pênis decepado. O corpo ficou exposto em um salão em Tsárskoie Seló, depois removido por ordens de Kérenski, enterrado e novamente desenterrado para ser incinerado com gasolina. Seu pênis, no entanto, reapareceu na França tempos mais tarde (pelo menos um dos muitos a ele atribuídos).

O inverno de 1916-7 foi especialmente rigoroso. O frio e a escassez de alimentos contribuíram para piorar as condições de vida, o que concorreu para o aumento de manifestações e greves. Gueorgui Júkov, então sargento de um esquadrão de cavalaria e mais tarde mundialmente famoso por sua atuação como general durante a Segunda Guerra, escreveu que muitos soldados estavam desertando das linhas de frente e retornando para casa, onde suas famílias passavam fome. Em fevereiro de 1917, ele participou de uma "assembleia" em que ouviu um oficial declarar: "O povo russo quer que se ponha fim à chacina de uma guerra imperialista. O povo quer paz, terra e liberdade". Eram palavras escritas por Lênin, que se encontrava no exílio. Após pedir pelo fim da guerra e do tsar, a reunião terminou com os soldados se integrando às manifestações. No dia 23 de fevereiro, 8 de março no calendário ocidental, para celebrar o Dia Internacional da Mulher, fixado pela Segunda Internacional Socialista, trabalhadoras de São Petersburgo entraram em greve e em passeata dirigiram-se para o centro da então capital russa. Driblaram a repressão e conseguiram apoio dos operários que tomaram a cidade no dia seguinte. No dia 25, uma greve geral paralisou a velha cidade de Pedro, O Grande. Os manifestantes exigiam o fim da guerra, a renúncia do tsar e uma política que acabasse com a fome. O presidente da Duma, Mikhail Rodzianko, apelou a Nicolau para que organizasse um governo aprovado pelo parlamento. O tsar, porém, aferrado ao poder e incapaz de ver que o império de três séculos dos Románov ruía, ordenou que as tropas do governistas passassem à repressão, como feito, com sucesso, em 1905. No dia seguinte, combates resultaram em centenas de mortes e o estado de sítio foi decretado. Contudo, as tropas já não nutriam mais respeito pela autoridade. No dia 27, manifestantes, operários, mulheres e soldados tomaram as ruas e praças de São Petersburgo. Amotinados, os soldados se apossaram do arsenal e distribuíram armas aos manifestantes, que incendiaram o Palácio da Justiça. No dia seguinte, as últimas tropas fiéis a Nicolau se renderam. Em 1º de março, os deputados da Duma formaram um Governo Provisório com apoio do Soviete de Operários e Soldados (eleito pelas fábricas e regimentos da capital). "Quatro dias espontâneos e sem liderança na rua puseram fim a um Império", escreveu Eric Hobsbawm.[169] Pelo menos 1.433 pessoas morreram e outras 6 mil ficaram feridas.

Soldados do Exército russo nas ruas de São Petersburgo, durante a Revolução de Fevereiro de 1917, que acabou por derrubar o tsar Nicolau II (1868-1918). Pouco depois e com apoio alemão, o líder bolchevique Vladímir Lênin (1870-1924) chegou à Rússia para liderar um golpe, derrubar o Governo Provisório e tomar o poder.

REPRODUÇÃO/LIBRARY OF CONGRESS

Em 2 de março de 1917 (dia 15, segundo o calendário ocidental), por mera formalidade, o tsar abdicou. Seis dias mais tarde, tanto ele quanto a família foram feitos prisioneiros no próprio palácio, em Tsárskoie Seló, sendo depois enviados pelos bolcheviques para Tobolsk, a mais de 3 mil quilômetros de São Petersburgo, agora renomeada pelos revolucionários de Petrogrado, e finalmente para Iekaterinburg, a seiscentos quilômetros de Tobolsk, onde seriam assassinados no ano seguinte. Depois da guerra, Guilherme II jurou que tinha tentado salvar Nicolau: "Fiz tudo que era humanamente possível pelo desgraçado tsar e sua família".[170] Um acordo com Kérenski, então líder do Governo Provisório, levaria a família imperial em um trem com salvo-conduto. O rei Jorge V também planejara pessoalmente resgatar Nicolau com um cruzador britânico. Anos mais tarde, ele confidenciou ao filho ter ficado magoado que a Grã-Bretanha não tivesse levantado um único dedo para salvar seu primo.

O GOLPE DE OUTUBRO E A GUERRA CIVIL

Em julho de 1917, Aleksandr Kérenski assumiu como segundo (e último) primeiro-ministro do Governo Provisório. Kérenski enfrentou os mesmos problemas de seu antecessor, o príncipe Lvov: a Rússia entrara em ebulição política, não havia como formar um governo de coalizão. Três meses antes, enviado pelos alemães em um trem com salvo-conduto, Lênin chegara a São Petersburgo como um "bacilo da peste", disposto a solapar qualquer organização governamental. Em suas famosas Teses de Abril, atacava liberais e sociais-democratas e conclamava os sovietes — os conselhos de trabalhadores — a tomarem o poder. "Todo poder aos sovietes!" virou um grito de guerra.

Na noite de 24 de outubro (6 de novembro pelo calendário ocidental), Lênin escreve a seus camaradas: "Se tomarmos o poder hoje, não o faremos contra os soviéticos, mas para eles. O povo tem o direito de decidir pela força e não pelo voto. O governo está balançado. Cabe a nós dar-lhe o golpe de morte a qualquer custo".[171] No dia seguinte, Kérenski mal podia defender a si próprio; às dez horas, o Comitê Militar Revolucionário, organizado por Trótski e que tinha entre seus comandantes Josef Stálin, depôs o governo, e o primeiro-ministro fugiu para Gatchina. No começo da tarde, Trótski confirmou a deposição de Kérenski no plenário do Soviete de Petrogrado, mas o ministério do Governo Provisório ainda estava reunido no Palácio de Inverno, emitindo ordens e acusando os bolcheviques de golpe de Estado — o que era verdade. Às 20h30, depois de um ultimato, o palácio que servira aos tsares desde o século XVIII, e que abrigava a sede do Governo Provisório, foi atacado por forças bolcheviques após o disparo de canhão do cruzador *Aurora*, que estava ancorado no porto da cidade e se juntara aos revolucionários. Alguns poucos soldados e o Batalhão da Morte, de Bochkareva, nada puderam fazer. O Palácio de Inverno caiu às duas horas da madrugada do dia 26 de outubro.

Com o sucesso do golpe, Lênin e seus revolucionários haviam triunfado. Restava, então, deixar a "guerra imperialista" e destruir os inimigos internos. Cinco meses depois, em março de 1918, o governo bolchevista assinou o Tratado de Brest-Litovski com os alemães. A Rússia saía da Grande Guerra com pesadas perdas: aproximadamente 25% de seu território e 26% de sua população; mais de 30% da produção agrícola e 23% da industrial; 75% da produção de carvão e 80% da de açúcar. A Polônia ganhou independência, enquanto Ucrânia, Países Bálticos e Finlândia passavam ao controle alemão, e Kars e Batum para domínio otomano. A Alemanha provaria do mesmo veneno que servira à Rússia pouco mais de um ano depois, em Versalhes.

Depois de assinada a paz com os alemães, o Partido Bolchevique passou a se chamar Partido Comunista da Rússia — crescera de pouco mais de 23 mil afiliados para mais de 585 mil. Embora tivesse prometido que polícia e burocracia de Estado desapareceriam com a "revolução proletária", pois seriam instituições de uma "sociedade burguesa", após o golpe Lênin não apenas manteve um sistema burocratizado como criou uma nova e mais eficiente polícia política secreta, a Tcheka, abreviatura em russo para "Comissão Extraordinária de Combate à Contrarrevolução e à Sabotagem". A *Okhrana*, polícia secreta do tsar, chegou a manter 15 mil homens em operação, sendo a maior organização desse tipo na Europa, mas a polícia de Lênin reuniu em pouco tempo mais de 250 mil agentes. A máquina burocrática comunista, como o próprio Lênin observou, multiplicara-se. Em 1919 havia quase 530 mil funcionários no país; no ano seguinte esse número alcançaria incríveis 5,8 milhões de servidores. Os tsares executavam, em média, dezessete pessoas por ano, somando todos os tipos de crimes. Entre 1825 e 1917, a autocracia Románov condenou à morte por questões políticas 6.360 pessoas — das quais 3.932 foram executadas, mais de 3,7 mil nos anos 1906-10. Somente entre 1917-8, a Tcheka executou mil pessoas por mês, unicamente por razões políticas.

Em janeiro de 1918, Trótski criou um novo exército, que seguiria as diretrizes do partido e combateria os contrarrevolucionários brancos: o "Exército Vermelho Operário e Camponês", conhecido simplesmente por "Exército Vermelho". O braço armado da revolução, inicialmente formado com voluntários, aos poucos foi sendo constituído por meio do serviço militar obrigatório — depois de doutrinados, cerca de 40 mil dos 130 mil oficiais do antigo exército tsarista foram incorporados à nova força militar do país. "Nós não entraremos no reinado do socialismo com luvas brancas e sobre um chão polido", afirmou Trótski.

Não obstante controlassem as principais cidades, como Petrogrado e Moscou, os bolcheviques ainda não dominavam inteiramente o país. "O que temos é uma tigela de mingau, não uma ditadura", lamentou Lênin quando os Brancos tomaram Kazan e Simbirsk. Insurreições camponesas e levantes contrarrevolucionários apoiados por países estrangeiros ameaçavam restaurar a autocracia ou pelo menos derrubar os revolucionários. O Exército Branco era formado por oficiais adeptos do tsarismo ou cossacos (aproximadamente 300 mil homens), e também por generais e tropas aliadas (180 mil soldados britânicos, franceses, estadunidenses, italianos, gregos, japoneses, tchecos e eslovacos).

Como retaliação a um levante ocorrido em Penza, Lênin telegrafou ao Comitê Executivo local para que fossem aprisionados "os kulaks, os padres, os soldados do Exército Branco e outros elementos duvidosos num campo de concentração". Como exemplo da "luta final", deviam ser enforcados "não menos de cem kulaks" — além do confisco dos grãos e da publicação dos nomes dos insurgentes. "Façam isso de maneira que a cem léguas em torno as pessoas vejam, tremam, compreendam e digam: eles matam e continuarão a matar os kulaks sedentos de sangue". Para Lênin, kulaks eram o "camponês rico e predador", o "usurário", o "burguês rural" e o "bebedor de sangue".

A insurreição dos marinheiros da cidade portuária de Kronstadt, no golfo da Finlândia, a poucos quilômetros de Petrogrado, entre fevereiro e março de 1921, encerrou o ciclo das revoluções russas (a de 1921 somou-se à de 1905 e às de fevereiro e outubro de 1917). Em junho do mesmo ano, os últimos destacamentos brancos foram derrotados. Em 1922, foi criada a União das Repúblicas Socialistas Soviéticas — URSS, uma composição política com quinze "repúblicas" sob a liderança de Moscou e do Secretário-Geral do Comitê Central do Partido Comunista da URSS, o cargo máximo do novo Estado. Para Paul Johnson, "Lênin foi o primeiro de uma nova espécie: o organizador profissional de políticos totalitários". "O demagogo típico", disparou o biógrafo húngaro Victor Sebestyen.[172] O tsarismo foi substituído pelo marxismo-leninismo e a autocracia pela ditadura comunista. A "revolução do proletariado", prevista pelo marxismo para acontecer em um país industrializado, foi levada a cabo em uma nação de camponeses. A Rússia tinha mais de 103 milhões de camponeses e apenas 3,5 milhões de operários e mineiros (ou 15 milhões se a ideia de "proletário" for ampliada).

Em 1921, em meio à guerra civil que se instaurara na Rússia, Lênin passou a sofrer de insônia e terríveis dores de cabeça. Por insistência do Politburo, o Comitê Central do Partido Comunista, ele deixou Moscou para uma licença em Gorki.[173] Em maio de 1922, sofreu um acidente vascular cerebral, ficando parcialmente paralisado e inteiramente incapacitado para trabalhar durante meses a fio. Em outubro, retornou ao trabalho, mas foi impedido de ter acesso a documentos. Começou então a ditar seu testamento político, em que apontava Trótski e Stálin como os mais eminentes líderes bolcheviques. Trótski, segundo ele, era o "mais capaz". Para Lênin, Stálin era "rude demais", e era recomendável que fosse removido do cargo de Secretário-Geral do Partido Comunista. Em março de 1923, Lênin sofreu um segundo derrame, perdeu a capacidade de falar e os movimentos. Em 21 de janeiro de 1924, entrou em coma e morreu em sua *dacha* em Gorki. O velório durou quatro dias, e mais de 1 milhão de pessoas de toda a Rússia correram para lhe prestar homenagens. Seu corpo foi mumificado e guardado em um mausoléu na Praça Vermelha. Passado quase um século, sua múmia ainda permanece lá como exemplo original do culto à personalidade, típico dos regimes comunistas que Lênin ajudara a construir.

Em pouco mais de três anos, cerca de 4,5 milhões de pessoas pereceram. Simultaneamente, quase 30 milhões de habitantes foram atingidos pela fome, vítimas do modelo econômico implantado à força — estatização da economia e confisco de mais de 150 milhões de hectares de propriedade privada. Na pior fase da crise, entre os anos de 1921-2, o país só conseguia prestar assistência a 3 milhões de pessoas; a Cruz Vermelha e os *quakers* alimentavam cerca de 11 milhões. Aproximadamente 5 milhões morreram nesses dois anos. Somente Petrogrado perdeu dois terços de sua população; Moscou, a metade. A última grande fome na Rússia acontecera no ano de 1891 — a fome que Lênin se negara a combater — e havia causado menos de 500 mil mortes.[174] Agora, uma vez mais, ele parecia à vontade em usar o número de famintos para seus propósitos. Em carta ao Politburo, Lênin explicou que a fome servia para "dar um golpe mortal na cabeça" de um inimigo perigoso: a Igreja ortodoxa. O confisco dos bens da Igreja chegara ao auge em 1922, quase ao mesmo tempo em que a fome atingira seu pico. Mais de 2,6 mil padres, 1,9 mil monges e 3.440 freiras foram mortos naquele ano. Em Petrogrado, 76 eclesiásticos foram enviados a campos de concentração e quatro foram executados, entre eles o bispo metropolitano. Em Moscou, 148 foram confinados em campos de trabalhos forçados e seis foram assassinados; o patriarca Tikohn escapou da morte e dos campos, mas foi posto em cárcere privado. Em 1922, também teve início uma série de execuções de intelectuais e professores. Quase duzentos foram expulsos do país, sendo-lhes permitido apenas levar vinte dólares e uma pequena trouxa de roupas. Todos foram obrigados a assinar um documento atestando ciência de que se retornassem à Rússia seriam fuzilados.

O historiador russo Vadim Kozhinov estima em 20 milhões o total de vítimas da revolução — crianças abandonadas e órfãs seriam 7 milhões. O historiador russo Viktor Danilov acredita que 8 milhões seja o número de mortos, e o alemão Manfred Hildemeier calcula algo entre 9 e 10 milhões. Segundo estimativas realizadas por uma equipe de historiadores franceses, todos ligados à esquerda e liderados por Stéphane Cortois, o número de mortos por regimes comunistas ao redor do mundo desde a Revolução de Outubro chegou a 100 milhões (com números maiores na China, 65 milhões; e 20 milhões na União Soviética; na América Latina foram pelo menos 150 mil). Em uma única palavra: genocídio.[175]

12

OS ERROS DE VERSALHES

Realizada após o encerramento das hostilidades, a Conferência de Paz de Paris era a oportunidade certa para corrigir os erros do passado e pôr fim a qualquer possibilidade de um novo conflito armado entre nações. O que se viu, no entanto, foi um dos maiores equívocos diplomáticos de todos os tempos, a repetição do revanchismo nacionalista que marcara o século anterior: o Tratado de Versalhes foi a semente da Segunda Grande Guerra Mundial.

Em setembro de 1918, estava claro para os militares alemães que, mesmo tendo vencido a guerra no Leste, não podiam vencer no Oeste. O país estava exaurido e não tinha mais condições de continuar lutando, nem econômica nem militarmente. Seu enorme exército de 9 milhões de soldados recuava de forma ordenada dos territórios francês e belga, apenas aguardando um milagre. Enquanto isso, do outro lado do Atlântico, ao longo daquele ano, o presidente norte-americano, Woodrow Wilson, havia fundamentado algo totalmente novo. Seus "Catorze Pontos" e "Quatro Princípios" norteariam uma nova política mundial. "Povos e províncias não devem ser trocados e destrocados de uma soberania a outra como permuta de mobiliário ou de peões num jogo de xadrez", escreveu o presidente no segundo princípio que deveria reger as nações modernas.[176] Não haveria mais "anexações, contribuições e danos punitivos", tampouco acordos e cláusulas secretas. Uma clara tentativa de evitar outro tratado como o de Viena, de 1815, marcado pela política de compensações e que moldara a Europa moderna. Quando Wilson tornou público os últimos detalhes de seus "princípios", o general Erich Ludendorff anunciou ao kaiser que a Alemanha não podia vencer a guerra; "a condição exige um armistício imediato para evitar uma catástrofe", afirmou ele. A ideia

OS ERROS DE VERSALHES

dos militares era jogar o peso e a desonra da derrota no colo dos políticos civis, seguros que estavam de que a Alemanha, ainda ocupando territórios inimigos, não seria punida nem despedaçada em suas fronteiras — tudo com base nas ideias divulgadas pelo presidente norte-americano. Foi com esse pensamento que o chanceler príncipe Max de Baden iniciou negociações para um armistício com os Aliados, em outubro. Os austríacos fizeram o mesmo.

Em 5 de novembro, Wilson ofereceu a paz aos alemães tendo como base os "Catorze Pontos" e apenas dois requisitos: a liberdade dos mares e a compensação pelos danos causados pela guerra. "Os alemães concordam em deixar as armas sob essas condições", observou o historiador britânico Paul Johnson, e seis dias depois assinaram um armistício.[177] O que eles não sabiam é que uma reunião secreta, realizada em 29 de outubro entre um representante de Wilson, o primeiro-ministro francês Georges Clemenceau e o premiê britânico Lloyd George afastara a possibilidade de que os europeus aceitassem acordos guiados pelos princípios idealizados pelo presidente estadunidense. Lloyd George queria, inclusive, que o kaiser Guilherme II fosse julgado e enforcado com outros mil criminosos de guerra. Os ingleses pressionaram o governo da rainha Guilhermina dos Países Baixos (casada com um príncipe alemão) para que Guilherme fosse entregue, mas os holandeses rechaçaram todas as tentativas. Os jornais britânicos também fizeram parte da campanha "Enforquem o kaiser!". Somente o rei Jorge, mesmo tendo se distanciado do primo alemão durante a guerra, achou a ideia abominável.

VERSALHES
Em 18 de janeiro de 1919, no Salão dos Relógios do ministério das Relações Exteriores francês, às margens do Sena, no Quai d'Orsay em Paris, teve início a sessão plenária da Conferência de Paz. Os vencedores reuniam-se para elaborar o acordo que deveria ser a continuação do armistício firmado em Compiègne, em novembro do ano anterior, e que marcara o fim da Grande Guerra. O que se viu, no entanto, não foi nada disso. A Alemanha não foi convidada a sentar-se à mesa de negociações e seus representantes receberam o mesmo tratamento dispensado a prisioneiros. Os vencidos também não tiveram o di-

reito de apresentar contrapropostas. Os métodos norte-americanos, justificavam-se os detratores de Wilson, não se ajustavam à velha Europa, com seus problemas particulares, fatores históricos e geopolíticos. Anglo-americanos, afirmavam os franceses, estavam protegidos pelo canal e pelo oceano, enquanto a França, a eterna inimiga da Alemanha, precisava de garantias maiores de que não sofreria com uma nova invasão alemã no futuro. Em 7 de maio de 1919, os alemães tomaram conhecimento dos termos do tratado. A esperança de que os vencedores agiriam conforme o idealismo do presidente Wilson não se confirmou. Lloyd George e principalmente Clemenceau foram implacáveis. Os vencedores imporiam aos vencidos, principalmente à Alemanha, reparações gigantescas.

No Leste, a Alemanha seria obrigada a ceder a Silésia Superior e um grande pedaço da Prússia Ocidental, Danzig e Memel — o que cortava o país em dois para que a Polônia tivesse uma saída para o mar. No ocidente, a Alemanha teria que devolver a Alsácia-Lorena à França e entregar Eupen-Malmedy à Bélgica. O Sarre seria colocado sob a jurisdição da Liga das Nações por quinze anos, e a margem ocidental do Reno seria permanentemente desmilitarizada. A Renânia, o coração industrial da Alemanha, seria também ocupada por quinze anos. O império colonial alemão seria dissolvido e dividido entre os vencedores. O tratado exigia mais do que perdas territoriais. O efetivo militar seria reduzido a 100 mil homens e o desenvolvimento ou a manutenção de aviões, submarinos ou tanques estavam vetados. Todos os navios da Armada deveriam se render (mas foram postos a pique pelos próprios alemães antes mesmo que chegassem à Grã-Bretanha). A marinha mercante teria de entregar 90% de seus navios. A Alemanha teria que ceder ainda 10% de seu gado e uma proporção substancial do material circulante em suas ferrovias. Os vencedores exigiam também 40 milhões de toneladas de carvão anualmente e cerca de 270 bilhões de marcos alemães, valor equivalente a 96 toneladas de ouro. Dois artigos, em especial, feriram profundamente o orgulho alemão: a união com a Áustria (agora desmembrada da Hungria e seus territórios eslavos) estava expressamente proibida e, segundo o artigo 231, a Alemanha ainda seria considerada culpada pela eclosão da guerra.[178] Uma tradu-

OS ERROS DE VERSALHES

ção equivocada do tratado para o alemão aumentou o desconforto: a Alemanha era considerada a única culpada.

Em carta ao pai, o diplomata britânico Harold Nicolson escreveu, em meio à conferência, que o capítulo das reparações e indenizações do tratado era criminoso, "imoral e insensato".[179] "O historiador", escreveu ele em 1933, em seu livro sobre os acontecimentos de 1919, "com toda razão, chegará à conclusão de que fomos uns idiotas". O próprio Winston Churchill, o grande líder Aliado durante a Segunda Guerra, reconheceu que Versalhes significou "uma colisão ruidosa de demagogos atrapalhados". Para ele, as cláusulas econômicas do tratado eram "malévolas e tolas".[180] O historiador alemão Joachim Fest escreveu: "Os vencedores se arvoravam a Padre Eterno do mundo e apresentavam legítimas reivindicações como a forma de expiar os pecados, lá, onde, na realidade, os interesses estavam em jogo. Mas foi sobretudo o aspecto perfeitamente absurdo, ainda que compreensível em parte, de uma moral vingativa que provocou ódio e sarcasmos grosseiros". "A maneira com que esses termos foram cravados nos alemães teria um efeito calamitoso", disparou Paul Johnson.[181]

O novo governo alemão, agora uma república depois da revolução e da abdicação do kaiser, inclinou-se a declarar que os termos eram, na verdade, a continuação da guerra, porque inaceitáveis. E eram. Com a economia arrasada e milhares de civis morrendo de fome, as condições se mostravam impagáveis. O chanceler Philipp Scheidemann, que havia proclamado a "República de Weimar", demitiu-se. Os vencedores aceitaram fazer pequenas concessões quanto à Silésia e à ocupação da Renânia, mas o pedido para que o artigo sobre a culpa da Alemanha pela guerra fosse excluído foi recusado. Gustav Bauer assumiu como chanceler e a Assembleia Nacional, em votação secreta, decidiu aceitar os termos.[182] O próprio povo alemão nunca entendeu como os políticos acataram exigências tão duras, já que o conflito terminara com os exércitos alemães ocupando o território inimigo e nem um único soldado adversário em solo alemão. Anos mais tarde, a retórica nazista usaria tanto a imposição do tratado pelos vencedores quanto a sua aceitação por políticos alemães como provas da ação do judaísmo internacional. A Alemanha, segundo Hitler, havia sido traída, "apunhalada pelas costas" pelo *diktat* de Versalhes.

UM ARMISTÍCIO DE VINTE ANOS

Em 28 de junho de 1919, os plenipotenciários alemães Hermann Müller e Johannes Bell assinaram o que ficou conhecido como "Tratado de Versalhes", o resultado da Conferência de Paz de Paris. Os vencedores festejaram. A Alemanha fora alijada de seu poderio bélico e econômico. Em verdade, franceses e ingleses nunca tiveram o desejo de solucionar os velhos problemas da Europa; sua intenção era destruir um inimigo poderoso. Grã-Bretanha e França não tinham por princípio promover uma paz baseada em nacionalidades — a "autodeterminação dos povos" proposta por Wilson. Eram países com impérios além-mar, multirraciais e multilíngues, que iam da América à Ásia. Tanto Lloyd George quanto Clemenceau estavam arraigados ao velho estilo europeu, baseados nos conceitos de equilíbrio e compensação que marcaram o Congresso de Viena um século antes.

Da esquerda para a direita: o marechal Ferdinand Foch (1851-1929), o primeiro-ministro francês Georges Clemenceau (1841-1929), o premiê britânico Lloyd George (1863-1945), o primeiro-ministro italiano Vittorio Orlando (1860-1952) e o ministro de Relações Exteriores da Itália barão Sonnino (1847-1922), reunidos em 1919. Foch discordou dos termos do Tratado de Versalhes. "Isso não é paz. É um armistício de vinte anos", afirmou ele.

REPRODUÇÃO/LIBRARY OF CONGRESS

OS ERROS DE VERSALHES

A França ainda amargava a derrota de 1870 e a perda da Alsácia-Lorena, naquela época província francesa, embora a maioria da população falasse o idioma alemão. A região de fronteira entre os dois países sempre fora motivo de disputas. A Alsácia-Lorena havia sido entregue à França em 1648, como compensação, ao término da Guerra dos Trinta Anos. No século XVIII, a Renânia fora ocupada pelos franceses durante o período napoleônico e só devolvida à Confederação Alemã em 1815 com a queda de Napoleão. Além do mais, durante a Grande Guerra, britânicos e franceses haviam assinado vários acordos secretos: a França conseguira aprovação da Rússia em sua intenção de se apoderar da Renânia em troca de deixar o tsar incorporar a Polônia. Em 1916, Grã-Bretanha e França também acordaram em dividir entre si as províncias árabes da Turquia — o que de fato ocorreu: a Síria ficou com a França, e o Egito, a Jordânia e o Iraque foram concedidos ao Reino Unido. Com os italianos ficara acertada a cessão do território dos tiroleses de origem alemã, assim como a dos territórios sérvios e croatas da Dalmácia, ambos pertencentes à Áustria-Hungria. A Romênia seguira linha semelhante, requerendo regiões cuja população não falava romeno. A recusa do imperador austro-húngaro em assinar um acordo em separado, em 1916, e a queda do tsar russo, em 1917, é que forçaram franceses e britânicos a mudar sua posição inicial.

Harold Nicolson acreditava que as ideias de Wilson eram um caminho mais seguro para a paz definitiva e deveriam ter sido respeitadas. "Para cama, enjoado da vida", escreveu em seu diário como últimas palavras para aquele sábado de junho. Ele não foi o único na delegação britânica a discordar do tratado. John M. Keynes, que viria a ser um dos maiores economistas do século XX, então funcionário do Tesouro Britânico, não apenas discordou como renunciou ao cargo e escreveu suas críticas no livro *As consequências econômicas da paz*. Keynes foi duramente criticado na época. Ele supostamente teria defendido a Alemanha depois de ter se apaixonado por Carl Melchior, banqueiro e membro da delegação alemã em Versalhes. Ainda que casado com uma bailarina russa, Keynes era conhecido por seus casos homossexuais. Ele escreveu sobre o que aconteceria com a economia alemã após a aplicação das imposições: "Nem sempre as pessoas aceitam morrer de fome em silêncio: algumas são dominadas pela letargia e o desespero, mas outros temperamentos inflamam-se, possuídos pela instabilidade nervosa da histeria, podendo destruir o que resta da organização social".[183] Suas previsões mostraram-se acertadas. Na década seguinte, a Alemanha estava à beira da bancarrota, com a população passando fome, taxa de desemprego em 44% e uma hiperinflação que, em novembro de 1924, fez o valor da moeda alemã despencar: para comprar um dólar era preciso desembolsar 4,2 trilhões de marcos.[184]

O marechal Ferdinand Foch, chefe do Estado-Maior do Exército francês, também discordou dos termos. "Isso não é paz. É um armistício de vinte anos", declarou profeticamente — a Segunda Grande Guerra teve início exatamente duas décadas depois. Versalhes foi um fracasso. Não apenas pelo que impôs à Alemanha. Os novos países criados para manter a paz no Leste deixaram a Europa parecida com um caldeirão de nacionalismos irreconciliáveis, mais fervilhante e barulhento do que antes da Grande Guerra. A Polônia livre dos tsares atacou os ucranianos e os tchecos, tornando-se tão ambiciosa e belicosa quanto seus antigos opressores russos. Em 1921, o país tinha duas vezes o tamanho demarcado em 1919. De seus 27 milhões de habitantes, um terço era de minorias étnicas (além dos judeus): rutenos, bielorrussos, lituanos e alemães. A Tchecoslováquia, reunião dos antigos territórios austríacos da Boêmia e da Morávia e de partes da Hungria, era habitada por tchecos e eslovacos (mais de 8,7 milhões), alemães (3,1 milhões), magiares e rutenos (1,2 milhão). Nem mesmo a relação entre as duas maiores etnias foi pacífica: os eslovacos consideravam-se perseguidos pelos tchecos e ambos nutriam ressentimentos antigos para com os alemães. A Iugoslávia, criada com territórios não germânicos do antigo Império Habsburgo, era governada pela Sérvia, mas abarcava uma infinidade de etnias, entre as quais eslovenos, macedônios, sérvios, croatas, montenegrinos e bósnios. Aqui, a questão religiosa também era um problema insolúvel. Os sérvios ortodoxos mantinham a liderança militar e administrativa; croatas e eslovenos católicos detinham o poder econômico. Os primeiros esperavam "balcanizar" os outros grupos, enquanto estes acreditavam poder "europeizar" os balcânicos.

OS ERROS DE VERSALHES

Além das questões territoriais, o Tratado de Versalhes estabelecia ainda a criação da "Liga das Nações", uma organização internacional com sede em Genebra, na Suíça, cujo papel seria o de assegurar a paz. A proposta oficial fora formulada em 20 de março de 1918 por dois políticos britânicos. Walter Phillimore era um jurista de renome internacional, advogado eclesiástico e presidente do Comitê das Relações Exteriores. Seu aliado no Parlamento, Robert Cecil, era membro do Partido Conservador e subsecretário do ministério das Relações Exteriores. Cecil também era o responsável pelo bloqueio imposto à Alemanha. Para Paul Johnson, os idealizadores da Liga "eram quase pacifistas que a viam não como um instrumento de resistência à agressão através da força coletiva, mas como uma substituta dessa força atuando principalmente pela 'autoridade moral'".[185] Mas a organização, também chamada de Sociedade das Nações, nasceu morta. Os Estados Unidos jamais ratificaram o tratado assinado em Versalhes, e, mesmo tendo como base as ideias de Wilson, o país nunca fez parte da nova entidade. Em momento algum a Liga conseguiu impedir ou mediar conflitos armados. Japão e Itália deram início a uma expansão imperialista durante os anos 1920 e 1930, invadindo outros países na África e na Ásia, sem que os diplomatas de Genebra pudessem fazer algo de efetivo para refrear suas ações.

O Tratado de Versalhes, resultado da conferência que na visão idealista de Wilson deveria definitivamente pacificar o mundo, acabou por se tornar um instrumento de humilhação, responsável pela crise econômica e pela exacerbação do sentimento revanchista dos alemães. Como previra Keynes, o acordo proporcionou condições para a ascensão do nazismo na Alemanha, do nacionalismo extremado e uma onda de violência em quase toda a Europa, e para a eclosão de uma segunda grande guerra apenas vinte anos depois. Opinião compartilhada pelo presidente norte-americano Franklin D. Roosevelt. Em discurso de rádio, em 1938, ele afirmou: "A democracia já desapareceu em muitas outras grandes nações, não porque elas ou seu povo não gostassem de tal regime, e sim porque haviam se cansado de desemprego e falta de assistência social, de ver seus filhos com fome, enquanto permaneciam inermes em face de confusão e fraqueza de um governo sem liderança.

Acabaram, em desespero, escolhendo o sacrifício da liberdade com a esperança de conseguir alguma coisa para comer".[186]

Para os franceses, o tratado assinado no Palácio de Versalhes também satisfez, em parte, o desejo de vingança para com os alemães, fruto da humilhação sofrida pela derrota na Guerra Franco-Prussiana. Em 1871, no mesmo palácio, no Salão dos Espelhos, após invadir a França e conquistar Paris, os prussianos haviam proclamado a criação do Império Alemão. O mesmo sentimento de vingança alimentaria Hitler. No poder após uma década de agitação política, fazendo do tratado assinado em Versalhes a fonte de suas vociferações, ele fez questão de derrubar e pisar em cada um dos artigos impostos aos alemães na França. Em 1940, o *Führer* alemão obrigou os franceses a assinarem a rendição em Compiègne no mesmo vagão — o de número 2.419 da Wagons-Lits — em que os alemães capitularam no fim da Grande Guerra. O vagão e a placa com a inscrição "Aqui, em 11 de novembro de 1918, sucumbiu o orgulho criminoso do Império Alemão, vencido pelos povos livres que pretendia escravizar" foram levados para a Alemanha durante a Segunda Guerra.[187] Vinte e seis anos após a sua assinatura, os ecos do Tratado de Versalhes ainda ressoavam em Berlim. Em 1945, com o Terceiro Reich ruindo, Hitler deu ordens para que o vagão fosse destruído. A última parcela da dívida original foi paga pela Alemanha em outubro de 2010, mais de nove décadas depois do fim da Grande Guerra.

PARTE 2

SEGUNDA GRANDE GUERRA (1939-45)

13 LUSTRANDO ARMAS

A Segunda Guerra foi marcada por convenções e interesses geopolíticos entre novos e velhos impérios. Enquanto Hitler ainda se preparava para o conflito, Itália e Japão deram início à expansão imperialista invadindo e conquistando territórios e países na África e na Ásia — países antes explorados por Inglaterra e França. Já com a guerra em curso, Stálin se aproveitou de países do Leste Europeu sem ser molestado pelos Aliados. Tudo enquanto países neutros lucravam economicamente com a desgraça alheia.

Eric Hobsbawm afirmou que, enquanto o culpado pela deflagração da Grande Guerra de 1914-8 fora uma conjunção complexa de fatores, a culpa pela Segunda Guerra Mundial podia ser atribuída exclusivamente ao projeto megalômano de Hitler. Joachim Fest, possivelmente o mais conhecido biógrafo do ditador nazista, também creditou à política nacional-socialista o surgimento de um novo e mais destrutivo conflito. Hitler foi parte importante para eclosão da guerra, com suas intenções de conquista desmedida, ódio racial e desprezo pela vida, mas era uma peça no imenso tabuleiro de xadrez da geopolítica europeia — a peça mais importante e decisiva, é verdade —, repleto de problemas e ressentimentos antigos. A Segunda Guerra, assim como a Grande Guerra, foi o resultado do choque de interesses entre velhos e novos impérios. A ordem internacional estabelecida na Europa pós-Grande Guerra era frágil, pois seus alicerces eram movediços: tensões étnicas e movimentos nacionalistas; conflitos e fragmentação ideológica, uma luta entre fascismo, comunismo e democracia liberal.[188]

Quando os efeitos da grande crise econômica de 1929 amainaram, o poder das democracias liberais que haviam estabelecido as regras do jogo em Versalhes estava começando a ruir. A Europa do começo da década de 1930 estava sob a influência do autoritarismo, abertamente fascista ou com movimentos nacionalistas virulentos fortes. Polônia, Grécia, Portugal, Albânia e Itália tinham regimes ditatoriais, cada um a seu modo; a Hungria vivia uma democracia de fachada e a Bulgária passava por uma onda de violência. A Áustria tinha um sistema político frágil, e os países dos Bálcãs estavam — uma vez mais — tentando equilibrar questões étnicas, religiosas e limítrofes. Com exceção de Inglaterra, França e dos países escandinavos, apenas a Tchecoslováquia conseguia manter um sistema democrático estável. Depois da chegada de Hitler ao poder, em 1933, a esquerda europeia subsistia apenas na União Soviética, ainda que também sob a forma de um regime ditatorial — a esquerda alemã, dividida entre comunistas e social-democratas, foi eliminada pelos nazistas na esteira da destruição da República de Weimar; e a espanhola dizimada por Francisco Franco em uma guerra civil (1936-9).

Não obstante a Alemanha tenha mostrado desde cedo, com a chegada do nazismo ao poder, sua intenção de expansão militar e territorial — em 1925, em um livro político-autobiográfico, Hitler já havia anunciado pública e claramente seu plano de luta contra judeus e comunistas e de instauração de um governo forte para que a Europa fosse dominada por uma nação "racialmente superior" —, não foi a única nem a primeira a instalar um Estado totalitário, invadir, explorar ou escravizar países vizinhos. Mesmo sem a loucura racista de Hitler e muito antes de o líder nazista começar a pôr em prática seus planos de expansão territorial, atrocidades de todos os tipos eram cometidas na Europa e fora dela. Em 1939, às vésperas da guerra, as democracias liberais ainda eram impérios coloniais, que dominavam e exploravam metade do globo. França e Inglaterra dividiam quase ao meio o continente africano — deixando pequenas porções para portugueses, espanhóis, belgas e italianos — e quase que inteiramente a Ásia e a Oceania. Do Oriente Médio à Austrália, incluindo a Índia, dezenas de países ou populações inteiras estavam sob a égide exploratória de ingleses, franceses, espanhóis, holandeses e norte-americanos. Países independentes, como a China, viviam sob forte pressão europeia; principalmente dos britânicos. Na África, apenas a Libéria era, de fato, uma nação independente.[189]

JAPÃO E ITÁLIA SAEM NA FRENTE (1931-9)

Antes mesmo que as nuvens negras de uma nova guerra chegassem à Europa, a Ásia vivia sob uma tempestade imperialista desde que o Japão decidira sair do anonimato econômico mundial. Em 1895, o Império japonês derrotou a China e recebeu a ilha Formosa (Taiwan) como recompensa. Dez anos depois, foi a vez de os russos serem derrotados pelos nipônicos, em uma guerra pelo controle da península coreana. Pela primeira vez na história, um país asiático derrotava uma grande potência europeia e o já então cambaleante tsar russo teve que ceder Port Arthur, a península de Liaodong e metade da ilha de Sacalina ao Japão. Nicolau II ainda reconheceu a soberania do imperador japonês sobre a Coreia e se retirou da Manchúria. Em 1919, no entanto, mesmo depois de apoiar os Aliados ocidentais durante a Grande Guerra, o Japão não se sentou à mesa de negociações em condições de igualdade e o Tratado de Versalhes não reconheceu a importância política japonesa no continente asiático. Para os europeus, os súditos do Império do Sol ainda eram membros de uma nação inferior. A Grande Depressão de 1929 piorou ainda mais essa percepção, pois afetara substancialmente a frágil economia japonesa. No começo dos anos 1930, o país era isolado do resto do mundo e sua indústria dependia totalmente de matérias-primas estrangeiras. Assim como ocorreria depois na Alemanha e na Itália, a saída para a crise esteve ligada à ascensão do militarismo. No caso japonês, a ascensão de uma casta militar ultranacionalista, com forte influência sobre o imperador Hiroíto, levaria o país a buscar seu espaço entre as potências imperialistas.

Aproveitando-se da fragilidade da China, dividida em uma guerra civil entre os nacionalistas de Chiang Kai-shek e os comunistas de Mao Tsé-tung, em setembro de 1931, o Japão invadiu a Manchúria, na fronteira com a Mongólia, e ali instalou um governo fantoche administrado pelo antigo imperador chinês da dinastia Qing, Pu Yi, que havia sido deposto pelos republicanos de Sun Yat-sem dezenove anos antes. A Manchúria, ou Manchukuo, como os japoneses a nomearam, foi a base para a expansão do Império japonês no continente asiático. Dois anos depois, o país deixou a Liga das Nações, e em novembro de 1936, assinou com a Alemanha de Hitler o Pacto Anticomintern, uma aliança contra a ameaça comunista. Em julho do ano seguinte, o Japão invadiu o sul do território chinês, conquistando gradativamente o país em uma "guerra não declarada", conflito que se tornaria oficial somente depois do ataque à base norte-americana de Pearl Harbor, no Havaí, em 1941.

Tal como os nazistas, os militares nacionalistas japoneses acreditavam na superioridade racial nipônica sobre os outros povos da Ásia. Quando o general Hideki Tojo, então primeiro-ministro do Japão, visitou a Manchúria em 1942, Pu Yi precipitou-se em declarar: "Vossa Excelência pode estar seguro de que investirei todos os recursos de Manchukuo no apoio à guerra santa de nossa pátria-mãe, o Japão".[190] Os japoneses sofriam de complexo de inferioridade em relação às nações da Europa e desde a Conferência de Paris, em 1919, o desconforto com as questões sobre raça era visível na política internacional do país. A negativa das potências europeias à proposta japonesa de acrescentar a palavra "racial" na cláusula de garantia de igualdade religiosa do Tratado de Versalhes feriu o orgulho nipônico.[191] Daí em diante, a política exterior de Tóquio se distanciou de Londres e Paris, alinhando-se com Berlim e Roma e assumindo a dianteira no continente asiático. Se os alemães esperavam criar um "Reich de mil anos", o Japão ansiava por uma "Esfera de Coprosperidade da Grande Ásia Oriental". O projeto, cujo conceito fora criado pelo primeiro-ministro Fumimaro Konoe às vésperas da Segunda Guerra, tinha como objetivo unificar a Ásia sob o comando do Japão e livrá-la da influência das potências ocidentais. "Uma Ásia para os asiáticos, um admirável Oriente novo", definiu o historiador holandês Ian Buruma.[192] Assim, tal como aconteceria na Europa com o Reich de Hitler, a Grande Ásia Oriental transformou-se em uma máquina de matar.

Enquanto isso, na Europa, a Itália também dava os primeiros passos para a guerra. Em outubro de 1935, Benito Mussolini invadiu o Império etíope, também chamado de Abissínia — território da atual Etiópia e partes da Eritreia e Sudão — e derrotou o exército do imperador Hailê Selassiê. Com exceção da Libéria, era o último território africano não submetido à dominação europeia. Tomando a capital Adis Abeba em maio de 1936, Mussolini declarou o rei italiano Vítor Emanuel III imperador da Etiópia, aumentando o número de colônias do país no continente africano. A Itália já era dona de uma parte da Somália e da Eritreia — região chamada pelos europeus de África Oriental Italiana — e da Líbia, no Mediterrâneo. O restante do Chifre da África, que controlava o acesso ao Mar Vermelho, era dividido entre a França e a Inglaterra.

A Liga das Nações, que fora criada depois da Grande Guerra segundo o idealismo do presidente estadunidense Woodrow Wilson, como garantia "para a manutenção da paz mundial", assistiu às ações japonesas e italianas sem poder fazer nada. Salvo sanções econômicas sem qualquer interferência prática. Selassiê, em discurso em Genebra, pediu proteção e falou aos países membros que a segurança coletiva dos pequenos Estados estava em perigo. Recebeu apoio moral e um exílio em Londres, nada mais. Fiel à hipocrisia que lhe era característica, Winston Churchill escreveu em suas memórias que a invasão italiana da Etiópia — país membro da Liga das Nações contra a vontade britânica — era inadequada "à ética do século XX", no qual não se poderia mais tolerar que brancos se sentissem "autorizados a conquistar os homens de pele amarela, marrom, preta ou vermelha e a subjugá-los através da força e de suas armas superiores".[193] Nada mal para um político de um país cujo império colonial era dono de uma faixa de terras que ia do delta do Nilo, ao norte, até a Cidade do Cabo, no Sul da África.

Mussolini chegou ao poder na Itália quase uma década antes de Hitler alcançar a chancelaria na Alemanha. Eles se conheceriam pessoalmente em 1934, em uma viagem de Hitler a Veneza, mas o encontro não foi muito amistoso, pois os dois divergiram sobre os destinos da Áustria. Hitler era um novato em política internacional. Mussolini estava no poder desde 30 de outubro 1922, quando o rei italiano o nomeou primeiro-ministro depois do que ficou conhecido como Marcha sobre Roma. A "marcha" se transformou no mito fundador do Estado fascista, embora não tenha passado de um blefe. Os "camisas negras" do Partido Nacional Fascista, criado por Mussolini em 1919, só desfilaram pela cidade depois que o rei Vítor Emmanuel III convidou seu líder para formar um novo governo.[194] O Exército italiano teria facilmente esmagado a manifestação fascista se fosse necessário, mas, com medo

LUSTRANDO ARMAS 221

do comunismo — como aconteceria depois na Alemanha —, o monarca deu liberdade para Mussolini organizar um gabinete e as reformas administrativas que achasse pertinentes. Dois anos depois, em 1925, a Itália se tornaria um Estado totalitário, e o primeiro-ministro Mussolini, *Il Duce*, "o chefe".

A invasão da Etiópia e o afastamento da Itália da área de influência franco-britânica aproximaram Roma de Berlim; e, mais tarde, aproximaram-na de Tóquio. Em abril de 1939, Mussolini invadiu e tomou a Albânia, na costa do mar Adriático. O monarca Zog I — um aristocrata golpista e cruel de nome Ahmed Zogu autoproclamado rei — foi enviado ao exílio, e o país, incorporado à Itália fascista. A Segunda Guerra, a partir de então, era uma questão de tempo. Quanto às relações entre Hitler e Mussolini, eles desenvolveram uma amizade verdadeira. Quando o *Duce* foi deposto e preso no Gran Sasso, em 1943, o Führer providenciou que um comando especial da SS liderado por Otto Skorzeny o libertasse. Mussolini assumiu, então, o governo da República Social Italiana na região ocupada por tropas alemãs no norte da Itália. Em 28 de abril de 1945, o italiano foi executado por guerrilheiros antifascistas. Hitler ficou chocado quando soube que os corpos de Mussolini e de sua amante Clara Petacci foram expostos à execração pública, pendurados pelos pés, na Piazzale Loreto, em Milão.

A VEZ DE HITLER (1935-9)

Em 1935, depois de dois anos como chanceler, Hitler restabeleceu o recrutamento formal e deu início ao seu plano de levar a Alemanha às glórias do passado, de destruir o Tratado de Versalhes e de conquistar o que ele denominou de "espaço vital" para o povo alemão - o Leste Europeu. No ano seguinte, ele ocupou a Renânia, parte do território germânico às margens do rio Reno, na fronteira com a França, desmilitarizada desde 1919. Essa foi sua primeira grande aposta — as tropas haviam recebido ordens de recuar caso franceses e ingleses se levantassem em protesto. Em março de 1938, a Alemanha nazista anexou a Áustria e concretizou o antigo sonho germânico de formar um Estado que reunisse os dois grandes países de língua alemã na Europa Central, a "Grande Alemanha". O *Anschluss* foi confirmado por plebiscito, em abril do mesmo ano, com mais 99% de aprovação — ainda que por métodos manipuladores, fraudes e pressões.[195]

O passo seguinte de Hitler foi reivindicar a anexação da região dos Sudetos, na Tchecoslováquia, um país criado em 1920 pelas convenções do Tratado de Versalhes com regiões do antigo Império austro-húngaro. Nos Sudetos viviam cerca de 3 milhões de alemães étnicos, segundo Hitler, oprimidos por uma maioria tcheca — o que era verdade, embora não tanto quando a propaganda alemã fazia parecer. A união dos povos alemães ainda servia como desculpa à expansão nazista. A questão foi decidida na Conferência de Munique, em setembro de 1938. Depois de três viagens à Alemanha, o primeiro-ministro britânico Neville Chamberlain cedeu às exigências alemãs acreditando que seria a última demanda de Hitler e que, portanto, estaria finalmente selando a "paz de nossos dias". "Estamos determinados a continuar nossos esforços para remover possíveis diferenças e, assim, contribuir para assegurar a paz na Europa", dizia o acordo. Conforme o documento, o líder alemão manifestara o desejo de que os dois países jamais voltassem a entrar em guerra um contra o outro. Ainda que, havia muito tempo, tanto o Serviço Secreto britânico quanto Chamberlain, além de muitos conservadores e a opinião pública britânica, soubessem das intenções de Hitler, em geral confiavam piamente nele. Provavelmente porque acreditavam que a Alemanha nazista pudesse ser uma barreira protetora contra um inimigo considerado muito mais perigoso: o comunismo de Stálin. Além do mais, Chamberlain havia confidenciado aos franceses dois anos antes que a Tchecoslováquia era um país com o qual não tinham "muita coisa em comum"; portanto, valia a pena destruir a pequena democracia em nome da paz. Pelos franceses, Édouard Daladier endossou o acordo. Inglaterra e França apostaram em um louco tirano para barrar a ascensão de outro. O presidente tchecoslovaco Eduard Beneš, isolado, renunciou e partiu para o exílio na Inglaterra, de onde lideraria a resistência durante a guerra — depois do conflito, um infeliz Beneš precisou renunciar a um golpe comunista. A Polônia, ávida por territórios, não perdeu tempo e se apossou de Teschen, uma parte da Silésia.[196]

Certo de sua genialidade diplomática e da debilidade das democracias ocidentais, com o Acordo de Munique, Hitler não viu mais limites

LUSTRANDO ARMAS 223

para suas ambições. Nem a casta de militares e políticos alemães que se opusera à sua política expansionista — e até mesmo projetara um golpe — podia reclamar. "Capitulação total", escreveu Carl Goerdeler, prefeito de Leipzig e importante membro da resistência alemã.[197] Hitler estava destruindo todas as cláusulas impostas aos alemães em Versalhes sem disparar um tiro sequer. Churchill recordou mais tarde em suas memórias: "Foi assim que Hitler se tornou o senhor incontestável da Alemanha, abrindo caminho para o grande projeto."[198] O político britânico foi um dos poucos a se levantar contra o acordo assinado por Chamberlain. "Sofremos uma derrota completa e absoluta", disse ele. Churchill estava certo e a "política de apaziguamento" errada, mas na época bem poucos tiveram opinião semelhante.

Em março de 1939, um apavorado presidente tcheco, Emil Hácha, permitiu que a Alemanha ocupasse o que sobrara da Tchecoslováquia, que foi incorporada ao Reich de Hitler com o nome Protetorado da Boêmia e Morávia. Os eslovacos criaram um Estado próprio, a Eslováquia, que passou a ser governada por uma marionete alemã, e parte do antigo país passou às mãos polonesas e húngaras. Neste meio-tempo, os nazistas também anexaram Memel, parte do antigo Império alemão, então em mãos lituanas. Foi a última incorporação territorial sem derramamento de sangue. A exigência nazista seguinte foi a anexação de Danzig, cidade livre sob administração da Liga das Nações, que também fora retirada da Alemanha em 1919 e a Polônia se negara a entregar em 1938 — além do Corredor polonês, parte da Prússia Oriental. Um constrangido Chamberlain, decidido a parar o ditador nazista, garantiu à Polônia apoio militar em caso de uma agressão alemã. Hitler não iria parar, mas não imaginou que França e Inglaterra realmente entrariam em uma nova guerra por causa de uma minúscula fração de terra habitada por alemães encravada em território polonês — "nossos inimigos são uns vermezinhos", disse ele. Como um apostador, uma vez mais ele jogou com a sorte. Antes, como garantia de que não entraria em uma nova guerra em duas frentes, assinou um tratado de não agressão com Stálin. O Pacto Mólotov-Ribbentrop ou Nazi-Soviético chocou o mundo: os dois ditadores acordaram um período de paz de cinco anos. Hitler estava livre para uma guerra contra o Ocidente.

GRANDES GUERRAS

Joachim von Ribbentrop (no centro, ao fundo), Stálin (de roupa clara) e Mólotov (sentado à mesa), durante a assinatura do Pacto Nazi-Soviético, em agosto de 1939. Alemanha e URSS acordaram repartir a Polônia.

REPRODUÇÃO/ NATIONAL ARCHIVES CATALOG/VON RIBBENTROP COLLECTION

COOPERAÇÃO ENTRE NAZISTAS E COMUNISTAS

Quando a Alemanha invadiu a Polônia em 1º de setembro de 1939, dando início à Segunda Guerra, Hitler tinha acordado secretamente com Stálin que a parte oriental do país ficaria com a União Soviética. Os poloneses, surpreendidos pelo ataque e impotentes diante da superioridade da máquina de guerra alemã, recuaram para a parte oriental do país na esperança de que ingleses e franceses cumprissem a promessa de que lhes prestariam apoio. A declaração de guerra veio em 3 de setembro, mas a ajuda da França e da Inglaterra nunca chegou — os aliados da Polônia haviam prometido o que não podiam cumprir. As potências liberais, sustentáculos da Europa democrática, haviam jogado o jogo de Hitler como amadores.

Diferentemente de agosto de 1914, em setembro de 1939 não houve júbilo com as declarações de guerra. Nem entre os líderes políticos, nem entre a população — sem vivas, hurras ou flores. Até mesmo em Berlim, o jornalista norte-americano William Shirer não viu "nem febre guerreira, nem histeria de guerra". Na Inglaterra, o escritor austríaco Stefan Zweig confidenciou ao diário que a nova guerra "seria mil vezes pior que a de 1914". A civilização, segundo ele, estava em "decomposição".

Em 17 de setembro, os soviéticos invadiram a região leste da Polônia. Sem cerimônia e nenhum constrangimento, o ministro do Exterior de Stálin, Viecheslav Mólotov, que assinara o Pacto Nazi-Soviético e a quem Churchill chamou de "cabeça de bala de canhão", disse ao embaixador polonês em Moscou que, como a República polonesa não existia mais, o Exército Vermelho precisava "proteger cidadãos russos na Bielorrússia e na Ucrânia ocidentais".[199] Essas regiões polonesas haviam sido retiradas da URSS na Guerra Soviético-Polonesa, em 1921. O ódio de Stálin pelos poloneses remonta a essa época, uma vez que ele foi acusado de ser o responsável pela derrota na Batalha de Varsóvia, em 1920. Quando, às vésperas da Segunda Guerra, durante o Grande Terror, ele deu início aos expurgos dentro do Exército Vermelho, mais de 111 mil pessoas foram executadas por espionagem. Stálin elogiou o trabalho de Nikolai Yezhov, o então chefe da NKVD, a polícia secreta: "Muito bem! Continue buscando e limpando essa imundície polonesa. Elimine-a no interesse da União Soviética".[200] Stálin apossou-se rapidamente da parte que lhe cabia da Polônia, assim como dos Estados bálticos — a Letônia, a Lituânia e a Estônia —, da Bessarábia romena e, sem qualquer intervenção franco-britânica, também invadiu a Finlândia. Tanto Hitler quanto a opinião pública mundial estavam certos de que a aliança franco-inglesa declararia guerra à União Soviética, o que não se confirmou. Para o ministério das Relações Exteriores do Reino Unido, as garantias dadas à Polônia depois do Acordo de Munique, em 1938, eram somente contra uma agressão alemã. Stálin safou-se.

O casamento entre nazismo e comunismo durou dois anos. Até a Operação Barbarossa, em 1941, quando a aliança Hitler-Stálin terminou, a União Soviética foi a principal fornecedora de grãos, minérios e petróleo da Alemanha nazista — no caso do petróleo, a importação alemã correspondia a 37%.[201] Sem o poderoso auxílio econômico de Stálin, a vitoriosa campanha militar alemã de 1940, contra Bélgica, Holanda, Luxemburgo, Dinamarca, Noruega e França, teria sido um desastre. Um historiador resumiu a relação russo-germânica do seguinte modo: "A dádiva de Hitler foi generosa, assim como o que recebeu em troca".[202]

NEUTROS, MAS NEM TANTO

Enquanto a maior parte da Europa, comprometida em uma rede de alianças e interesses, debatia-se contra a agressão nazista, uma parcela pequena de países manteve a posição de neutralidade. O que significou não apenas permanecer longe da destruição, mas também enriquecer. Poucos se beneficiaram tanto com a Segunda Guerra quanto a Suíça. A pequena confederação de quase trinta cantões encravados nos Alpes da Europa Central provavelmente não gastou um único dólar com a compra de munições, mas lucrou milhões com os fundos depositados em seus bancos, tanto por nazistas quanto por judeus ricos. A Suíça não aceitou receber os refugiados que deixavam a Alemanha à medida que a guerra parecia iminente — principalmente depois da Noite dos Cristais. Mas não impôs obstáculos quanto aos depósitos em seus cofres. Somente em agosto de 1939, mais de 17 mil transferências foram realizadas por judeus poloneses em bancos suíços ou em filiais na Inglaterra e na América. Depois da guerra, o lucro foi consolidado com os fundos não resgatados, uma vez que seus titulares estavam, em sua maioria, mortos. A filha de uma vítima do Holocausto declarou: "Meu pai conseguiu proteger seu dinheiro contra os nazistas, mas não contra os suíços". Já com a guerra em andamento, os suíços fizeram vistas grossas ao ouro roubado pelos nazistas em todas as partes da Europa. Antes do início do conflito, o valor total das reservas de ouro alemão era inferior a 100 milhões de dólares; mas, até o fim da Segunda Guerra, os nazistas haviam vendido mais de 700 milhões de dólares, grande parte por intermédio da Suíça.[203] A lavagem de dinheiro envolvia países neutros e ocupados. Quando a Itália foi ocupada, em 1943, os nazistas retiraram 12 milhões de dólares dos cofres italianos e os enviaram a Berna, como pagamento por dívidas do governo fascista de Mussolini.

Os bancos da Suíça intermediavam toda e qualquer negociação. Quando a guerra se aproximava do seu final, o cruel líder da SS, Heinrich Himmler, tentando salvar a própria pele, negociou com o ex-presidente da Suíça, Jean-Marie Musy, a vida dos judeus dos campos de

LUSTRANDO ARMAS 227

concentração. Com dinheiro vindo de fundos judaicos nos Estados Unidos, Musy garantiu aos alemães 20 milhões de francos suíços em troca da libertação dos prisioneiros. Himmler afiançou, por sua vez, o envio de 1,2 mil judeus para a Suíça por quinzena ao custo de mil dólares cada. Em fevereiro de 1945, o primeiro trem com prisioneiros de Theresienstadt chegou à Suíça e 5 milhões de francos suíços foram depositados na conta de Musy. Himmler foi denunciado a Hitler, e o trato com o presidente suíço, desfeito. Crítico da "participação" de seu país na guerra, o professor de sociologia da Sorbonne, em Paris, e parlamentar da Assembleia Federal em Berna, Jean Ziegler lembrou que o dramaturgo Friedrich Dürrenmatt comparava a Suíça a "uma mulher que trabalha num bordel, mas que quer permanecer virgem".[204]

Além das negociações bancárias, a Suíça ainda lucrou com as exportações. Em 1941, quando Hitler invadiu a União Soviética, o país aumentou as vendas de produtos químicos para a Alemanha em 250%; e um acréscimo de 500% em metais. Uma das empresas suíças mais conhecidas, a Nestlé também faturou enormemente com a guerra, principalmente depois de fechar um acordo de fornecimento de chocolates para a Wehrmacht.[205]

Aliada alemã durante a Grande Guerra, a Turquia manteve-se neutra durante quase toda a Segunda Guerra. Mas não deixou de negociar com os nazistas. Estima-se que 1/3 dos 10 milhões em ouro usado pelos alemães em negócios com os turcos tenha sido de ouro pilhado — as reservas do país saltaram de 27 toneladas para 216 toneladas, e depois da guerra, autoridades turcas ficaram com parte considerável do dinheiro nazista depositado em filiais de bancos alemães em Ancara. A Turquia também forneceu a Hitler grande quantidade de minério de cromita, essencial para a fabricação de aviões, tanques, submarinos e peças de artilharia.

Os países neutros da Península Ibérica, Espanha e Portugal, liderados por ditadores fascistas, Francisco Franco e António Salazar, embolsaram 100 milhões de dólares do Reichsbank somente com as transferências da conta do banco alemão para o Banco Nacional da Suíça como "capital de giro".[206] A desculpa pela colaboração era a mesma para os três países neutros: a recusa acarretaria uma invasão alemã. Os

228 GRANDES GUERRAS

portugueses forneciam ainda quase 100% do wolframato utilizado pela Alemanha. O mineral era essencial no processamento de tungstênio para ligas de aço usadas em ferramentas, máquinas e armamentos, especialmente nas munições contra os carros blindados. Tanto Portugal quanto a Espanha, porém, nunca entregaram os judeus refugiados às autoridades nazistas, e facilitaram a ação de organizações como a Comissão de Distribuição Conjunta, uma organização judaica de amparo social. A Espanha permitiu que judeus de origem sefardita tirassem passaporte espanhol, o que somente na Hungria salvou 23 mil vidas. Mas Franco, que recebera apoio de Hitler para vencer a Guerra Civil, não o fez por caridade. Os ingleses pagaram milhões de dólares aos generais espanhóis em um suborno gigantesco para manter a Espanha neutra e longe de Hitler — a entrada de Franco na guerra ao lado do líder alemão foi tentada pelos nazistas inúmeras vezes, mas o máximo que o ditador espanhol fez foi enviar um regimento de voluntários anticomunistas.[207]

A Suécia, outro país neutro, também facilitava muito a vida dos nazistas. Segundo o subsecretário para Assuntos Econômicos dos Estados Unidos, Stuart Eizenstat, o país não apenas forneceu à Alemanha de Hitler suprimentos de guerra vitais — como minério de ferro e esferas para rolamentos —, como permitiu trânsito livre em seu território para que os alemães pudessem chegar à Finlândia a fim de lutar contra as forças de ocupação soviéticas, facilitando a ocupação da Noruega, além de receber "quantidades substanciais de ouro pilhado".[208] Até 1943, quando os Aliados interromperam os transportes de minérios e tropas nazistas, os suecos já haviam autorizado mais de 250 mil viagens.

A Suécia negociava com os dois lados, fornecendo equipamentos necessários à construção tanto dos foguetes V2 nazistas quanto do avião inglês Mosquito — em 1944, na Bélgica, os Aliados encontraram nos estilhaços das bombas alemãs a inscrição "Made in Sweden". Em 1943, o país havia exportado para a Alemanha não menos que 9,5 milhões de toneladas de minério de ferro. Quando os suprimentos foram finalmente cortados, em novembro do ano seguinte, mais sete toneladas do ferro sueco haviam chegado aos portos da Alemanha. Ao final da guerra, o governo sueco entregou às organizações internacionais de ajuda cerca de catorze toneladas de ouro roubado e mais 90 bilhões de dólares em títulos, mantidos pelos alemães em Estocolmo, que foram usados na reconstrução das cidades devastadas. No entanto, outras 7,5 toneladas de "ouro suspeito" permaneceram no país.[209]

Com exceção da Suíça, porém, ninguém faturou mais com a neutralidade do que os Estados Unidos, que não se envolveram diretamente com a guerra na Europa e na Ásia até 1941. O programa de empréstimos e arrendamentos, o *Lend-Lease*, criado para fornecer armas e outros suprimentos para Grã-Bretanha, União Soviética e outros aliados, elevou a produção do país a níveis inimagináveis antes da guerra — a lei aprovada pelo Congresso permitia ao governo vender, transferir títulos, trocar, emprestar, arrendar ou negociar de qualquer modo com países considerados vitais para proteção da América. A indústria norte-americana cresceu assustadoramente. Quando, em 6 de janeiro de 1941, Franklin Roosevelt se dirigiu ao Congresso, afirmando que os Estados Unidos deveriam "ser o grande arsenal da democracia", ele não estava utilizando uma alegoria. Em 1939, apenas 29 estaleiros estadunidenses trabalhavam para a Marinha, três anos depois eram 322. Até o final da Segunda Guerra, mais de 100 mil navios de vários tamanhos foram entregues. Os britânicos compraram 47% dos blindados e carros de combate e 60% dos aviões de transporte. Em 1945, dos mais de 665 mil veículos do Exército Vermelho, 427 mil haviam sido fabricados nos Estados Unidos. Metade das botas usadas pelos soviéticos também era do *Lend-Lease* americano. Ainda foram entregues 2 mil trens, 15 mil aviões, 247 mil telefones de campanha e cerca de 4 milhões de rodas de veículos. Quando Roosevelt baixou os impostos e incentivou a indústria, apresentando o gigantesco mercado mundial necessitado de quase tudo, os empresários entraram na guerra antes mesmo que os japoneses os obrigassem. A Coca-Cola, um dos grandes expoentes do *american way of life*, o "modo de vida norte-americano", estabeleceu 44 fábricas em áreas de combate, alcançando 95% dos refrigerantes comercializados em quartéis. O desemprego no país caiu de 5,5 milhões em 1939 para 670 mil em 1944. A renda média no país também cresceu, agricultores e criadores no interior dos Estados Unidos aumentaram seus lucros em 156%.[210]

O sucesso do *New Deal* de Roosevelt, o plano econômico que tinha como objetivo tirar o país da gigantesca crise financeira na década de 1930, só foi possível com a entrada da indústria estadunidense na Segunda Guerra. Foi o conflito e não o plano que "arrancou os Estados Unidos do atoleiro da depressão", sentenciaram o economista Alan Greenspan e o historiador Adrian Wooldridge.[211] Ainda que de natureza político-militar, a guerra de 1939-45 também foi uma guerra de convenções e interesses interimperiais.

14 O LOBO

O líder nazista tinha orgulho e ambição demasiados; vontade férrea, carisma e habilidade de manipulação incomum. Sua política racial desencadeou um dos maiores genocídios da história, mas sua vida e complexa personalidade vão além do que o senso comum interpreta como mal. Hitler fazia sucesso entre as mulheres; amava cães, gostava de livros e da música de Wagner. Era hipocondríaco, vegetariano e abstêmio.

Adolf Hitler representa hoje o arquétipo de tudo o que de infeliz e ruim a humanidade foi capaz de produzir: sinônimo de destruição, a própria encarnação do mal. Mas é provável que, se tivesse morrido às vésperas da Segunda Guerra, teria passado para a História como um dos grandes personagens políticos da Alemanha, quiçá da Europa moderna. Não obstante seu antissemitismo visceral e o comportamento truculento de seus asseclas, Hitler assumira o poder de forma legítima em uma ascensão quase meteórica. De sua fracassada tentativa de golpe de Estado — o Putsch da Cervejaria, em 1923, na Baviera — à liderança da Alemanha se passou menos de uma década. Nesse ínterim, ele esteve preso, escreveu e publicou, em 1925, sua autobiografia de título pomposo, *Viereinhalb Jahre des Kampfes gegen Lüge, Dummheit und Feigheit* [Quatro anos e meio de luta contra mentiras, estupidez e covardia], abreviado simplesmente para *Mein Kampf*, "Minha Luta", o título pelo qual passou para a História. Espécie de relato biográfico autopromocional e manifesto político de ideias obtusas, racistas, anticomunistas e antissemitas, o volumoso livro que se tornou a bíblia nazista vendeu mais de 12 milhões de exemplares até o final da Segunda Guerra — a maioria comercializada depois de 1933, quando ele se tornou chanceler, e possuir o livro passou a ser obrigação a todos os membros de organizações públicas. O escritor George Orwell, escrevendo sobre a obra, afirmou que Hitler ofereceu "luta, perigo e morte" e ainda assim uma nação inteira se jogou aos seus pés.[212] Na época, porém, poucos estavam inclinados a acreditar que ele realmente poria em prática a ideia de eliminar judeus e destruir a Rússia soviética como descrito em *Mein Kampf*.

Em 1938, Hitler estava no auge da popularidade na Alemanha. Naquele ano, rasgou o odiado Tratado de Versalhes, recuperando parte do território alemão perdido durante a Grande Guerra, e, em uma aparente genialidade diplomática, sem entrar em guerra, uniu os dois maiores países de língua alemã na Europa, o que era proibido conforme o acordo firmado em Paris. Ainda em 1938, ele fez 96 discursos públicos, seu livro vendeu 900 mil cópias e seu nome estava em mais de 1,1 mil praças. A revista *Time* escolheu Hitler "o homem do ano". O reconhecimento do periódico não era uma honraria, mas a indicação do nome que mais influenciou o mundo durante o ano, segundos os jornalistas da revista — a *Time* também escolheria os dois grandes líderes Aliados em outras oportunidades, Roosevelt (em 1932, 34 e 41) e Churchill (1940 e 49), além do monstruoso Stálin (1939 e 42). O periódico norte-americano, porém, alertou que, por trás do sucesso diplomático, o líder nazista era "a maior força ameaçadora que o mundo democrático e amante da liberdade" enfrentava.[213] Depois de cinco anos de Hitler no poder, estava claro para alguns que o sucesso econômico e a liderança alemã na política internacional andavam lado a lado com o rearmamento e a perseguição aos que os nazistas consideravam inimigos do Estado — os judeus, agora vivendo em um país repleto de leis antissemitas, e os comunistas. A Alemanha, porém, estava sob encantamento, inebriada com seu Führer e alheia à tempestade que ele pretendia desencadear.

DE BRAUNAU A BERLIM

Hitler nasceu em 20 de abril de 1889, na modesta estalagem Gasthof zum Pommer, rua Vorstadt, 219, na pequena Braunau, às margens do Inn, na fronteira austríaca com a Alemanha. Seu pai, Alois, era filho de mãe solteira, a criada Maria Anna Schicklgruber. O registro de nascimento, datado de 1837 em Döllersheim, no Império Austro-Húngaro, no entanto, não informou quem era o pai do menino, que recebeu o sobrenome materno. Uma versão antiga da família — levantada muitas décadas mais tarde, diante do tribunal de Nuremberg por Hans Frank, advogado de Hitler — dava conta que Alois Schicklgruber seria filho de um judeu da cidade de Graz, de sobrenome Frankenberg, em cuja casa Maria Anna trabalhara como doméstica. Durante a Segunda Guerra, a história foi investigada pela Gestapo, mas não se chegou a uma conclusão definitiva. Voltou às manchetes de jornais em agosto de 2010, quando uma revista belga publicou um estudo genético em que o jornalista Jean-Paul Mulders e o historiador Marc Vermeeren sugeriram que Hitler realmente tinha ancestrais judeus e africanos. O estudo, realizado com amostras de DNA de parentes do ditador, apontou como haplogrupo da família o E1b1b — haplogrupo é uma espécie de identidade genética, com o qual são diferenciadas as populações humanas. Pouco comum na Europa Central e mais comum entre os berberes do norte da África e os judeus sefarditas e asquenazes, o "DNA judeu de Hitler" causou um frenesi. Quinze dias depois, no entanto, a Family Tree DNA, uma das mais respeitadas empresas de pesquisas de ancestralidade genética, declarou em nota oficial que o estudo realizado era "altamente questionável". O E1b1b é o grupo genético de menos de 9% de pessoas na Alemanha e na Áustria e, destas, mais de 80% não têm ligação com ancestrais judeus. "Estudos científicos, bem como os registros do nosso próprio banco de dados, deixam claro que não se pode chegar à conclusão" encontrada por Mulders e Vermeeren[214], afirmou o geneticista Michael Hammer, cientista chefe do FTDNA.

De toda forma, anos depois do nascimento de Alois, Maria Anna se casou com Johann Georg Hiedler e confiou a criação do filho a um irmão do esposo, Johann Nepomuk Hüttler. A escrita dos sobrenomes nessa época não tinha padrão, assim "Hiedler", "Hietler" ou "Hüttler", que significa "pequeno proprietário", eram formas diferentes para identificar a mesma família — segundo um dos mais famosos biógrafos do líder nazista, o sobrenome teria "origem tcheca" (Hidlar ou Hidlareck).[215] Destarte, Alois Schicklgruber só se tornou Alois Hitler quase trinta anos depois da morte de Maria Anna, quando um idoso

Johann Nepomuk solicitou ao padre que alterasse o registro de nascimento. Por esse motivo, Adolf, que era fruto de um segundo casamento de Alois, com a doméstica Klara Pölzl, sua prima em segundo grau e vinte e poucos anos mais jovem, foi registrado como Hitler e não como Schicklgruber — uma piada comum na época da guerra agradecia a alteração; se ela não tivesse sido realizada, durante o Terceiro Reich os alemães teriam que saudar o Führer com um "Heil Schicklgruber!".

É provável que Hitler não fizesse ideia de quem realmente fosse seu avô. Da fracassada tentativa de se tornar pintor e de uma vida errante de quase mendicância em Viena, ele serviu no Exército alemão durante a Grande Guerra. A derrota em 1918 e os equívocos diplomáticos estabelecidos na Conferência de Paris despertaram-lhe o interesse político — o que se tornaria uma obsessão. Na visão dos nacionalistas alemães, o país não fora derrotado em batalha, mas traído, "apunhalado pelas costas". Seguiu-se o caos político, com vários grupos disputando o poder, desde restauradores monarquistas até comunistas, que pregavam a criação de uma República Socialista nos moldes da Rússia. Na Baviera, um governo de esquerda chegou a ser instaurado apenas para ser derrubado logo em seguida. As primeiras missões políticas de Hitler, inclusive, foram a serviço do regime revolucionário socialista de Munique, a República Vermelha. Seu apoio aos sociais-democratas por ideologia é contestável; deu-se, provavelmente, mais por oportunismo — sem profissão, Hitler se agarrou à permanência no Exército.[216] Depois de uma fase difícil, o governo em Berlim conseguiu estabilizar a República de Weimar. Nesse contexto, apareceram vários partidos políticos nacionalistas e extremistas, entre eles, o Partido dos Trabalhadores Alemães. Em setembro de 1919, Hitler foi enviado pelo Exército para espionar as atividades do grupo, mas logo atraiu a atenção do presidente da agremiação, Anton Drexler. Excelente orador, pregando contra o Tratado de Versalhes, a república, o bolchevismo e o "principal inimigo" do povo alemão, o judeu internacional, Hitler rapidamente assumiu o controle do insignificante grupo que se reunia no bar Altes Rosenbad. Embora tenha afirmado mais tarde ser o sétimo membro do comitê, seu cartão de inscrição foi o de número 555. No ano seguinte, o partido recebeu um novo nome: *Nationalsozialistische Deutsche Arbeiterpartei*, "Partido Nacional Socialista dos Trabalhadores Alemães" — NSDAP, na sigla em alemão, ou simplesmente Partido Nazista.

Três anos depois da "refundação", os nazistas tentaram derrubar o governo bávaro. O golpe de Estado foi deflagrado a partir da cervejaria Bürgerbräukeller, na Rosenheimer Strasse, em Munique. O "Putsch da Cervejaria", como ficaria conhecido o episódio, no entanto, fracassou. Dezesseis nazistas morreram no levante e Hitler foi preso junto com outros seguidores. Levado a julgamento e condenado a cinco anos de cadeia, ele permaneceu apenas nove meses em Landsberg, tempo suficiente, porém, para escrever *Mein Kampf*. O malogrado golpe de 1923 e o tempo passado na prisão serviram para que Hitler mudasse a estratégia: o poder deveria ser alcançado pelo meio das urnas. Somente depois, a república democrática seria substituída por um Estado autocrático e autoritário. Nos anos seguintes, porém, o Partido Nazista ainda não era uma opção aceitável para a maioria dos alemães. Em 1928, Hitler era considerado não mais do que um agitador, chefe de um bando bizarro de desordeiros. Com a economia alemã estabilizada, nas eleições daquele ano, os nazistas obtiveram apenas 2,6% dos votos para o Reichstag, elegendo doze deputados de um total de 608. A Grande Depressão, com a quebra da Bolsa de Valores de Nova York, no ano seguinte, porém, alterou radicalmente a situação. O discurso simples e direto, com inimigos facilmente reconhecíveis — a investida contra os judeus cedera espaço a ataques ao Tratado de Versalhes e ao capitalismo — e a promessa do retorno às glórias do passado imperial encontraram eco em um país onde as taxas de desemprego eram altíssimas e o medo do retorno da hiperinflação era latente — em 1923, a inflação atingira o pico de 30 mil por cento ao mês; o dólar norte-americano valia mais de 25 bilhões de marcos, o que fazia 250 gramas de pão custar cerca de 3 bilhões de marcos e a maioria das famílias alemãs queimar dinheiro no lugar de comprar lenha com ele. O número de desempregados passava dos 6,1 milhões. O impacto foi visto nas eleições seguintes. Em 1930, com um projeto de salvação nacional e a ideia de união em torno da "comunidade do povo", os nazistas conseguiram 6 milhões de votos e o segundo lugar. O passo seguinte foi a disputa presidencial. O oponente era o velho general Paul von Hindenburg, chefe do Estado-Maior do

Exército alemão durante a Grande Guerra e presidente da Alemanha desde 1925. Derrotado, mas com quase 14 milhões de votos, em 1932 Hitler já não era mais tão facilmente descartável como o presidente e os políticos conservadores pensavam. Nas eleições para o parlamento, em julho, o Partido Nazista ocupou 230 cadeiras. Àquela altura, era impossível governar sem Hitler. Em janeiro de 1933, Hindenburg nomeou-o chanceler. No mês de fevereiro, o Reichstag foi incendiado por um militante comunista holandês e os nazistas aproveitaram a oportunidade para conseguir do idoso presidente poderes especiais: o chanceler poderia decretar leis sem aprovação parlamentar. Pouco mais de um ano depois, Hindenburg morreu aos 87 anos e Hitler se declarou Führer, o "guia", da Alemanha. A partir daí, o país teria um rápido crescimento econômico. Em meados da década de 1920, a taxa de desempregados na Alemanha atingia 44% da população. Na primeira metade da década de 1930, enquanto a média europeia ainda girava em torno de 20% — na Grã-Bretanha era de 17% —, a Alemanha nazista conseguira eliminar o desemprego. A produção industrial do país em 1938 cresceu 25% em relação a 1929. Mais de 2,4 mil quilômetros de estradas foram construídos — as famosas *Autobahnen*.[217] O governo passou a direcionar a economia e os sindicatos foram substituídos por diversas associações nazistas. Um número grande de medidas deram ao trabalhador oportunidade de melhoria na educação, no esporte e no lazer, inclusive em viagens de férias, o que fez com que industriais e banqueiros alemães acreditassem que o Partido Nazista era "excessivamente 'socialista'" — antes das eleições de 1932, em um encontro com empresários, Hitler precisou defender a propriedade privada e o combate ao comunismo para receber apoio de homens como Fritz Thyssen, magnata do aço.[218] No final da década de 1930, a economia alemã havia encontrado o crescimento e a prosperidade, em parte com a política de rearmamento, cujos investimentos saltaram de 720 milhões para 90 bilhões de marcos. O PIB cresceu 27% e a renda de empresários aumentou incríveis 120%, motivo que permitiu a Hitler controlar quase sem resistência a opinião pública alemã diante da perseguição aos judeus. E preparar o país para a Segunda Guerra.

DOMINAÇÃO CARISMÁTICA

Desde o início da atividade política, na década de 1920, Hitler era conhecido dentro de seu círculo como *Wolf*, o "Lobo". Essa forma germânica primitiva para *Adolf*, segundo um de seus biógrafos, correspondia à ideia que ele fazia da "representação do mundo como uma selva; e inculcava, ademais, uma ideia de força, de agressividade, de solidão".[219] Foi por esse motivo que Hitler deu a seu principal quartel-general e a muitos quartéis secundários nomes associados ao Lobo. Além de *Wolfsschanze* ("Toca do Lobo"), — em Rastenburg, à época na Prússia Oriental e hoje na Polônia, o mais importante QG durante a Segunda Guerra, de onde ele comandou a invasão da União Soviética, em 1941 — havia dois *Wolfsschlucht* ("Desfiladeiro do Lobo"), um em Bruly-de-Pesche, na Bélgica, e outro em Margival, na França; e um *Werwolf* ("Lobisomem"), em Vinnitsa, na Ucrânia. No final da guerra, Hitler também nomeou de Lobisomem as unidades que combatiam atrás das linhas inimigas ou em território alemão ocupado e que tinham como missão sabotar a ação dos invasores. O nome dado à cidade de Wolfsburg (a "Cidade do Lobo"), criada para ser a sede da Volkswagen, em 1938, também foi uma homenagem a Hitler — o nome foi escolhido por Robert Ley, chefe da Frente Alemã para o Trabalho. Curiosamente — e é provável que Hitler não soubesse disso —, durante a Idade Média "Wolf" era usado para identificar pessoas gananciosas, perigosas ou cruéis, além de ter sido adotado como sobrenome por famílias judaicas, em alusão à benção de Jacob à tribo de Benjamin, um dos filhos que deram origem às Doze Tribos de Israel.

Além da ligação etimológica do prenome e o que o animal representava para ele, Hitler tinha mesmo o hábito noturno dos lobos. Depois de alcançar o poder e pouco antes da guerra, os encontros com seu círculo mais próximo duravam a noite inteira e terminavam durante a madrugada, depois dos monólogos que ele obrigava seu séquito a ouvir quase que diariamente. "Na verdade, era necessário um poderoso controle dos nervos para assistir àquelas reuniões intermináveis, diante do cenário imutável de toras queimando dentro da grande lareira [do Berghof]", escreveu uma secretária.[220] Por causa dessa prática, ele acordava geralmente por volta das onze horas, algo bastante incomum para um administrador. A dieta do desjejum incluía um copo de leite e pão sem sal, maçã ralada, noz, flocos de aveia e limão. Depois da Grande Guerra, Hitler tornara-se vegetariano, e sua alimentação principal consistia em "pratos únicos", como feijões, ervilhas e lentilhas. Segundo uma de suas secretárias, Christa Schroeder, "recusava-se até a beber um caldo de carne ou gordura". Seu horror à carne era tanto que ele tinha o péssimo hábito de falar à mesa sobre como ela representava matéria morta e podre, detalhando aos convidados o trabalho sanguinolento nos abatedouros e o esquartejamento dos animais. Sua sobremesa favorita era torta de creme e chocolate. Detestava álcool e fumaça de cigarro. Não bebia nem café nem chá preto. E embora costumasse fazer os outros rirem — era um bom imitador —, ele próprio raramente ria. Schroeder o teria visto rir apenas duas vezes ao longo de mais de uma década. Gregor Strasser, concorrente de Hitler pela liderança do Partido Nazista no começo dos anos 1920, achava que o ex-cabo era excêntrico demais para alguém que desejava liderar as massas: "Ele não fuma, não bebe, não come quase nada, exceto coisas verdes, não toca em nenhuma mulher!".[221]

Hitler tinha pouca ou nenhuma perícia no trato com pessoas. Ian Kershaw, um de seus biógrafos mais renomados, chegou a afirmar que ele era uma "não pessoa". Sua rotina diária e contato com pessoas era limitado a um pequeno círculo de serviçais e personalidades que estavam ligadas a ele por laços políticos. Um grupo bem pequeno conhecia sua intimidade e a bem poucos ele dedicou atenção e confiança — chegou-se mesmo a afirmar que seu único amigo era Blondi, a cadela alsaciana a quem devotava um carinho especial. Com a guerra, apenas o Alto-Comando da Wehrmacht tinha permissão para se aproximar dele e, depois do atentado de 1944, somente uns poucos oficiais e empregados. Esse pequeno grupo era formado por seus ajudantes Otto Günsche, Julius Schaub, Heinz Linge e Hans Junge, as secretárias Johanna Wolf, Gerda Daranowski Christian, Christa Schroeder e Gertraud Humps — mais conhecida como Traudl Junge —, sua cozinheira Constanze Manziarly, seu piloto particular Hans Baur e seu motorista Erich Kempka. Nas palavras do historiador estadunidense Timothy Ryback, "anônimos e insignificantes para a história, mas indivíduos que Hitler considerava sua 'família'".[222]

Mas Hitler também cultivava gostos tidos como comuns: amava a música de Richard Wagner — compositor genial, ainda que um notório antissemita —, preferia carros grandes e velozes ao invés de viagens de avião, adorava cães e livros. Durante a juventude, em Viena, passava boa parte do dia em bibliotecas, consumindo livros ou revistas. Nas ruas da velha capital austríaca do prefeito Karl Lueger, conhecido por nutrir ódio profundo aos judeus, Hitler gastava seus parcos recursos com publicações ocultistas e nacionalistas, editadas por pensadores que pregavam sobre os males da miscigenação entre os povos, culpa dos problemas e sofrimentos alemães. Seu amigo de juventude, August Kubizek, afirmou que "os livros eram todo o seu mundo". Anos mais tarde, sua coleção de livros, dispersa entre Munique, Berlim e Obersalzberg, contava com cerca de 16 mil exemplares. Além de obras dos grandes escritores alemães, havia livros sobre literatura, arquitetura e arte, uma grande quantidade de livros sobre equipamentos, campanhas e biografias militares e uma coleção das obras de Shakespeare, a quem Hitler considerava "superior a Goethe e Schiller em todos os aspectos". Frederick Oechsner, jornalista norte-americano que se deteve em estudos sobre a biblioteca particular de Hitler, estima que quase a metade dos volumes da coleção era dedicada a questões militares. Não era o que se poderia esperar de um estadista — nem mesmo algo expressivo sobre direito, religião, filosofia, economia ou história mundial foi encontrado. Ryback, autor de uma pesquisa sobre os 1,2 mil livros restantes da coleção original de Hitler, hoje guardados na Biblioteca do Congresso, em Washington, acredita que dois terços do que restou da coleção original consistam em livros ignorados, embora alguns tenham marcações e notas de estudo.[223] O jornalista alemão Hans Beilhack, escrevendo para o jornal *Süddeutsche Zeitung*, logo após a guerra, foi categórico: "É a típica biblioteca de um diletante."[224] "A biblioteca de Hitler", escreveu ele, "é a de um homem que nunca procurou obter sistematicamente conhecimentos e aprendizado amplos em qualquer área específica." Kershaw tem uma opinião diferente: "Embora seus conhecimentos fossem incompletos, unilaterais e dogmaticamente inflexíveis, ele era inteligente e sagaz."[225] E não foram poucos os que testemunharam a memória extraordinária que ele tinha para detalhes técnicos e fatos de seu interesse.

Hitler com um de seus cães (Wolf), em fotografia de 1925.

REPRODUÇÃO/NATIONAL ARCHIVES CATALOG

Hitler possuía o que o sociólogo Max Weber conceituou como autoridade ou "dominação carismática". Mesmo sem uma formação sólida, além de uma memória formidável, o líder nazista tinha compreensão rápida, astúcia e uma habilidade de manipulação incomum, o que lhe permitiu controlar tanto os que o cercavam quanto as massas. Kubizek lembraria, em suas memórias: "não era o que ele dizia que mais me atraía, mas a maneira como dizia". Para o historiador John Lukacs, cujos pais eram judeus convertidos ao catolicismo, a explicação é simples: Hitler "possuía o grande talento profissional que se aplica a todas as questões relacionadas ao ser humano: uma compreensão da natureza humana e a compreensão das fraquezas de seus adversários".[226] Logo após a guerra, a secretária favorita de Hitler, "Dara" Christian, conservou boas lembranças do chefe: "bondoso e justo". O piloto Hans Baur também acreditava nisso, mesmo depois de passar anos como prisioneiro dos soviéticos e perder uma perna por causa da guerra. Para ele, Hitler ainda era "um homem realmente notável, gentil e atencioso".[227] Outra de suas secretárias, Traudl Junge, revelou que Hitler "era um homem excitante, embora de aparência não exatamente atraente. Mas tinha um brilho. Os olhos eram interessantes. E possuía uma espécie de charme — todos sabem que existe uma fascinação natural por pessoas extraordinárias, independente de quem sejam".[228] Os grandes olhos azuis, o lendário "olhar do Führer", exerciam grande magnetismo. E a fascinação pelo Führer fez com que "as mulheres que eram dominadas por uma exaltação sentimental extraordinária ao contemplarem Hitler no tumul-

Mussolini (1883-1945) e Hitler (1889-1945) em Munique, na Alemanha, em junho de 1940.

REPRODUÇÃO/NATIONAL ARCHIVES CATALOG/EVA BRAUN'S PHOTO ALBUMS

to das manifestações noturnas" legassem, por testamento, todas as suas posses ao Partido Nazista, observou Joachim Fest.[229] O deslumbramento era exercido mesmo sobre um grupo de pessoas que tinha muitos motivos para fugir do nazismo. Otto Rudolf Hensheimer, um jovem estudante judeu berlinense, de 25 anos, ao ouvir um discurso de Hitler no rádio, em 1933, considerou-o "chocante, esmagador — e, no entanto, ao mesmo tempo, edificante", e se perguntou: "não existe realmente nenhuma possibilidade de um judeu tomar parte nesta coisa aqui?".[230] Mulheres, estudantes e intelectuais. Martin Heidegger, um dos maiores nomes da filosofia existencialista alemã, também enalteceu o regime, filiou-se ao Partido Nazista e nunca se desculpou por sua posição — antes da chegada de Hitler ao poder, Heidegger manteve um romance com uma de suas alunas, a judia-alemã Hannah Arendt, mais tarde uma das grandes teóricas sobre as origens do totalitarismo.

O LOBO **243**

Não obstante seu magnetismo e a força que procurava aparentar, a saúde de Hitler era bastante frágil. A partir de 1935, quando retirou um pólipo da laringe, tornou-se hipocondríaco. E, à medida que o sucesso de sua política internacional crescia, aumentavam suas preocupações com a saúde. Tinha enxaquecas, dores estomacais e gengivas hemorrágicas. Se Hitler precisasse realizar um discurso em dias frios ou chuvosos, Theodore Morell, seu médico particular desde 1936, aplicava nele injeções com complexos vitamínicos no dia anterior, no dia do evento e no dia seguinte. Assim, a resistência natural do corpo foi, gradualmente, sendo substituída por um meio artificial. Hitler recebia grandes quantidades das chamadas "pílulas de ouro" do doutor Morell — especialista em doenças venéreas, ele era conhecido como "mestre das injeções do Reich" e tinha fama de charlatão. Tais comprimidos eram feitos à base de dextrose, vitaminas e hormônios animais, como "extrato de testículo de touro". Ao todo, segundo Morell, o "paciente A" tomava 28 medicamentos, parte deles diariamente. Alguns eram ministrados pelo próprio Hitler, como enemas de camomila — o que contribuiu para a divulgação de uma suposta obsessão anal. Até mesmo o Pervitin dado aos soldados parecia fraco demais para o desejo que Hitler tinha de se tornar invulnerável e eufórico diariamente. Acabou viciado em Eukodal, um derivado do ópio, intimamente relacionado à heroína e aos esteroides. Em 1944, as constantes dores de ouvido, nariz e garganta eram tratadas com cocaína, chamada pelos nazistas de "droga degenerativa judaica" — entre julho e outubro, em 75 dias, Hitler fez uso da substância mais de cinquenta vezes.[231]

O pesquisador polonês Lukasz Kamienski acredita que o excesso de drogas causaria insônia severa em qualquer pessoa saudável. Mas Hitler já sofria de distúrbios do sono. Então, para que ele pudesse dormir à noite, Morell administrava doses igualmente potentes de sedativos hipnóticos, principalmente barbitúricos, e bromo. O resultado era que muitas vezes Hitler simplesmente não conseguia acordar pela manhã. Kamienski supõe que isso seja um dos motivos pelo qual ninguém tinha permissão para acordá-lo; o que explicaria, por exemplo, a atitude do Estado-Maior da Wehrmacht diante do Dia D, quando os alemães levaram horas para reagir ao ataque Aliado na França. Estavam aguardando Hitler acordar do seu sono entorpecido. Além da insônia, o

Führer tinha outros problemas graves, como o mau funcionamento do intestino e o que Baur afirmou ser "exaustão intestinal" — outros relatos mencionam os "espasmos intestinais", referindo-se aos problemas de flatulência que acometiam o ditador.[232]

VIDA ÍNTIMA

Além da possível origem judaica, poucos temas sobre Hitler são mais polêmicos do que sua vida sexual. As opiniões variam de um elevado número de amantes mulheres e parceiros homossexuais, sexo oral e anal com a meia-sobrinha — a sodomia era vista como depravação na década de 1930 — até esquisitices como a coprofilia e a zoofilia — o prazer sexual por fezes e por animais, respectivamente.[233] A maior parte das informações sobre esse tema, porém, são relatos do pós-guerra e precisam ser utilizados com cautela, assim como os rumores que circulavam durante o conflito — seus inimigos queriam caluniá-lo, enquanto seus seguidores desejavam glorificar o Führer ou, depois da derrota, manter viva a imagem positiva do líder. Assim, há com frequência informações maliciosas, superdimensionadas ou inventadas.

Segundo Christa Schroeder, a secretária que o acompanhou por doze anos, entre 1933-45, "desde muito jovem, Hitler se interessara pelas meninas".[234] Schroeder, que fora estimulada a escrever sobre o chefe enquanto prisioneira no campo de Augsburg, em 1947, relatou que Hitler contara a ela como "à noite, em Linz, quando via uma garota que lhe interessava, ia direto para junto dela". O amigo Kubizek, no entanto, parece contrariar a opinião de Schroeder. Segundo ele, as mulheres se sentiam atraídas pelo futuro Führer, mas "era natural que Adolf ignorasse namoricos e flertes e repelisse as tentativas de aproximação das moças". Tanto em Linz quanto em Viena, Hitler "sempre conseguiu driblar essas tentativas de aproximação". O relato de Kubizek deu margens às especulações de que Hitler esconderia sua verdadeira orientação sexual. Polêmico, o historiador alemão Lothar Machtan afirma que o ditador era um homossexual reprimido e que na sua juventude ele não teria se interessado por mulheres, mas por homens. Para Machtan, tanto o chefe do NSDAP quanto parte da elite nazista eram "homossexuais ou, no mínimo, apresentavam fortes inclinações homoeróticas".[235] Alguns, de fato, eram homossexuais assumidos, como o líder da SA Ernst Röhm, morto por ordem de Hitler antes da Segunda Guerra, acusado de conspirar contra o partido e o chanceler. Mas a lista elaborada por Machtan incluía ainda nomes como Rudolf Hess e Albert Speer — o que nenhum outro historiador jamais cogitou. "Diferentemente do que se presumia até hoje, suas amizades com homens eram, na realidade, 'amores entre homens'", resumiu. Sobre o livro de memórias de Kubizek, publicado em 1953, Machtan destacou um trecho que explicaria o tipo de amizade que uniu Hitler e seu amigo. Surpreendidos por uma forte chuva durante uma caminhada pelas montanhas, os dois jovens refugiaram-se em uma cabana. Com as roupas molhadas, Kubizek preparou uma cama com linho cru sobre o feno, onde dormiram: "Adolf, no entanto, parecia indiferente a tudo. Não fazia questão que houvesse mais alguém ali. Divertia-se com nossa aventura e aquele final romântico lhe agradava bastante". A passagem, porém, aparece fora de contexto. Em outra parte, Kubizek revela o horror do amigo pela homossexualidade assim como pela masturbação, além de um ardente desejo por uma bonita loura de Linz de nome Stefanie que ele chegou a pensar em "raptar". "Adolf não via que existiam outras moças além de Stefanie", escreveu Kubizek, e "não me lembro de nenhuma que lhe tenha despertado seu interesse."[236]

O historiador britânico Andrew Roberts acredita que a imagem de "homossexual insaciavelmente promíscuo e predatório que expressava suas paixonites por motoristas, colegas soldados, michês vienenses e parceiros casuais encontrados na rua", apresentada por Machtan, vai longe demais porque as "provas" vêm justamente dos inimigos de Hitler durante as décadas de 1920 e 1930. Nenhum dos dois biógrafos mais respeitados do ditador — Joachim Fest e Ian Kershaw — e a maioria dos historiadores acha provável a homossexualidade do líder nazista. O historiador Norman Stone chegou a levantar a hipótese de que Hitler fosse "semiassexuado" — sua grande paixão seria a arquitetura.[237] "Ninguém sabia o que se passava na cabeça de Hitler, e ele nunca revelou nada", afirmou. O jornalista alemão Erich Schaake, que escreveu sobre "todas as mulheres" na vida do ditador, sequer cogita a homossexualidade. Enumera muitos casos da juventude, menciona a história do envolvimento com uma cozinheira que supostamente teria gerado um filho durante a Grande Guerra, enquanto Hitler era cabo do Exército alemão na França, e os rumores sobre flertes com Helene Hanfstaengl, Henrietta Hoffmann, Winifred Wagner, nora do famoso compositor, e Leni Riefenstahl, a cineasta e produtora dos filmes de propaganda do regime. Os diários pessoais do ministro da Propaganda nazista, publicados mais de sete décadas depois da guerra, revelaram também outra paixão oculta do Führer alemão do começo da década de 1930: Magda, a futura esposa de Joseph Goebbels e "primeira-dama" do Terceiro Reich.

A historiadora britânica Angela Lambert também defendeu que Hitler fosse heterossexual. Mais criteriosa com as fontes, ela não apenas refuta as ideias sensacionalistas de Machtan e outros como apresenta detalhes da vida sexual e sentimental do ditador com várias mulheres, principalmente com Eva Braun e a meia-sobrinha Angela "Geli" Raubal, provavelmente a grande paixão — e talvez a única que realmente tenha envolvido sentimentos — do ditador. Segundo Lambert, as duas chegaram mesmo a viver um triângulo amoroso com Hitler. Apaixonado por sua "princesa", Hitler fez da meia-irmã Angela Hitler a governanta em Obersalzberg apenas para ter a jovem meia-sobrinha sobre seu teto e controle. Mais tarde, levou-a para o apartamento em Munique. Para Lambert, Hitler exigia que as mulheres não chamassem a atenção para si quando ele estivesse companhia masculina e jamais fossem vulgares. Mas Geli era jovem, conhecia bem as sensações que causava nos homens e quebrava as duas regras. Embora o fotógrafo Heinrich Hoffmann a descrevesse como de "modos singelos e despreocupados", Ernst "Putzi" Hanfstaengl, assessor de Imprensa do Partido Nazista que fugiria para o Reino Unido antes da Segunda Guerra, descreveu-a como "uma putinha cabeça-oca sem cérebro nem caráter" — Putzi também não poupou Eva de adjetivos depreciativos.[238] Como a campanha política tomava tempo demais do tio, Geli, sozinha em Munique, começou a ter amantes, entre eles o motorista de Hitler, Emil Maurice, e as fofocas começaram a circular. Em setembro de 1931, Geli foi encontrada morta no apartamento de Hitler, na Prinzregentenplatz. A versão oficial foi de que ela cometera suicídio, mas as evidências são contraditórias e inconclusivas. Suposições sobre Hitler ter matado a sobrinha por ciúmes de seus casos amorosos ou Geli ter tirado a própria vida por não suportar a pressão de um obsessivo "tio Adolf" são as hipóteses mais aceitáveis.

Os sensacionalistas, como sempre, vão além. Um psicanalista chegou a afirmar que Geli não teria suportado o sexo coprófilo e sadomasoquista de Hitler, mas não há qualquer prova a esse respeito. Um suposto "Arquivo do Führer", elaborado por Heinrich Himmler, chefe da SS, daria conta dessa atividade desde antes do romance com Geli e incluiria nomes de jovens como a judia Rosa Edelstein e uma freira "robusta" de nome Eleonora Bauer e conhecida como "irmã Pia", com quem Hitler praticaria atos de sadismo para manter a ereção.[239]

De todo modo, com a morte de Geli Raubal, Eva Braun entrou definitivamente em cena. Para a secretária Schroeder, a jovem não fazia o tipo de mulher preferido por Hitler. "Ele preferia o tipo das mulheres da Alemanha do sul, morenas robustas, de cor natural." Mas Heinz Linge, o mordomo, pensava diferente. Ela correspondia às expectativas, ainda que não fosse brilhante intelectualmente: era bela, loira, tinha olhos azuis, "boas pernas, seios firmes e quadris redondos".[240] Eva nasceu em Munique, mas viveu e estudou em uma escola primária em Simbach, uma aldeia bávara do outro lado do Inn, em frente à Braunau, cidade natal do ditador. Os dois se conheceram em outubro de 1929, quando Eva tinha apenas dezessete anos e ele já passava dos quarenta. Foi no estúdio de Hoffmann, fotógrafo oficial de Hitler, onde ela trabalhava como assistente. "Eu tinha subido uma escada para alcançar os arquivos que estavam nas prateleiras do alto [quando] naquele momento meu patrão entrou acompanhado de um homem cuja idade não pude avaliar; percebi que ele tinha um bigode engraçado, vestia um casaco claro no estilo inglês e segurava um chapéu de feltro. Os dois se sentaram e eu senti que aquele homem estranho estava olhando para minhas pernas. Naquele dia, eu havia encurtado minha saia", relatou Eva à irmã. Parecia querer "comê-la com os olhos".[241] Ela não sabia, mas selara seu destino.

Muitos historiadores afirmam que o relacionamento do casal não passou de convenção, sem relação sentimental ou sexual. Os relatos do círculo íntimo de Hitler, por sua vez, apontam que eles faziam sexo e com certa frequência, como em qualquer "relacionamento normal". Heinz Linge relatou depois da guerra que certa vez flagrou Hitler e Eva em uma "posição nada convencional", mas não explicou exatamente o que seria. Otto Günsche, secretário pessoal de Hitler, também declarou que os dois tinham atividade sexual normal. O mesmo disseram Albert Speer e Traudl Junge. A ajudante de Eva, Liesl Ostertag, afirmou anos depois da guerra que o romance "não tinha a intensidade latina, mas podia ser definido como natural".[242] Por fim, o doutor Morell sustentou, em 1945, que o casal mantinha relações sexuais a ponto de Hitler, preocupado com seu desempenho, solicitar drogas que "aumentassem a libido". Mas sexo não significa amor e, para Junge, Hitler jamais teria pronunciado tal palavra. Para Hoffmann, Eva era para ele "apenas uma coisinha atraente", uma figura decorativa.

Mesmo na época da guerra, a intimidade do ditador alemão era um dos temas prediletos em rodas de conversas entre os combatentes inimigos. Com base em fofocas maliciosas, os soldados britânicos adoravam cantar "Hitler só tem uma bola", uma paródia da popular *Marcha do coronel Bogey*. Em 2015, o historiador alemão Peter Fleischmann, diretor do Arquivo Estadual de Nuremberg, detalhou em livro o que viera a público cinco anos antes: um documento da época em que o líder nazista estivera encarcerado na prisão de Landsberg confirmava que Hitler, de fato, sofria de criptorquia. O relatório médico, assinado por Josef Brinsteiner e datado de 12 de novembro de 1923, certificava que o "preso número 45" apresentava bom estado de saúde, mas padecia de "criptorquia do lado direito". Ou seja, apenas um de seus testículos tinha descido à bolsa escrotal. Lambert já havia levantado a hipótese de que a dificuldade de um relacionamento aberto com mulheres advinha desse problema que, segundo rumores da época, teria sido provocado durante a Grande Guerra: "Embora o problema não afetasse necessariamente sua potência, não era algo que teria gostado de expor sem a certeza de que a mulher o pouparia do ridículo".[243] Não é de estranhar que poucos realmente tenham relatado intimidade com Hitler. Ele sempre dormia por trás de uma porta trancada, tinha "repulsa em se despir diante de alguém" e mesmo "seu criado jamais o viu trocar de roupa ou de robe". "Ele não gostava de ser tocado", revelou uma secretária, "nem um médico podia tocá-lo durante um exame." Para Kershaw, a relação de Hitler com as mulheres — tal como com a maioria das pessoas — sempre foi superficial, de fingimento e não emoção.[244] A única exceção foi Geli Raubal. E Eva, que, apesar de tudo, terminaria seus dias com ele nas ruínas de Berlim.

15

O PRIMEIRO-
-MINISTRO E
O PRESIDENTE

Churchill — com seu charuto — tornou-se um dos maiores símbolos da luta contra o nazismo. Mas o primeiro-ministro era um conservador teimoso e insensível que imaginava a Inglaterra como centro do mundo. Roosevelt era um político habilidoso e um bom propagandista — que escondeu uma paralisia durante anos e criou o mito do New Deal. O presidente, contudo, era o único dos Três Grandes que não estava interessado em compensações territoriais. Unidos durante os anos de guerra, eles ajudaram Stálin a derrotar Hitler. Cada um a seu modo, porém, esperava do conflito, mais do que liberdade e democracia, a manutenção de um império e a consolidação do poderio econômico.

Em junho de 1940, logo após a vexatória retirada das tropas franco-inglesas das praias de Dunquerque, no norte da França, o recém-empossado primeiro-ministro inglês proferiu seu discurso mais conhecido, considerado por muitos como o mais importante da guerra. Winston Churchill falou ao povo inglês e ao mundo: "Lutaremos nas praias, lutaremos nas pistas de aterrissagem, lutaremos nos campos e nas ruas, lutaremos nas montanhas; jamais nos renderemos".[245] Diante da iminente queda da França, que de fato caiu poucos dias mais tarde, e de uma invasão alemã às ilhas britânicas, o discurso foi a base do ideal de luta dos Aliados pela liberdade contra os regimes totalitários. Um ideal que seria propagandeado até o final da guerra. Diante da barbárie nazista — e mesmo das atrocidades japonesas e soviéticas —, a exposição de Churchill se ajusta perfeitamente bem. Mas, em se tratando de um político inglês às vésperas da Segunda Guerra, o termo "liberdade" soa um tanto estranho, provavelmente hipócrita.

Em 1939, o ainda poderoso Império Britânico, onde o "sol nunca se põe", tinha influência direta na vida de quatro quintos da população mundial. No mesmo discurso de 1940, Churchill mencionou que, se a Grã-Bretanha fosse tomada pelos nazistas, o povo inglês continuaria lutando em "nosso Império além dos mares". O primeiro-ministro surgia como sustentáculo da liberdade, mas seu governo era o responsável por explorar milhões de pessoas nos quatro cantos do globo. "É impossível que eu ajude a Grã-Bretanha. Como poderia lutar pela liberdade quando ela me é negada? A política britânica na Índia parece aterrorizar o povo para que, em nossa ansiedade, busquemos sua proteção", afirmou Jawaharlal Nehru, um dos líderes da luta pela independência da Índia durante a Segunda Guerra. Mahatma Gandhi também pediu que os ingleses deixassem a Índia a fim de evitar que ela se tornasse alvo dos japoneses. Em 1942, antes de ser sufocado, o movimento "Deixem a Índia" tornou-se muito popular e chegou a reunir mais de 55 mil soldados sob a liderança do socialista Subhas Chandra Bose. No ano seguinte, a Índia, assim como a Tailândia e Birmânia, enviou representantes a uma "assembleia" de nações asiáticas reunidas em Tóquio. A colônia britânica, no entanto, só conseguiria a independência em 1947, quando a guerra havia acabado e a Inglaterra deixara de ser uma potência imperialista — anos antes, Churchill havia chamado o líder pacifista indiano de "maligno fanático subversivo".[246]

CHURCHILL: A RAPOSA INGLESA

O mais ferrenho inimigo de Hitler era um inglês sisudo de trato difícil e gosto excessivo pelo álcool. Winston Leonard Spencer Churchill nasceu em 30 de novembro de 1874, em Woodstock, a cem quilômetros de Londres, na Inglaterra. De família com origens aristocráticas, era descendente do duque de Marlborough. Quando se tornou primeiro-ministro e assumiu o posto no número 10 da Downing Street, em 10 de maio de 1940, poucas horas após os alemães invadirem a França, tinha 66 anos de idade e havia passado quase toda a vida servindo aos interesses do Império Britânico. Tinha experiência militar, como observador, soldado e comandante, desde a guerra da independência cubana, em 1895, onde atuou como correspondente para um periódico, fazendo uma espécie de "turismo militar" — mesmo assim, ganhou a primeira das 37 condecorações militares que receberia ao longo da vida. Atuou também na Índia, no Sudão, na África do Sul e na Grande Guerra, quando sofreu seu revés mais duro, o frustrado desembarque em Galípoli, na Turquia. Como político, iniciou a carreira no Parlamento em 1900. Até chegar ao cargo máximo da nação, foi secretário de diversas pastas, primeiro lorde do Almirantado e ministro quatro vezes. Ainda que Churchill tenha atuado durante a Segunda Guerra pelo Partido Conservador — aquele que o tornara um dos homens mais conhecidos de sua época — o historiador Paul Johnson afirmou que Winston não tinha partido, "sua lealdade era devida ao interesse nacional e a si mesmo". Por isso, trocou de lado e "rótulo" seis vezes. Após o retorno ao Partido Conservador, em 1922, o próprio Churchill revelou seu caráter oportunista: "Qualquer um pode virar a casaca. Mas é preciso ser realmente um craque para virá-la duas vezes".[247] Para Andrew Roberts, historiador e um de seus biógrafos, em contraste com Hitler, "Churchill era um patrão severo", insolente, rude e sarcástico no trato com seus ajudantes e secretários. "Tinha um gênio horrível, embora seu grande encanto geralmente lhe permitisse consertar as coisas depois."[248]

Desde os tempos de estudante, Churchill já era considerado "muito malcriado" e de comportamento "vergonhoso", embora o diretor da escola St. George tenha afirmado que ele tinha "capacidades muito boas".[249] Entre suas qualidades estavam uma enorme devoção ao trabalho (costumava ditar aos assessores mesmo enquanto se banhava ou fazia a barba), memórias fotográfica e fonográfica ímpares e o domínio da fala como poucos. Era dotado de autoconfiança e automistificação desmedidos, um tanto obstinado, teimoso e insensível. Não respeitava os avisos de "proibido fumar" e costumava ser impontual. Tinha gosto por chapéus excêntricos, amava pintar e caçar, gostava de borboletas, estudou dança e pilotagem. Era apaixonado pela história e a língua da Inglaterra: escreveu 37 livros, com mais de 6,1 milhões de palavras, mais do que dois dos grandes nomes da literatura inglesa somados (William Shakespeare e Charles Dickens). Mas sua marca pessoal eram os charutos cubanos e a bebida. Quando esteve na Casa Branca, em Washington, em 1942, certificou-se de que receberia um copo de xerez no "quarto antes do café da manhã, uns dois copos de uísque com soda antes do almoço e, à noite, champanhe francês mais um conhaque bem envelhecido" antes de se deitar.[250] Em 1943, na viagem para a Conferência de Quebec, no Canadá, Churchill consumiu em uma única refeição "ostras, *consommé*, linguado, peru assado, gelo com melão-cantalupo, queijo Stilton e grande variedade de frutas, *petit fours* etc., tudo regado com champanhe (Mumm 1929) e um Liebfraumilch excepcional, seguidos por um conhaque de 1870".[251] Outro historiador, o húngaro-americano John Lukacs, escreveu que Churchill comia, de fato, muito, mas os oito ou dez charutos diários "raramente eram fumados até o fim" e, conforme ele afirmou, de acordo com diversas testemunhas, o copo de uísque que sempre estava em uma das mãos era diluído em soda. Em verdade, segundo a própria esposa, Clementine Hozier, a "tabela de ingestão de líquidos" de Churchill era composta de 285 ml de champagne, 57 ml de brandy, 227 ml de uísque com soda e 227 ml de suco de laranja.[252] O fato é que ele consumia álcool com frequência, gostava de se apresentar como um beberrão – o que a propaganda de Hitler explorava habilmente –, mas tinha a capacidade de não se embriagar facilmente. Muitos, como o presidente Franklin Roosevelt, considerava o amigo e tolerava as grosserias do inglês sob o efeito do álcool, mas o secretário do Interior norte-americano, Harold Ickes, escreveu em seu diário: "Churchill não merece muita confiança quando está sob a influência da bebida".[253] Para o historiador Andrew Roberts, o alcoolismo do primeiro-ministro não passava de um mito.

Quanto a seu casamento com Clementine, embora fosse uma relação de amor, passou por um acerto financeiro e político, o que era bastante comum na época. Pelo resto da vida, os dois passariam férias separados. Em uma dessas ocasiões, é provável que Clementine tenha tido um pequeno envolvimento com o comerciante Terence Phillip, alguns anos mais novo. Na noite de núpcias, em 1908, Churchill teria se aconselhado com a própria mãe, uma socialite norte-americana com muitos amantes; duzentos, segundo as más línguas – mãe ausente, com uma intensa vida social, e casou-se três vezes, e entre seus casos amorosos estavam o príncipe Karl Kinsky, embaixador austríaco em Londres. Clementine e Churchill tiveram cinco filhos e ele não cultivou relacionamentos frequentes fora do casamento. Segundo a biógrafa de sua esposa, Sonia Purnell, Churchill estava longe de ser um "predador sexual", assim como de ser gay, ideia levantada por alguns historiadores modernos no que parece ser uma busca por publicidade.

Ainda que altamente questionável, o escritor inglês Michael Bloch supõe que o primeiro-ministro fosse bissexual. A hipótese está no fato de que, quando jovem, Churchill foi acusado de "atos de imoralidade do tipo de Oscar Wilde" com cadetes em Sandhurst, a principal academia militar britânica, de onde ele saiu formado em vigésimo lugar entre 130,[254] mas foi inocentado — escritor inglês, Wilde foi preso no final do século XIX por comportamento homossexual, o que era proibido segundo as leis da época. Para Bloch, os diversos homens com quem Churchill teria tido contato durante a vida revelariam sua "orientação sexual". O político seria "atraído romanticamente por homens e não por mulheres, ainda que em suas relações tenha evitado o contato físico". Churchill realmente era narcisista e exibicionista, mas nenhum de seus biógrafos mais importantes consideram tais suposições.

Desde o início da década de 1930, o primeiro-ministro foi um ardente crítico de Hitler, do nazismo e do imperialismo alemão: "Se Hitler invadisse o inferno, eu faria pelo menos um pronunciamento favorável ao demônio na Câmara dos Comuns", disse ele certa vez. Seu ódio se estendia igualmente a Lênin e Trótski, líderes comunistas. Mas, como já visto, ele era o líder de uma nação opressora, interessado na manutenção de um vasto império colonial. Em Yalta, em 1945, preocupado que a criação das Nações Unidas pudesse limitar o poderio britânico, ele declarou a Roosevelt: "Enquanto eu for primeiro-ministro, não cederei um centímetro de nosso patrimônio" Um dos "patrimônios" do Império Britânico era a Índia, e a independência da grande colônia asiática causava calafrios em Churchill. Ele acreditava que os hindus eram um "povo bestial, com uma religião bestial" que servia aos interesses econômicos ingleses.[255] Churchill já havia manifestado ideias preconceituosas desse tipo em seu livro *Savrola*, publicado em 1900 como um romance com traços autobiográficos passado em um país fictício. Muitas das ideias eugênicas comuns naquela época aparecem na obra.

O mesmo Churchill afirmou, ao fim da Segunda Guerra, que a Carta do Atlântico, declaração conjunta assinada por ele e Roosevelt a bordo do *HMS Prince of Wales*, em agosto de 1941, na Terra Nova, no Canadá, "não se aplicava ao Império Britânico". Ainda que na época da assinatura os norte-americanos não estivessem em guerra declarada com a Alemanha de Hitler, o documento estabelecia a política dos Aliados no pós-guerra: não haveria ganhos territoriais e possíveis ajustes deveriam ser realizados de acordo com os interesses dos países diretamente envolvidos; os povos teriam direito à autodeterminação; barreiras comerciais seriam excluídas; haveria cooperação econômica global para o avanço do bem-estar social, desarmamento das nações agressoras e o "abandono permanente do uso de forças nas relações internacionais" — como tentou Woodrow Wilson em 1918.[256] A carta beneficiava enormemente os norte-americanos, que passaram a ser os principais fornecedores de armas, petróleo, equipamentos e dinheiro para os países beligerantes, mas prejudicava franceses e ingleses, que tinham grandes impérios coloniais. A França explorava populações de quase toda a África Ocidental e partes do sudeste asiático, e o Império Britânico se estendia da África Oriental até o Extremo Oriente.

Sobre Mussolini, grande aliado de Hitler e também um expansionista, Churchill tinha opinião diferente. Ele acreditava que o ditador italiano era "o legislador". "Ele alçou o povo italiano do bolchevismo em que ele poderia ter soçobrado, em 1919, para uma situação que a Itália nunca tivera antes na Europa."[257] Seu erro fatal, na opinião do inglês, foi declarar guerra à França e à Grã-Bretanha. O pragmatismo de Churchill era evidente: Mussolini teria recebido as boas-vindas dos Aliados, "extraindo uma riqueza e prosperidade incomuns das lutas dos outros países".

Churchill adorava usar números, principalmente os que revelassem seu poder. Antes do final da guerra, quando a Inglaterra negociava com Estados Unidos e a União Soviética a divisão do Terceiro Reich, sua assessoria propôs que 40% do território alemão, 36% da população e 33% dos recursos da Alemanha fossem entregues aos soviéticos, "para agradar a Stálin". Em 1944, ele negociou um acordo com o líder soviético em que repartiu, por exemplo, a Bulgária em "75% Rússia, 25% Aliados", a Grécia "90% Aliados, 10% Rússia" e "Hungria 50/50%". O escritor inglês Ronald Lewin o definiu da seguinte maneira: "O traço marcante de Churchill como grande comandante é que ele gostava do poder — e da guerra — sem nenhum pudor".[258]

Quando foi derrotado por Clement Attlee nas eleições de 1945, em meio à Conferência de Potsdam, Churchill afirmou que o resultado "foi uma grande surpresa" para ele. Em um almoço, Clementine disse ao marido: "É bem possível que seja uma bênção disfarçada", ao que Churchill respondeu: "No momento, parece bem disfarçada mesmo".[259] Foi a derrota mais dura em sua longa vida pública. Depois de cinco anos liderando a nação contra a maior ameaça de sua história desde Guilherme, o Conquistador no século XI, entregando "sangue, suor e lágrimas", Churchill não esperava ser derrotado pelo Partido Trabalhista de Attlee, que nunca obtivera maioria geral. O programa trabalhista, porém, era muito mais atraente do que o dos conservadores, sobretudo quanto ao programa habitacional e a criação de um "estado de bem-estar social", o que foi uma revolução — o novo governo estatizou várias empresas, incluindo o Banco da Inglaterra. Mas Churchill retornou ao poder na década de 1950. Considerado o "maior britânico de todos os tempos", morreu em 24 de janeiro de 1965, antes de completar 91 anos de idade.

ROOSEVELT, O INDOMÁVEL

Para alguns, Franklin Delano Roosevelt era um político idealista, altruísta, de enorme autoconfiança; para outros, um político frio e calculista. Como Stálin, raramente permitia que inimigos e mesmo aliados políticos soubessem o que tinha em mente. "Nunca deixo que minha mão direita saiba o que a minha mão esquerda está fazendo", revelou ele.[260] Assim como Churchill, ele sabia como lidar com as diversas exigências pertinentes ao cargo que ocupava. "Sou um malabarista", disse ele a Henry Morgenthau Jr.[261] Depois de uma entrevista reservada, o psicanalista suíço Carl G. Jung escreveu sobre Roosevelt, em 1936: "Não tenham dúvidas, ele é uma força da natureza — um homem dotado de uma mente superior, mas impenetrável, uma mente altamente versátil que não se pode entrever".[262] A ilustradora e escritora Peggy Bacon observou que o olhar franco e penetrante de Roosevelt era de alguém "inteligente como o diabo, mas tão inocente como o de um grande ator".[263]

Nascido em 30 de janeiro de 1882, em Hyde Park, 150 quilômetros ao norte de Nova York, o presidente norte-americano estava em seu quarto mandato consecutivo quando uma hemorragia cerebral o matou a poucos dias da rendição alemã. Era herdeiro de uma família rica e com vocação política. Seu parente Theodore Roosevelt havia sido presidente no começo do século XX e o primeiro americano a receber o Nobel da Paz. "Teddy" e Franklin Roosevelt não eram primos em primeiro grau, informação que aparece em muitos livros. Eles tinham como ancestral comum Nicholas Roosevelt, que viveu entre os séculos XVII e XVIII. A confusão parece ocorrer porque Teddy era tio de Anna Eleanor, a prima em quinto grau com quem Franklin se casou em março de 1905.

Roosevelt nunca foi religioso, pelo menos não carola. Embora membro da Igreja Episcopal em Saint James, preferia os sermões presbiterianos, metodistas ou batistas. "Quando vou e me sento lá, com todo mundo olhando para mim, não sinto a menor vontade de dizer minhas preces", afirmou certa vez. Tinha uma crença particular baseada na determinação e na força de vontade. "A única coisa que devemos temer é o próprio medo", revelou.[264] FDR, como é comumente conhecido, não era propenso a temeridades, mas a primeira década depois da Grande Guerra foi particularmente difícil para ele. Um dos maiores escândalos sexuais da América — antes do caso entre o presidente Bill Clinton e a estagiária Monica Lewinsky, em 1998 — ocorreu enquanto era secretário da Marinha, em um episódio que ficou conhecido como Escândalo Sexual de Newport. Em 1919, gays da força naval norte-americana foram acusados de formar um "círculo sexual" para seduzir jovens marinheiros e soldados para a prática de sexo oral na base da Marinha, em Newport, Rhode Island. Os investigadores militares enviaram jovens marinheiros como agentes secretos para comprovar a prática. Quando a ação chegou aos noticiários com os julgamentos, além de chocar a opinião pública, ela acabou com a carreira de muitos dentro da Marinha e quase sepultou a de Roosevelt na política.[265]

Dois anos depois do caso, ele contraiu poliomielite, doença que limitou o movimento de suas pernas e o colocou em uma cadeira de rodas. Graças à mulher, Roosevelt pôde se retirar em um exílio político voluntário para tratamento médico. Eleanor manteve vivos os contatos dentro do Partido Democrático. Revigorado, em 1928, FDR foi eleito governador de Nova York e, em 1932, derrotou o então presidente Herbert Hoover em uma eleição nacional com a diferença expressiva de mais de 7 milhões de votos. Roosevelt tinha apoio de intelectuais, era popular entre os jovens, progressistas e jornalistas — identificou logo o poder da mídia e de um novo meio de comunicação, o rádio, fazendo seus programas "ao pé da lareira" extremamente populares. A *Time* chamou-o de "um cavalheiro bem-intencionado e vigoroso, de berço e de boa educação".[266] Durante os primeiros e difíceis anos de presidência, ele apresentou ao mundo o New Deal, a política americana para recuperar a economia destroçada pela Quebra da Bolsa de Valores de Nova York, em 1929 (alguns historiadores atribuem a Hoover o começo de medidas depois ampliadas no famoso programa de FDR). Mas, apesar do relativo sucesso que o governo fez questão de explorar e estimular na crença popular, a economia dos Estados Unidos não recuperou a potência de antes da crise. Em 1937, o desemprego ainda era de mais de 14% e a fabricação de automóveis, principal setor da indústria norte-americana, não alcançou os números anteriores até a Segunda Guerra. O sucesso do New Deal foi um sucesso de propaganda, o "mito de ouro". Foi somente o conflito europeu, depois mundial, que salvou e catapultou a economia estadunidense a uma liderança nunca vista antes.

Durante toda a campanha presidencial e ao longo da vida pública, Roosevelt escondeu suas pernas atrofiadas pela doença. Mesmo com extrema dificuldade, sempre se preocupou em ocultar o uso que fazia da cadeira de rodas, das muletas e dos pesados suportes de aço que o permitiam ficar de pé, embora isso lhe causasse dor extrema. Mesmo para se vestir, ele precisava da ajuda do fiel Arthur Prettyman, seu funcionário pessoal.

Roosevelt foi o primeiro presidente norte-americano a usar um avião. Foi em fevereiro de 1943, quando voou em um hidroavião da Pan American até Casablanca, no Marrocos, para uma conferência com Churchill. Dois anos depois, inaugurou a "Vaca Sagrada", a primeira versão do Air Force One atual, construída sob o codinome Projeto 51, em seu voo até Yalta, na Crimeia, para um encontro com o primeiro-ministro inglês e Stálin. O novo avião presidencial era mais uma forma de aliviar o grande esforço físico de Roosevelt para continuar vivo e trabalhando. O presidente também fazia uso regular de pó de cocaína, ainda que provavelmente sem saber. A droga era muito indicada e utilizada por especialistas para aliviar dores de cabeça e obstrução nasal e para melhorar o estado de ânimo de pacientes com histórico problemático. Em um dos dias mais importantes da Segunda Guerra, quando houve o ataque japonês a Pearl Harbor, Roosevelt teve uma crise de sinusite, e seu médico principal, Ross McIntire, precisou ministrar a substância antes de o presidente aparecer em público e pronunciar o famoso discurso sobre o "dia da infâmia".[267] Em 1944, uma avaliação médica feita pelo doutor Howard Bruenn lhe deu um ano a mais de vida — o que se concretizou. Roosevelt estava "muito mal". Tinha vinte quilos a menos, sofria de falta de ar, bronquite e o coração dilatado corria risco de parar — para dormir um pouco melhor, codeína e hidrato de terpina eram usados para aliviar a tosse constante e o congestionamento nasal. Bruenn indicou o uso de digitalis, cujos efeitos tóxicos poderiam ser graves e até letais. O doutor McIntire era contrário a esse tratamento, mas o presidente precisava se mostrar forte, otimista e "indomável". Nos últimos meses da guerra na Europa, no entanto, era um morto-vivo.

O homem de sucesso na vida pública teve uma ativa vida amorosa e sexual. O casamento lhe rendeu seis filhos, mas esteve longe de ser romântico e feliz. Uma frustrada Eleanor Roosevelt, esteve envolvida com seu guarda-costas, o sargento Earl Miller, e, segundo alguns, com o administrador do New Deal Harry Hopkins, com quem ela mantinha uma amizade muito próxima. A descoberta posterior de mais de 2 mil cartas da ex-primeira-dama levantou suspeitas sobre um possível romance com a jornalista Lorena Hickok. O caso homossexual da esposa do presidente é um assunto controverso entre os historiadores norte-americanos, mas, em uma das cartas, Eleanor escreveu algo que parece definir sua paixão por Hickok: "Lembro-me... da sensação daquele lugar macio bem no canto da sua boca contra os meus lábios...".[268] Enquanto isso, Franklin tinha um romance com Marguerite "Missy" LeHand e com Grace Tully, suas duas secretárias pessoais na Casa Branca. LeHand, que manteve um caso amoroso com o embaixador americano em Moscou, também compartilhou Miller (e possivelmente Hopkins)

Roosevelt (1882-1945) e Churchill (1874-1965), durante a Conferência de Casablanca no Marrocos, em janeiro de 1943.

REPRODUÇÃO/NATIONAL MUSEUM OF THE U.S. NAVY

com a primeira-dama. Sobre os romances do marido, Eleanor, que era progressista e líder feminista escreveu em seu livro de memórias que "ele teria sido mais feliz com uma esposa que se abstivesse totalmente de críticas. Isso eu nunca fui capaz de ser, e ele teve que recorrer a outras pessoas".[269] Na verdade, Roosevelt e Eleanor já não viviam como marido e mulher desde 1918, quando ela descobriu cartas de amor trocadas entre o marido e sua secretária Lucy Page Mercer. A própria filha do casal, Anna Roosevelt, costumava levar mulheres inteligentes e menos rabugentas que a mãe até Warm Springs, a casa de campo da família na Geórgia, para "algumas horas de descanso extremamente necessário".[270] Mercer manteve-se próxima a Roosevelt até a morte do presidente, em 12 de abril de 1945; permaneceu com ele em seu momento final, enquanto Eleanor estava em Washington.

A "GRANDE ALIANÇA"

Em 1939, a União Soviética dividiu a Polônia com a Alemanha, mas França e Inglaterra não declararam guerra a Stálin. O esforço comum dos Aliados ocidentais deveria se ater a derrotar Hitler. Anos depois, a guerra mudou de direção: os soviéticos foram atacados pelos nazistas e os americanos pelos japoneses. A Inglaterra agora tinha dois grandes aliados na luta contra o Eixo Berlim-Roma-Tóquio (assim chamada a cooperação comum entre Alemanha, Itália e Japão, que vinha sendo costurada desde 1936 e culminara com o Pacto Tripartite, em 1940): a União Soviética, uma potência comunista, e os Estados Unidos, o símbolo maior do capitalismo.

Nos anos seguintes, Churchill se encontraria onze vezes com Roosevelt e três com Stálin — o líder soviético nunca se encontrou com o presidente americano sozinho. O primeiro-ministro inglês viajou como nenhum outro líder político durante a guerra: ao todo, foram 25 viagens. A União Soviética não assinou a Carta do Atlântico (1941), mas assinou, sem nunca se dispor a cumprir, os acordos firmados em Teerã (1943), Yalta e Potsdam (1945). Tanto Roosevelt como Churchill logo perceberam que os soviéticos davam significados muito diferentes aos termos acordados e às palavras "democracia" e "liberdade". Stálin era uma incógnita política. Financiou os partidos comunistas no Leste Europeu e mesmo na Europa Ocidental, mas não fez o mesmo na China. Durante a guerra, a URSS prestou apoio aos nacionalistas do Kuomintang de Chiang Kai-shek, e não aos comunistas de Mao Tsé-tung. Assim como Churchill, Stálin tinha interesses territoriais, e a Europa Oriental era prioridade. Não há justificativa para os horrores cometidos pelo nazismo, orientados por um imperialismo racial, na busca pelo "espaço vital" para o povo alemão, mas os Aliados não estavam isentos de motivos pouco nobres.

Os "Três Grandes" — como Roosevelt, Churchill e Stálin ficaram conhecidos — tinham pouca coisa em comum, e o que os uniu durante os longos anos de guerra e o que se chamou de "Grande Aliança" foi o objetivo de derrotar a Alemanha de Hitler num complexo jogo de xadrez geopolítico. É enganoso pensar que seus objetivos eram unicamente a luta pela liberdade e pela democracia. Seus objetivos eram e continuaram a ser imperialistas. Apenas Roosevelt estava mais interessado em uma "paz duradoura", que não envolvesse anexações e disputas militares, ainda que a grande nação americana tivesse preocupações com o seu poderio econômico. Na Ásia, Manila foi retomada dos japoneses ao custo de 100 mil civis filipinos apenas para voltar ao domínio estadunidense. Quando os Estados Unidos finalmente reconheceram a independência do país, em 1946, haviam se passado cinquenta anos desde a primeira tentativa de liberdade. Ao todo, 500 mil pessoas morreram na batalha pelas Filipinas, vítimas dos combates, dos massacres perpetrados e de fome. Na América, os negros ainda eram tratados como inferiores em muitos estados. Até morrer, em 1945, o próprio Roosevelt relutou em tratar da questão racial, mas não podia negar o racismo presente na população branca norte-americana — curiosamente, Prettyman, seu criado pessoal, era um afrodescendente. Diversos distúrbios ocorreram em 1941-2, quando o país precisou aumentar a produção nas fábricas e a população negra passou a trabalhar com brancos. Houve um aumento de 6% em três anos, mas no ano final da Segunda Guerra, os afrodescendentes ainda eram malvistos e mal remunerados — a segregação racial, por força de lei, ainda era realidade nos Estados Unidos dos anos 1980.

Quando o Japão atacou o Havaí, com objetivo de enfraquecer uma potência que tinha forças militares bem próximas de Tóquio — motivado ainda pelas circunstâncias: o embargo econômico e o congelamento de bens nipônicos impostos pelos americanos —, os japoneses e seus descendentes que viviam em solo norte-americano foram presos e internados em campos de concentração. Muitos não tinham mais nenhuma ligação com o Japão, mas um governador estadunidense declarou que "os japas vivem como ratos, procriam como ratos e agem como ratos. Não queremos saber deles".[271] Os Estados Unidos viam a Ásia e a América Latina como o quintal de casa, passível de exploração econômica — tal como os britânicos faziam há séculos. Consideravam, no entanto, mais importante derrotar a Alemanha nazista, e só depois o Japão. Hitler era considerado muito mais perigoso na estratégia aliada. Os norte-americanos atacados pelos japoneses empenharam-se mais para vencer na Europa do que para dar atenção ao que ocorria na Ásia. O interesse em "vingar" Pearl Harbor ficou em segundo plano quando os interesses geopolíticos se mostraram mais favoráveis e necessários na Europa. Na realidade, o Japão deu a Roosevelt a oportunidade de declarar uma guerra que de outra forma o povo americano não aceitaria. O presidente, escreveu Lewin, "conseguira vencer a poliomielite, mas a legalidade constituía uma forma mais sutil de paralisia".[272]

Dado o que se viu depois da guerra, o discurso do presidente Harry Truman, sucessor do falecido Roosevelt, em 1947, soa irônico: "Creio que a política dos Estados Unidos deve ser a de apoiar povos livres que resistem às tentativas de subjugação por minorias armadas ou por pressões de fora". Mais uma vez, a falácia de defender o "mundo livre". Com a Doutrina Truman — que nasceu do objetivo de barrar a ascensão do comunismo —, os Estados Unidos ampliariam seu império econômico durante a Guerra Fria.

16

O HOMEM DE AÇO E O TERROR VERMELHO

Nem Hitler foi responsável por um número tão grande de perseguições, expurgos e assassinatos quanto os perpetrados por Josef Stálin. No Ocidente, a mente criminosa e as atrocidades cometidas pelo dirigente comunista eram pouco conhecidas na época da guerra, ocultadas pela propaganda, mas Churchill e Roosevelt sabiam que a União Soviética era governada por um ditador mais sanguinário e implacável do que o líder nazista.

Stálin foi um dos mais impiedosos tiranos do funesto século XX — em número de vítimas, só foi superado por outro líder comunista, o chinês Mao Tsé-tung. Em 1945, quando os soviéticos tomaram Berlim, ajudando decisivamente na vitória Aliada sobre o nazismo, de modo geral as atrocidades cometidas por Stálin eram pouco conhecidas no mundo ocidental, ainda em choque com a descoberta dos campos de concentração e a devastação causada por seis anos de conflito. Muitos políticos norte-americanos na época das grandes conferências, entre 1943-5, acreditavam que Roosevelt fora demasiadamente ingênuo, e até submisso, diante das exigências do ditador. Mas o presidente americano sabia que, se tivesse dito a verdade sobre Stálin — que a URSS era governada por um déspota tão cruel quanto Hitler —, os Aliados não teriam atingido seu objetivo. A frase de um confidente de FDR resume bem essa ideia: "Roosevelt morrera sabendo que tinha utilizado Belzebu para lutar contra o Demônio."[273] Ao contrário de Stálin, que não via problema algum em sacrificar exércitos ou populações inteiras em favor do objetivo final, Roosevelt, que vivia em uma democracia e era pressionado pela opinião pública, tinha uma grande preocupação em poupar vidas, principalmente americanas.

O HOMEM DE AÇO E O TERROR VERMELHO

O HOMEM DE AÇO

Stálin nasceu Ióssif Vissarionovitch Djugachvili em 6 de dezembro de 1878 na pequena Gori, uma aldeia a setenta quilômetros de Tíflis (hoje Tbilisi), capital da Geórgia, fronteira com o Azerbaijão. Há muitas dúvidas sobre seu verdadeiro pai. O oficial, Vissarion Ivánovitch Djugachvili, era um sapateiro alcoólatra e violento, que espancava tanto a mãe quanto o filho pequeno. Na opinião de uma neta do ditador, entre os muitos candidatos à paternidade, o mais provável seria o conde Iákov Egnatachvili, para quem a mãe de Stálin trabalhava como faxineira e ama de leite. Seja como for, "Keke" Gueladze deu duro para possibilitar uma boa educação ao filho. "Sosso", como ela o chamava, entrou para o seminário de teologia ortodoxa russa em Tíflis, mas a rebeldia o impediu de terminar os estudos. Passou a ser operário e revolucionário; adotou o apelido "Koba". As manifestações e ações de sabotagem lhe renderam frequentes e longos períodos de exílio na Sibéria — entre 1902-13, foi preso oito vezes e exilado sete. Usou o tempo disponível para ler e estudar as teorias socialistas. Enquanto viveu como refugiado ou na clandestinidade escreveu muitos artigos e chegou a passar um tempo de estudos em Viena, na Áustria. Se aproximou de Lênin e ganhou status de teórico marxista, assumindo a redação do jornal *Pravda*, que viria a ser o principal veículo de imprensa da União Soviética. A Revolução Russa transformou Koba em Josef Stálin, o "homem de aço", nome com o qual passou para a história — *stal* significa mesmo aço em russo, mas uma das muitas lendas em torno do enigmático georgiano diz que o nome teria surgido de seu relacionamento com Ludmila Stahl.[274]

Se Lênin fora o cérebro e o personagem central do movimento revolucionário de 1917, era Leon Trótski, criador do Exército Vermelho, e não Stálin, o braço militar do bolchevismo, o responsável por derrotar seus inimigos durante a Guerra Civil que seguiu a derrubada do tsar e do governo provisório (1918-21). A vitória vermelha e a morte prematura de Lênin, em 1924, no entanto, não conduziram Trótski à liderança do país. Para o historiador norte-americano Bertrand Patenaude, Trótski "nunca adquiriu os hábitos necessários para trabalhar dentro de uma organização política, muito menos para manobrar nos corredores do poder".[275] Algo no qual Stálin era mestre. Usando dessa habilidade incomum, ele conseguiu expulsar Trótski da União Soviética, em 1929, e o perseguir pela Europa e além dela, até seu refúgio final em Coyoacán, no México. Trótski chamava Stálin de "coveiro da revolução", mas acreditava que existia um futuro glorioso para o comunismo, desde que livre da "revolução degenerada" de seu arquirrival. Em 1940, Trótski finalmente perdeu a batalha para Stálin, sendo assassinado por agentes do ditador. A vitória marcou o início de uma nova era. Stálin agora era o *vozhd*, o "líder". Começava o culto à personalidade a um dos homens mais sanguinários da história. Uma biografia oficial foi publicada, praças receberam seus bustos e ruas foram batizadas com seu nome. A cidade de Tsarítsin, onde Stálin comandou o Exército Vermelho durante a Guerra Civil, passou a se chamar Stalingrado (hoje Volgogrado). Ele ordenou que os antigos companheiros de revolução fossem apagados das fotografias e dos livros de história. Apenas Lênin permaneceu intocável. "Stálin é o Lênin de hoje", era o lema. Sua imagem estava em todos os lugares, livros e jornais. O *vozhd* tornou-se onipresente. A propaganda, claro, escondia os crimes. O primeiro deles ocorreu com o início da coletivização da agricultura, em 1929. A estatização da produção com o confisco dos grãos e a corrupção do sistema desencadeou uma enorme crise de abastecimento, principalmente na Ucrânia, o celeiro da União Soviética. A "deskulakização" expulsou mais de 2 milhões de camponeses de suas fazendas e outros 1,8 milhão foram deportados para o Gulag — o acrônimo russo para "Administração Geral dos Campos de Trabalho Correcional e Coloniais". Cerca de 400 mil foram fuzilados por serem classificados como "contrarrevolucionários". Estima-se que entre 1932-3 mais de 3,5 milhões de ucranianos tenham morrido em decorrência da fome. A política genocida stalinista é conhecida como "Grande Fome" ou, como os ucranianos a chamam, *Holodomor* — "matar pela fome". Enquanto perseguia Trótski e kulaks, Stálin iniciou uma caça às bruxas dentro do Partido Comunista e do Exército Vermelho. Principalmente entre 1936-8, perseguições, execuções e deportações para o Gulag aconteceram em larga escala. Não há números precisos, mas havia cerca de 9 milhões de pessoas presas nos campos em 1938. Alguns historiadores modernos estimam que, somente entre 1935-40, mais de 8 milhões de "degenerados", "cor-

O HOMEM DE AÇO E O TERROR VERMELHO

ruptos", "traidores" e outros "inimigos do povo" tenham sido assassinados durante o que ficou conhecido como "terror vermelho" — como "inimigos do povo", o *vozhd* considerava todo aquele "que duvida da correção da linha do partido", o que tinha um significado bem abrangente.[276] Em 1946, 20 milhões estavam presos. Stálin havia se transformado no "Tsar Vermelho", e a NKVD — o "Comissariado do Povo para Assuntos Internos" —, no órgão governamental mais temido da União Soviética. Desde 1938, o responsável pela organização era Lavrenti Beria, notório por sua crueldade e sadismo. Viciado em sexo, Beria recorria frequentemente ao estupro para satisfazer seu prazer, drogando jovens estudantes ou quem quer que lhe agradasse — uma prática iniciada por seu antecessor. Quando foi levado a julgamento, Beria reconheceu a maioria das 62 mulheres listadas pelo juiz como suas amantes, incluindo uma menina de quatorze anos que teve um filho dele. A filha de Stálin escreveu em suas memórias que o líder da polícia secreta era uma "réplica soberba e contemporânea do tipo de palaciano insidioso e a encarnação da perfídia, da adulação e da hipocrisia orientais".[277]

A NKVD não era temida sem motivos. Lubianca, a sede da organização, era o pavor de qualquer um que caísse nas mãos de Beria. Golpes violentos nas costas ou na cabeça com cassetetes de borracha eram apenas um aquecimento. Quebrar ossos e castrar homens era prática comum. Mulheres tinham os cabelos e as unhas arrancados, eram violentadas e tinham o rosto e a pele do corpo lacerados. Jovens, meninas e mulheres grávidas não eram perdoadas. Mergulhos em barris de urina também eram usados para ajudar presos a "lembrarem" e confessarem o desejado. O historiador polonês Moshe Lewin, especialista em história russa e na Era Soviética, afirmou que o terror stalinista não resultou da existência dos inimigos políticos; os inimigos políticos foram inventados para justificar o terror que Stálin exigia. Uma verdadeira "paranoia institucionalizada". O escritor inglês Nikolai Tolstoy — aparentado com o grande escritor russo Leon Tolstói — afirmou que "a grande realização de Stálin consistiu em colocar uma população de quase 200 milhões inteiramente nas mãos da polícia, enquanto ele exercia poder absoluto sobre essa mesma polícia".[278]

A "ilógica lógica" de Stálin pode ser explicada por um episódio narrado nas memórias de Valentin Berezhkov, seu intérprete, e que envolveu Mólotov, um dos poucos homens no império soviético que passou ileso pelo Grande Terror, pela Segunda Guerra e pela Guerra Fria. Quando algo não dava certo, Stálin exigia que "o culpado fosse encontrado e severamente punido". A única coisa a fazer era identificá-lo. Certa vez, o ministro do Exterior verificou que um telegrama do ditador para Roosevelt não havia sido respondido. Imediatamente Mólotov ordenou que Berezhkov encontrasse o culpado pelo erro. Berezhkov não encontrou ninguém no lado soviético e concluiu que o erro era do Departamento de Estado dos EUA. Ao ler o relatório, Mólotov riu dele, explicando que toda falha poderia ser atribuída a alguém. Um culpado foi encontrado no departamento de criptografia, afastado da função e expulso do partido, desaparecendo sem deixar rastro. A lógica insana de Stálin era clara: se não houvesse um culpado nos escalões inferiores, ele teria que ser encontrado entre os superiores, e isso não podia ser posto em questão. Para Tolstoy, o líder comunista tinha uma "mentalidade criminosa".[279]

A perseguição aos inimigos do povo atingiu a equipe doméstica de Stálin, que também "foi levada embora". Tanto no Kremlin quanto nas casas em Moscou, cozinheiras, criadas e outros funcionários foram substituídos por serviçais escolhidos pela NKVD. Até mesmo as famílias Svanidze e Alliluyev, parentes das mulheres de Stálin, foram dizimadas. "Tudo isso vai além do que eu poderia imaginar para a desonestidade e vileza humanas", escreveu em seu diário Maria "Mariko" Svanidze, a cunhada do *vozhd*. Insensibilidade e indiferença eram uma marca pessoal de Stálin. Quando sua mãe morreu, em 1937, Stálin não foi ao enterro e proibiu que se divulgasse a notícia — religiosa, a velha mãe do homem de aço foi sepultada ao som da "Internacional", o hino comunista, como mandava o rito soviético. A pesquisadora francesa Lilly Marcou escreveu que, com o desaparecimento de Keke, Stálin "enterrou a essência de sua vida humana".[280] Ele tratou os filhos de forma semelhante, com a mesma insensibilidade. O filho que teve com uma viúva de quem alugava a casa, nascido em 1912, nunca foi reconhecido oficialmente. Konstantin Kuzakov atuou como professor

O HOMEM DE AÇO E O TERROR VERMELHO   271

universitário até ser preso por Beria em 1947, ser expulso do partido e demitido do emprego. O pai não fez nada para ajudar e o filho só tornou pública a identidade paterna em 1995. Iákov "Iacha" Stálin, o primogênito de seu casamento com Ekaterina "Kato" Svanidze, servia como tenente-major na Décima Quarta Divisão de Tanques, durante a Segunda Guerra, quando a unidade foi cercada e ele foi feito prisioneiro da Wehrmacht próximo a Vitebsk, na Bielorrússia, em julho de 1941. Os alemães distribuíram folhetos com a informação e uma foto do prisioneiro, bem como uma suposta mensagem escrita por Iacha pedindo a rendição russa. Seguindo as regras stalinistas, a mulher de Iacha foi presa pela NKVD como familiar de um "traidor da pátria" que se entregara ao inimigo — ela permaneceu presa por dois anos e a neta de Stálin foi entregue a outro membro da família. Destacamentos especiais foram realizados para libertá-lo, mas o precioso troféu permaneceu em um campo de prisioneiros alemães na Baviera junto com generais soviéticos. Os alemães não conseguiram convencer Iacha a lutar com os voluntários russos do general Andrey Vlasov que serviam aos nazistas. Depois de uma tentativa frustrada de fuga, ele foi transferido para o campo de concentração de Sachsenhausen. Quando a batalha de Stalingrado terminou, no começo de 1943, Hitler tentou trocar o marechal de campo alemão Friedrich von Paulus pelo importante prisioneiro. "Não troco um soldado por um marechal", Stálin teria dito. Iacha Stálin foi morto pelos guardas do campo em uma tentativa de fuga em abril de 1943. Seu corpo foi cremado e as cinzas levadas a Berlim. Os outros dois filhos tiveram uma vida infeliz. Vassili era um playboy e anos depois da guerra acabou morrendo em uma bebedeira. A caçula Svetlana, que tinha uma relação melhor com Stálin, depois de três casamentos fracassados e da morte do pai, terminou seus dias nos Estados Unidos.

Como a mãe de Iacha morrera de tifo, em 1907, o viúvo Stálin casou-se em 1919 com Nadeja "Nadia" Sergueievna Alliluyeva. Ela era secretária de Lênin e tinha apenas 18 anos de idade; Stálin tinha 41. Antes de cometer suicídio em 1932, ela teve dois filhos, Vassili e Svetlana, a queridinha do pai. Nadia foi encontrada no quarto com uma arma sobre a cama e um tiro na cabeça, mas a versão oficial divulgada afirmou que uma apendicite fora a causa da morte. O caso nunca foi esclarecido. As relações com Stálin eram difíceis, mas as cartas trocadas entre o casal são as mais humanas escritas pelo líder soviético — ele chamava a esposa de "Tateka" ou "minha Totuchka" — e quase todos que o viram após o episódio afirmam que o suicídio da mulher abalou-o profundamente.[281] O filho Iacha, antes de se alistar no Exército para tentar agradar o pai, também tentara suicídio.

Viúvo duas vezes, o líder soviético encontrou na cunhada Evguenia Aleksandrovna um novo amor. O romance iria durar quase uma década, até que Evguenia também foi presa pela NKVD. Era "uma amizade amorosa e cúmplice mais que uma paixão", revelou uma biógrafa do *vozhd*, e o cunhado de Stálin, irmão de Nadia, nunca suspeitou de nada. A "terceira mulher" de Stálin nunca passou de lenda: depois do suicídio da segunda esposa, ele nunca voltou a se casar oficialmente. Mas teve muitos casos amorosos. Além de Evguenia, nomes como Rosa Kaganovich e a estrela do Bolshoi, Vera Aleksandrovna Davidova, aparecem com frequência na lista de suas amantes. Mas provavelmente seu último relacionamento sexual foi com Valentina "Valetchka" Vassilievna Istomina, a governanta da dacha de Blijniaia que o seguia em todas as viagens e passou a ser sua companheira durante a Segunda Guerra. Amante secreta de Stálin, ela conviveu com ele por quase vinte anos. Quando ele morreu, Valetchka estava junto, chorou aos gritos, "como é de uso no campo", "custou a conter-se e ninguém a incomodou", revelou a filha do ditador.[282]

POLÍTICO PARANOICO

Stálin tinha um medo insano de ser assassinado. Ele não andava em meio ao povo e temia manifestações ou situações em que ficasse exposto. Poucas vezes utilizou aviões por medo de acidentes aéreos ou de atentados; seu principal meio de transporte era um trem blindado. Nunca anunciava com antecedência viagens e destinos; nem mesmo aos comandantes do Exército. Sua alimentação era rigorosamente controlada pela NKVD; cada pedaço de pão ou carne era examinado antes que ele o ingerisse, mesmo sendo toda a comida produzida em hortas destinadas para seu consumo exclusivo. Seu maior medo, no entanto, era o Exército Vermelho, criado por seu desafeto Leon Trótski. O medo e a mania paranoica de perseguição eram tamanhos que Stálin assassinou a elite militar do país às vésperas da Segunda Guerra em um expurgo sem precedentes na história. Ao todo, 35 mil oficiais do Exército Vermelho foram executados em 1937. Entre eles, havia um comissário do povo para defesa e três subcomissários, dezesseis comandantes de distritos militares, 33 comandantes de corpo, 76 comandantes de divisão, quarenta comandantes de brigada e 291 comandantes de regimento. Muitos cientistas e projetistas de armamentos, como Andrei Nikoláievitch Tupolev, um dos mais importantes engenheiros aeroespaciais do país, foram presos. Nem soldados rasos escaparam, pelo menos 1 milhão deles foi eliminado, a maioria por simples delação sem provas. O historiador russo Constantine Pleshakov escreveu que "bastava alguém ser visto embrulhando peixe em um jornal onde estivesse impresso um retrato de Stálin para que fosse preso e desaparecesse da face da Terra".[283]

O presidente Roosevelt acreditava que Stálin não era muito diferente dos políticos ocidentais. Quando o ditador invadiu a Finlândia, ele descreveu a União Soviética como "uma ditadura tão radical como qualquer outra ditadura no mundo". Mas o historiador britânico Michael Dobbs afirmou que o *vozhd* "guardava mais semelhanças com Tamerlão ou Ivã, o Terrível, do que com George Washington". Mussolini chegou a afirmar que Stálin havia criado um sistema político que poderia ser definido como "fascismo eslavo", o que Hitler chamou de "nacionalismo eslavo-moscovita". Charles de Gaulle, o líder da França Livre, também disparou contra o soviético: "Ditador dissimulado e astuto, conquistador com ar bonachão, de tudo fazia para iludir". Por fim, o próprio Stálin resumiu seu perfil político: "Não há maior prazer que descobrir um inimigo, preparar a vingança, ver tudo feito e, depois, dormir sossegado".[284] Beria abastecia o chefe com dezenas de relatórios diários e ele tinha prazer em ler cada um deles até altas horas da madrugada. Apreciava cada detalhe sobre a vida pessoal e a intimidade de seus inimigos. Quando o QG de Hitler na Prússia Oriental caiu em mãos soviéticas, recebeu detalhes de cada milímetro quadrado da área. O mesmo ocorreu com o bunker em Berlim. Precisava saber de tudo sobre todos, para decidir quem iria morrer. E fazia isso frequentemente, conferindo pessoalmente cada ordem de execução. Em 1938, na esteira dos expurgos nas forças armadas, antes de ir ao cinema do Kremlin "para relaxar", deixou anotada a lista com alguns nomes e a observação: "todas essas 3.167 pessoas devem ser fuziladas".[285] Até sua morte, quinze anos mais tarde, Stálin teria mandado executar cerca de 800 mil pessoas, incluindo militares e políticos importantes da União Soviética.

Em 1945, durante a Conferência de Yalta, tentando quebrar o gelo, Roosevelt confidenciou a Stálin que em suas mensagens e comunicados ele e Churchill o chamavam de "tio Joe". Churchill já havia revelado a história dois anos antes, em 1943, mas o líder soviético não gostou nem um pouco da brincadeira, o que considerou um insulto: a palavra russa para "tio", *dyadya*, também era usada para se referir a um velho inofensivo, que pode ser facilmente enganado.[286] Stálin, entretanto, podia ser tudo, menos um tolo que podia ser ludibriado. Foi justamente a habilidade para eliminar seus inimigos e obter o apoio do povo russo que o levou à posição de líder inconteste da URSS. Quando a "Grande Guerra Patriótica" (como a Segunda Guerra foi chamada pela propaganda comunista) teve início, ele não teve o menor pudor em convocar a população com a retórica tsarista, o regime que as revoluções de 1917 derrubara. No famoso discurso de julho de 1941, dias após a invasão nazista da União Soviética, ele lembrou os heróis russos dos tempos dos tsares, Aleksandr Niévski, Aleksandr Suvórov, Mikhail Kutúzov, entre outros — até o *Stavka*, o comando supremo das forças armadas, criado por Nicolau II, foi reativado. Para obter as graças do povo, reabriu a Igreja Ortodoxa, substituiu as imagens e as condecorações comunistas — de Marx, Engels e Lênin — pelas dos antigos heróis imperiais. Permitiu que velhas canções populares voltassem a ser cantadas e que a literatura, o teatro e o cinema voltassem a exaltar o passado da grande Mãe Rússia.[287] Depois da traição de Hitler, Stálin também não teve problemas em se juntar aos novos aliados, Reino Unido e Estados Unidos, potências capitalistas que seu regime não cansava de atacar.

KATYN E OUTROS MASSACRES

Depois da invasão do lado oriental da Polônia, em 1939, os soviéticos levaram cativos para as proximidades de Smolensk, na Rússia, cerca de

22 mil prisioneiros poloneses, oficiais do Exército, policiais e a inteligência do país.[288] Com ordens diretas do Politburo do Partido Comunista Soviético, eles foram executados entre abril e maio de 1940. Em abril de 1943, os alemães descobriram o local das execuções e do sepultamento: a Floresta de Katyn, às margens do rio Dnieper. O local era um campo de extermínio dos opositores do comunismo desde 1918. A propaganda nazista permitiu que representantes da Cruz Vermelha Internacional visitassem o local da exumação, mas os russos negaram veementemente e a ação foi encoberta após a retomada do território pelo Exército Vermelho. Churchill desconversou, "quanto menos se falar a respeito, melhor". Roosevelt acreditou em Stálin: tudo não passava de "propaganda alemã e conspiração nazista".[289] Em 1946, durante os julgamentos de Nuremberg, com a anuência dos Aliados ocidentais, os soviéticos conseguiram jogar seus próprios crimes de guerra nas costas da Alemanha derrotada. A ordem das execuções, assinada diretamente pelo próprio Stálin, só foi tornada pública após a desintegração da URSS, na década de 1990.

Não apenas oficiais do Exército polonês foram enviados prisioneiros para a Rússia. Nos primeiros meses de 1940, enquanto a SS de Hitler prendia judeus, os soviéticos deportaram quase 140 mil civis polacos para a Sibéria sob a acusação de ser kulaks — literalmente "punho cerrado", que era como os soviéticos chamavam os "camponeses ricos", que se utilizavam de trabalho assalariado em suas fazendas. "Vocês são senhores e nobres poloneses. Vocês são inimigos do povo", disse um oficial da NKVD a uma família polonesa.[290] Nos seis primeiros meses após a invasão alemã, em 1941, mais de 1,3 milhões de pessoas foram julgadas e mais de 67% delas enviadas para as prisões do Gulag — no Volga, onde havia uma grande colônia alemã criada na época da tsarina Catarina, a Grande, no século XVIII, 400 mil descendentes de alemães foram levados prisioneiros para a Sibéria e Cazaquistão. Os prisioneiros, alegadamente destinados aos reformatórios, eram na verdade enviados para lutar na frente de batalha, na maioria das vezes usados como "bucha de canhão" ou colocados em esquadrões suicidas, conhecidos como "batalhões penais". Entre 1942-5, 975 mil prisioneiros serviram nessas unidades.[291] Com medo de que a Wehrmacht libertasse

276 GRANDES GUERRAS

prisioneiros "políticos" e descobrisse os horrores do Gulag, a NKVD ordenou que todos os campos fossem evacuados e que os prisioneiros fossem levados para as regiões inóspitas no leste do país. A rapidez do avanço alemão, no entanto, fez com que os soviéticos exterminassem campos inteiros. Em Smolensk, Minsk, Kharkov e em outros lugares, centenas de milhares foram fuzilados ou espancados até a morte. Só em Lviv, na Ucrânia, os alemães encontraram 3,5 mil pessoas mortas, a maioria mutilada, — os homens sem os órgãos sexuais e as mulheres com os seios dilacerados; os olhos tinham sido arrancados.[292] Em Riga, na Letônia, em uma prisão evacuada pela NKVD, os alemães encontraram instrumentos para quebrar ossos, amassar os testículos, furar a sola dos pés e arrancar unhas das mãos. Algo mais assombroso ainda os aguardava nas celas: segundo relatos, os corpos pareciam "carne na vitrine do açougue".

O mesmo Stálin que a propaganda comunista pintava como libertador da barbárie nazifascista não estava disposto a perdoar ninguém. Quando a maré da guerra mudou e os alemães começaram a ser expulsos da União Soviética, as represálias não tardaram. Em 1943, pelo menos 200 mil tártaros e 390 mil chechenos que mantiveram "relação amistosa" com o inimigo foram deportados para a Sibéria, para o trabalho escravo.[293] Milhares de pessoas morreram nos vagões que os tártaros chamaram de "crematórios sobre rodas". Não foram os únicos. Ao todo, 3,5 milhões de pessoas pertencentes a minorias étnicas, como os inguches, bálcaros, carachais, calmuques e turcomenos, foram deportadas para o Gulag.[294] Os cossacos, antigos inimigos dos bolcheviques de Lênin, viram na invasão nazista a oportunidade de reivindicar terras historicamente suas e prestaram apoio aos alemães com a esperança de serem recompensados no pós-guerra. Com a derrota de Hitler, porém, tornaram-se prisioneiros dos britânicos na Áustria, para onde haviam recuado diante do avanço do Exército Vermelho. Apesar dos pedidos em contrário, eles foram repatriados para a URSS. Stálin tinha um ódio especial desse grupo étnico, que havia lutado contra ele em Tsarítsin duas décadas e meia antes. A vingança foi brutal: aproximadamente 15 mil oficiais, como os generais Piotr Krasnov e Andrei Shkuro, desapareceram em mãos soviéticas.[295]

Depois da Segunda Guerra, as obras de propaganda não cansaram de exaltar o "maior líder dos tempos modernos". Stálin recebeu as medalhas de Herói da União Soviética, a Ordem de Lênin e a Ordem da Vitória, uma estrela de platina de cinco pontas cravejadas com 135 diamantes e cinco rubis. Em 1949, segundo um artigo assinado por M. Kharlamov, em todo lugar do mundo onde cresciam os "grandiosos ideais de progresso e democracia" o nome de Stálin era pronunciado com "afeto e estima", afinal, fora sob a brilhante direção do "generalíssimo" que se deu a "libertação dos povos da Europa do jugo fascista alemão, e a salvação da civilização europeia da destruição pelos bárbaros fascistas".[296] Era a consolidação da política de culto à personalidade.

LUXO COMUNISTA

As obras de publicidade, contudo, escondiam muitas coisas sobre o líder comunista. Em 1º de março de 1953, o *vozhd* foi encontrado caído no chão do quarto, em sua dacha em Blijniaia, Kuntsevo, no subúrbio de Moscou. Seu médico particular, Vinogradov, estava preso, e uma equipe médica só foi chamada no dia seguinte, mais de doze horas depois. O ditador agonizou até o dia 5, quando finalmente faleceu de "hemorragia cerebral". Pelo menos essa foi a versão oficial divulgada, o que na União Soviética não significava nada. Poucos dias depois, Beria teria revelado a Mólotov quem o havia matado: "Fui eu que o eliminei... Salvei vocês todos!". O caso nunca foi totalmente esclarecido e o envenenamento de Stálin por Beria não pode ser descartado, embora a situação de saúde e o modo de vida do ditador possa ter contribuído com o colapso. De qualquer forma, o longo tempo que Stálin permaneceu sem atendimento médico pode ser caracterizado, segundo observou uma historiadora, como "assassinato por omissão de socorro".[297] Assassino ou não, Beria foi detido quatro meses depois e executado em dezembro do mesmo ano.

Quando se fez o inventário de bens pessoais de Stálin, quase nada de valor foi encontrado — dois tapetes, móveis baratos, poltronas revestidas com capas e nenhum objeto antigo. Ele dormia com um cobertor do Exército. A surpreendente frugalidade, no entanto, escondia o luxo em que o *vozhd* vivia. Para Nikolay Tolstoy e para a própria filha, a fortuna de Stálin não era listada pelos burocratas nem depositada em contas no banco — ele tinha tudo que queria sem precisar de dinheiro. Para Svetlana, Stálin sequer sabia o real valor do dinheiro. Além de uma suíte no Kremlin, o ditador comunista possuía várias dachas — fazenda ou casas de campo. Cinco delas eram próximas a Moscou, das quais Blijniaia e Zubalovo eram as principais. E havia ainda casas luxuosas às margens do Mar Negro, em Sochi, e nas montanhas da Abecásia, próximo a Sokhumi — que seria uma cópia da casa de Hitler em Berchtesgaden. Nem mesmo seu arquiteto favorito sabia quantas seriam, mas eram todas magnificamente decoradas e equipadas com salas de bilhar, salas de cinemas e estábulos com cavalos de raça. Todas construídas e protegidas pelo orçamento do Estado, mantidas em segredo "para que o povo não tome conhecimento". Além de casas, Stálin possuía uma frota de carros importados, composta de Rolls-Royces, Packards, Cadillacs e Lincolns. Tudo de que ele precisava era pago pelo governo: roupas, viagens, empregados, festas, encenações particulares de ópera ou qualquer outra extravagância. Uma quantia astronômica, calculada em bilhões de rublos. A filha Svetlana comentou: "Só Deus sabe o quanto tudo isso custava".[298] Nada mal para um político que pregava a distribuição igualitária de bens e obrigara seu povo à coletivização e à fome.

Em 1956, durante o Vigésimo Congresso do Partido Comunista, o novo líder da União Soviética, Nikita Kruschev, denunciou as atrocidades de Stálin ao mundo. O período stalinista podia ser resumido por abuso de poder, intolerância e brutalidade; repressão e aniquilação de inimigos reais e imaginários.

17 GENOCÍDIOS

Na Europa, a política nazista de combate às pessoas consideradas socialmente "inaptas" e racialmente "impuras" resultou na perseguição e morte de ciganos, negros, homossexuais, Testemunhas de Jeová e maçons, assim como na esterilização compulsória ou no assassinato de pessoas com deficiência física ou mental e eram consideradas prejudiciais à saúde racial do povo alemão. Na Ásia, milhões de civis chineses foram mortos com enorme brutalidade ou serviram de cobaias para os japoneses, em sinistros experimentos bacteriológicos ou represálias e incursões punitivas.

Com vimos no primeiro capítulo, a ideia da existência de "raças superiores" e "indivíduos degenerados" — uma miscelânia que envolvia teorias evolutivas biológicas e sociais — havia surgido no final do século XIX e era bastante popular nas primeiras décadas do século XX. Estavam em voga termos como "higiene racial" e eugenia. Até mesmo Theodore "Teddy" Roosevelt, presidente norte-americano entre 1901-9 e primo distante de outro presidente estadunidense, Franklin Delano Roosevelt, era um ardoroso defensor da esterilização de criminosos e "mentalmente retardados". Teddy, que receberia o Nobel da Paz em 1906, afirmou: "o grande problema da civilização é assegurar um aumento relativo daquilo que tem valor, quando comparado aos elementos menos valiosos e nocivos da população. [...]. Eu desejo muito que se possa evitar completamente a procriação de pessoas erradas". Ainda segundo o líder republicano, a humanidade deveria promover a "procriação de pessoas adequadas". Winston Churchill era outro eugenista convicto. Em 1910, ele escreveu sobre o "perigo terrível para a raça" que era a multiplicação dos "mentalmente incapazes". Dois anos mais tarde, ele estava entre os membros da primeira Conferência Internacional de Eugenia.[299]

Embora hoje isso pareça uma aberração, na época, a reprodução seletiva, que visava aprimorar as características "desejáveis" da espécie humana era considerada uma ciência. Na América do Norte, universidades, intelectuais e cientistas davam respaldo à teoria. Criou-se até um "comitê", fundado em 1906, para ressaltar as virtudes da raça branca, a "raça superior" — os ingleses e alemães, que haviam colonizado a América do Norte. E a teoria encontrou tanta receptividade que, em 1924, os Estados Unidos se tornaram o primeiro país no mundo a criar leis eugênicas. Na Alemanha, a eugenia ganhava força nessa mesma época. Em 1900, a Fundação Krupp premiou a tese "Herança e seleção no curso da vida dos povos", do médico bávaro Wilhelm Schallmayer. Em três décadas, as propostas voltadas para a "higiene racial" — a melhoria da raça por meio da seleção —, para o controle dos casamentos de seres de sangue puro e para a criação de crianças pelo Estado defendidas por Schallmayer se transformariam na mola propulsora da ideologia nazista. Na verdade, desde o início dos anos 1920, o advogado criminalista Karl Binding e o psiquiatra Alfred Hoche defendiam a "destruição da vida que não é digna de ser vivida".[300] Ideias eugênicas eram amplamente aceitas também no Brasil. O negro era então considerado um ser biologicamente inferior, motivo pelo qual lhe faltariam inteligência e capacidades próprias do homem branco. Em 1904, o psiquiatra brasileiro Henrique de Belford Roxo defendeu em um congresso médico na Argentina que negros e pardos eram "tipos que não evoluíram", tendo forte propensão ao álcool, à vadiagem e à libertinagem. O então diretor do Museu Nacional foi mais longe. Em 1911, em um congresso sobre raças realizado em Londres, João Batista de Lacerda sentenciou que em menos de cem anos "os mestiços terão desaparecido do Brasil, fato que coincidirá com a extinção paralela da raça negra entre nós". Em 1929, o antropólogo Edgard Roquette-Pinto, membro da Academia Brasileira de Letras e pioneiro da radiofusão no país, então presidente do I Congresso Brasileiro de Eugenia, disparou: em 2012 não haveria mais negros ou índios no Brasil, 80% da população seria branca e a parcela restante seria de mestiços.[301]

Foi com base nessas teorias, tendo o respaldo da ciência, por mais incrível que isso possa parecer aos olhos do século XXI, que os nazistas deram início à política que levaria ao assassinato em massa de milhões de pessoas consideradas socialmente "inaptas" e racialmente "impuras" — na verdade, somente anos após a Segunda Guerra, o desenvolvimento de pesquisas genéticas modificaria o panorama científico relativo ao que se entendia por "raça". Em julho de 1933, sete meses após alcançar o poder, Hitler promulgou a Lei para a Prevenção contra uma Descendência Hereditariamente Doente, que autorizava a esterilização compulsória de cegos, surdos e pessoas com deficiência física, que sofriam de depressão crônica ou eram consideradas prejudiciais à pureza racial alemã, como as com deficiência mental. Dois anos mais tarde, em 1935 — mesmo ano das leis antissemitas de Nuremberg —, o governo nazista decretou a Lei para a Proteção da Saúde Hereditária do Povo Alemão, que proibia os portadores de doenças hereditárias e infecciosas de se casar e produzir "descendência doente ou antissocial", o que Teddy Roosevelt defendera mais de três décadas antes. A lei exigia ainda que todo indivíduo que desejasse o matrimônio apresentasse às autoridades responsáveis um "certificado de aptidão" assinado por agentes de saúde pública. Durante o regime nazista, estima-se que mais de 350 mil esterilizações tenham sido realizadas por médicos e especialistas alemães. Entre elas, cerca de 150 mil pessoas com algum tipo de deficiência intelectual, incluindo a Síndrome de Down. O programa de eutanásia chamado "Aktion T4", que oficialmente funcionou entre 1939-41, assassinou entre 275 mil e 300 mil pessoas. "T4" era uma referência a Tiergartenstrasse 4, o endereço da "Fundação de Caridade para Cuidados Curativos e Institucionais", o nome eufemístico do laboratório criado para esterilizar e matar indivíduos com doenças incuráveis ou deficiência física, consideradas um "peso para o Estado".[302]

Negros e ciganos, considerados inferiores, também foram esterilizados e depois deportados e internados em campos de concentração. Reinhard Heydrich, o chefe do Gabinete Central de Segurança do Reich — o RSHA, na siga em alemão —, órgão que reunia os principais serviços de inteligência e segurança da Alemanha nazista, considerava os ciganos uma categoria criminosa — de "vagabundos". Somente no Protetorado da Boêmia e Morávia, cerca de 6,5 mil ciganos foram presos e pelo menos 3 mil foram assassinados em Auschwitz-Birkenau. Outros

5 mil ciganos do Protetorado, de Berlim e de Viena foram deportados para o gueto de Łódź e mais tarde enviados para o campo de concentração de Chełmno (Kulmhof). Como a maioria dos números relativos às mortes provocadas pelo regime nacional-socialista de Hitler, o de ciganos mortos durante a Segunda Guerra também é controverso. Mas estima-se que pelo menos 500 mil deles pereceram em campos de concentração ou de extermínio. Em 1950, o governo alemão negou reparações às vítimas ciganas, considerando "que os ciganos foram perseguidos pelo governo nazista não por motivos raciais, mas como elementos insociáveis e criminosos". A comunidade negra alemã também não era pequena. Estima-se que algo em torno de 25 mil afrodescendentes eram cidadãos com plenos direitos civis na Alemanha da década de 1930, e foram atingidos de alguma forma com as leis raciais. Além de emigrados das antigas colônias alemãs na África, havia muitos filhos de soldados dos regimentos coloniais franceses que ocuparam a Renânia pós-Grande Guerra — senegaleses em sua maioria. Havia casos especiais, como o de Hans J. Massaquoi, neto do cônsul da Libéria. Nascido em 1926, ele era filho de pai africano e mãe alemã. Mas sua história foi mais feliz que a de muitos outros afrodescendentes. Ele sobreviveu para escrever um livro sobre os negros na Alemanha hitlerista, *Destined to Witness: Growing Up Black in Nazi Germany* [Destinado a testemunhar: crescendo negro na Alemanha nazista]. Também não há dados confiáveis sobre o número de negros esterilizados ou mortos durante a Segunda Guerra.[303]

ENTRE CAMPOS DE CONCENTRAÇÃO E TRIÂNGULOS

Os nazistas tinham uma lista bem definida do que consideravam inimigos do Estado e do povo alemão. No topo dessa lista, estavam marxistas, comunistas e judeus. Em seguida, vinham maçons, religiosos de igrejas cristãs, reacionários, "agitadores, descontentes e outros parasitas do povo". Uma miscelânea de critérios políticos, raciais, sociais e religiosos.[304] A maçonaria era considerada pelos nazistas uma organização judaica, mas foi um problema menor para a SS. Já em meados da década de 1930, Heydrich acreditava que a influência dos maçons fora erradicada da Alemanha. Por esse motivo, ele ordenou que se criasse em

Berlim, na sede da Gestapo no Prinz-Albrecht-Palais, o Museu dos Maçons. A coleção reunia objetos do "culto desaparecido", bibliotecas, listas de participantes de todo o mundo e arquivos confiscados das lojas maçônicas alemãs — incluindo os da Loja dos Três Sabres, da qual seu pai havia sido membro.[305]

A partir de 1934, os maçons e os demais grupos considerados "inimigos do Reich" tinham um destino certo: os campos de concentração. Como nos campos britânicos na África do Sul no começo do século, inicialmente as instalações nazistas não tinham por finalidade o extermínio de seus prisioneiros, o que se verá principalmente depois de 1941, mas sim manter encarcerado determinado grupo. Para os campos de concentração nazistas, os *Konzentrationslager* ou KZs, eram enviados presos políticos, antissociais, religiosos e judeus que eram utilizados como trabalhadores compulsórios de empresas alemãs. Por isso, algumas acomodações também eram chamadas de "campos de trabalhos forçados" ou de "trabalho escravo". Havia quase duas dezenas deles somente em território alemão. Entre os mais conhecidos, estavam Bergen-Belsen, Sachsenhausen, Ravensbrück, Flossenbürg e Dachau, que foi o primeiro campo de concentração construído na Alemanha, em 1933, e onde seriam cremados os corpos dos principais líderes nazistas enforcados em Nuremberg, em 1946. Até 1938, no entanto, os prisioneiros judeus correspondiam a uma minoria nesses campos.[306] Com a Segunda Guerra em curso, deu-se início à construção dos campos de extermínio — os *Vernichtungslager*. Bełżec, próximo a Lublin, na Polônia, foi o primeiro campo criado pelos nazistas com a finalidade de assassinar em massa os indesejáveis do regime. Na sequência, outros cinco campos com essa finalidade foram instalados em território polonês, alguns se utilizando de acomodações já existentes: Chełmno, Auschwitz-Birkenau, Treblinka, Majdanek e Sobibor.[307] Havia dezenas de outros campos menores, que serviam de reserva para os estabelecimentos de trabalho escravo ou de triagem para os de extermínio.

Com uma enorme massa de prisioneiros e muitos campos e guetos espalhados por toda a Europa, identificar as diferentes classes de prisioneiros passou a ser necessário dentro da grande máquina burocrática nazista. Em 1941, os judeus passaram a ser obrigados a prender às suas roupas dois triângulos sobrepostos e invertidos, a "Estrela Amarela" — que era uma alusão à Estrela de Davi, já usada na identificação do comércio judeu desde 1933 e com uso intensificado a partir de 1938. Esse é o símbolo mais conhecido e associado aos campos de concentração nazistas. Mas havia outros, todos tendo como base os triângulos. O triângulo vermelho invertido era a identificação de comunistas, social-democratas, liberais, anarquistas e maçons. O verde era usado por criminosos e o roxo era a identificação dos presos por motivos religiosos, como as Testemunhas de Jeová, que se recusavam a participar do esforço de guerra da Alemanha e a renegar sua fé — as mulheres Testemunhas de Jeová, chamadas de "papa-Bíblia", eram usadas como criadas domésticas pelos oficiais da SS. A cor azul era usada por imigrantes, e o triângulo rosa era destinado aos homossexuais do sexo masculino. O triângulo negro identificava os demais "antissociais", como alcoólatras, grevistas, feministas, entre outros. No caso dos judeus, se o prisioneiro fosse incluído em outra categoria, um dos triângulos que formavam a Estrela de Davi seria amarelo e o outro seria da cor correspondente à "infração". Um prisioneiro que fosse judeu e também estivesse preso por questões políticas usaria um triângulo vermelho e outro amarelo. Os alemães que fossem casados com judeus recebiam um triângulo negro sobre um amarelo. Letras maiúsculas sobre os triângulos indicavam a nacionalidade e, para completar a identificação, um número de série era tatuado no antebraço — o Z, por exemplo, identificava os *zigeuner*, "ciganos"; T, os *Tscheche*, "tchecos"; e assim por diante.[308]

TRIÂNGULOS ROSA

Perdidos no meio da lista confusa de inimigos do Estado alemão estavam os homossexuais, essencialmente os homens. Para eles não havia uma definição clara de "crime": eram considerados "antissociais".[309] Como a ideologia nazista acreditava que as raças inferiores se reproduziam em maior número, qualquer elemento que diminuísse o potencial reprodutivo dos alemães superiores era considerado perigoso. A "recusa à procriação" dos homossexuais era um bom motivo para a perseguição e o internamento nos campos de concentração. "Aqueles que praticam a homossexualidade privam a Alemanha das crianças que eles lhe devem", declarou Himmler em 1938. Por esse motivo, qualquer membro das SS — considerada a elite das Forças Armadas alemãs — que mantivesse relações sexuais com outro homem seria punido com a pena de morte. Em alguns casos, os nazistas faziam "uso de experimentos científicos, a fim de descobrir a origem desses 'males' e 'desvios' e a busca de uma possível cura", escreveu o pesquisador brasileiro Tiago Elídio.[310]

Em maio de 1933, estudantes liderados pela SA, tropa criada por Ernst Röhm no início do movimento nazista, na década de 1920, invadiram o Instituto de Ciências Sexuais, em Berlim. A maior parte do acervo, com mais de 12 mil livros e 35 mil fotos, foi destruída. Pouco tempo depois, Magnus Hirschfeld, um dos pioneiros do estudo científico sobre a sexualidade humana e fundador do instituto, foi assassinado pela Gestapo na França, onde se refugiara. Além de bissexual, Hirschfeld era judeu e Hitler não tinha nenhum apreço por ele: "O que esse velho porco judeu oferece é um escárnio da mais baixa espécie contra o povo".[311] A destruição do instituto e o assassinato de seu idealizador deram início à perseguição aos homossexuais e à erradicação da cultura gay na Alemanha. Em pouco tempo, a Gestapo conseguiu fechar todos os bares e casas noturnas destinadas ao público homossexual e eliminar as publicações especializadas. O que não deixa de ser inusitado é que a primeira grande perseguição aos gays no Terceiro Reich tenha sido levada a cabo por Röhm. Apesar da amizade com Hitler e com muitos do alto escalão do Partido Nazista, o fundador e líder da SA era um homossexual notório e assumido. Acusado de alta traição, em junho de 1934, na Noite das Facas Longas, Röhm foi preso pelo próprio Hitler em um hotel nos arredores de Munique e levado à prisão de Stadelhein, onde foi assassinado.

Hoje, estima-se que cerca de 100 mil homens acusados de homossexualidade tenham sido presos durante o regime nacional-socialista. A maioria dos 50 mil condenados pelos tribunais passou por um período em prisões comuns e pelo menos 10 mil encontraram a morte em campos de concentração.[312] Após o fim da guerra, devido às leis e ao preconceito que ainda vigoravam na maior parte do mundo, os que sobreviveram não puderam prestar seu testemunho ou contar o que haviam passado nos campos nazistas. Só recentemente histórias de perseguição, deportação e discriminação como as do alsaciano francês Pierre Seel e do alemão Rudolf Brazda puderam vir à tona. Seel, preso em 1941, foi levado para o campo de Schirmeck-Vorbrück, próximo a Estrasburgo, onde sofreu torturas e abusos durante seis meses, antes de ser "alistado" no Exército alemão e forçado a lutar no Front Oriental. Sobre o campo de trabalhos onde esteve, relatou: "No universo dos detentos, eu era um elemento completamente desprezível, uma minúcia ameaçada de ser sacrificada a todo o momento, sem alma, segundo as exigências aleatórias dos nossos carcerários".[313] Seel acabou prisioneiros dos soviéticos e repatriado para a França depois da guerra. Em seu país natal, a homossexualidade só deixou de ser crime em 1981. Brazda teve uma vida menos movimentada, mas não menos triste. Por manter relações homossexuais, havia sido detido duas vezes em prisões alemãs até ser exilado na Tchecoslováquia em 1938 e deportado para o campo de Buchenwald em 1942, onde permaneceu até ser libertado pelo Exército Vermelho, em 1945. Era provavelmente o último sobrevivente dos "Triângulos Rosa" quando morreu, em 2011.

GENOCÍDIO NA CHINA

Quando os japoneses invadiram a Manchúria, em 1931, eles esperavam transformar a região em produtora de alimentos para a economia doméstica. O governo em Tóquio enviou colonos para o continente, principalmente camponeses, e projetava criar 1 milhão de fazendas nos vinte anos seguintes — algo semelhante ao que os nazistas chamaram de "espaço vital", na Europa. Além de plantar, os japoneses também estavam preocupados com experimentos bacteriológicos e meios de eliminar a população chinesa. Como visto antes, a casta militar ultranacionalista que comandava o Japão também compartilhava a ideia de "higiene racial" defendida na Alemanha de Hitler. E, assim como os alemães, levou isso ao extremo. O Japão foi o único país a usar armas biológicas durante a Segunda Guerra. Em 1936, os nipônicos instalaram em Pingfang, distrito de Harbin, uma unidade especial muito semelhante aos campos de extermínio alemães. Chamada de "Unidade 731", o nome oficial do campo era "Unidade de Proteção Epidêmica

Bebê chinês na Estação Ferroviária de Xangai após o bombardeio japonês, em 1937. Mais de 15 milhões de chineses morreram na guerra com o Japão.

REPRODUÇÃO/NATIONAL ARCHIVES CATALOG

e Abastecimento de Água do Exército Guangdong". Operando sob o comando do general Shiro Ishii, a unidade contava com um exército de 3 mil cientistas e doutores das escolas de medicina japonesas, além de 20 mil funcionários nos estabelecimentos subsidiários.[314] O que acontecia na Unidade 731, porém, era hediondo. Milhares de chineses capturados foram submetidos aos mais terríveis experimentos. Verdadeiras cobaias, os prisioneiros eram expostos ao frio congelante ou postos de cabeça para baixo até entrarem em choque, tinham seus corpos cortados sem anestesia e órgãos internos removidos. O microbiologista Misaji Kitano realizou diversas experiências em seres humanos, inoculando peste bubônica, cólera, sífilis e outras doenças infecciosas. Entre 1939-40, utilizando-se do trabalho de Kitano, o general

Ishii contaminou mil poços na região de Harbin com o bacilo tifoide. Em Changchun, informou aos moradores locais que uma epidemia de cólera era iminente e que eles precisavam ser vacinados. A "vacina" produzida pela Unidade 731 continha a própria cólera. Em Nanquim, o militar japonês usou outro ardiloso artifício: forneceu guloseimas aos 6 mil prisioneiros de guerra chineses e os libertou para que voltassem para casa e espalhassem a doença.[315] Não há números precisos quanto aos mortos. Historiadores modernos acreditam que pelo menos 3 mil morreram em consequência direta dos experimentos da unidade japonesa em Harbin. Mas somente na província de Yunnan, em 1942, uma epidemia de cólera provocada pelos japoneses teria matado mais de 200 mil chineses. Com a guerra em sua fase final, em abril de 1945, havia 3 milhões de ratos alimentados e 4,5 mil máquinas funcionando 24 horas por dia para produzir bilhões de pulgas infectadas com a peste bubônica. Nobuo Kamadan, membro da Unidade 731, relatou em depoimento o que os japoneses fariam com os ratos: "Nós injetaríamos as bactérias mais poderosas nos ratos. Em um rato de 500 gramas, aplicaríamos 3 mil pulgas. Quando os ratos fossem libertados, as pulgas iriam transmitir a doença".[316] Colocados em recipientes de porcelana, os animais seriam jogados de paraquedas em cidades chinesas. Às vésperas da rendição do Japão, o campo foi desativado e os ratos se espalharam pelos campos causando a morte de mais de 20 mil manchus e chineses. Assim como muitos cientistas e intelectuais nazistas, Ishii e Kitano escaparam da justiça. Ishii convenceu os americanos da utilidade de suas experiências com humanos para o Exército dos Estados Unidos.[317] Depois da guerra, Kitano tornou-se diretor do *Green Cross Corporation*, o primeiro banco de sangue do Japão.

As atrocidades japonesas cometidas na China não se restringiram à região da Manchúria. Em julho de 1937, o Japão invadiu o território ao sul de Manchukuo, e Pequim caiu em três dias. Os nacionalistas de Chiang Kai-shek recuaram à medida que os japoneses avançavam pelo litoral em direção a Nanquim, a capital. Em agosto, a Marinha Imperial deu início ao bombardeio de Xangai. A luta pelo importante porto durou três meses, e a resistência chinesa surpreendeu o exército japonês. Mesmo assim, em dezembro os invasores se encontravam às portas de

Nanquim. No dia 13, os nacionalistas evacuaram a cidade, deixando a população civil à mercê da fúria nipônica. As tropas japonesas entraram na capital com ordens de matar todos os prisioneiros. Uma das unidades executou sozinha 15 mil chineses e outra degolou 1,3 mil. Seguiram-se decapitações, estupros e todos os tipos de atrocidades. Diversas fontes históricas divergem sobre os números de mortos. Os chineses alegam algo em torno de 430 mil, mas é provável que pelo menos 200 mil civis tenham sido executados na cidade. Curiosamente, um dos heróis do massacre, responsável pela organização de uma zona de segurança internacional em Nanquim, era John Rabe, um executivo alemão da Siemens e membro do Partido Nazista. Para Iris Chang, jornalista estadunidense e filha de imigrantes chineses na América, Rabe foi "o Oskar Schindler da China".[318] Duas semanas depois da tomada da cidade, Rabe escreveu em seu diário: "Não se consegue respirar devido à repugnância ao se deparar com os corpos de mulheres com varas de bambu enfiadas em suas vaginas. Até mulheres com mais de setenta anos estão sendo constantemente estupradas".[319] Para o alemão, a brutalidade e a bestialidade dos soldados japoneses só podiam ser comparadas aos das hordas de Gengis Khan, o cruel líder mongol do século XIII. O tratamento dispensado aos civis continuou ao longo da guerra, principalmente após a entrada dos Estados Unidos. Entre 1942-4, poucos combates foram travados entre o Exército japonês e os nacionalistas chineses que haviam se retirado para o interior do país, mas as forças nipônicas realizaram constantes expedições punitivas. Em maio de 1942, em retaliação a um ataque aéreo norte-americano a Tóquio, o Alto-Comando japonês ordenou que uma força de 100 mil soldados realizasse uma expedição às províncias de Zhejiang e Jiangxi, o que resultou em 250 mil pessoas mortas. Até 1945, a ocupação da China pelo Japão de Hiroíto custaria a vida de aproximadamente 15 milhões de chineses.

18 SHOAH

Durante as décadas de 1920-30, a comunidade judaica europeia estava em declínio e passava por problemas em diversos países, com a implementação de leis antissemitas, principalmente no Leste. Quando Hitler chegou ao poder na Alemanha, deu início à perseguição — e mais tarde, a partir de 1941, ao extermínio — sistemático dos judeus. As ideias nazistas estavam alicerçadas nas ideias racistas em voga na época e o Holocausto só foi possível, entre outras coisas, através da ação dos cientistas da SS, intelectuais e professores universitários.

No começo da década de 1930, Hitler ainda não ascendera ao poder em Berlim e o Holocausto estava longe de ser uma realidade, mas a civilização judaica estava, segundo o historiador judeu Bernard Wasserstein, "à beira de um colapso terminal".[320] Em muitas partes da Europa, estava sendo destituída de direitos civis; na Alemanha, sofria um rápido declínio demográfico. Das 2.359 comunidades judaicas dentro do Império alemão, em 1899, restavam apenas 1.611 em 1932. A queda fora acentuada na última década pré--nazismo. Em apenas oitos anos, entre 1925-33, quando Hitler chegou à chancelaria, a população judaica havia encolhido de 564 mil para 503 mil; 11%.[321] Os judeus viviam na região havia mil anos e muitos estavam tão adaptados à cultura e à história alemã que eram tão alemães quanto os próprios alemães — na verdade, como visto antes, os "judeus assimilados" faziam parte importante da elite cultural e intelectual do país. O casamento entre cristãos e judeus alcançou índices elevados, e a mobilidade social e a modernização estavam alterando a situação da comunidade religiosa judaica no começo do século XX. Só nas três primeiras décadas do século, 61 mil casamentos mistos foram registrados na Alemanha.[322] Contemporâneos chamaram isso de "suicídio racial". De todo modo, a emancipação e os direitos civis eram garantidos na Prússia desde 1812.

Problemas maiores aconteciam em outros lugares da Europa. No final do século XIX, o húngaro Theodor Herzl defendeu a ideia de criação de um Estado judeu na Palestina, que iria pôr fim aos massacres de comunidades judaicas, principalmente no Leste Europeu, mas as negociações não prosperaram. O governo britânico ofereceu uma colônia no leste da África, o que ficou conhecido como "projeto Uganda". Em 1905, depois da morte de Herzl, o Congresso Sionista criado e liderado por ele rejeitou a proposta. A Grande Guerra desencadeou uma nova onda de antissemitismo e pogroms. Na União Soviética, as comunidades judaicas entraram em rápido declínio depois da Revolução de 1917. Identificados como membros da "classe exploradora", formada por pequenos comerciantes e artesãos, seus membros foram rapidamente transformados em "destituídos". Em novembro de 1920, a Hungria criou uma lei de cotas para restringir o número de judeus nas universidades. Foi a primeira lei antissemita europeia no período imediatamente anterior à ascensão do nazismo. Na década de 1930, vários países europeus criaram ou incentivaram a criação de leis antissemitas. Em 1934, a Romênia, que tinha uma população judaica de 850 mil pessoas, limitou o emprego de semitas em fábricas do país. Em quase todo o continente Europeu, os judeus estavam sendo destituídos dos diretos civis e estavam se transformando em párias. Na própria comunidade não havia comunhão. A política judaica nesse período foi caracterizada por ser, segundo Wasserstein, "altamente faccionada, turbulenta e intransigente". Não foram raras as vezes que os partidos políticos judaicos criaram milícias uniformizadas e usaram da força contra seus oponentes também judeus. Em 1923, quando os sionistas poloneses celebraram a inauguração da Universidade Hebraica, os judeus comunistas receberam instruções para tumultuar o evento. Moshe Zalcman, que estava com os vermelhos, não entendeu por que deviam se opor a uma universidade judaica. "Emergimos da luta física e moralmente machucados", escreveria ele mais tarde.[323] As ideias sionistas, aliás, não diferiam muito daquelas dos teóricos racistas alemães, como Hans Günther. O judeu-alemão Arthur Ruppin acreditava que o povo judeu era racialmente diferente e que não pertencia à Europa, assim como não deveria ser assimilado por ela. Para ele, os judeus, tal como os árabes, pertenciam à Palestina.[324] E foi para lá que ele direcionou seus esforços de emigração judaica — Ruppin ficou conhecido como "o pai do assentamento sionista".

Em 1939, às vésperas da Segunda Guerra, viviam na Alemanha, na Áustria e no Protetorado da Boêmia e Morávia — a "Grande Alemanha" de Hitler — apenas 345 mil dos mais de 9,7 milhões de judeus europeus. Era na Polônia que estava a maior comunidade judaica do continente, com 3,2 milhões de pessoas. Somente na capital, Varsóvia, viviam 380 mil, mais do que todos os judeus da Alemanha juntos. E, ainda que a maioria considerasse o país seu lar, eles estavam em um grau considerável de isolamento da população do ponto de vista religioso, socioeconômico e político. Mesmo que condenando os ataques a judeus, o Partido Socialista polonês apoiava a emigração judaica. E o Partido dos Camponeses declarou, em 1935, que os judeus eram uma "nação estrangeira". Em 1937, o líder do Partido Conservador, Janusz Radziwiłł, preconizou a "emigração forçada de judeus", e os socialdemocratas os encaravam como "sublocatários" do solo polonês, chegando a defender sua completa eliminação da sociedade polonesa.[325] De fato, mesmo depois dos horrores do Holocausto, os poloneses realizaram atos antissemitas, como os de Kielce, em que foram assassinados 42 sobreviventes dos campos de concentração — em toda a Polônia, a onda antissemita pós-libertação resultou em mais de 350 mortes. Como definiu o historiador britânico Eric Hobsbawm, os poloneses eram, "em sua maioria, antialemães e antirrussos, e também antissemitas".[326]

Para Wasserstein, o antissemitismo nazista diferia do antissemitismo do restante da Europa por sua brutalidade radical e sistematização burocrática, mas não em suas origens. O sucesso do ataque nazista aos judeus requereu não apenas a participação ativa de uma minoria fanática, mas também a aquiescência de uma maioria indiferente. Os discursos de Hitler e a propaganda nacional-socialista divulgaram, ampliaram e justificaram a perseguição aos judeus, mas não criaram o antissemitismo; ele já existia, não somente na Alemanha, mas também em toda a Europa. Infelizmente para os judeus, Hitler plantou em solo fértil. "A estrada para Auschwitz", como definiu o historiador Ian Kershaw, "foi construída com ódio e pavimentada com a indiferença."

INTELECTUAIS E CIENTISTAS NA SS

Quando Hitler prestou o juramento oficial como Chanceler da Alemanha, em 30 de janeiro de 1933, a SS de Heinrich Himmler tinha mais de 200 mil membros. Um número espantoso, se levado em conta que dez anos antes a chamada "Tropa de Proteção" — *Schutzstaffel*, em alemão, daí SS — não passava de um grupo menor dentro da "Tropa de Assalto" nacional-socialista — *Sturmabteilung*, ou SA. Ex-estudante de agricultura e criador de galinhas, Himmler transformou a SS em uma máquina mortífera eficientíssima a serviço do Partido Nazista, suplantou e derrubou a SA, cujos símbolos eram a caveira e as runas *sigel*, que representavam o sol e a vitória, transformando-a na mais poderosa organização político-militar do Terceiro Reich. Assim, a suástica e a SS passaram a ser símbolos onipresentes na Alemanha.

Mas ainda que a ideologia da superioridade racial germânica e todas as suas implicações para com alemães e não alemães partissem de Himmler e seus teóricos do Gabinete Central para Raça e Reassentamento, os detalhes técnicos e burocráticos e a eficiência na organização da SS foram fundamentalmente estabelecidos por Reinhard Heydrich, um ex-oficial da Marinha que se juntara aos nazistas em 1931, após ser expulso da força naval alemã por comportamento inadequado. O célebre romancista alemão Thomas Mann alcunhou Heydrich, não por simpatia, de "o carrasco de Hitler." Os tchecos, mais pragmáticos, o chamavam de "o açougueiro de Praga." Sua história e biografia, no entanto, receberam uma atenção incrivelmente modesta na extensa literatura sobre o Holocausto. Provavelmente porque seu assassinato, em 1942, tenha-o livrado dos julgamentos no pós-guerra e da comoção popular com a descoberta dos campos de extermínio na Europa Central. A grande repercussão midiática do julgamento de Adolf Eichmann em Israel, em 1961, terminou por ofuscar a personalidade e a importância de Heydrich (que era o superior de Eichmann) na organização e na logística no assassinato em massa de judeus e outras minorias.

Diferente do grupo que compunha o alto escalão do Partido Nazista, em sua maioria, homens sem formação superior, vindos das classes baixa e média da Alemanha pós-Grande Guerra, a elite da SS e do SD, o Serviço de Segurança — que era responsável, entre outros setores, pela

Gestapo, a Polícia Secreta —, depois transformado em RSHA, o Gabinete Central de Segurança do Reich, dirigido por Heydrich, era composta por homens com excelente formação acadêmica e intelectual, com doutorado em várias ciências humanas, principalmente em história, geografia, sociologia, etnologia e medicina, e em universidades respeitadas, como Leipzig, Munique, Heidelberg e Göttingen. Ou seja, os mentores de um dos maiores genocídios da história, com participação significativa na orquestração das políticas raciais e no Holocausto, não eram pessoas despreparadas ou alienadas. Especialistas militantes e cientistas engajados, esses intelectuais encontraram uma instituição que lhes permitiu "aliar rigor científico a exigências da militância nazista elitista encarnada na SS", definiu o historiador francês Christian Ingrao.[327] E não obstante a especialização em suas áreas de pesquisa e o trabalho em universidades, laboratórios ou organizações nazistas, muitos membros importantes na hierarquia da SS atuaram efetivamente na linha de frente, nos *Einsatzgruppen*, os grupos de operações especiais ou "forças-tarefas" móveis, conhecidos como "esquadrões da morte", responsáveis pela identificação e pelo extermínio de judeus, ciganos e a intelligentsia local dos países do Leste invadidos pela Wehrmacht. O economista e cientista político Otto Ohlendorf, um dos líderes do SD, por exemplo, atuou como chefe do *Einsatzgruppe D*, que operou impiedosamente contra os judeus na Ucrânia e na Crimeia, sendo responsável direto pelos assassinatos. O jurista Bruno Müller chegou a matar, com as próprias mãos, uma mulher e seu bebê à guisa de demonstração perante a tropa reunida. O professor e historiador Hans-Joachim Beyer pregou o antissemitismo na universidade e atuou no *Einsatzgruppe C*, que agiu na Ucrânia. E, apesar das atuações no Holocausto, não foram raros os que escaparam da justiça no pós-guerra. Dos 24 líderes de esquadrão, catorze foram condenados à morte, mas apenas quatro foram executados; a maioria teve a pena comutada. Martin Sandberger, líder de um grupamento do *Einsatzgruppe A*, que operou na Letônia, morreu aos 98 anos, em 2010, sem pagar pelos crimes cometidos. Esses homens de ciência, em grande parte filhos da Alemanha derrotada na Grande Guerra, sistematizaram uma ideologia racista e preconceituosa e a transformaram no ideal de uma geração, colocando suas capacidades intelectuais a serviço de uma ideologia criminosa.

SHOAH

Sob a proteção da ciência e aproveitando-se da fragilidade política dos judeus-alemães e europeus, Hitler não esperou muito para dar início a sua luta contra o que considerava uma "praga". Em 1º de abril de 1933, apenas três meses depois de assumir o controle político da Alemanha, o governo nazista patrocinou um boicote nacional ao comércio de judeus que foi seguido pelo expurgo do serviço público. Em 15 de setembro de 1935, durante o congresso anual do Partido Nazista, que ocorria em Nuremberg, na Baviera, o Führer promulgou o mais importante conjunto de deliberações raciais e antissemitas do país até então, as chamadas Leis de Nuremberg. Elas privavam o judeu da cidadania alemã, proibiam o casamento com alemães arianos, a raça pura e superior, conforme a doutrina nazista, e definiam o que seria um "judeu pleno" e alguém com sangue judeu misturado — os denominados *Mischlinge*, os "mestiços" ou meio-judeus. Os judeus plenos eram aqueles com todos os quatro avós judeus. Para os mestiços, havia dois graus. No primeiro grau, estavam aqueles que tinham apenas dois avós judeus, que não eram casados com judeus plenos e não frequentavam uma congregação judaica. No segundo, quem tivesse apenas uma avó ou avô judeu. Já com a Segunda Guerra em andamento, os nazistas ampliariam o conceito de meio-judeu, e mesmo os peritos da SS não concordavam com algumas definições ou questionavam até que geração o sangue judeu ainda poderia ser considerado "contaminador". Em 1937, eles realizaram um estudo sobre a "desjudificação da Alemanha" por meio de emigração de judeus alemães para países fora da área de influência germânica e que tivessem "baixo nível cultural". Entraram na lista de possíveis áreas de assentamento Madagascar, na África, Equador e Colômbia, na América do Sul, e a Palestina, no Oriente Médio.[328] O projeto mostrou-se inviável, mas as restrições ao comércio e perda dos direitos civis fez com que muitos alemães emigrassem voluntariamente da Alemanha — pelo menos os que tinham condições para tal; na Áustria, cerca de 135 mil judeus deixaram o país, espoliados de suas joias, dinheiro e outros bens, principalmente após os pogroms de novembro de 1938 e a chamada "Noite dos Cristais", quando sinagogas e estabelecimentos judaicos foram incendiados e destruídos em toda a

Alemanha. Mas a emigração forçada atingiu apenas parte dos objetivos nazistas. Quando a Segunda Guerra teve início e a Wehrmacht passou a ocupar um após outro os países do Leste Europeu, a SS se chocou com uma imensa comunidade judaica que não podia apenas ser expulsa dos territórios conquistados. Guetos e campos de concentração não eram satisfatórios para acomodar um número gigantesco de pessoas, e assassinar a tiros tornara-se um método moroso e insuficiente, além de traumatizante para os soldados envolvidos. Os nazistas chegaram à conclusão de que era preciso eliminar os judeus e outros indesejáveis de maneira mais rápida e eficiente.

Em 31 de julho de 1941, Heydrich recebeu ordens de Hermann Göring para encontrar meios e preparar uma "solução completa para a Questão Judaica". A missiva ordenava ainda que o líder do RSHA deveria entregar, o mais rápido possível, um plano geral com as medidas necessárias. Enquanto Heydrich preparava uma estratégia, nos campos de concentração a SS trabalhava para encontrar um meio de matar uma quantidade maior de indivíduos considerados descartáveis. Em setembro de 1941, o Zyklon B, nome comercial do gás obtido a partir do ácido cianídrico, foi usado pela primeira vez em prisioneiros de Auschwitz — segundo alguns historiadores, o gás letal já havia sido testado em crianças ciganas tchecas em 1940.[329] Em dezembro de 1941, um grupo de setecentos judeus da vila de Kolno, na Polônia ocupada, foi transportado em caminhões para Chełmno, a trezentos quilômetros de Varsóvia. Oitenta deles foram transferidos para um veículo especial, que se dirigiu a uma floresta vizinha. Ao final da jornada, estavam todos mortos, gaseados pelo escapamento canalizado para o interior do veículo — uma "van com gás" fora utilizada dois anos antes para executar poloneses com doenças mentais.[330] Os nazistas haviam inventado um novo método de matar.

Em 20 de janeiro de 1942, com a Alemanha vencendo a guerra em quase todas as frentes, Heydrich reuniu em um antigo palacete às margens do lago Wannsee, em Potsdam, duas dezenas de veteranos da burocracia nazista, funcionários do partido e oficiais de alta patente da SS. O objetivo da conferência era definir uma posição comum entre as diversas autoridades do Reich de Hitler e delinear a "Solução Final". A linguagem codificada e eufemística usada em Wannsee atentou para duas questões fundamentais: o destino dos judeus e se os meio-judeus e judeus em casamento privilegiado com alemães deveriam ou não ser incluídos no projeto de extermínio. Não houve consenso quanto a este último ponto, mas definiram-se prioridades. Todos os judeus capturados nos países ocupados, na Europa ocidental, na região Sul e nos Bálcãs seriam deportados para o Leste e usados no trabalho escravo. Na indústria, eles seriam "eliminados por causas naturais", de exaustão e fome. *Arbeit macht frei*, "O trabalho liberta", frase usada pela primeira vez como letreiro no campo de concentração de Dachau, próximo a Munique, seria a saudação de outros KZs, incluindo o de trabalho escravo e extermínio de Auschwitz, na Polônia. A expressão tinha sido usada no século XIX pelo filologista alemão Lorenz Diefenbach com a ideia de que seria possível transformar degenerados socialmente em indivíduos com virtude. Mas os nazistas não desejavam regenerar pessoas. E os "elementos resistentes" ou inúteis para o trabalho deveriam ter um "tratamento especial": as câmaras de gás. Heydrich estimou que 11 milhões seriam deportados para o Leste e a Europa seria "purificada dos judeus".[331] A Solução Final estava em andamento, mas seu principal arquiteto não veria os resultados. Quatro meses depois de Wannsee, dois tchecos assassinaram Heydrich em um atentado em Praga. Em sua homenagem, a operação de extermínio que se seguiria recebeu o nome de Operação Reinhard.

Em julho de 1942, Himmler visitou o complexo de Auschwitz e presenciou todo o novo processo adotado nos campos da morte. Tudo foi sistematicamente planejado, desde a seleção das vítimas nas rampas de acesso, após a chegada dos prisioneiros, passando pelas câmaras de gás, onde eram mortos, até os crematórios, onde os corpos eram incinerados. Satisfeito com os resultados, ordenou a expansão do complexo, que trabalhando intensamente deveria matar 10 mil pessoas por dia — o complexo de Auschwitz contava com mais de quarenta subcampos e inúmeras indústrias alemãs que se utilizavam do trabalho escravo de mais de 40 mil prisioneiros. A *Shoah*, "catástrofe", como os judeus chamam o Holocausto, estava apenas começando. O maior campo de extermínio da Europa só seria libertado pelos russos em janeiro de 1945. Os soviéticos encontraram quase 8 mil prisioneiros em Auschwitz — outros 50 mil haviam deixado o campo depois da fuga dos nazistas —, 368 mil paletós masculinos, 836 mil casacos e vestidos femininos e sete toneladas de cabelo. Estima-se que pelo menos 1,1 milhão de pessoas tenham sido assassinadas no KZ. Dessas, cerca de 1 milhão eram judeus. Foram assassinados ainda 21 mil ciganos, 70 mil poloneses, 7,5 mil prisioneiros de guerra soviéticos e aproximadamente 10 mil prisioneiros políticos. Entre outubro de 1941 e janeiro de 1945, os seis campos de extermínio — Auschwitz, Bełżec, Chełmno, Majdanek, Sobibor e Treblinka — foram responsáveis, juntos, pelo assassinato de 2,7 milhões a 3,2 milhões de pessoas. Quando a Segunda Guerra terminou, entre 5,2 milhões e 6 milhões de judeus estavam mortos, vítimas dos pogroms, das execuções dos *Einsatzgruppen* ou dos campos da morte. O Yad Vashem, a Autoridade de Recordação dos Mártires e Heróis do Holocausto, conseguiu identificar 4,7 milhões de nomes.[332]

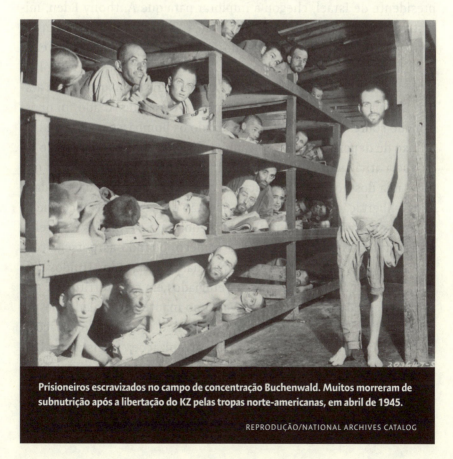

Prisioneiros escravizados no campo de concentração Buchenwald. Muitos morreram de subnutrição após a libertação do KZ pelas tropas norte-americanas, em abril de 1945.

REPRODUÇÃO/NATIONAL ARCHIVES CATALOG

COLABORAÇÃO E INDIFERENÇA

Desde agosto de 1941, os ingleses sabiam que os nazistas estavam matando milhares de pessoas no Leste — mensagens da máquina Enigma alemã, interceptadas e decifradas pelo projeto Ultra, não deixavam dúvidas do que ocorria. Churchill falou aos britânicos pelo rádio "que regiões inteiras estavam sendo despovoadas", e até Anne Frank, na Holanda, escreveu em seu diário sobre "os mortos por gás". Em dezembro de 1942, uma declaração conjunta dos Aliados — Reino Unido, Estados Unidos e União Soviética — foi divulgada: Hitler estava colocando em prática "a intenção muitas vezes repetida [...] de exterminar os judeus da Europa".[333] Na prática, nada foi feito para impedir a matança. Em 1944, sabia-se que o destino das deportações era Auschwitz. O líder judeu Chaim Weizmann, mais tarde primeiro presidente de Israel, chegou a implorar para que Anthony Eden, ministro das Relações Exteriores britânico, e Churchill interviessem em favor dos judeus húngaros, dando ordens para o bombardeamento das linhas férreas que levavam ao campo. Apesar das inúmeras solicitações, nem a RAF nem a Força Aérea americana se dispuseram a atacar. Depois da Segunda Guerra, quando o comando Aliado foi questionado sobre o fato de não ter realizado os bombardeios e impedido o fluxo de deportados para os campos de extermínio, a explicação foi de que a atividade militar era mais importante. Churchill alegou que não sabia dos horríveis massacres e que só se deu conta da realidade após a libertação dos campos — o que não era verdade. Parece que os judeus sempre foram um problema menor para os Aliados — o velho antissemitismo europeu. Desde o começo, quando as perseguições tiveram início, tanto a Grã-Bretanha quanto os Estados Unidos dificultaram ao máximo a entrada de refugiados em seus territórios. Anthony Eden odiava os judeus. O Vaticano manteve-se calado mesmo quando Hitler tomou Roma, em 1943, e deu início às deportações. A Santa Sé também se envolveu com organizações fascistas no Leste Europeu, primando por suas ligações anticomunistas, não ligando para o antissemitismo de seus líderes e membros, além de financiar a fuga de nazistas para a América no pós-guerra. O pequeno estado católico associou-se ainda aos bancos suíços em transições que envolviam ouro roubado dos judeus e usados pela Alemanha em negociações internacionais. Nem mesmo alguns generais Aliados que tiveram contato direto com os campos da morte e presenciaram os horrores perpetrados, como o celebrado general Georg Patton, deram muita importância ao que ocorria com os judeus. "São inferiores aos animais", disse ele.[334] Em uma pesquisa de opinião pública realizada pelos norte-americanos no final de 1945, 20% dos entrevistados concordavam com Hitler quanto ao tratamento dado aos judeus. Outros 19% se diziam favoráveis, embora acreditassem que os alemães tivessem ido longe demais.[335]

O mais inacreditável, no entanto, é que alguns judeus dentro da Alemanha conseguiram escapar à perseguição e à deportação nazista ajudando o regime de Hitler. Ao final da Segunda Guerra, um pequeno grupo deles se encontrava em Berlim, no campo de triagem de Schulstrasse. Eram meio-judeus e judeus privilegiados, salvos por terem cidadania estrangeira de países neutros ou por terem organizado os Jogos Olímpicos de Berlim em 1936.[336] O responsável pela construção da Vila Olímpica e pela organização do evento foi o capitão Wolfgang Fürstner. Neto de judeus, ele cometeu suicídio apenas três dias após o fim do evento olímpico, quando soube que seria expulso da Wehrmacht devido à ascendência judaica. Atletas judeus como a esgrimista e medalhista de prata Helene Mayer e o jogador de hóquei no gelo Rudi Ball também competiram pela Alemanha nazista e pela supremacia da raça ariana.[337]

Judeus não apenas financiaram, contribuíram com a organização ou participaram das Olimpíadas, como também ajudaram a caçar e matar outros judeus. Stella Goldschlag era um dos quase vinte "apanhadores" de Berlim, responsáveis por identificar judeus escondidos e denunciá-los às autoridades. Bonita, loura e de olhos azuis, Goldschlag, era chamada de "veneno loiro". Através de suas informações, a Gestapo teria capturado entre 2 mil e 3 mil judeus. Apesar do acordo de segurança, os pais da espiã também foram deportados para o campo de concentração de Theresienstadt e mais tarde para Auschwitz, onde foram assassinados. O mesmo destino teve seu esposo, Manfred Kübler. Ainda assim, Goldschlag continuou colaborando com a Gestapo até 1945. Presa e condenada, ela cumpriu a pena, converteu-se ao cristianismo e morreu em 1994, provavelmente tendo cometido suicídio. O tenente da SS Fritz Schweritz, judeu e membro do Partido Nazista, controlava o campo de concentração de Lenta, próximo a Riga, na Letônia. Assassinou centenas de judeus e estuprou várias mulheres. O meio-judeu e marechal de campo Erhard Milch sabia não apenas dos campos de concentração, como do que se passava neles, principalmente quanto aos experimentos realizados em Dachau, pelo que tinha especial interesse.[338] Quando foi levado a julgamento, em 1946, repetiu o que muitos afirmaram: jurou que não sabia de nada.

19 SOLDADOS, ALIADOS OU INIMIGOS

Os norte-americanos achavam que soldados negros eram incapazes de lutar como os brancos; na Aeronáutica eles eram ridicularizados e na Marinha, proibidos. Judeus lutaram na SS, a elite nazista, assim como soldados russos (e minorias étnicas do Leste) lutaram no Exército Alemão. A Espanha, que era um país neutro, enviou soldados voluntários para lutar ao lado de Hitler, assim como fizeram os franceses, os holandeses e os escandinavos.

Durante a Segunda Guerra, uma imensa força-tarefa foi mobilizada pelos exércitos em combate. A maioria dos países beligerantes convocou cerca de 20% de sua população a participar das operações militares, mas em alguns casos — como a Alemanha —, esse número chegou a mais de um quarto da população. A fronteira entre quem era aliado ou inimigo, porém, era tênue, ambígua e confusa. O surpreendente caso do soldado coreano Yang Kyoungjong representa muito bem a situação extrema a que muitos homens e algumas mulheres foram submetidos.[339] "Alistado" pelo Exército japonês em 1938, Kyoungjong lutou na Manchúria, ao norte da China, até ser preso pelos russos e enviado a um campo de trabalhos forçados na Sibéria. Em 1942, com a pressão nazista sobre a União Soviética, ele foi incorporado ao Exército Vermelho. No ano seguinte, Kyoungjong foi preso pelos alemães na Frente Oriental, atravessou a Europa e foi levado a lutar pela Wehrmacht na França ocupada. O jovem coreano foi preso pelos Aliados na invasão da Normandia, em junho de 1944, e levado à Inglaterra, de onde partiu para os Estados Unidos. Kyoungjong lutou em três teatros de operações e em três exércitos distintos; com o Guangdong — o Exército japonês na Manchúria —, com os comunistas — o Exército Vermelho — e, por último, com os nazistas — a Wehrmacht. Não foi caso único, ainda que um dos mais singulares.

SOLDADOS, ALIADOS OU INIMIGOS

A WEHRMACHT

Para Hans Günther, o perito em "raça nórdica" e mentor de Himmler, o germânico autêntico devia ser "louro, alto, dolicocéfalo, rosto estreito, queixo bem desenhado, nariz fino e bem alto, cabelos claros e não cacheados, olhos claros e fundos, pele de um branco rosado".[340] Era algo fora da realidade mesmo para alemães que tinham ancestrais há séculos vivendo no território da Alemanha moderna. Nem mesmo a elite do Partido Nazista, para quem Günther trabalhava como teórico oficial, correspondia a essas características físicas — ou "raciais", para usar o termo da época. Esse estereótipo, no entanto, permaneceu sendo perseguido nas Forças Armadas do país, principalmente da Waffen-SS, até a eclosão da guerra. O número insuficiente de soldados na Alemanha e a necessidade de se ter cada vez mais combatentes fez com que os 18 milhões de homens que vestiam o uniforme alemão no auge da Segunda Guerra viessem de diversos países, pertencentes a povos com características muito diferentes das exaltadas pelos nazistas. Somente para a invasão da União Soviética, a grande cartada de Hitler durante o conflito, em 1941, os alemães mobilizaram mais de 4 milhões de soldados, dos quais pelo menos 950 mil provinham de países aliados — exércitos formados por divisões romenas, italianas, húngaras, eslovacas e finlandesas. Dois anos mais tarde, quando o Exército Vermelho começou a expulsar a Wehrmacht da Rússia, um soldado soviético escreveu à esposa sobre a "gangue de Hitler": "Enquanto marchamos sempre encontramos enormes grupos de húngaros, romenos, italianos e alemães capturados. [...] Eles usam botas do exército, alguns com galochas de palha, uniformes de verão, só uns poucos vestem sobretudos, e por cima de tudo usam as roupas masculinas e femininas que roubaram. Na cabeça portam bonés com xales de mulher enrolados por cima. Muitos têm os membros enregelados; estão sujos e com piolhos".[341]

Desde 1940, a Wehrmacht passara a ser um exército multiétnico, com louros, morenos e amarelos, caucasianos e asiáticos — espanhóis, russos, franceses, portugueses, inclusive judeus. Quando a França caiu em maio daquele ano, os soldados franceses, sobre os quais o oficial alemão Tassilo von Bogenhardt disse serem admiradores e respeitadores da pátria francesa "tanto quanto detestavam os comunistas", alistaram-se em grande número para lutar em favor da Alemanha. A primeira manifestação de apoio surgiu com a *Légion des Volontaires Français contre le Bolchévisme* — ou simplesmente LVF, "Legião dos Voluntários Franceses contra o bolchevismo" —, com cerca de 6,5 mil membros. Mais tarde surgiu a Divisão SS *Charlemagne* — "Carlos Magno", o nome do rei dos francos e imperador do Sacro Império Romano-Germânico, no século IX. Em 1945, enquanto Berlim caía diante do Exército Vermelho, uma das duas últimas condecorações da Cruz de Cavaleiro da Cruz de Ferro foi concedida a um voluntário francês da SS, Eugene Vaulot, que destruíra seis tanques russos.[342] Com seus países ocupados, belgas, flamengos e holandeses também se alistaram, servindo como voluntários nas legiões da SS *Wallonie*, *Flamand* e *Westland*. Na Quinta Divisão de Granadeiros Panzer SS, a *Wiking*, serviram dinamarqueses, noruegueses, suecos, finlandeses e estonianos. Até a neutra Espanha enviou combatentes para lutar ao lado dos alemães. A *División Azul* espanhola, composta por voluntários partidários do ditador Francisco Franco, foi criada logo após a invasão da URSS em 1941. Os primeiros 18 mil soldados da unidade eram em sua maioria estudantes universitários falangistas e veteranos da Guerra Civil (1936-9), mas até uns poucos portugueses salazaristas se alistaram. Franco reafirmava assim sua luta contra o comunismo e retribuía o apoio de Hitler à causa fascista na Espanha. Comandados pelo general Agustín Muñoz Grandes — que mais tarde, depois da Segunda Guerra, serviria Franco como vice-primeiro--ministro do país e ministro do Exército —, os espanhóis foram treinados na Baviera, incorporados à Ducentésima Quinquagésima Divisão de Infantaria e enviados à frente de Novgorod, na Rússia. Defendendo o setor sul de Leningrado, junto ao rio Ijora, a *División Azul* perdeu mais de 2,5 mil homens em um único dia.[343] O general Emilio Esteban Infantes substituiu Muñoz Grandes, tendo mais tarde recebido a Cruz de Cavalheiro da Cruz de Ferro.

No estágio final da guerra, metade das divisões Waffen-SS, as unidades mais ideologicamente ligadas ao nazismo, era formada por estrangeiros: 50 mil holandeses, 40 mil belgas, 20 mil franceses e 100 mil ucranianos.[344] Duas divisões, a Décima Terceira e a Vigésima Terceira, eram compostas principalmente por muçulmanos. A Décima Terceira

SOLDADOS, ALIADOS OU INIMIGOS

Divisão de Montanha, chamada de *Handschar* — do bósnio-croata para "cimitarra" —, criada em outubro de 1943 na Iugoslávia, era constituída por mais de 20 mil muçulmanos bósnios.[345] Foi a maior divisão da SS durante a Segunda Guerra. Himmler os descreveu como "alguns dos mais honrados e sinceros seguidores do Führer Adolf Hitler, devido ao seu ódio contra o inimigo comum judeu-anglo-bolchevique".[346] De fato, duas escolas chegaram a ser abertas em Dresden e Berlim com a finalidade de aproximar os ideais nazistas e islâmicos.

Até mesmo entre os dois grandes inimigos nazistas, a Grã-Bretanha e o Exército da União Soviética, apareceram colaboradores. Entre os ingleses, o fascista John Amery, cujo pai trabalhava no corpo administrativo de Churchill e a avó era uma judia-húngara, organizou o Corpo de Voluntários Britânicos — depois chamado de Corpo de Britânicos Livres —, composto por um punhado de prisioneiros ingleses, e que atuava junto de uma unidade da Waffen-SS. Amery havia lutado com Franco na Espanha e estava na França na época da invasão alemã. Com a permissão de Hitler, da Alemanha ele fez uma série de transmissões radiofônicas incitando os britânicos a se juntar ao nazismo numa cruzada contra o comunismo. Depois da guerra, ele foi julgado e condenado à forca. Do lado soviético, os alemães conseguiram cooptar um número bem maior de soldados: eram os chamados *hiwis* — de *Hilfswilliger*, "voluntários". O major-general Andrey Vlasov, condecorado como herói da defesa de Moscou em 1941, fora abandonado por Stálin em meio a uma batalha nas proximidades de Demyansk, em julho de 1942. Ressentido, ele se rendeu aos alemães em Vinnitsa. Considerado "traidor da pátria", Vlasov aceitou organizar um exército russo antistalinista, o *Russkaia Osvoboditelnaia Armia* — "Exército Russo de Libertação" — e almejou comandar seis ou até mesmo dez divisões de voluntários soviéticos que eram prisioneiros em campos de concentração. Não logrou sucesso por influência direta de Hitler, mas reuniu cerca de 150 mil homens. Ao todo, os "soldados orientais" da Wehrmacht compunham 176 batalhões e 38 companhias independentes. Uma miscelânea; além de russos e ucranianos, havia "turcos da Rússia", tártaros, armênios, azerbaijanos, georgianos, letões, estonianos, lituanos, finlandeses e calmuques, entre outros.[347] Os cossacos, hábeis cavaleiros das estepes da Ucrânia e do sul da Rússia, também lutavam "contra o bolchevismo" sob a liderança do general Helmuth von Pannwitz, mas se negaram a ter qualquer relação com as tropas de Vlasov. Por ideia de Himmler, a Primeira Divisão do Exército Russo de Libertação foi enviada para a frente do Oder, na tentativa de conter o avanço do Exército Vermelho que se aproximava de Berlim. Em fevereiro de 1945, o comandante de um batalhão e mais quatro homens receberam a Cruz de Ferro, de segunda classe, e o líder da SS enviou congratulações aos russos, que haviam "lutado extremamente bem", com "entusiasmo e fanatismo", ao lado dos alemães. Dois meses depois, em maio, enquanto dava apoio aos tchecos em uma luta por libertar Praga de mãos alemãs, Vlasov foi aprisionado. Seu ato de arrependimento de nada lhe valeu; ele foi enviado para a prisão de Lubianca, onde foi longamente torturado e executado a mando de Viktor Abakumov, o chefe da SMERSH, o serviço de contraespionagem soviético. Mais de 20 mil *vlasovtsi*, como eram chamados seus soldados, também foram deportados para a Rússia.[348] Von Pannwitz e seus cossacos da Décima Quinta Divisão tiveram o mesmo fim.

O mais surpreendente dos casos, no entanto, foi a presença de judeus na Wehrmacht. Muitos eram mestiços e sequer sabiam do passado judeu, mas outros o faziam por convicção. Não era apenas por uma questão de "única maneira de sobreviver", como imaginado após o conflito. Antes da guerra, muitos queriam, de fato, participar do movimento nazista. Werner Warmbrunn, um adolescente judeu de Frankfurt, era amante de um membro da Juventude Hitlerista e apaixonado pelo teólogo judeu ultranacionalista e monarquista Hans-Joachim Schoeps, também homossexual. Warmbrunn escreveu mais tarde que "acreditava/compartilhava algumas das opiniões nazistas a respeito dos judeus" e que "teria dado muita coisa para [se] tornar um oficial do Exército alemão". Max Naumann, ex-oficial do Exército e advogado em Berlim, líder de uma organização judaica criada em 1921 que tentava conciliar judaísmo e o nacionalismo alemão, acreditava que os judeu-alemães faziam parte de uma das antigas tribos germânicas. Em 1935, quando os judeus foram excluídos da nova Wehrmacht, Schoeps e Naumann ficaram chocados. E, mesmo depois da promulgação das Leis de Nuremberg, Schoeps escreveu que se sentia mais perto de Hitler que de Mussolini, Laval ou Baldwin, políticos de Itália, França e Inglaterra. "O nacionalismo exagerado", afirmou um historiador judeu, "era uma característica judaica comum em toda a Europa.[349]

Não obstante a expulsão dos judeus das Forças Armadas alemãs e que eles fossem malvistos na Alemanha depois da ascensão de Hitler, um grupo fez de tudo para continuar atuando ou para entrar nas instituições militares nazistas; e, apesar das dificuldades, muitos conseguiram — um pequeno grupo com a anuência do próprio Hitler, que concedia autorização especial às "pessoas arianizadas", a "judeus protegidos" ou aos "arianos honorários". O historiador estadunidense Bryan Rigg afirmou que mais de 150 mil militares judeu-alemães foram membros ativos na Wehrmacht, na SS ou na Waffen-SS entre 1935-45. Destes, aproximadamente 60 mil eram meio-judeus. A história de pelo menos 1.671 é muito bem documentada. Nada menos que quinze tenentes, três capitães, cinco majores, um coronel e um almirante eram judeus; e 38 tenentes, nove capitães, cinco majores, quinze coronéis, onze generais, três almirantes e um marechal de campo eram meio-judeus. Havia ainda muitos oficiais um quarto-judeus — com apenas um avô judeu —, entre eles, nove generais, três almirantes e 24 coronéis. 44 deles receberam a Cruz de Ferro; um, a Cruz de Prata Alemã; dezenove, a Cruz de Ouro Alemã; e nada menos que quinze, a Cruz de Cavaleiro da Cruz de Ferro, uma das mais altas condecorações militares alemãs. [350]

No Exército, o meio-judeu Werner Goldberg foi, inclusive, usado como propaganda em jornais, em 1939, como "o soldado alemão ideal". A morte do capitão Klaus von Schmeling-Diringshofen na Polônia foi descrita como a "morte de herói", e ele foi enterrado com honras militares e com a suástica sob o caixão — o próprio Hitler havia interferido em seu favor. O Führer também "arianizou" o general Hans-Heinrich Sixt von Armin, um quarto judeu, que lutou e seria aprisionado em Stalingrado. Na Marinha, "o mais loiro que qualquer ariano" Helmuth Schmoenckel foi comandante de submarino U-802, enquanto o almirante Bernahrd Rogge comandou o grupo Rogge, que incluía o couraçado *Schlesien*, o cruzador *Leipzig* e o cruzador pesado *Prinz Eugen*, em que tremulava seu estandarte — o almirante foi o mais bem-sucedido comandante alemão de ataque em superfície, com 22 embarcações aprisionadas durante a guerra. Na Força Aérea, o piloto Sigfried Simsch derrubou 95 aeronaves inimigas, tornou-se ás e recebeu a Cruz de Cavaleiro. Erhard Milch, cujo pai era judeu, chegou ao posto de marechal de campo na Luftwaffe, a mais alta patente alcançada por um alemão de origem judaica durante a Segunda Guerra. Quando da tentativa de assassinato de Hitler, em 1944, Milch enviou um telegrama ao Führer agradecendo "a misericordiosa Providência" pela vida do ditador.[351] Outros, mesmo servindo ao nazismo, foram mais humanos. O cabo da Wehrmacht Fritz Steinwasser, um-quarto judeu, revelou o que sentiu ao assistir à SS assassinar um grupo de judeus letões: "Olhei nos olhos do meu povo. Ali, nos últimos minutos de suas vidas. Fiquei chocado. Meu coração sangrou".[352]

Marechal do ar da Luftwaffe, o meio judeu Erhard Milch (1892-1972), visto aqui durante seu julgamento em Nuremberg, em 1947, sabia dos crimes cometidos nos campos de concentração.

REPRODUÇÃO/NATIONAL ARCHIVES CATALOG

Além dos judeus, outro grupo perseguido pelos nazistas também participou do esforço de guerra alemão, embora a identificação não seja tão clara, já que a presença deles no Exército se deu por coação, e poucos casos sejam conhecidos. A história de Pierre Seel, que vivia em Mulhouse, na Alsácia-Lorena, é uma das poucas que vieram a público. Homossexual, ele foi preso em 1941 e levado para um campo de concentração próximo a Estrasburgo. Com a necessidade cada vez mais crescente de soldados, os alemães libertaram o jovem francês com a promessa de que ele não cometesse mais o "delito" e o "alistaram" no Exército, com o qual foi enviado para a Frente Oriental, onde seria aprisionado pelos soviéticos.[353]

O EXÉRCITO VERMELHO

O historiador russo Constantine Pleshakov escreveu que o poderoso Exército Vermelho era formado por soldados "recrutados na urbana Leningrado, na arrogante Moscou, na modesta Bielorrússia, na belicosa Chechênia, no islâmico Uzbequistão e na budista Buriácia".[354] Não poderia ser diferente. A União Soviética era o consórcio de várias repúblicas de etnias diferentes, reunidas em torno de Moscou e de um regime totalitário nos moldes do socialismo pregado por Lênin durante a Revolução de 1917 e liderado por outro tirano, Stálin, desde o final dos anos 1920.

Quando a Alemanha invadiu o país, o Exército Vermelho era composto de quase 7 milhões de soldados, mas até o fim da Segunda Guerra já eram mais de 30 milhões, a maior força militar em operação no mundo. Assim como os alemães, os soviéticos aproveitaram o material humano existente até mesmo fora das fronteiras da URSS, ainda que em número muito menor. Um exemplo são os mil soldados tchecos que se refugiaram na Polônia, em março de 1939, quando a Tchecoslováquia foi incorporada ao Reich alemão. Destes, seiscentos foram levados presos para os campos de trabalhos forçados quando Stálin dividiu o país com Hitler, em setembro do mesmo ano. Por necessidade, em 1942 eles foram retirados do Gulag e "solicitados" a lutar contra os nazistas. Os outros quatrocentos foram imediatamente incorporados às divisões soviéticas. Em 1943, estavam todos lutando em Kharkov.[355]

O problema soviético, na realidade, estava em manter os soldados no Exército Vermelho. O regime implacável de Stálin não perdoava deslizes ou demonstrações de fraqueza, muito menos deserções. Foram realizadas 13,5 mil execuções durante a luta por Stalingrado. O que provavelmente fez com que 70 mil *hiwis* lutassem do lado alemão na batalha do Volga.[356] Em 1944, depois da invasão da Normandia, cerca de 10% dos soldados da Wehrmacht capturados pelo Aliados na França eram ex-soldados vermelhos. Esses soviéticos, que em sua maioria não falava uma só palavra em alemão, estavam felizes e aliviados de se renderem aos britânicos e norte-americanos. Não lutavam movidos pela causa de Hitler, mas, como haviam se rendido aos alemães em 1941, seu retorno à União Soviética, onde agora eram considerados traidores da pátria, significaria escravidão e a morte no Gulag — os campos de "trabalhos correcionais" de Stálin.

Eles tinham bons motivos para temer o líder soviético, como já visto. Quando os russos libertaram a Crimeia da Wehrmacht, 200 mil tártaros que haviam recebido bem os alemães foram deportados para a Sibéria. Destes, pelos menos 20 mil haviam servido no Exército alemão. Os ucranianos e os bálticos também serviram na Wehrmacht e na SS por antipatia ao regime comunista. A maioria dos guardas em campos de concentração e de extermínio nazistas era de ucranianos e, até 1942, o número destes no Exército alemão era superior a 270 mil. No final da guerra, 339 cidadãos soviéticos prisioneiros no campo de concentração de Dachau, próximo a Munique, na Alemanha, lutaram desesperadamente contra os soldados Aliados que tinham ordens de repatriá-los.[357] Eles temiam voltar para a URSS e encarar a vingança pela "traição". Não estavam errados. Mais de 135 mil oficiais e pelo menos 3 milhões de membros do Exército Vermelho foram enviados por Stálin para campos de trabalhos forçados na Sibéria por terem "tido contato" com o inimigo.

OS ALIADOS OCIDENTAIS

No Reino Unido e nos Estados Unidos, as unidades militares também eram formadas por etnias e credos religiosos de diferentes origens, e também sofriam com preconceitos. Os estadunidenses achavam que soldados negros eram incapazes de lutar como os brancos; na Aeronáutica, os afro-americanos eram ridicularizados e na Marinha, proibidos — serviam apenas como cozinheiros, faxineiros ou assumiam postos considerados degradantes pelos que tinham origem europeia. Até a Cruz Vermelha norte-americana fazia uso da segregação entre bancos de sangue "mestiços" e "brancos." Só por necessidade e conveniência de propaganda, os Estados Unidos permitiram o recrutamento de afrodescendentes e apenas uma minoria pôde participar de combates nas linhas de frente. As tropas que foram enviadas para a frente de batalha, os *Buffalo Soldiers*, sofriam com a discriminação e, apesar de uma valorosa atuação na campanha italiana, apenas dois soldados da unidade receberam a *Medal of Honour*, a condecoração máxima do Exército americano.[358]

As colônias africanas do Reino Unido e o Caribe, por sua vez, contribuíram com não menos de 500 mil soldados negros, a maioria destinada a fazer trabalhos pesados. Em Adis Abeba, na Etiópia, quando as duas companhias dos Fuzileiros Africanos do Rei chegaram aos arredores da capital em 1941, foram impedidas pelo Alto-Comando de entrar na cidade. O quartel-general britânico achou melhor usar tropas brancas da África do Sul. "Presunções e afirmações de superioridade racial estavam implícitas, quando não explícitas", escreveu o historiador britânico Max Hastings.[359] O próprio Churchill, que servira na África e na Índia, chegou a escrever sobre o encanto que ele via na ascendência de um oficial britânico sobre um soldado nativo — os "soldados escuros": "para salvarem a vida dele [do inglês], sacrificam a própria."[360] A Índia enviou para os campos de batalha mais de 2,5 milhões de "voluntários." Mas também se levantou contra o domínio colonial britânico. Um pequeno exército de 55 mil soldados indianos foi formado por Subhas Chandra Bose e se aliou aos japoneses.[361]

Muitas outras colônias britânicas lutavam por liberdade, como a Birmânia — onde pelo menos três divisões africanas serviram e milhares de nativos morreram de fome na crise de 1943 — e o Egito. Os birmaneses, assim como os indianos, também organizaram unidades que se aliaram aos invasores japoneses. O capitão Anwar Sadat, futuro presidente egípcio, defendeu a invasão alemã no norte da África. Sadat relembrou mais tarde que "nosso inimigo era basicamente, e talvez

316 GRANDES GUERRAS

exclusivamente, a Grã-Bretanha".[362] Não foi por menos que tanto o rei egípcio quanto o povo aguardavam a vitória do Eixo. Em janeiro de 1942, manifestantes saíram às ruas da capital aos gritos de "Avante, Rommel! Viva Rommel" para saudar a aproximação do Afrika Korps, o Exército alemão que combatia os britânicos.

SOLDADOS VICIADOS

Embora o uso indiscriminado de medicamentos estimulantes ou entorpecentes em combate não fosse uma novidade, durante a Segunda Guerra, o consumo de drogas entre os soldados combatentes se tornou uma instituição militar, sobretudo na Alemanha. E uma nova droga sintética, o Pervitin — a "pílula do assalto" —, foi amplamente usada e distribuída principalmente durante a primeira fase da guerra. Seu sucesso deveu-se à metanfetamina, um estimulante que atua no sistema nervoso central, aumentando o estado de alerta, a autoestima e até mesmo o desejo sexual, diminuindo o apetite, a fadiga e a necessidade de dormir. Desde as Olimpíadas de Berlim, em 1936, o Terceiro Reich adotara a prática de usar drogas estimulantes. A indústria farmacêutica alemã liderava o mercado — firmas como a Merck, a Boehringer e a Knoll dominavam 80% da produção mundial de cocaína — e Hitler permitiu que seus atletas fizessem uso deliberado de doping — esteroides ou anfetaminas — para obterem vantagens nas competições. O passo seguinte foi usar o Pervitin na Guerra Civil Espanhola. Os combates na Península Ibérica permitiram que os alemães fizessem os primeiros testes em seus equipamentos e observassem os efeitos da substância em soldados na linha de frente. Às vésperas da Segunda Guerra, o doutor Otto Ranke, da Academia Militar de Medicina, testou a substância em estudantes universitários e chegou à conclusão de que o uso da droga ajudaria a Alemanha a vencer a guerra.

Com aval médico, entre abril e setembro de 1939, a indústria farmacêutica Temmler forneceu ao Exército alemão 29 milhões de comprimidos de Pervitin. A Polônia caiu em poucos dias, e o sucesso da droga entre os guerreiros nazistas levou ao vício nas Forças Armadas alemãs. Nas campanhas seguintes da Wehrmacht, contra Holanda, Bélgica, Luxemburgo e França, os soldados de Hitler consumiram 35 milhões de comprimidos de Pervitin e de uma versão modificada chamada Isophan, fabricada pela Knoll — muitas vezes, os soldados também recebiam o Pervitin por injeção intravenosa. O historiador francês Nicolas Rasmussen afirmou que "a Blitzkrieg alemã era alimentada por anfetaminas, tanto quanto era alimentada por máquinas".[363] Como os tabletes de metanfetamina eram distribuídos em forma de barra de chocolate, entre os pilotos da Luftwaffe a droga ficou conhecida como "chocolate de aviador" e, entre as Divisões Panzer, como "chocolate Panzer". O ás alemão Ernst Udet tomava "punhados" do remédio, embora a dosagem normal fosse de apenas um comprimido de três miligramas e com recomendação de cautela no uso.[364] Outro viciado no medicamento era Heinrich Böll, que depois da guerra se tornaria um romancista famoso, vencedor do Nobel da Literatura em 1972. Enquanto soldado, ele estava tão dependente da droga que escrevia frequentemente para casa solicitando dosagens extras. "Lembrem-se, por favor, de me enviar Pervitin na próxima oportunidade, se possível dentro de um envelope", escreveu ele para os pais. "Hoje escrevo principalmente para pedir Pervitin", assinou em outra mensagem. Para Böll, a droga prestava "serviços maravilhosos, especialmente depois das noites com ataques aéreos".[365]

Os efeitos do uso prolongado de Pervitin logo se fizeram sentir. Além de uma necessidade de consumir doses constantes e cada vez maiores, mudança no humor, insensibilidade, mania de perseguição, perda dos padrões morais e oscilações entre euforia e depressão extremas começaram a aparecer. O uso indiscriminado transformava os soldados em "heróis verdadeiramente arianos", lutando sem cansar ou dormir por mais de 24 horas, mas tinha efeitos colaterais sérios para um Exército em combate. Durante o cerco de Leningrado, apática, uma companhia inteira da SS entregou-se aos soviéticos sem oferecer resistência; o vício levava ao esgotamento físico. Em 1943, o general Gerd Schmückle, da Sétima Divisão Panzer, depois da batalha de Jitomir, na Ucrânia, relatou "um estranho estado de intoxicação em que uma profunda necessidade de dormir duelou com o claro estado de alerta".[366]

Em 1944, os cientistas alemães já trabalhavam em uma droga mais potente. O professor Gerhard Orzechowski criou um estimulante chamado D-IX, um poderoso coquetel com cinco miligramas de cocaína, três miligramas de metanfetamina e cinco miligramas de Eukodal — um análogo sintético da morfina. Com a derrota alemã, porém, a droga não pôde ser usada em larga escala.[367] É notório, no entanto, que os líderes nazistas, entre eles o próprio Hitler e o bonachão Hermann Göring, comandante da Força Aérea alemã, também faziam uso descontrolado de drogas fortes. Göring era viciado em morfina desde o começo dos anos 1920 e o Führer frequentemente recebia de seu médico particular tanto o Pervitin quanto o Eukodal intravenoso.

E o uso de estimulantes e drogas sintéticas não ficou restrito aos nazistas. Os finlandeses distribuíram a seus soldados nada menos que 250 milhões de tabletes de heroína entre 1941-4. Japoneses, norte-americanos e ingleses também consumiram drogas estimulantes, principalmente a heroína, que era usada quase como um remédio qualquer para resfriado — na época não havia restrições quanto ao uso da substância. Segundo o pesquisador polonês Lukasz Kamienski, o Exército Vermelho foi o único grande exército durante a Segunda Guerra que não fez uso de drogas estimulantes sintéticas de modo institucional, exceto o de uma bebida popular conhecida por "coquetel de trincheira": uma mistura de vodca e cocaína. A vodca, aliás, fazia parte da ração diária distribuída aos soviéticos, principalmente no inverno. Quando os soldados de Stálin invadiram a Alemanha em 1945, quantidades imensas de álcool foram consumidas. O acesso às adegas e aos estoques de bebidas alemãs transformou-se em um problema sério para o comando da NKVD. Os soldados ingeriam até mesmo produtos químicos perigosos, retirados de fábricas e oficinas. "Os russos são absolutamente loucos por vodca e bebidas alcoólicas", afirmou um oficial alemão.[368] Não se admira que tenham cometido estupros coletivos e diversas outras atrocidades em Berlim e em várias cidades da Prússia Oriental e Pomerânia.

SOLDADOS, ALIADOS OU INIMIGOS

20
GUERRA DE INTELIGÊNCIA

Os Aliados usaram a BBC para transmitir mensagens ocultas e a língua dos navajos para seus códigos militares. A decifração do código da Enigma alemã — um trunfo militar nazista — foi fundamental para o esforço de guerra Aliado, mas permaneceu em segredo mesmo depois do fim do conflito. Por ser homossexual, Alan Turing, um dos responsáveis pela decodificação das mensagens Ultra, nunca entrou na lista dos heróis ingleses.

N a véspera do Natal de 2013, quase seis décadas após sua morte, ocorrida em 1954, o matemático britânico Alan Mathison Turing recebeu o "perdão real" de Elisabeth II. A absolvição, garantida pela Prerrogativa Real de Compaixão, havia sido solicitada pelo ministro da Justiça Chris Grayling por considerar que o trabalho de Turing salvara milhares de vidas durante a Segunda Guerra. Ele realmente fora um notável cientista, mas sua atuação em Bletchley Park, onde o Reino Unido trabalhara na decifração dos códigos secretos nazistas durante a guerra, permaneceu um segredo até meados da década de 1970 — a própria existência de um centro de decifradores era totalmente desconhecida do público. Turing era um problema para o governo britânico, e não pelos segredos da Enigma que ele detinha e poderia revelar: o jovem cientista era assumidamente gay, o que era considerado crime no país. Depois da Segunda Guerra, ele foi condenado por atentado ao pudor e obrigado a tratar de sua "doença". Na época de sua morte, aos 42 anos, a polícia inglesa divulgou que o cientista cometera suicídio, mas é muito provável que sua morte tenha sido causada por envenenamento acidental de cianeto de potássio — embora existam teorias sobre a intoxicação hormonal causada pela "castração química", imposta pela Justiça inglesa a Turing.

GUERRA CLANDESTINA

Quando Churchill assumiu o governo do Reino Unido em 1940, em meio à invasão da França pelos alemães, ele criou a Agência de Operações Especiais, o SOE, sigla em inglês para *Special Operations Executive*. A ideia era estruturar um organismo que auxiliasse o Serviço Secreto Britânico — o SIS, de *Secret Intelligence Service*, também chamado de MI6, de *Military Intelligence*, Seção 6 — a fomentar e apoiar as ações antinazistas na Europa ocupada e criar uma guerra clandestina que captasse informações importantes do inimigo. O SOE empregou aproximadamente 13 mil funcionários durante a Segunda Guerra, sendo que 5 mil deles estavam infiltrados em países ocupados ou que colaboravam com Hitler — um número bem alto se comparado às 837 pessoas que trabalhavam no quartel-general do SIS.[369] A função exigia coragem e habilidade para sabotagem, combate sem armas, conhecimento de comunicação e códigos, fluência na língua nativa e, essencialmente, capacidade de suportar prisões e torturas. Não era fácil encontrar pessoas com tantas qualidades, e os que eram recrutados passavam um tempo em escolas preparatórias na Grã-Bretanha ou no Canadá. Aprender táticas de guerrilha e fuga, montar e disparar metralhadoras e explosivos e beber grande quantidade de bebida alcoólica sem se tornar um linguarudo era fundamental. Entre os membros do SOE estavam nomes como Ian Fleming, mais tarde celebrado criador de James Bond. Segundo Eric Curwain, chefe da Divisão Canadense do SIS, até mesmo um brasileiro, "campeão de mergulho, especialista em judô e, acima de tudo, um don Juan" passou pela agência inglesa.[370]

O rigor das provas e da seleção, no entanto, não significavam êxito, as missões eram extremamente difíceis. Dos 144 agentes infiltrados nos Países Baixos entre 1940-4, por exemplo, somente 28 sobreviveram. Havia muitas traições e agentes duplos, que serviam aos dois lados combatentes. De toda sorte, o SOE obteve sucessos importantes, como o assassinato de um dos líderes da SS, Reinhard Heydrich, em Praga, em 1942, além de ações de sabotagem na Itália, na França e até mesmo na Alemanha. Também forneceu armamento aos mais de 200 mil guerrilheiros comunistas iugoslavos que lutavam para expulsar os nazistas dos Bálcãs.

Um dos meios de comunicação entre o SOE e esses grupos de resistência foram as transmissões radiofônicas da BBC de Londres. As mensagens iam ao ar na programação noturna da emissora, às 19h30 e às 21h, quando a rádio tocava como tema de abertura os primeiros acordes da Quinta Sinfonia de Beethoven — que correspondiam à letra V, de "vitória", no código Morse: ponto-ponto-ponto-traço — e uma voz anunciava "aqui estão algumas mensagens pessoais". Seguia-se a mensagem em código, lida duas vezes, em francês ou na língua necessária, com fraseologia estranha, como "a cadela de Bárbara terá três cachorrinhos" e "Romeu abraça Julieta", que apenas a resistência europeia tinha conhecimento do que se tratava. Nesse caso, dizia que três prisioneiros de guerra chegariam a Barcelona e um mensageiro chegaria à Suíça vindo de Toulouse, na França.[371]

A Agência de Operações Especiais também esteve envolvida em um dos maiores mistérios da Segunda Guerra: o voo do vice-Führer Rudolf Hess até a Inglaterra, em 10 de maio de 1941. Oficialmente, Hitler declarou que ele sofria de "perturbação mental" tão logo os ingleses noticiaram que o número dois da Alemanha Nazista sofrera um acidente com seu Messerschmitt Me-110 em Floors Farm, ao sul de Glasgow, na Escócia. A maioria dos historiadores aceita a ideia de que Hess fosse um emissário com uma proposta de paz, ainda que nunca tenha ficado claro o real envolvimento do ditador alemão com a missão de seu braço direto. Negociações políticas para o fim do conflito já vinham acontecendo desde 1940, principalmente por intermédio de Hermann Göring, o comandante da Luftwaffe e um dos principais nomes dentro do Partido Nazista, mas sem o sucesso esperado pelos alemães — o sueco Birger Dahlerus, intermediário das negociações, efetuou várias viagens entre Berlim e Londres, conversando tanto com Hitler como com o ministro das Relações Exteriores inglês, lorde Halifax, sem conseguir chegar a um termo aceitável pelos dois países.[372]

O historiador inglês Martin Allen, no entanto, tem uma opinião bem diferente a respeito de como a Inglaterra direcionou as negociações. Para ele, o SO1, um braço do SOE, atraiu o líder nazista para uma suposta reunião com membros da oposição ao governo Churchill que estariam dispostos a negociar a paz. A missão tinha o codinome "Operação Senhores HHHH" — de Samuel Hoare (ex-agente do SIS em Moscou e, durante a guerra, embaixador na Espanha), lorde Halifax, Hess e Hitler, os principais envolvidos. O que os ingleses queriam, no entanto, era fazer o Führer acreditar na possibilidade real de um acordo próximo com os Aliados e atacar Stálin, seu verdadeiro inimigo. Com Churchill fora do jogo e com a paz no Ocidente, Hitler poderia destruir a União Soviética, como imaginado em *Mein Kampf*, e concretizar o sonho de ser o maior alemão da história. Para os ingleses, a cilada elaborada pelo SOE faria com que o ataque nazista a Moscou abrisse uma guerra em duas frentes, tudo o que Hitler e os militares da Wehrmacht não desejavam. "Antes de perder a Segunda Guerra Mundial, Adolf Hitler perdeu a guerra intelectual contra Winston Churchill", afirmou Allen.[373] A "loucura" de Hess sempre serviu como desculpa pública tanto para nazistas quanto para os ingleses, mas é bem pouco provável que ele realmente estivesse sofrendo de algum tipo de alienação. Poucos dias antes, Hess participara com Hitler e Göring de uma celebração no Reichstag em que o Führer prometera um Reich de "mil anos". Preso após o desastre na Escócia e mantido encarcerado até o fim da Segunda Guerra, Hess foi julgado em Nuremberg e condenado à prisão perpétua, vindo a morrer em 1987, também em circunstâncias misteriosas: foi encontrado enforcado na cela da prisão de Spandau, em Berlim; oficialmente, cometera suicídio.

O correspondente estadunidense do MI6 era o OSS — de *Office of Strategic Services*, "Escritório de Serviços Estratégicos" —, criado por Roosevelt para coordenar as ações de inteligência durante a guerra e que mais tarde seria transformado no que se conhece hoje por CIA — de *Central Intelligence Agency*. Tinha praticamente as mesmas funções, mas estava proibido de agir no hemisfério ocidental, que era área de ação do *Federal Bureau of Investigation*, o FBI, e chegou a financiar e dar apoio logístico a grupos guerrilheiros. Na luta contra os japoneses, o Escritório de Serviços Estratégicos municiou o líder vietnamita Ho Chi Minh e o chinês Mao Tsé-tung, ambos comunistas declarados. Depois da guerra, os dois tornaram-se inimigos dos Estados Unidos. O OSS também desenvolveu várias operações secretas de alto risco. Uma delas foi desempenhada pelo judeu-alemão Frederick Mayer. Em 1945, o sargento Mayer, junto com o rádio-operador holandês Hans Wynberg, também judeu, e Franz Weber, ex-oficial da Wehrmacht, foram lançados de paraquedas próximo a Innsbruck, na Áustria, para realização da Operação Greenup, cuja finalidade era encontrar a *Alpenfestung* — a "Fortaleza Alpina" —, que os Aliados acreditavam ser um local escondido nos Alpes de onde Hitler e os líderes nazistas comandariam uma resistência final. Como era alemão, Mayer se passou por um oficial da Wehrmacht e conseguiu muitas informações, como detalhes do Führerbunker de Hitler, em Berlim, e da fábrica que produzia os aviões a jato alemães. Wynberg transmitiu as informações ao OSS, assim como a notícia de que o "reduto" era um mito — embora idealizado por Himmler, em 1943, o plano nunca foi posto em prática.[374]

No Pacífico, a inteligência militar dos Estados Unidos se utilizou de uma arma que não era nova, mas, adaptada e com apoio de uma fonte ímpar, foi tão importante quanto as técnicas usadas na Europa. Em 1942, o engenheiro Philip Johnston propôs o uso de mensagens codificadas com base na língua da tribo indígena navajo — ele havia crescido numa reserva e era fluente no idioma. Como a língua era falada apenas em uma área restrita do continente norte-americano, por menos de 50 mil pessoas, ela por si só se transformou em um código indecifrável para japoneses. Algo semelhante já havia sido usado com os chotaws na Grande Guerra, mas por via telefônica. Até o final do conflito, o Corpo de Fuzileiros Navais recrutou e treinou 420 navajos. Eles criaram um código com cerca de duzentos termos militares e um alfabeto para soletrar outras palavras. Assim, um submarino era descrito como *Besh-lo*, "peixe de ferro", comboio como *Tkal-kah-o-nel*, "andando sobre a água", e rota como *Gah-bih-tkeen*, "trilha de coelho", entre outras excentricidades linguísticas. O major Hower Conner confirmou o sucesso do código: "Se não fosse pelos navajos, os fuzileiros jamais teriam tomado Iwo Jima".[375] A batalha pela minúscula ilha japonesa custou a vida de quase 7 mil americanos, ferindo outros 19 mil. O último dos primeiros 29 navajos recrutados como codificadores, cabo Chester Nez, morreu em 2014, aos 93 anos.

A ENIGMA ALEMÃ

Quando os Estados Unidos precisaram a aprimorar o uso de códigos secretos, na Europa, a guerra de espionagem e o emprego da linguagem cifrada, com a interceptação e interpretação das transmissões, estavam no ápice. A Enigma, a máquina de criptografia mais famosa do mundo, fora inventada na Alemanha em 1918 por Arthur Scherbius, inicialmente para que os bancos mantivessem em segredo transações financeiras. Dez anos depois, antes de Hitler assumir como chanceler, a Marinha e o Exército alemães já usavam Enigmas, mas nessa época o equipamento ainda era falho e não tinha a segurança esperada. Em 1933, já com os nazistas no poder, a Alemanha montou uma unidade de inteligência ligada a Luftwaffe, coordenada por Gottfried Schapper, que fora operador de rádio na Grande Guerra e tinha experiência com criptografia e comunicações militares. Depois de inúmeras alterações, o modelo Enigma de 1937 passou a ser considerado seguro o suficiente para ser utilizado em uma guerra.

No tamanho e na forma, a Enigma lembrava muito uma máquina de escrever. Até o teclado era igual. Mas as semelhanças acabavam por aí. Acima do conjunto de teclas, em uma placa de madeira, havia um conjunto de luzes que correspondiam às letras do alfabeto; dentro havia três tambores (ou rodas), cada um com letras do alfabeto ou os números de 1 a 26. Quando uma tecla era pressionada, uma luz na placa acendia e a letra era cifrada, então o primeiro tambor girava uma posição. Depois de um determinando número de voltas do primeiro tambor, o segundo girava uma posição, depois o terceiro e assim por diante. As versões militares mais complexas, com fiação interna e placas de conexões, podiam ter 160 trilhões de combinações cifradas que, enviadas por rádio, só podiam ser decifradas por outra máquina Enigma, o que permitia uma segura troca de informações.[376] Apesar do empenho alemão, o sistema da Enigma começou a ser "quebrado" pelos poloneses em 1929, depois que uma versão civil foi parar, por engano, em Varsóvia. Mais tarde, o serviço secreto francês conseguiu de Hans Schmidt, que trabalhava no ministério da Defesa, em Berlim, documentos que ensinavam a cifrar a máquina militar. Isso ajudou o engenheiro polonês Marian Rejewski a descobrir como decifrar o código usado em 1932. Durante os anos se-

A máquina de criptografia Enigma: aparelho alemão permitia 160 trilhões de combinações cifradas.

REPRODUÇÃO/MUSEO DELLA SCIENZA E DELLA TECNOLOGIA
"LEONARDO DA VINCI"/ALESSANDRO NASSIRI

guintes, os alemães continuaram a criar mecanismos mais complexos, e os poloneses a decifrá-los. Mas a Polônia não informou nada a seus aliados ocidentais até 1939, quando foi invadida por Hitler.

Nesse meio-tempo, Alan Turing entrou em cena. Eric Hobsbawm o descreveu como um "gênio de ar desajeitado e rosto pálido, então um professor assistente com queda pelo jogging".[377] Em 1937, Turing descrevera como um problema matemático podia ser resolvido pelo que ele chamou de "autômato universal", desde que lhe fornecessem informações apropriadas. A teoria da "Máquina de Turing" provou ser matematicamente viável, tornando-se um dos precursores do computador. No ano seguinte, ele se alistou na Escola de Códigos e Cifras, em Bletchley Park, que ficava nos arredores de Londres e reuniu a nata dos cientistas e matemáticos que trabalhavam na decifração dos códigos usados na Alemanha Nazista.

Alan Turing (1912-54), o cientista homossexual que ajudou no esforço de guerra Aliado trabalhando em Bletchley Park, na decifração dos códigos da Enigma.

REPRODUÇÃO/TURING ARCHIVE

Quando a Segunda Guerra teve início, os decifradores Aliados que trabalhavam em Bletchley Park passaram a fazer parte de uma enorme corrente, tão complexa quanto os próprios códigos e mensagens cifradas. As informações decifradas — tanto da Enigma quando do teletipo — eram chamadas de "Ultra" (de ultrassecreto), analisadas, enviadas ao MI6 inglês e daí encaminhadas para os comandantes de campo por meio das SLU, sigla em inglês para Unidades Especiais de Ligação. Essas unidades acompanhavam de perto vários exércitos, não apenas britânicos, mas também de seus aliados norte-americanos. A tensão, a monotonia e a euforia ocasionais vividas por quaisquer soldados também eram realidade para os homens e mulheres do centro de inteligência. Era um trabalho extremamente extenuante, um jogo de gato e rato. No auge da guerra, Bletchley Park decifrava 10 mil mensagens por dia. Elas eram classificadas em quatro categorias, conforme o grau de importância. O material mais urgente era despachado assim que decifrado. Um material de segunda categoria era repassado em até oito horas, enquanto o de terceira, apenas no dia seguinte. A quarta e última categoria não era repassada, e sim arquivada como "bobagens".

Mas nem sempre as mensagens eram decifradas e chegavam aos comandantes militares a tempo de serem utilizadas. Quando a campanha alemã contra a França teve início, em 1940, os Aliados já haviam decifrado as mensagens da Enigma para o Plano Amarelo, nome do código da operação, mas o avanço da Wehrmacht foi tão rápido e desconcertante, e o processamento ainda era tão lento, que nada pôde ser feito efetivamente. Nesse período, muitas comunicações nazistas decifradas continham planos estratégicos detalhados, mas se tornavam inúteis porque não chegavam a tempo às linhas de frente. Ann Harding, que trabalhou na decifração do código naval alemão, lembrou depois da guerra: "nossa primeira grande descoberta foi que os alemães invadiriam a Noruega", mas isso não fora "de grande ajuda, pois eles já estavam invadindo".[378] Algumas mensagens podiam ser obsoletas, mas ainda assim tinham utilidade. Uma delas era entender como o inimigo pensava e agiria, o que possibilitava prever os passos seguintes e antecipar operações. Henry Graff, oficial americano e tradutor das mensagens cifradas japonesas, afirmou que se sentia no "centro do universo" lendo a correspondência trocada entre embaixadas inimigas: "As mensagens de Oshima, transmitidas de Berlim, e sempre refletindo suas conversas com Hitler e Albert Speer, pareciam vir do coração do inimigo maligno que estávamos combatendo".[379]

Em março de 1940, Turing construiu a primeira "bomba": uma máquina que podia ler e analisar inúmeras configurações da Enigma, e que foi chamada de "Vitória". Com a rapidez e a eficiência da complicada máquina de decodificação, os resultados começaram a aparecer imediatamente. Cinco meses depois, uma segunda engenhoca ficou pronta, e logo havia dezenas delas funcionando. Frederick Winterbotham, capitão responsável por Bletchley Park e autor de um dos primeiros livros sobre a Enigma, em 1974, declarou: "O milagre havia acontecido" — Winterbotham chamava as "bombas" de Turing de "Deusas de Bronze", devido à cor delas.[380] Mas ler e interpretar os códigos era extremamente difícil, pois não se tratava de decifrar um único código. Por questões de segurança, a Luftwaffe, a Marinha, o Exército e o ministério das Relações Exteriores alemão tinham configurações diferentes e as chaves eram frequentemente alteradas — mais de duzentas ao todo.[381] Em 1942, o volume de mensagens recebidas era tão grande que a Station X, como Bletchley Park era chamada pelo SIS, transformou-se

GUERRA DE INTELIGÊNCIA

em um "centro industrial" com 6 mil pessoas trabalhando em cabanas geminadas. No ano seguinte, surgiu a "Colossus", projeto do engenheiro Tommy Flowers com base nas ideias propostas por Turing em 1937. Com 1,5 mil válvulas, o computador programável de Flowers-Turing podia processar 5 mil caracteres por segundo e decifrar o código da Enigma em menos de meia hora, o que era extremamente importante para os exércitos Aliados.[382]

Manter as mensagens Ultra em segredo era essencial para o esforço de guerra Aliado. Churchill conseguiu que somente 31 pessoas soubessem que os especialistas de Bletchley Park tinham decifrado os códigos da Enigma, dando ao fato o codinome "Boniface" para induzir o inimigo a pensar que todas as informações provinham de um único agente ou de um grupo de agentes específico. O segredo foi tal que uma das pessoas não informadas sobre o projeto Ultra foi Hugh Dalton, ninguém menos do que o próprio diretor do SOE.[383]

Apesar do sucesso alemão em desenvolver a Enigma, o erro fatal para os nazistas foi desdenhar da possibilidade de que os Aliados estivessem lendo suas mensagens e continuar repetindo operações que facilitavam a decodificação. O historiador inglês Michael Paterson escreveu que "por tradição, a mente militar alemã não aprovava, ou apreciava, tais artimanhas. Por isso, ao longo da guerra, muitos oficiais ignoraram oportunidades em que poderiam fazer uso valioso da inteligência".[384] O lado Aliado não teve o mesmo pudor. O serviço secreto britânico era antigo e experiente, e não sofrera restrições depois da Grande Guerra, como o alemão. A possibilidade de saber antecipadamente das ações do inimigo era sua maior arma contra o Eixo, e não havia motivos para descartá-la. Churchill deliciava-se com elas. Certa vez, em uma visita à frente de batalha, ele se sentou com A. L. Thompson, membro da SLU, colocou as mãos sobre o ombro do oficial e disse: "Vamos lá, meu amigo, conte-me como está indo a guerra."[385]

No final do conflito, em maio de 1945, a pedido do primeiro-ministro, Winterbotham enviou uma mensagem a todos os comandantes Aliados em todos os teatros de operações: todos deveriam manter segredo sobre a "fonte mais secreta" de Churchill.[386] O governo britânico proibiu qualquer referência às mensagens Ultra até 1974, de modo

GRANDES GUERRAS

que muitos generais Aliados foram elevados à categoria de gênios militares sem merecimento, já que suas estratégias se baseavam no conhecimento prévio das ações do inimigo, detalhe que foi ocultado. É o caso do marechal Bernard Montgomery, que derrotou o celebrado Erwin Rommel no terreno escaldante norte-africano. A "Raposa do Deserto" caiu mais por eficiência dos especialistas em Bletchley Park do que pela habilidade do arrogante "Monty". Indubitavelmente, o trabalho dos decifradores dava ótimos resultados para os Aliados. O grande encouraçado alemão *Bismarck*, orgulho da Kriegsmarine, por exemplo, foi afundado e a rota de suprimentos da Europa foi mantida a salvo dos U-boats nazistas em 1941 graças ao centro de inteligência nos arredores de Londres. O oficial da RAF John Slessor não tinha dúvidas, "os verdadeiros vencedores da batalha do Atlântico foram Ultra e o radar"[387] — fato confirmado pelo próprio almirante Karl Dönitz depois da guerra, quando se soube que os nazistas haviam encontrado a chave para o código da Marinha Real entre 1942-3, motivo pelo qual os submarinos alemães voltaram a afundar navios Aliados em grande quantidade. Os britânicos perceberam, fizeram ajustes e Bletchley Park retomou o controle da situação.

Além da parceria com os americanos na luta contra nazistas e japoneses, os ingleses também tentaram enviar informações a Moscou sobre a invasão alemã que ocorreria na primavera de 1941 — embora com o cuidado de não levantar suspeitas de como os segredos eram obtidos. Depois da queda da França, Churchill enviou uma mensagem a Stálin na tentativa de aproximação e na esperança de que o ditador comunista desfizesse o acordo com Hitler. Relatava a ameaça da hegemonia alemã no continente europeu e preconizava destruir Hitler e "libertar a Europa". O próprio embaixador inglês em Moscou, Stafford Cripps, entregou a mensagem, mas Stálin não via o perigo alemão "sob a mesma luz que Churchill".[388]

Naquele momento, em novembro de 1940, Stálin estava prestes a assinar um acordo com Hitler para o ingresso da União Soviética no Eixo, mas as exigências territoriais deixaram o líder nazista furioso e decidido a apressar a destruição da Rússia antes que ela se tornasse uma séria ameaça ao domínio alemão na Europa.[389] Astuto, enquanto negociava um novo acordo com Hitler, Stálin já tinha em mente um plano para invadir a Alemanha antes que o nazista tomasse a iniciativa contra a URSS. Foi provavelmente um dos segredos mais bem guardado da Segunda Guerra, tornando-se público e em detalhes somente na década de 1990, com o trabalho do historiador Victor Suvorov, um ex-agente secreto soviético. A ideia provavelmente surgiu no começo de 1940, mas a primeira versão do plano só ficou pronta em agosto e levava as assinaturas dos generais Boris Shaposhnikov e Semyon Timoshenko. Hitler ordenou a preparação da Barbarossa, a diretiva número 21, em 18 de dezembro de 1940, somente quatros meses depois. Stálin estava prestes a invadir a Alemanha quando Hitler atacou primeiro, em 22 de junho de 1941 – um dia antes, um integrante do círculo próximo ao primeiro-ministro inglês confidenciou ao diário que Churchill tinha certeza do ataque e que, desde o começo do mês, a Inglaterra tentava alertar Stálin do perigo.[390] Cinco dias após a invasão, a chave da Enigma usada pela Wehrmacht na Frente Oriental foi decifrada em Bletchley Park e Churchill deu ordens para que o ditador soviético recebesse todas as informações pertinentes às movimentações do exército nazista, mas com a reserva de não revelar a Stálin fonte secreta.

Mais tarde, as mensagens Ultra também revelaram todas as posições das Forças Armadas alemãs na Normandia, permitindo que o Dia D, em 1944, fosse um sucesso com reduzido número de baixas. Apesar dos duros reveses – a batalha do Atlântico, a campanha da Blitz (os ataques aéreos a Inglaterra), a derrota do Afrika Korps de Rommel, a batalha de tanques em Kursk e o desembarque Aliado na costa francesa, entre inúmeras outras operações importantes – os nazistas não desconfiaram de nada e continuaram a acreditar em seus códigos secretos até o fim. A última mensagem Ultra de Hitler foi enviada do bunker e interceptada em Bletchley Park em 15 de abril de 1945: "Mais uma vez o bolchevismo sofrerá a mesma sorte da Ásia: soçobrará na capital do Reich. Berlim continua alemã, Viena será alemã outra vez e a Europa jamais será russa".[391] Em menos de um mês, a guerra na Europa tinha terminado.

CÓDIGOS JAPONESES

Os Aliados espalharam Estações X — ou Bletchleys — ao redor do globo. Havia bases em Nova Déli, na Índia, em Anderson, no Ceilão, em Mombaça, no Quênia, e em Brisbane, na Austrália, entre muitas outras cidades. A "Bletchley americana" ficava em Arlington Hall, uma mansão nos arredores de Washington.

Diferentemente dos nazistas, que tinham certeza de que os códigos gerados pela Enigma eram seguros e indecifráveis, os japoneses não tinham tanta convicção e faziam uso de uma infinidade incrível de códigos — que eram aplicados em um sistema operacional semelhante às Enigmas alemãs, que haviam sido compradas pelo Japão e eram chamadas de "máquinas de cifras Tipo B"; ou, como os americanos a chamavam, "Púrpura". O agente norte-americano Alan Stripp, que trabalhou em Brisbane, afirmou que em determinado momento da guerra "havia pelo menos 55 sistemas diferentes usados pela Marinha, Exército e diplomacia, dos quais tinham sido identificados 24 navais e 21 do Exército" — as mensagens secretas decifradas recebiam o nome "Magia".[392] Tal como na Enigma, para cada um desses códigos havia necessidade de livros correspondentes, usados tanto pelos transmissores quanto pelos receptores. A quantidade de livros exigida para operações era tão grande que, em 1942, quando um submarino japonês foi capturado, descobriu-se que transportava "200 mil livros de códigos".

A quebra dos códigos secretos do Japão, principalmente o JN25, o mais importante, permitiu aos norte-americanos conhecer antecipadamente as ações nipônicas e derrotar sem maiores dificuldades as Forças Armadas japonesas em uma rápida sucessão de eventos antes do primeiro ano de guerra no Pacífico. Em abril de 1942, o almirante Chester Nimitz, comandante-chefe dos Estados Unidos no teatro de operações, recebeu a informação de que a frota japonesa se dirigia para Port Moresby, na Nova Guiné, de onde atacaria a Austrália. Nimitz preparou uma emboscada, e a batalha do Mar de Coral foi travada em maio, apenas por aviões, sem que os navios e porta-aviões se avistassem — a primeira desse tipo na história. Embora sem um vencedor claro, a batalha aeronaval impediu o avanço japonês. Em junho, foi a vez de Midway, batalha decisiva em que o Japão perdeu quatro porta-aviões, dois cruzadores e mais de 240 aeronaves, e, apenas seis meses após a entrada americana na guerra, viu reduzidas as chances de vencer o conflito no Pacífico. Menos de um ano depois, em 1943, os americanos interceptaram uma mensagem sobre a rota de voo do almirante Isoroku Yamamoto, o homem que havia projetado o ataque a Pearl Harbor. Dezoito caças Lightning P-38 partiram de Guadalcanal e abateram o avião de Yamamoto; os japoneses jamais desconfiaram que o código JN25 havia sido decifrado.[393]

O ataque japonês à base americana no Havaí, em dezembro de 1941, também não foi uma surpresa completa. Havia um ano que os Aliados tinham o código japonês — desde janeiro americanos e ingleses trabalhavam em conjunto, como se os Estados Unidos já estivessem oficialmente na Segunda Guerra. Em 9 de outubro, dois meses antes do ataque a Pearl Harbor, Washington decifrou uma mensagem-código de Tóquio enviada ao almirante Kita sobre os porta-aviões da esquadra americana no porto havaiano. Antes ainda, em setembro, os ingleses em Bletchley Park interceptaram mensagens do embaixador japonês em Berlim. Hitler garantira a ele que, no caso de um confronto entre Japão e EUA, a Alemanha declararia guerra aos americanos.[394] As mensagens imediatamente anteriores ao ataque também não deixavam dúvidas de que os nipônicos estavam prestes a romper com a América. Mas, segundo informou mais tarde o general Georg Marshall, a mensagem com as informações sobre o ataque — deliberadamente ou não — só chegou ao Havaí no dia seguinte à agressão japonesa. Foi mais fácil e conveniente aos americanos responsabilizar os defensores da base do que revelar o conhecimento dos códigos enviados pela Púrpura. Churchill e Roosevelt esperavam ansiosamente por uma oportunidade como a dada pelos japoneses. Depois da guerra, em 1953, o almirante Husband Kimmel, comandante-chefe da Frota do Pacífico na época do ataque, ainda se defendia da acusação de incompetência que Washington lhe fez. Seu colega de farda, o vice-almirante William Halsey o defendeu, sem sucesso: "Se tivéssemos acesso às mensagens Magia que revelavam claramente as intenções japonesas [...] a esquadra não se encontraria, nessa data, em Pearl Harbor". Além disso, segundo garantiu, os porta-aviões *Enterprise* e *Lexington* não teriam deixado a área e o porto desprotegido. Kimmel afirmou que "aqueles que dispunham de toda a autoridade" na capital seriam julgados pela história como "quaisquer outros criminosos".[395]

Não obstante a isso, o ataque japonês a Pearl Harbor teve mais impacto psicológico do que militar. Para os Estados Unidos, foi o pretexto para a entrada formal em uma guerra da qual o país já participava, ativa, diplomática, comercial e economicamente desde o início. Embora tenha sofrido prejuízos materiais e perdas humanas — quase 3,8 mil baixas entre mortos e feridos —, nem de longe os americanos perderam a capacidade operacional ou ficaram temporariamente impossibilitados de agir no Pacífico, o que era imaginado pelos militares em Tóquio e o objetivo do ataque ao porto. Dos 82 navios de guerra estacionados no Havaí, apenas três foram perdidos, e os que sofreram avarias foram logo recuperados e voltaram à ativa. Do outro lado, sim, a capacidade industrial extremamente limitada do pequeno arquipélago colocou os nipônicos em situação delicada. O Japão produzia onze vezes menos aço, quatro vezes menos alumínio e 518 vezes menos petróleo do que os Estados Unidos.[396] Apenas sete meses após o ataque e apesar do grande espaço geográfico conquistado no Pacífico, a derrota na batalha de Midway inutilizou a Marinha imperial e pôs fim à expansão japonesa na Ásia.

GUERRA DE INTELIGÊNCIA

21

MULHERES NA SEGUNDA GUERRA

Enquanto os Aliados levavam o sexo feminino à guerra, atuando em fábricas, enfermarias, escritórios e, até mesmo, como soldados, a ideologia nazista ainda considerava que as mulheres deveriam permanecer longe de questões políticas e militares. A mulher alemã devia ser o alicerce da família, cuidar da casa e gerar filhos.

No final da década de 1930, em poucos países do mundo as mulheres tinham direitos civis e cidadania plena. Como vimos antes, a luta por espaço na sociedade tivera início em meados do século XIX, mas a participação na vida política era uma conquista relativamente recente, e eram poucas as que se dedicavam às ciências — até 1938, apenas oito mulheres haviam recebido o Nobel. Nos Estados Unidos, o direito ao voto fora concedido às mulheres um pouco antes da Grande Guerra de 1914-8. Na Europa, Finlândia e Noruega concederam o direito feminino ao sufrágio no início do século XX, mas foi somente depois de 1918 e ao longo da década de 1920 que Alemanha, Áustria, Dinamarca, Holanda, Canadá e Inglaterra criaram legislações eleitorais que incluíam mulheres. Na Rússia, a Revolução de Outubro, em 1917, não apenas concedeu o direito ao voto, mas também estabeleceu a igualdade entre os cônjuges, a legalização do divórcio e do aborto e a licença-maternidade. Segundo Carla Bassanezi Pinsky e Joana Maria Pedro, historiadoras da USP, tais leis "promoveram uma transformação profunda nas relações familiares e possibilitaram a cidadania e autonomia das mulheres de uma maneira como até aquela data não havia ocorrido".[397] O problema para as russas foi que logo em seguida Stálin aboliu a maioria dos direitos femininos

– e masculinos. O mesmo aconteceu com as espanholas com a ditadura de Franco. Em alguns países, como a Itália, a Bélgica e a França, as mulheres só conseguiram direito ao voto após o final da Segunda Guerra. Na Suíça isso foi possível no começo dos anos 1970; e Portugal só concedeu esse direito às mulheres em 1976, depois que a Revolução dos Cravos derrubou o governo ditatorial vigente desde 1933. No Brasil, um novo Código Eleitoral, com a inclusão do voto feminino, foi aprovado em 1932, e a mulher brasileira votou e foi votada pela primeira vez em âmbito nacional no ano seguinte. Em 1934, Vargas incluiu o direito na Constituição – durante o Estado Novo (1937-45), porém, não houve eleições.

LOURAS DESLUMBRANTES, DE ANCAS LARGAS

Na Alemanha, os nazistas retiraram todos os avanços feministas do período entreguerras. Na ideologia de Hitler, a mulher alemã devia ser, antes de tudo, dona de casa e mãe. Era a velha teoria dos três cás: *Küche, Kinder und Kirche*, "cozinha, filhos e igreja". Por essa razão, uma lei de 1937 proibiu que mulheres fossem empregadas na administração. O historiador inglês Martin Kitchen afirma que "o Terceiro Reich não era exatamente o inferno misógino retratado por alguns historiadores feministas, mas tampouco era o paraíso".[398] Pouco antes da guerra, metade das mulheres alemãs trabalhava fora, um número alto comparado aos Estados Unidos (25%) e à Grã-Bretanha (45%). Em 1941, havia 15 mil creches no país. E as mulheres que tinham emprego fixo recebiam seis semanas de licença-maternidade remunerada, algo que não ocorria em nenhum outro lugar. Tudo porque a reprodução era considerada uma bênção para o regime nacional-socialista, sendo extremamente estimulada pelo governo. O aniversário de nascimento da mãe de Hitler, 12 de agosto, foi escolhido para celebrar a "Festa das Mães Alemãs". Nesse dia, as mães de famílias numerosas eram condecoradas com a Cruz de Honra da Mãe Alemã: a de bronze era dada às que tivessem de quatro a seis filhos; a de prata, de seis a oito filhos; e a cruz de ouro, àquelas que dessem ao Reich mais de oito filhos.[399] Na primeira premiação, no Dia das Mães de 1939, 3 milhões de mulheres receberam medalhas.

O ideal de beleza da mulher alemã propagado durante o Terceiro Reich tinha origem no imaginário ligado à cultura germânica e no culto ao corpo: "loura deslumbrante, de ancas largas, com cabelos amarrados atrás da nuca ou trançados e formando uma coroa na cabeça". Essas características marcaram o feminino tanto na *Nationalsozialistische Frauenschaft*, a "Liga das Mulheres Nacional-Socialistas", quanto na *Bund Deutscher Mädel*, a "Liga das Jovens Alemãs". O corpo atlético era exaltado, enquanto a maquiagem era considerada "não alemã". Quem insistisse em pintar o rosto corria o risco de ser tachada de prostituta. A secretária de Hitler, Traudl Junge, escrevendo sobre a companheira do chefe em suas memórias, afirmou que Eva Braun tinha "bom gosto e discrição", andava com elegância, pintava o cabelo, usava batom e maquiagem, principalmente nos olhos, numa época em que o batom na Alemanha era considerado antifeminino e antigermânico e a maioria das mulheres eram "elefantinas no andar". O modelo de aparência física estava associado a outro aspecto extremamente importante para a sociedade nacional-socialista. O sexo não era considerado mais uma atividade pessoal, mas um "dever sagrado", coletivo, voltado para fins mais elevados: a reprodução de seres superiores. Por isso, para se casar, o soldado da SS, a elite guerreira do regime, precisava de autorização especial, que deveria vir diretamente de Heinrich Himmler, conforme uma lei de 1932, a Ordem A65. As mulheres "candidatas" seriam enquadradas em três categorias: "perfeitamente adequadas para a seleção", medianamente ou totalmente inadequadas. E a "autorização matrimonial" só vinha depois do preenchimento de vinte itens de ordem fisionômica, como a estatura dos candidatos — em pé e sentados — a forma do crânio, a cor e a disposição dos olhos, a curvatura do nariz, o comprimento dos membros, a dimensão do tórax dos homens e da bacia das mulheres etc.

Himmler fazia questão de cumprir uma antiga tese defendida pelo doutor Wilhelm Schallmayer, de que "os guerreiros que voltam do front deveriam ter a possibilidade de dispor de várias mulheres".[400] Por isso, a SS criou os *Lebensborn* — a "fonte de vida" —, com a ideia de reproduzir arianos perfeitos por meio do relacionamento entre indivíduos "aptos". O historiador Marc Hillel chamou a instituição de "espécie de haras nacional", onde as mulheres "perfeitamente adequadas" geravam filhos com arianos típicos, dentro dos padrões exigidos. A direção da instituição coube ao médico da SS Gregor Ebner. Mais de trinta *Lebensborn* foram criados na Alemanha, Áustria, Bélgica, Holanda, Luxemburgo, Noruega, Dinamarca e Polônia. Só na Alemanha nasceram cerca de 12 mil bebês. Como os números eram insuficientes para os planos de Himmler, a SS sequestrou, em países ocupados, crianças que correspondiam às características desejadas. Cerca de 200 mil loiros de olhos azuis foram roubados (principalmente na Polônia) durante a Segunda Guerra e levados à Alemanha ou a novos assentamentos no Leste a fim de colaborar com a germanização.[401] Depois da guerra, 20 mil dessas crianças foram recuperadas pelo governo polonês na zona de ocupação soviética da Alemanha e 6 mil nas zonas de ocupação dos Aliados ocidentais.

Muitos líderes nazistas compartilhavam a ideia de reprodução, ainda que não estivessem dentro dos parâmetros necessários, como o ministro da Propaganda Joseph Goebbels e o chefe da Chancelaria do Partido Martin Bormann. Baixinho e atarracado, Bormann não era louro, mas teve onze filhos com a esposa, que nunca fez objeções aos inúmeros casos extraconjugais do marido — pelo contrário, incentivava o esposo a manter relações com mulheres jovens e belas. Gerda Buch era adepta da ideia nacional-socialista de que as crianças alemãs racialmente puras deveriam ser entregues ao Führer e às mulheres cabia gerar o maior número de filhos possíveis.

MULHERES EM COMBATE

O modelo da mulher alemã como reprodutora começou a declinar quando a balança da vitória passou a pender para o outro lado. Depois de quatro anos de guerra, 900 mil mulheres foram finalmente recrutadas para as frentes de trabalho.

Os Aliados levaram menos tempo que os alemães para perceberem a importância da mulher no chamado "esforço de guerra". Na Inglaterra e nos Estados Unidos, a participação delas também esteve ligada às atividades da retaguarda, correspondendo a 80% da força adicional de trabalho. Em qualquer dos casos, a mulher sofreu as maiores privações materiais. Além do extenuante trabalho nas fábricas, conviveu com o racionamento de mantimentos, falta de gêneros de primeira necessidade e a preocupação com os filhos. No campo militar, aquelas que alcançavam postos administrativos elevados sofriam com a resistência dos colegas de farda. O almirante americano Chester Nimitz, Comandante Supremo das Forças do Pacífico, por exemplo, não aceitava mulheres em sua equipe.

Apesar de tudo, elas atuaram. Pelo menos 3 mil trabalharam como empregadas na codificação ou decodificação de mensagens secretas na Grã-Bretanha.[402] Em Liverpool havia um batalhão feminino especialista em línguas estrangeiras, responsável pelas cartas dirigidas a países neutros ou aliados. As mulheres desse batalhão também eram responsáveis pela censura da correspondência dos soldados. Em Norfolk, onde havia mais de cem aeródromos da RAF e da Força Aérea americana, a base do Comando de Bombardeiros contava com cerca de 2.500 funcionários, dentre os quais cerca de quatrocentas mulheres. Elas trabalharam ainda como voluntárias na Guarda Doméstica, que era responsável pela vigilância territorial das ilhas britânicas. Fora das atividades militares, atuaram nas fábricas de uniforme, de armamentos e em estaleiros. Em 1942, havia quase 7 milhões de mulheres nas frentes de trabalho, atendendo ao chamado "Mulheres da Grã-Bretanha, venham para as fábricas". Nos Estados Unidos, próximo do fim da guerra, 20 milhões de mulheres trabalhavam, um aumento de quase 60% em relação à situação anterior ao ataque de Pearl Harbor, em 1941. Todavia, recebiam salários consideravelmente menores do que os homens — em média vinte dólares a menos, em uma época em que o salário do trabalhador estadunidense girava em torno de 55 dólares por semana.

Na União Soviética, onde o feminino correspondia a 57% da mão de obra, elas eram chamadas de "combatentes de macacão", devido à roupa de brim utilizada nas fábricas. Nas fazendas coletivas, 80% dos trabalhadores eram mulheres. Klavdiya Leonova, que trabalhava em uma fábrica de tecidos em Moscou, disse que não havia "vida pessoal fora da fábrica". Trabalhava-se em turnos de doze horas, às vezes mais. "Não morríamos, mas estávamos sempre com fome."[403] Depois da invasão nazista, as mulheres soviéticas acompanharam as mais de 1.500 fábricas levadas das regiões ocidentais da Rússia para a região dos Urais, a milhares de quilômetros de distância da linha de frente. Mas não fugiram da guerra. O Exército Vermelho foi a única grande força militar que utilizou regularmente mulheres na frente de batalha, cerca de 900 mil "soldados de saias". Pouco mais de noventa delas entraram para o seleto grupo de "Heróis da União Soviética".[404] Um oficial da Wehrmacht escreveu sobre elas em Stalingrado: "As mulheres russas há muito tempo vêm sendo preparadas para tarefas de combate e para ocupar qualquer posto de que seria capaz uma mulher".[405] E elas combatiam como "feras", escreveu outro alemão. As tarefas femininas consistiam em atuar como enfermeiras de campanha, em baterias antiaéreas, pilotos na aviação ou como atiradoras de elite. A *sniper* ucraniana Lyudmila Pavlichenko matou 309 nazistas. Tinha apenas 25 anos. No total, as atiradoras soviéticas foram responsáveis por mais de 11 mil mortes de oficiais e de soldados alemães. Na aviação, as "Bruxas da Noite" — apelido dado pelos soldados da Wehrmacht — atuaram sob o comando de Marina Raskova e Yevdokiya Bershanskaya, no Quingentésimo Octogésimo Oitavo Regimento de Bombardeiros Noturnos, depois Quadragésimo Sexto Regimento de Guarda, alcunhado pelos russos de "Taman", referência a uma península no Mar Negro. Quase duzentas mulheres realizaram mais de 23 mil missões aéreas.

Selo em homenagem à sniper ucraniana Lyudmila Pavlichenko, que matou 309 nazistas.

REPRODUÇÃO/ISTOCK/QINGWA

SEX SYMBOL

Enquanto trabalhadoras civis e militares passavam por dificuldades e preconceito, um seleto grupo de mulheres encontrou notoriedade na guerra atuando em duas novas tecnologias que haviam se popularizado no período entreguerras: o de atrizes de cinema e cantoras de rádio. A dançarina Betty Grable foi a primeira e uma das mais populares *pin-ups* da década de 1940, tendo atuado em dezenas de filmes hollywoodianos. Uma fotografia sua, de maiô, tirada em 1943, é considerada uma das imagens mais icônicas da história. Grable disputaria as atenções do público com Judy Garland, eternizada no papel de Dorothy, intérprete da canção *Over the Rainbow* [Além do arco-íris] no filme *O mágico de Oz*, de 1939. Mas foi a berlinense Marlene Dietrich, sem sombra de dúvida, a mais célebre das estrelas do cinema americano a atuar como produto da propaganda. Ela trocou a Alemanha por Hollywood em 1933. Seis anos mais tarde, apesar dos protestos nazistas, naturalizou-se americana. Contratada pelo Exército para "entreter as tropas e lhes manter o moral", desembarcou no norte da África e apareceu pela primeira vez em abril de 1944, na Ópera de Argel. Diante dela, estavam 2 mil soldados norte-americanos extasiados. O "Anjo Azul", como Dietrich ficou conhecida devido a *Der Blaue Engel*, de 1930, o primeiro grande filme do expressionismo alemão, acompanhou os exércitos estadunidenses por Itália, França, Bélgica e também Alemanha. Depois da guerra, quando um jornalista perguntou se entre seus inúmeros casos amorosos esteve o comandante supremo das Forças Aliadas na Europa, Dwight Eisenhower, ela respondeu: "Como seria possível? Ele nunca estava na frente de batalha!".[406]

Como Dietrich renegou a Alemanha e o nazismo, Goebbels, o publicitário de Hitler, precisou encontrar concorrentes à altura. Entre elas, estavam a dançarina húngara Marika Rökk e a sueca Zarah Leander. Para o historiador francês Claude Quétel, Leander tinha uma voz "profundamente erótica e nostálgica". E ainda que o mago do marketing alemão não gostasse das letras de suas músicas, transformou a cantora em atriz *sex symbol* do Terceiro Reich.[407] Hitler era fascinado por ela, mas não fazia a menor ideia de que Leander fosse uma espiã soviética.[408] Os soldados alemães tinham especial apreço por *Ich weiss es wird einmal ein Wunder gescheh'n* [Sei que um dia um milagre vai acontecer], que ia ao ar no programa dominical *Wunschkonzert für die Wehrmacht* [Peça um concerto para a Wehrmacht].[409] Com enorme sucesso na Alemanha, Leander não aceitou o convite dos estúdios norte-americanos por questões óbvias — ela também era mais útil aos comunistas vivendo próxima do Führer alemão. Permaneceu a serviço do cinema nazista até 1943, quando sua mansão em Berlim foi destruída pelos bombardeios Aliados e seus serviços já não faziam mais sentido para os soviéticos. Com apoio da NKVD, retornou definitivamente para a Suécia.

Os alemães pareciam ter uma queda por estrangeiras — pelo menos por estrangeiras com sangue alemão ou que correspondessem ao ideal germânico. Outra estrela do cinema nazista era Olga Knipper, mais conhecida pelo sobrenome do ex-marido, Mikhail Tchekov, sobrinho do grande escritor russo Anton Tchekov. Olga Tchekova, que recebeu, em 1936, o título de "Atriz do Estado" do Terceiro Reich, era descrita por Goebbels em seu diário quase sempre como "uma mulher encantadora". Hitler também era admirador de seu trabalho, e uma fotografia de Olga ao lado do líder nazista, em uma recepção em 1939, sugeriu uma proximidade entre a atriz e o Führer que os historiadores acham pouco provável. Também inverossímil era sua atuação como espiã dos soviéticos — ou pelo menos era insuficiente quanto à qualidade de suas informações. Não era nacional-socialista, tampouco comunista. "Ela provavelmente tinha tanta noção do paradeiro de Hitler quanto qualquer habitante de Berlim", escreveu Antony Beevor.[410] O irmão de Olga Tchekova, Lev Knipper, esteve mais inteiramente envolvido em questões de espionagem. Beria, o chefe da NKVD, ordenou que o general Pavel Sudoplatov, comandante do Grupo de Missões Especiais, organizasse uma missão em que Knipper e sua mulher assassinassem Hitler quando Moscou caísse em mãos alemãs e o Führer entrasse na capital russa. Moscou nunca caiu e não há nada que indique o envolvimento de Olga.[411] Como parte do trabalho de propaganda nazista, ela também fazia visitas à linha de frente, a exemplo de Marlene Dietrich entre os Aliados. Foi assim que conheceu um de seus companheiros, um piloto da Luftwaffe. Ao final da guerra, Olga foi presa e interrogada pela NKVD; foi libertada e manteve a carreira de atriz até 1974.

As estrelas de cinema no Terceiro Reich eram conhecidas como os "brinquedinhos de Goebbels", que as selecionava tanto por aptidões quando por caprichos pessoais. Os alemães tinham até uma piada para o apetite sexual de seu ministro; diziam que ele não dormia na própria cama, mas em sua própria e grande "boca" — *Klappe* em alemão serve como gíria tanto para boca quanto para claquete, o que servia como trocadilho jocoso aos famosos discursos do político que dirigia a indústria cinematográfica oficial do Estado. Goebbels era baixinho, coxeava da perna direita (que era menor do que a esquerda, motivo pelo qual precisava usar um aparelho ortopédico), tinha os pés tortos e não era louro. Estava longe de ser o ariano ideal que seu ministério pregava nas telas do cinema. Apesar de seu apetite sexual, algumas atrizes se decepcionaram com sua falaciosa propaganda de superioridade racial. A atriz Irene von Meyendorff, uma estonteante loura alemã étnica, nascida na Estônia, afirmou certa vez que o ministro de Hitler era dono de uma "minhoquinha".[412] De qualquer modo, para trabalhar em Babelsberg, próximo a Potsdam, a sudoeste de Berlim, onde ficavam os estúdios da UFA, a grande produtora de filmes da Alemanha Nazista, era preciso ceder aos caprichos do ministro da Propaganda, o "Bode de Babelsberg".

A família de Goebbels, no entanto, era apontada como exemplo a ser seguido. Sua mulher, Magda Quandt, era considerada a esposa modelo, a primeira-dama do regime. E não apenas por suas características físicas e o grande número de filhos, que atendiam aos requisitos do ideal nacional-socialista de mulher e mãe reprodutora. Magda dera a todos os filhos nomes iniciando com a letra H, de Hitler, devotando uma adoração ao Führer pouco comum até mesmo para os padrões da época. Nos dias finais da Segunda Guerra, pouco antes da queda de Berlim, ela envenenou os seis filhos antes de cometer suicídio com o marido. Magda achava impossível viver em um mundo sem Hitler e o nacional-socialismo. Ironicamente, a esposa de Goebbels guardava um dos maiores segredos do Terceiro Reich: seu pai biológico era o comerciante judeu Richard Friedländer, que acabaria morto no campo de concentração de Buchenwald.

Se o cinema alemão era dominado por "estrangeiras", na música uma estrela alemã brilhava sobre todas as outras: Lale Andersen. Sua versão para *Lili Marleen*, cuja letra original datava da época da Grande Guerra, tornou-se um clássico mesmo entre os Aliados. Nem as versões gravadas por Anne Shelton e Marlene Dietrich a superaram. Já a musa das tropas britânicas era Vera Lynn, conhecida como "a namorada dos soldados" ou "a queridinha das Forças [Armadas]". Era mais do que um slogan publicitário, escreveu um historiador, era "uma realidade da psicologia social". Como cantora contratada pela BBC de Londres, a principal emissora de rádio na Europa, Lynn tornou-se uma das vozes femininas mais conhecidas do mundo, devido a canções como *Sincerely Yours* [Sinceramente] *e We'll Meet Again* [Nos encontraremos novamente]. Ela participou ainda de três filmes, incluindo o musical *We'll Meet Again*, de 1942. Lynn faleceu em 2020, aos 103 anos. Entre os japoneses, a voz mais famosa da Rádio Tóquio foi a de Iva Toguri, uma nipo-americana nascida em Los Angeles que estava no Japão em 1941, quando os Estados Unidos entraram na guerra. Dona de uma voz insinuante, ela foi convidada a participar do *Zero Hour*, um programa de propaganda japonesa que visava abalar as tropas Aliadas no Pacífico com músicas americanas e perguntas como "O que acham que fazem suas mulheres nos Estados Unidos com os conversíveis e os reservistas?". Os soldados apelidaram a locutora que realizava as transmissões de "Rosa de Tóquio"; na prática, porém, Toguri era uma dentre quase trinta vozes femininas que atuavam na emissora. Quando a guerra acabou, ela foi presa, acusada e condenada por traição, sendo libertada em 1956 e perdoada em 1977.[413]

PROSTITUIÇÃO, BORDÉIS E COLABORAÇÃO HORIZONTAL

Assim como ocorrera durante a Grande Guerra, o sexo se transformou em moeda de troca e garantia de sobrevivência e a prostituição entrou em voga mais uma vez. Em junho de 1940, pouco depois da ocupação de Paris, Himmler requisitou quarenta bordéis para o uso das tropas alemãs. Os mais chiques, como o *Le Chabanais* e o *One-Two-Two*, passaram a servir aos oficiais. Quase 3 mil prostitutas tinham as carteiras de inspeção exigidas pelas SS de Himmler e mais de 1.800 delas trabalhavam em casa atendendo a até quarenta clientes por dia. Os prostíbulos de luxo, enumerados em guias escritos em alemão, passaram a funcionar a pleno vapor, satisfazendo a ideologia higienista dos nazistas.

Calcula-se que, durante a ocupação alemã, 100 mil mulheres francesas se tornaram prostitutas ocasionais para servir aos conquistadores, o que ficou conhecido como "colaboração horizontal". Nesse período, estima-se que tenham nascido 200 mil bastardos. Um oficial alemão declarou a um magistrado francês: "Suas mulheres, até seus filhos, seu país não é mais seu!". Um francês denunciou o outro porque "a filha é a prostituta dos boches".[414] Muitas se especializaram em atender o alto escalão nazista, como Florence Gould. Casada com o milionário Frank Jay Gould, ela promovia encontros no Hotel Bristol, nas chamadas "quintas-feiras de Florence". A atriz Arletty, presa por colaboracionismo, mas solta para as gravações de um filme, teria dito: "Meu coração é francês, mas meu traseiro é internacional".

Os nazistas tinham tamanha preocupação com sexo que até para os prisioneiros alemães de campos de concentração havia bordéis. Himmler acreditava que eles trabalhariam melhor se praticassem sexo com frequência — o sexo, obviamente, era proibido para judeus e prisioneiros soviéticos. As mulheres atendiam por duas horas e cada prisioneiro tinha apenas quinze minutos. O historiador alemão Robert Sommer identificou 210 mulheres que foram obrigadas a trabalhar como prostitutas em dez campos. A maioria delas eram nascidas na Alemanha e estavam presas como "antissociais", mas havia ainda ucranianas, polonesas e bielorrussas.[415]

Na Ásia, depois do massacre e dos estupros coletivos ocorridos com a ocupação de Nanquim, pelo menos 5 mil chinesas foram recrutadas pela polícia militar Kempeitai para a "Casa de Alívio do Grande Exército Imperial", onde serviriam como "mulheres de conforto", "mulheres de alívio" ou "de consolo". Cerca de 280 destes estabelecimentos foram espalhados pela China, onde 100 mil mulheres foram aprisionadas e forçadas a manter relações sexuais para satisfazer os prazeres dos soldados nipônicos. Uma vítima de dezenove anos, Lin Yajin, relatou depois da guerra: "mesmo quando eu estava menstruada eles queriam me foder". O cabo Nakamura confidenciou ao diário como eles procederam ao invadir uma localidade ao sul de Nanquim: "Atacamos a aldeia e vasculhamos todas as casas. Tentamos capturar as moças mais interessantes. [...] Niura atirou e matou uma delas porque era virgem e feia e foi descartada por nós". Outras 120 casas de alívio estavam espalhadas no Sudeste Asiático e no Pacífico. Não existem números exatos, mas estima-se que pelo menos 200 mil mulheres chinesas, coreanas, filipinas, malaias e de outros países ocupados pelo Exército imperial, a maioria meninas entre catorze e dezesseis anos, tenham servido como escravas sexuais durante a guerra.[416] Os japoneses também se preocuparam com o sexo em casa. Em 1945, quando os norte-americanos ocuparam o país, o governo do Japão criou "Instalações para Recreação e Diversão" e recrutou 20 mil jovens na esperança de satisfazer o ímpeto sexual dos vencedores e livrar as moças de boa família. Segundo uma carta denúncia, havia 13 mil bebês mestiços em Kansai e outras 3 mil mulheres japonesas com filhos negros em Yokohama.[417]

Mas até em países que não sofreram ocupação militar, comportamento considerado imoral e prostituição proliferaram. Em 1943, os Aliados reuniram na Grã-Bretanha uma enorme quantidade de material bélico e tropas destinadas à grande invasão do continente Europeu no ano seguinte — o Dia D. Aproveitando o momento favorável, um grupo igualmente grande — e não militar — passou a se reunir em torno de Piccadilly, no centro de Londres. "As combatentes de Piccadilly", como as prostitutas inglesas ficaram conhecidas, eram tantas e tão persuasivas com os jovens recém-chegados que o episódio quase gerou uma crise diplomática entre os governos Aliados. Mas os GIs — de *Government Issue*, "assunto de governo", como eram chamados os soldados americanos — eram jovens, estavam longe de casa e ansiosos para "se darem bem". As inglesas não perdoaram: "Muito dinheiro, muito sexo, muito tempo por aqui".[418] No Exército Vermelho, o número de mulheres exploradas ou abusadas sexualmente pelos oficiais de Stálin é desconhecido, mas era bastante comum e frequente em relatos. O jornalista e escritor ucraniano Vasily Grossman afirmou: "o PPZh é nosso grande pecado". PPZh era a gíria usada pelos soviéticos para "esposa de campanha" — do russo *Polevaia Pokhodnaia Zhena*. Essas "esposas", porém, eram dispensadas e enviadas para retaguarda assim que engravidavam, sem receber qualquer auxílio ou atenção.

Quando a guerra terminou, pela Europa inteira e na Ásia, mulheres que haviam dormido com alemães e japoneses ou fascistas tiveram seus cabelos cortados pelas populações locais, os corpos pintados com piche e muitas foram espancadas até a morte. Aquelas que haviam colaborado, na maioria das vezes forçadas ou na esperança de se manterem vivas, foram marginalizadas e excluídas da sociedade pós-1945. Eram culpadas de "indignidade nacional", tornaram-se indesejáveis e párias sociais.[419] Na França libertada, em agosto de 1944, cerca de 20 mil jovens foram humilhadas em rituais públicos, tendo as cabeças raspadas e o corpo coberto de cuspe ou dilacerado por apedrejamentos. Na China e na Coreia, um número grande cometeu suicídio depois das humilhações e pela incapacidade de serem aceitas novamente em um lar. Na Alemanha, onde milhares foram estupradas pelas forças Aliadas, a jornalista Ursula von Kardorff escreveu que depois de todos os horrores, quando os homens voltassem dos campos de prisioneiros, eram elas, as mulheres, que teriam a tarefa mais dura da guerra, "dar compreensão e conforto, apoio e coragem a tantos homens completamente derrotados e desesperados". Nem todas, porém, podiam confortar os maridos. Em 1950, o número de viúvas no país era superior a 1,7 milhão.[420]

OS DIÁRIOS DE ANNE FRANK
Provavelmente nenhum outro nome de mulher seja mais associado ao Holocausto — e à Segunda Guerra, de um modo geral — quanto o de Anne Frank, uma menina alemã que viveu escondida com a família em um sótão em Amsterdã, na Holanda, durante dois anos, deixando anotações em um diário que se tornaria um dos livros mais vendidos no mundo depois do conflito.

Judeus residentes em Frankfurt, a família Frank deixou a Alemanha em 1933 na esperança de fugir do nazismo. Anne tinha apenas quatro anos e o pai, Otto, estabeleceu-se como comerciante de pectina na capital holandesa. Em 1940, as tropas de Hitler ocuparam a Holanda e instalaram ali leis antissemitas, dando início à perseguição aos judeus, tal como haviam feito antes na Alemanha e na Polônia. Dois anos depois, para escapar da prisão e da deportação, a família se refugiou em um anexo secreto, na Prinsengracht, 263, onde funcionara a empresa de Otto, na região central da cidade. Ali, Anne escreveu suas famosas anotações, entre 12 de junho de 1942 e 1º de agosto de 1944, três dias antes de ser presa com familiares e outros ocupantes do esconderijo. Ela esperava transformar seus escritos em livro depois que a guerra terminasse, por isso manteve um diário original, sem cortes, e outro em que melhorava e corrigia algumas passagens.

Como apenas seu pai sobreviveu à guerra, foi ele quem publicou a primeira versão dos diários, em 1947. Nessa primeira edição, a que tornou Anne Frank um best-seller internacional, muitas passagens dos registros originais foram omitidas por Otto, principalmente aquelas em que Anne escrevia sobre suas descobertas sobre sexo ou a própria sexualidade, sobre os conflitos com a mãe e opiniões depreciativas sobre outros membros do abrigo. Houve, então, três versões diferentes do diário, sendo que a primeira publicada tinha diversos cortes.[421] Quando Otto morreu, em 1980, os manuscritos foram parar no Instituto Estadual Holandês para Documentação de Guerra e, como na época se questionava a autenticidade dos originais, eles foram alvo de análise detalhada. Em 1986, foi publicada a primeira versão crítica e científica que atestou que eles eram mesmo autênticos. Quatro anos depois, um tribunal de Hamburgo, na Alemanha, confirmou e legitimou os diários como documentos originais. Mas não diminuiu as críticas sobre as edições realizadas pelo pai e as dúvidas sobre a sexualidade da adolescente.[422] O polêmico judeu-austríaco Ditlieb Felderer, por exemplo, chamou a publicação de "a primeira obra pornográfica pedófila a ser publicada após a Segunda Guerra" e sugeriu que muitas "partes sexuais" e "pedacinhos sujos" foram criados por Otto Frank, em uma "prostituição literária" da narrativa da filha, com a intenção clara de vender a obra.[423] Felderer levantou até mesmo a ideia de "complexo anal" da adolescente, que narrou os problemas de flatulência em um sótão sem ventilação.

Além de falar sobre menstruação, contatos físicos, beijos e sexo, tabus para adolescentes na década de 1940, em pelo menos uma passagem Anne relata uma "fantasia lésbica". Em 6 de janeiro de 1944, então com quinze anos, ela escreveu sobre a tentação de tocar os seios de uma amiga, o "desejo terrível de beijá-la" e o "êxtase" ao ver mulheres nuas.[424] Como ela também relata um envolvimento com Peter van Pels, um dos oito membros do sótão onde a família se escondia dos nazistas, depois que a versão sem cortes apareceu, surgiram teorias sobre a bissexualidade da autora, e o nome dela acabou entrando até mesmo em uma lista de "homossexuais e bissexuais famosos ao longo da história" elaborada pelo psicólogo Claudio Picazio.[425] Quanto à relação com a mãe, não restam dúvidas, há várias passagens reveladoras na edição original. Ela declarou, em 3 de outubro de 1942: "simplesmente não suporto mamãe". Em outro trecho, escreve, referindo-se a sra. Frank, que "amar essa pessoa insensível, essa criatura debochada, está se tornando mais e mais impossível a cada dia".[426] Para a pesquisadora norte-americana Pascale Bos, os cortes realizados pelo pai de Anne Frank e pelo editor original de 1947 subestimaram "os aspectos mais complexos de sua personalidade e origem judaica — facilitando, por sua vez, a transformação dela em uma figura idealizada e universal de martírio".[427]

Anne Frank e a família foram deportadas para Auschwitz, na Polônia, em setembro de 1944. A mãe morreu ali, de fome e exaustão. Em novembro, Anne e a irmã, Margot, foram enviadas para o campo de Bergen-Belsen, próximo a Hannover, Alemanha, e lá morreram de tifo, provavelmente em fevereiro de 1945. Otto Frank sobreviveu a Auschwitz, retornou à Holanda e publicou as anotações da filha com o título de *Het Achterhuis*, "O anexo secreto". O livro foi traduzido para mais de setenta idiomas, vendendo mais de 35 milhões de exemplares. Em 1960, o esconderijo passou a ser o museu Anne Frank Huis (Casa de Anne Frank).

22 RESISTÊNCIAS

A resistência ao nazismo entre os militares alemães surgiu antes mesmo da Segunda Guerra, embora seja lembrada apenas devido à Operação Valquíria. O movimento estudantil Rosa Branca lutou contra o nacional-socialismo, assim como o pastor luterano Dietrich Bonhoeffer e muitos líderes católicos e até mesmo o serviço secreto da Alemanha. Os judeus também não foram perseguidos passivamente; escritores, políticos e engenheiros de origem judaica ajudaram a derrotar o nazismo. Nenhum povo, no entanto, contribuiu tanto para a vitória sobre Hitler quanto o soviético: o enfrentamento contra a Wehrmacht custou a vida de 14% da população da URSS.

Popularmente, a resistência francesa é vista como um dos símbolos da luta por liberdade em uma Europa ocupada pelos exércitos de Hitler. Mas essa imagem, bastante enganosa, foi construída no pós-guerra pelo general e depois primeiro-ministro e presidente francês Charles de Gaulle, com base no mito de que o país jamais aceitara a derrota em 1940. As memórias de Dwight "Ike" Eisenhower, chefe do Comando Supremo das Forças Aliadas na Europa, publicadas em 1949, também contribuíram para essa versão da história. Contudo, a resistência na França teve um significado militar praticamente nulo durante o conflito. Sua maior contribuição foi política e moral e serviu como pilar na restauração do país. "A Resistência foi um blefe que deu certo", definiu o próprio De Gaulle.[428]

Os grupos de resistência franceses — os *maquis*, como são conhecidos, nome da vegetação onde as facções se ocultavam — só passaram a ter alguma importância do ponto de vista militar depois de 1943, com maior força em 1944, às vésperas do Dia D. A atividade *partisan* na França alcançou números consideráveis apenas quando os nazistas passaram a exigir mais trabalhadores compulsórios para as fábricas alemãs, o que levou dezenas de milhares de jovens franceses a fugir para as montanhas. Só então a resistência tornou-se um "movimento de massas" e suas ações de sabotagem durante o desembarque na Normandia levaram o general Eisenhower a revelar na ocasião que "em nenhuma guerra anterior, e em nenhum outro teatro desta guerra, as forças de resistência foram tão intensamente aproveitadas para o esforço militar principal".[429] As próprias Forças Francesas Livres (1940-3), composta em parte por integrantes do Exército que não se rendeu aos nazistas e por voluntários, somaram apenas 70 mil homens, dos quais 30 mil tinham origem nas colônias africanas e outros 3 mil eram estrangeiros. Com populações muito menores, Polônia, com 150 mil combatentes, e Grécia, 40 mil, deram uma contribuição maior à causa Aliada.

Na Itália, a resistência surgiu somente após a queda de Mussolini, quando os italianos passaram a ser inimigos de Hitler e o país foi formalmente ocupado pela Wehrmacht. Entre 1943-5, cerca de 250 mil combatentes *partigiani* lutaram na retaguarda das linhas alemãs, dos quais 45 mil perderam a vida. Por outro lado, em 1944, 110 mil italianos ainda lutavam do lado alemão, no Exército e na Luftwaffe, e cerca de 7 mil integravam a SS.[430]

A resistência na Tchecoslováquia, o primeiro país a ser ocupado pelos alemães, antes mesmo da deflagração da guerra, foi duramente reprimida pelos nazistas. A ÚVOD – sigla para *Ústrední vedení odboje domácího*, o "Comando Central da Resistência Interna" – e os grupos comunistas atuaram com eficiência na sabotagem de depósitos de petróleo, fábricas de armas e ferrovias até a chegada de Reinhard Heydrich a Praga, em 1941. O criador da Solução Final deu início a uma série de atividades repressivas que visava eliminar a presença de judeus e a cultura tcheca no Protetorado da Boêmia e Morávia – o nome dado ao antigo território tchecoslovaco incorporado à Alemanha, em 1939. Eduard Beneš, o líder tcheco no exílio e promotor da atividade antialemã, acreditava que a falta de oposição à ocupação nazista poderia minar o futuro do país no pós-guerra. Considerado pelo SOE como o homem mais perigoso da Europa depois de Hitler, Heydrich era o alvo ideal para um atentado da resistência: eliminaria uma importante personalidade nazista e faria com que as represálias do Alto-Comando alemão sublevassem a população tcheca. A Operação Antropoide foi planejada e posta em andamento, mas só cumpriu parte de seu objetivo. Em 27 de maio de 1942, Jan Kubiš e Josef Gabcík, membros da Brigada Tcheca, o braço militar do governo de Beneš no exílio, atiraram bombas no carro de Heydrich, um Mercedes conversível não blindado, enquanto ele se dirigia para seu escritório na capital. O carrasco de Hitler morreu de septicemia no hospital de Praga dias depois. Em represália, a SS assassinou toda a população da aldeia de Lídice, cerca de quinhentas pessoas. Na sequência, pelo menos 4 mil tchecos foram presos e mais de 1,3 mil foram condenados à morte. A ideia do SOE e de Beneš revelou-se um erro grave: a resistência foi duramente sufocada e a população não se mostrou receptiva à ideia de pagar com a morte qualquer atividade de sabotagem contra o invasor.

Alguns grupos da resistência ao nazismo, ainda que com um número reduzido de membros, obtiveram mais sucesso. Quando Hitler invadiu a neutra Noruega na primavera de 1940, caiu em mãos nazistas, além do porto de Narvik, por onde escoava o minério de ferro sueco, vital para a máquina de guerra alemã, outro bem norueguês mais importante: Norsk Hydro, próximo a Vemork, a usina eletroquímica mais importante do mundo no gênero.[431] Ali se produzia óxido de deutério, a "água pesada", com o qual os alemães esperavam construir a bomba atômica. Depois da invasão e da ocupação do país, a usina norueguesa aumentou sua produção anual de 1,5 mil para 5 mil quilos. Para impedir que os cientistas na Alemanha pudessem fabricar a bomba, no começo de 1942, o SOE enviou o agente nativo Einar Skinnarland, que havia se refugiado na Inglaterra, para verificar a possibilidade de destruir o local. Skinnarland recrutou quatro homens da resistência de seu país, encontrou trabalho na usina e repassou informações a Londres. Em novembro, a RAF tentou destruir Norsk Hydro com um ataque aéreo, mas os dois bombardeiros Halifax enviados para a área foram abatidos pela Luftwaffe. Decidiu-se, então, por um arriscado ataque terrestre, a Operação Gunnerside. Mais seis noruegueses se juntaram ao grupo, que passou a ser comandado por Joachim Rønneberg. Em fevereiro de 1943, um bem-sucedido ataque com bombas destruiu quinhentos quilos de água pesada e parte das instalações. Dez meses depois, um ataque aéreo norte-americano danificou parcialmente a usina, que continuou operando. Em 1944, um ano depois da primeira ação da Gunnerside, a resistência finalmente destruiu o último carregamento de água pesada para a Alemanha, colocando bombas-relógio na balsa que fazia o transporte pelo lago Tinnsjå.

Nos Bálcãs, a situação era extremamente complexa. Havia vários grupos rivais que disputavam atenção tanto de nazistas quanto dos Aliados. Churchill apoiava firmemente o rei Jorge II da Grécia e desejava manter a influência britânica na região. Mas os monarquistas deram apoio a Hitler, restando aos ingleses dar suporte à resistência comunista do movimento guerrilheiro grego EAM-ELAS — fusão da Frente de Libertação Nacional com o Exército de Libertação do Povo Grego —, e não ao EDES, a Liga Nacional Republicana Grega, liderada pelo general Napoleon Zervas. O mesmo ocorreu na Iugoslávia, onde o líder comunista Tito foi preferido em detrimento do vacilante sérvio Draža Mihailovic, que liderava os guerrilheiros Chetniks, de viés nacionalista e monarquista. Josip Broz, o nome verdadeiro de Tito, havia lutado na Guerra Civil Espanhola e organizado o Partido Comunista iugoslavo. Ele defendia que os comunistas espalhados pelo globo deviam socorrer a União Soviética do ataque alemão. Mas o próprio Stálin deu pouca ajuda a Tito, o mesmo tratamento dispensado a Mao Tsé-tung na China. Após a Segunda Guerra, o líder iugoslavo criaria um regime independente do da URSS — uma ditadura, como todos os regimes comunistas. Sem o apoio dos soviéticos, por sua vez, Mao fez um acordo secreto com os invasores japoneses no comércio do ópio e deixou todo o trabalho pesado para os nacionalistas de Chiang Kai-shek. Não foi por menos que, durante a guerra contra o Japão, enquanto as baixas de Mao atingiram 580 mil mortos, as de Chiang passaram de 3,2 milhões.[432] Mesmo quando Tito e Mao triunfaram, Stálin nunca se harmonizou com os comunistas iugoslavos e chineses. Tito se manteria no poder por três décadas e meia, entre 1945-80, enquanto Mao governaria por quase trinta anos, entre 1949-76.

RESISTÊNCIA JUDAICA

As comunidades tradicionais judaicas pouco puderam fazer diante da barbárie nazista — o que contribuiu para a ideia recorrente de passividade dos judeus perante o Holocausto. A falta de uma organização mais efetiva frente à perseguição e à institucionalização dos assassinatos em massa — em parte, pela própria constituição do povo judeu, sem um Estado nacional próprio, e absorvido por outras sociedades —, porém, não significa ausência de outras formas de combate. A resistência coube a jornalistas, escritores, políticos e engenheiros judeus que, individualmente ou em pequenos grupos, ajudaram de alguma forma a derrotar o nazismo a partir de seus países de origem. A lista não é pequena.

No decorrer da Segunda Guerra, aproximadamente 130 regimentos soviéticos eram comandados por judeus; nove generais judeus lideraram exércitos, doze comandaram corpos de exército, 23 foram chefes do Estado-Maior de grupos de exército e 34 dirigiram divisões do Exército Vermelho. Entre os vários projetistas do tanque russo T-34, o mais poderoso carro blindado da guerra, estavam diversos judeus, incluindo o engenheiro-chefe Isaac Zalzman. Na Aeronáutica da URSS, Semyon Lavochkin foi o projetista do La-5 e diversos engenheiros judeus ajudaram no projeto do Ilyushin Il-2.[433] Os dois caças foram os principais aviões de combate russos depois de 1942, quando a maré da guerra trocou de lado e os soviéticos não apenas impediram o avanço da Wehrmacht sobre a Rússia como deram início à invasão do império de Hitler. Engenheiros judeus foram os responsáveis também pelo desenvolvimento do Katyusha, o temível lançador de foguetes conhecido pelos alemães como "órgão de Stálin". Além dos comandantes e engenheiros militares, os principais articulistas da imprensa soviética eram escritores judeus, como Ilya Ehrenburg, o mais famoso colunista do *Krasnaya Zvezda*, o jornal do Exército Vermelho. Os artigos de Ehrenburg para o jornal ficaram conhecidos pela ferocidade com que estimulavam a luta contra os alemães. Em 1942, ele escreveu aos soldados: "Não contem os dias, contem os quilômetros. Contem apenas o número de alemães que mataram. Matem alemães — esta é a oração de sua mãe. Matem os alemães — este é o grito de sua terra russa. Não hesitem. Não desistam. Matem". Quando os soviéticos chegaram à Alemanha — que o jornalista ucraniano chamava de "Bruxa Loura" — Ehrenburg exultou: "Soldado do Exército Vermelho: estás agora em território alemão. A hora da vingança chegou!".[434]

No outro lado do Atlântico, segundo um estudo do doutor e professor norte-americano Benjamin Ginsberg, 15% dos cargos de alto nível nomeados por Roosevelt eram ocupados por judeus — em uma época em que os judeus mal passavam de 3% da população dos Estados Unidos. O *New Deal* de Roosevelt foi chamado por muitos de *Jew Deal* — o "Acordo Judeu".[435] O termo foi mesmo cunhado por um dos assistentes judeus do presidente, Samuel Rosemann. Também eram judeus o secretário de Tesouro Henry Morgenthau, cujo pai fora embaixador no Império Otomano durante a Grande Guerra, e Felix Frankfurter, designado para a Suprema Corte. Robert Oppenheimer, diretor do Projeto Manhattan, o projeto estadunidense que resultou nas bombas atômicas de Hiroshima e Nagasaki, era filho de imigrantes judeu-alemães. Assim como eram judeus os cientistas autores da carta que deu ao presidente Roosevelt informações sobre a possibilidade (e o risco) de os nazistas produzirem bombas nucleares. Entre eles, Albert Einstein, Leo Szilard, Hans Bethe e John von Neumann. A esposa de Enrico Fermi, que atuaria no projeto atômico dos Estados Unidos, também era judia.

Pelo lado britânico, agentes de origem judaica foram ativos nos serviços de inteligência. Pelo menos 150 deles trabalharam em Bletchley Park, onde os ingleses atuavam principalmente na quebra do código secreto da Enigma. O SOE contou com mais de mil espiões judeus que atuaram na Europa, dos quais 662 não eram britânicos. Pouco mais de cem deles eram judeus voluntários que atuavam na Haganá e no Palmach, grupos paramilitares com origem na Palestina que se alistavam no Exército inglês para combater na Europa. Em 1942, mais de 240 voluntários do Palmach entraram para o SOE e 32 deles foram lançados de paraquedas em missões especiais na Romênia, Hungria, Eslováquia, Iugoslávia, Itália e Bulgária.[436] Outro grupo de judeus fundou o SIG, o Grupo Especial de Inteligência, organizado para atacar o Afrika Korps alemão no norte da África.

Os judeus compunham ainda cerca de 25% da resistência francesa, além de terem atuado com números significativos na Bélgica, na Grécia e na Polônia, onde ocorreu o único levante de uma comunidade judaica contra a política de extermínio nazista, o Levante do Gueto de Varsóvia. Planejada por membros da Organização Combatente Judaica, com cerca de 750 membros, a rebelião ocorreu no verão de 1943, mas o resultado foi o fim do gueto e a deportação de mais de 56 mil judeus para campos de trabalhos forçados ou para o extermínio em Treblinka e Majdanek. Na União Soviética, onde estima-se que a atividade de resistência tenha eliminado entre 35 mil e 50 mil soldados alemães, os judeus formaram inúmeros grupos *partisans*. Um deles, o grupo Vingador — que atuou no gueto de Vilna, capital lituana anexada por Stálin em 1939 — liderado por Abba Kovner, sabotou cinco pontes, destruiu sete locomotivas, 33 vagões de estradas de ferro, 315 postes de telefonia e desmantelou 302 quilômetros de trilhos de trem.[437]

A LUTA NO LESTE

Nenhum país resistiu ou sofreu os horrores da invasão alemã mais do que a União Soviética. A resistência — e, nesse caso, não como movimento de oposição, mas como enfrentamento direto do inimigo — dos russos e dos povos que compunham o então único Estado comunista do mundo foi a mais significativa. E tinha uma razão forte para isso: no Leste, a guerra foi de extermínio. Enquanto a Operação Barbarossa era preparada, em março de 1941, Hitler falou ao Alto-Comando da Wehrmacht e deixou claro a seus oficiais que a campanha na Rússia seria um confronto entre duas ideologias, uma "guerra de aniquilação" sem precedentes em que as regras normais não poderiam ser aplicadas. Nas Diretrizes para a Conduta das Tropas na Rússia, o comunismo era descrito como "o inimigo mortal do povo nacional-socialista alemão", o que concedia ao Exército e à SS o direito e o dever de adotar "medidas cruéis e enérgicas contra os agitadores bolcheviques, os irregulares, os sabotadores e os judeus, e a erradicação total de qualquer resistência ativa ou passiva".[438] Tão logo a Wehrmacht deu início à conquista, três meses depois, em 22 de junho de 1941, as forças atacantes foram seguidas de perto pelas tropas de Himmler, os *Einsatzgruppen* — os "Grupos de Operações Especiais" —, responsáveis pelos programas de execução da "intelligentsia judaico bolchevique" no território soviético ocupado. Embora nem todos os oficiais do Exército fossem nazistas e estivessem sob o código de ética militar, os efetivos da Wehrmacht também tinham ordens expressas para eliminar todos os membros do partido comunista ou civis capturados com armas, sem qualquer julgamento. Como o general Erich Hoepner informou às suas tropas antes de se lançar a luta, "o objetivo desta batalha deve ser a destruição da Rússia de hoje, e isso, portanto, deve ser conduzido com um rigor sem precedentes"; seus soldados deviam lutar, seguiu ele, com "uma vontade férrea de exterminar o inimigo total e impiedosamente."[439]

Os alemães chegaram às portas de Moscou, como Napoleão fizera em 1812, mas, tal como o imperador francês, não conseguiram derrotar a resistência do povo russo, surpreendendo tanto Hitler quanto o próprio Stálin. O que se viu foram quase três anos de violentos combates, assassinatos, sabotagens e ausência de qualquer senso de humanidade. A brutalidade nazista deu a Stálin algo que nem a Revolução de 1917 conseguira dar: a vontade de lutar e a disposição do camponês de morrer pela "Mãe Rússia" — a superioridade do Exército Vermelho diante da Wehrmacht sempre esteve associada à quantidade, nunca à qualidade. Resignado e alienado quanto aos expurgos e assassinatos em massa promovidos pelo regime comunista, o povo soviético conseguiu resistir ao inimigo invasor de forma ímpar. Não apenas servindo de "bucha de canhão". Diante do avanço do Exército alemão, os russos realizaram a espantosa tarefa de transportar mais de 1.500 empreendimentos, incluindo 1.360 grandes indústrias, para além dos Urais, longe do alcance da Luftwaffe. Como se isso não bastasse, mais de 16,5 milhões de operários trabalharam onze horas por dia, seis dias por semana, em condições de privação extrema, o que não seria aceitável por ingleses ou franceses.

Dessa forma, as batalhas na Frente Oriental foram mais decisivas que o desembarque na Normandia. Quando os Aliados desembarcaram na França em 1944, o Exército Vermelho já havia dobrado a Wehrmacht em batalhas sangrentas como Stalingrado (1942-3) e Kursk (1943) — com mais de 4 milhões de combatentes. A derrota em Stalingrado foi tão significativa que os alemães jamais conseguiram retomar a iniciativa de grandes ofensivas. E Kursk, a maior batalha de blindados da história — com cerca de 8 mil tanques —, destruiu qualquer esperança alemã de vitória. Apenas em Stalingrado, os alemães perderam mais de 250 mil soldados e os soviéticos mais de 400 mil.[440] A tão glorificada batalha do Dia D, que abriu uma segunda frente de combate na Europa, teve números infinitamente menores. Dos 175 mil desembarcados na Normandia, somente 4,9 mil soldados Aliados morreram no dia 6 de junho de 1944.[441]

Quando o confronto entre Hitler e Stálin terminou nas ruínas de Berlim, em 1945, aproximadamente 4,7 milhões de soldados alemães haviam morrido em batalhas contra o Exército Vermelho e outros 475 mil ainda morreriam no cativeiro. Nada menos do que 90% dos soldados alemães mortos durante a Segunda Guerra haviam tombado em combate contra os "russos".[442] Mas a URSS pagou um preço alto pela vitória. As estimativas mais confiáveis apontam que 27 milhões de soviéticos morreram durante o conflito, dos quais 18 milhões eram civis — o que correspondia a cerca de 14% de sua população total; apenas a Polônia, que estava no meio das duas grandes forças em luta, perdeu mais, 20%. O custo humano da vitória soviética não seria aceito em quaisquer das potências ocidentais. As baixas de França, Grã-Bretanha e Estados Unidos somadas não alcançaram 1,5 milhão de vidas — o que corresponde a menos de 5% do total das forças Aliadas. Sem frentes de batalha na América do Norte, bombardeios aéreos ou a necessidade de focos de resistência e guerrilha, os norte-americanos perderam 0,32% de sua população. Mesmo a França, ocupada durante quatro anos, teve um número baixo de civis mortos, cerca de 1,35%. O prejuízo material na União Soviética também foi gigantesco: 1.710 cidades e 70 mil vilas foram total ou parcialmente destruídas; 40 mil hospitais, 84 mil escolas e 43 mil bibliotecas tiveram o mesmo fim.[443] Não foi por menos que Stálin deu liberdade ao colunista Ehrenburg para estimular a vingança contra os alemães — as "bestas fascistas".

RESITÊNCIA ALEMÃ AO NAZISMO
Quando Hitler assumiu o governo alemão, em 1933, ele tinha uma lista grande de inimigos e opositores. A maioria dos líderes políticos alemães, incluindo o próprio presidente Paul von Hindenburg, acreditava que a nomeação do líder nazista para chancelaria apenas serviria para que ele pudesse ser controlado e, depois, descartado. Infelizmente, eles estavam enganados. Numa série sucessiva de eventos favoráveis,

criados pelos nazistas ou não, Hitler se tornou ditador. Diversas personalidades Alemanha afora, entre escritores, intelectuais, cientistas e religiosos, posicionaram-se contra um governo nacional-socialista. As Igrejas católica e protestante mantiveram posições ambíguas, quando não de apoio, embora algumas vozes corajosas pregassem contra o ditador, como o bispo Clemens von Galen e o pastor Dietrich Bonhoeffer, que acabou enforcado, nu e com as mãos amarradas no campo de concentração de Flossenbürg, a poucos dias do fim da guerra. Na prática, porém, pouco podiam fazer para impedir a escalada de terror de um regime autocrático. O mesmo pode-se dizer de movimentos estudantis, dos grupos de políticos, juristas e intelectuais — como o Círculo de Kreisau, liderado pelo juiz Helmuth von Moltke —, além dos resistentes passivos, como Oskar Schindler.

O movimento antinazismo mais marcante nascido no seio da sociedade alemã civil foi o *Weisse Rose*, a "Rosa Branca", que surgiu na juventude universitária sob a liderança dos irmãos Scholl. Hans e Sophie nasceram em Forchtenberg, Württemberg, onde o pai era prefeito e um ardoroso antinazista. Mais tarde, a família se mudou para Ulm, onde os irmãos entraram na Juventude Hitlerista e na Liga das Jovens Alemãs. Em 1937, Hans foi acusado de participar de grupos juvenis proibidos e de ter mantido "atos homossexuais" com um colega anos antes, quando ele tinha dezesseis anos de idade, mas o juiz em Stuttgart desconsiderou o caso e a "falha juvenil" do rapaz.[444] Livre da punição, Hans começou seus estudos de medicina na Universidade de Munique, em 1941. Sophie matriculou-se como estudante de biologia e filosofia no ano seguinte.

Na capital bávara, Hans manteve contato com Kurt Huber, professor de filosofia e um de seus mentores intelectuais. Ele também estava tocado com os sermões do bispo católico Clemens von Galen, crítico do programa de eutanásia de Hitler. No verão de 1942, surgiram os primeiros panfletos escritos por Hans Scholl e por outro integrante do grupo, Alexander Schmorell. Os manifestos foram distribuídos entre 27 de junho e 12 de julho de 1942 e ainda usavam trechos apocalípticos da Bíblia e parte dos sermões do cardeal Galen. A ação manteve-se restrita aos círculos da universidade bávara e não há indicações de que

Sophie tenha participado dessas primeiras edições. Após um período de serviço militar no Front Oriental, Hans voltou a Munique e, com a ajuda da irmã, de Schmorell e do doutor Huber escreveu, com estilo completamente diferente, os dois últimos manifestos. Em linguagem mais crítica ao regime, apresentavam planos concretos para a Alemanha pós-guerra, pregavam a não violência e pediam resistência e sabotagem passiva nas fábricas de armamentos. Também denunciavam o extermínio dos judeus, que acreditavam ser "o crime mais terrível contra a dignidade humana, um crime não comparado a qualquer outro na história da humanidade".[445] O grupo pichou nas paredes da universidade palavras como "Abaixo Hitler" e "Liberdade" e ainda organizou uma manifestação estudantil contra o regime nas ruas de Munique, a única ocorrência do tipo durante todo o Terceiro Reich.

Com a ideia de levar o ideal do movimento para todos os alemães, os jovens do Rosa Branca conseguiram comprar 10 mil folhas para a impressão de panfletos, o que permitiu enviar exemplares para Viena, Salzburg, Linz, Augsburg, Stuttgart, Saarbrücken e Frankfurt.[446] Pelo menos 6 mil foram impressos no começo de 1943. Em 28 de janeiro, 2 mil foram distribuídos pelas ruas de Munique, em cabines telefônicas e carros estacionados. Entre 6 e 15 de fevereiro, nova ação espalhou mais 3 mil panfletos. Em 18 de fevereiro, os irmãos Scholl foram presos pela Gestapo quando distribuíam 1,5 mil panfletos na Universidade de Munique. Outro membro do movimento, Willi Graf foi preso no mesmo dia, e um segundo, Christoph Probst, foi preso um dia depois, em Innsbruck — ele tinha um rascunho de Hans para um novo panfleto guardado no bolso.

No dia 22 de fevereiro de 1943, depois de três dias de interrogatórios e torturas, o Tribunal Popular, presidido por Roland Freisler, anunciou as sentenças de morte contra os irmãos Scholl e Probst. Os réus não puderam falar, mas Sophie se manifestou assim mesmo: "Alguém tinha de começar! O que escrevemos e falamos é o que muitas pessoas pensam, mas não têm coragem de dizer em voz alta". Sophie foi levada à execução de muletas, os torturadores da Gestapo haviam-lhe quebrado as pernas. "Milhares serão movidos e acordados por aquilo que fizemos", disse ela.[447] As últimas palavras de Hans Scholl foram

"Viva a liberdade!". Os três estudantes foram executados no mesmo dia, decapitados na guilhotina. Os demais membros do pequeno grupo foram presos em sequência. Graf, Schmorell e Huber foram executados e outras vinte pessoas foram condenadas à prisão após julgamentos entre abril e setembro do mesmo ano.[448] Em junho de 1943, a BBC de Londres transmitiu um pronunciamento do escritor alemão exilado Thomas Mann em que ele elogiava a coragem dos estudantes. Os panfletos foram publicados pela imprensa Aliada e o último deles, contrabandeado pelo Círculo de Kreisau, foi reproduzido e jogado de aviões britânicos sobre a Alemanha. Em 2003, o governo alemão inaugurou um busto de Sophie no Templo do Walhalla, em Regensburg, na Baviera, dedicado aos heróis da nação.

Se a resistência civil, reprimida pela Gestapo, não prosperou, entre os militares surgiu o mais importante complô contra o regime nazista e a vida de Hitler. Como instituição sólida e organizada, somente o Exército alemão poderia derrubar o Führer, controlar a SS e remover os nazistas do poder, oferecendo uma administração alternativa. Mas a Wehrmacht vivia uma situação contraditória. Fazia muitas gerações, os militares alemães eram criados dentro de uma mentalidade de lealdade e obediência à ordem constituída. E Hitler, acima de qualquer dúvida, fora indicado como chanceler de forma legítima. Além disso, os oficiais haviam jurado lealdade a ele, como chefe de Estado. O general Hans Oster foi um dos primeiros militares a se posicionar contra o regime e tramar um golpe. Nomes como o dos generais Ludwig Beck, chefe do Estado-Maior do Alto-Comando do Exército entre 1935-8, e Franz Halder, o chefe seguinte do OKH, também se chocaram com o ditador. No entanto, à medida que Hitler derrubava o Tratado de Versalhes e conseguia uma vitória diplomática atrás da outra, sem entrar em uma guerra declarada, a resistência perdia força e credibilidade.

Os militares contavam com apoio de políticos de grande influência, como o jurista e ex-prefeito de Leipzig Carl Goerdeler, o advogado Hans von Dohnanyi e o juiz Helmuth von Moltke. Goerdeler escreveu ainda em 1938, quando se permitiu que Hitler anexasse a Áustria e se apossasse da Tchecoslováquia: "Se a Grã-Bretanha e a França tivessem corrido o risco da ameaça de guerra, Hitler jamais teria usado a força".[449] A recusa Aliada de prestar apoio ao movimento antinazista também foi fundamental naquele momento. E para infelicidade dos conspiradores, até mesmo tentativas isoladas, como a do marceneiro suábio Georg Elser, que tentara matar Hitler na Bürgerbräukeller, Munique, em 1939, fracassaram.

Wilhelm Canaris, chefe da Abwehr, o serviço de inteligência e espionagem militar da Alemanha, era um dos principais líderes da resistência. Desde o início da guerra, ele vinha sabotando o serviço secreto alemão, mantendo os Aliados informados sobre os planos de Hitler. Hans Gisevius, da seção de Assuntos Internacionais da Abwehr, definiu o chefe: "Mais astuto que Himmler e Heydrich juntos".[450] Canaris "odiava Hitler e o nacional-socialismo", escreveu Fabian von Schlabrendorff, um jovem advogado que desde o início fora contra o regime nazista, chegando mesmo a publicar artigos contrários às políticas de Hitler. Ironicamente foi um dos poucos a sobreviver à guerra.[451] O serviço de inteligência reuniu, dessa forma, muitos dos conspiradores — além de Canaris e Gisevius, Bonhoeffer, Dohnanyi e o general Hans Oster prestavam serviço à Abwehr. O pastor Bonhoeffer, que era cunhado de Dohnanyi, tentara, sem sucesso, convencer os Aliados a apoiar a resistência alemã contra o nazismo em 1938. Oster também fazia parte do grupo original. Em 1940, ele conseguiu informar os holandeses dos planos de invasão nazista da Europa Ocidental, mas igualmente não obteve apoio dos Aliados. Entre os militares importantes estavam homens como os generais Helmuth Stieff, Hans Speidel, Friedrich Olbricht, Carl-Heinrich von Stülpnagel e Erich Hoepner, o mesmo que declarara às suas tropas, em 1941, a necessidade de "exterminar o inimigo total e impiedosamente". O comandante do *Ensatzgruppe* B, da SS, Arthur Nebe, também estava no grupo — sob o comando de Nebe, o "esquadrão da morte" assassinou mais de 45 mil pessoas na Frente Oriental. O marechal de campo Erwin von Witzleben era o oficial de mais alta patente — embora simpatizante, o marechal Erwin Rommel era um integrante não ativo. O major-general Henning von Tresckow e o coronel conde Claus von Stauffenberg eram as figuras centrais da conspiração. Ludwig Beck, ex-chefe do Estado-Maior do Exército, era a alma do movimento dentro do Exército. Depois do assassinato de

Hitler, Beck reassumiria o posto de líder do Exército e Goerdeler assumiria o cargo de chanceler.

Até julho de 1944, Hitler já havia sofrido mais de quarenta atentados contra sua vida, escapando ileso de todos. Os próprios serviços de inteligência britânicos se debatiam desde o início da Segunda Guerra sobre a possibilidade de assassinar o ditador, mas temiam que o Führer se transformasse em um mártir. O SOE chegou a aventar a ideia do uso de franco-atiradores no Berghof, a casa de campo de Hitler nas montanhas da Baviera — a Operação Foxley. Mas a liderança Aliada nunca chegou a um consenso e o próprio Churchill era contra o que considerava uma "anarquia". Em algumas oportunidades, Hitler quase foi morto por acaso. Depois da guerra, seu piloto particular revelou que em 1943 ele quase pereceu em uma base alemã, em Zaporíjia, na Ucrânia, durante um ataque de tanques russos ao campo de pouso da Luftwaffe.[452]

De qualquer forma, Tresckow estava decidido a matar o Führer, que segundo ele era o "artífice de todos os males", desde 1939.[453] Mas as vitórias iniciais da Alemanha dificultaram as oportunidades. Quando a maré da guerra mudou, a necessidade de pôr um fim em tudo aumentou. Em 13 de março de 1943, em Smolensk, na Rússia, o então coronel conseguiu colocar no avião de Hitler uma caixa de licor de Cointreau que na verdade era uma bomba de efeito retardado com tempo calculado para explodir meia hora depois da decolagem. O avião Focke-Wulf FW-200 Condor, no entanto, pousou horas depois em Rastenburg, na Prússia Oriental, sem nenhum problema. O detonador falhara devido à baixa temperatura. Tresckow não desistiu e encontrou um suicida. No dia 21 de março, durante uma celebração em Berlim, o major-general Rudolph-Christoph Freiherr von Gesdorff se aproximou de Hitler e acionou o detonador de uma bomba que estava no bolso do seu casaco, mas o ditador saiu apressadamente do local e ele precisou jogar o artefato no vaso do banheiro antes que explodisse.[454] No ano seguinte, teve início a série de tentativas de Claus von Stauffenberg. Em 6 e 11 de junho, ele visitou Hitler no Berghof, mas a ausência de Himmler, que deveria morrer junto, adiou o atentado. No dia 15, o conde chegou à Toca do Lobo, em Rastenburg, disposto a explodir Hitler e

GRANDES GUERRAS

seu Estado-Maior. Mais uma vez a ausência do chefe da SS protelou a tentativa. A oportunidade seguinte teve lugar em 20 de julho de 1944 e foi o mais grave de todos os atentados contra o Führer. Stauffenberg teve acesso à sala de reuniões da Toca do Lobo e mesmo sem a presença de Himmler depositou sob a mesa de mapas uma valise com explosivo plástico fornecido pela Abwehr e dois detonadores para garantir que não haveria falhas. Não houve. Às 12h42 o barracão de madeira foi sacudido por uma violenta explosão. Houve feridos e mortos, mas entre eles não estava Hitler, que tivera a bomba quase junto aos pés. Salvo algumas queimaduras e arranhões, mais uma vez ele escapara de um atentado. Stauffenberg voou para Berlim e desencadeou a *Walküre*, a "Valquíria", a operação militar que deveria manter o governo funcionando em caso de uma emergência através da mobilização do Exército de reserva, que seria usado pelos conspiradores para sustentar o golpe de Estado previsto para retirar os nazistas do poder. Foi em vão: com o líder nazista vivo, a Alemanha não estava preparada para acabar com a guerra. Em 1944, a maioria dos alemães ainda tinha uma fé inabalável em Hitler. Uma mulher escreveu sobre o atentado: "Nosso Führer foi poupado para nós. Que ele tenha longa vida e nos leve à vitória."[455] "Graças a Deus ele se salvou", exclamou outro alemão. "O que teria sido de nós sem o Führer?", perguntavam-se muitos. Ainda que discordassem de muitas das táticas e posicionamentos de Hitler, a maioria dos militares tinham a mesma ideia e estavam ligados a um juramento de lealdade ao Führer. Alfred Jodl, chefe do Estado-Maior de Operações da Wehrmacht, exprimiu uma opinião comum: "alta traição". O 20 de julho foi a data "mais negra na história da Alemanha", disse ele.[456]

Preso, Ludwig Beck cometeu suicídio. Tresckow também se matou. Stauffenberg foi fuzilado, mas antes de morrer gritou: "Viva nossa sagrada Alemanha!". Nos meses seguintes, dezenas foram encarcerados e torturados. "Quero que sejam pendurados como animais no açougue", pediu Hitler.[457] E foram. A execução dos conspiradores, estrangulados com cordas de piano e suspensos por ganchos de açougue presos em um trilho fixado ao teto, na prisão de Plötzensee, foi filmada para que o Führer pudesse assistir depois. Todos os membros das famílias dos irmãos do conde Stauffenberg que puderam ser encontrados foram executados, entre eles uma criança de três e um velho de 85 anos. O mesmo ocorreu com as famílias dos demais participantes, mas surpreendentemente a esposa e os filhos de Stauffenberg escaparam da fúria de Hitler. Quanto a Rommel, o ditador descobriu seu envolvimento com os conspiradores e lhe ofereceu duas opções: enfrentar um tribunal nazista e a vergonha pública ou cometer suicídio, salvar a família e receber um funeral com honras militar. O marechal escolheu a segunda e recebeu um funeral com honras de chefe de Estado. Dohnanyi foi enforcado no campo de concentração de Sachsenhausen; Canaris e Oster foram executados em Flossenbürg. Pelo menos duzentas pessoas diretamente ligadas ao atentado de 20 de julho foram executadas, poucas escaparam.[458] Dos principais envolvidos, apenas von Schlabrendorff, ainda que torturado, livrou-se da morte.

23

A COBRA FUMOU!

O Brasil foi o único país da América do Sul a enviar tropas para lutar na Europa. A atuação da Força Expedicionária Brasileira foi imperceptível; contribuiu, mas não foi decisiva para a vitória contra o nazismo. Enquanto o país sofria com blecautes, racionamentos e o medo de uma invasão que nunca foi projetada, os "soldados da borracha", que atuavam na selva amazônica, davam uma importante contribuição para o esforço de guerra Aliado.

Em janeiro de 1943, retornando da conferência de Casablanca, no Marrocos, Roosevelt se encontrou com Getúlio Vargas em Natal, no Rio Grande do Norte, aproveitando a viagem de inspeção das instalações da nova base aérea militar norte-americana de Parnamirim, resultado do acordo firmado com o Brasil em 1942. Vestindo ternos brancos e chapéus-panamá, como "velhos amigos", escreveu FDR em nota à imprensa estadunidense, os dois presidentes conversaram em francês, passaram em revista as forças armadas nativas e americanas, visitaram as novas acomodações, almoçaram, falaram sobre a guerra, a cooperação conjunta entre seus países e acertaram o envio de tropas brasileiras para a Europa.[459] O Brasil precisava mostrar que fazia jus à sua posição de liderança no cenário sul-americano.

RELAÇÕES COMERCIAIS

Vargas estava no poder desde 1930, quando derrubou o presidente Washington Luís e impediu a posse do eleito Júlio Prestes. Permaneceu por quatro anos como líder de um "governo provisório", com poderes ditatoriais. Não obstante, nesse meio-tempo, o Brasil ganhou um código eleitoral (1932) e uma Constituição (1934). Antes que seu mandato encerrasse, porém, Vargas deu um golpe no próprio governo, instau-

A COBRA FUMOU! 371

rando em 1937 o que ele chamou de "Estado Novo", um regime centralizador e autoritário nos moldes do nazifascismo europeu. O Brasil se aproximou perigosamente de Roma e principalmente de Berlim, mantendo uma intensa relação comercial com a Alemanha, interessada em encontrar uma fonte de matérias-primas longe do Velho Mundo e da influência de outras potências europeias e disposta a auxiliar Vargas a entrar na era industrial, o que ampliaria a influência política alemã na América Latina. A partir de 1934, a disputa pelo mercado brasileiro se acirrou, atraindo para o país olhares norte-americanos e nazistas. Em favor destes, o Brasil tinha uma grande colônia germânica, que serviu como elo.

Alemães e brasileiros mantinham relações culturais e comerciais desde 1824, quando as regiões sul e sudeste do país passaram a atrair grande levas de imigrantes (os italianos chegariam somente no final do século XIX e os japoneses no início do XX). Ao longo das décadas, isso possibilitou um vigoroso intercâmbio econômico. A presença da Igreja protestante facilitou a entrada de pastores estrangeiros, assim como aproximou empresários europeus e nacionais. No período entreguerras, mais de 75 mil alemães chegaram ao país e muitas empresas teutas estavam associadas a grupos brasileiros ou mantinham filiais nas grandes cidades, nas mais diversas áreas, incluindo setores estratégicos, na indústria e nos transportes — os alemães dominavam o transporte aéreo (a Condor e a Varig — Viação Aérea Rio-Grandense — foram criadas nos anos 1920 como filiais da Lufthansa, e a Vasp — Viação Aérea São Paulo — era uma parceria entre empresários teuto-brasileiros, de 1934), além de manter um amplo sistema de transporte marítimo e projetos ferroviários. Foi desse modo, trazidas por imigrantes, religiosos, empresários, industriais e representantes diplomáticos, que as ideias de Hitler desembarcaram no país. Antes mesmo da chegada do nacional-socialismo ao poder na Alemanha, o Brasil já contava com uma seção do Partido Nazista, criada em 1928 em Benedito Timbó, então distrito de Blumenau, em Santa Catarina. Foi o primeiro grupo fora do território alemão a ser reconhecido pelas lideranças do partido em Munique — no início da década de 1930, o número de adeptos do nazismo fora da Europa chegou a reunir 29 mil integrantes em mais de oitenta países. A sede brasileira ficou inicialmente localizada no Rio de Janeiro, transferindo-se depois para São Paulo. A liderança coube a Hans Henning von Cossel, representante comercial e adido da embaixada alemã no país. Até 1937, antes do Estado Novo, o Brasil contava com 2.903 partidários nacional-socialistas registrados no país. Além dos membros formais, todos alemães, um número considerável de simpatizantes brasileiros, mas com alguma ligação com a Alemanha, esteve envolvido com atividades nazistas, incluindo publicações em periódicos, desfiles e diversas outras manifestações.[460]

A disputa pelo mercado brasileiro se acirrou após 1934, com a assinatura de um acordo mercantil. Em pouco tempo, a Alemanha ultrapassou os Estados Unidos e a Grã-Bretanha, ocupando o posto de maior parceiro comercial do Brasil — até 1936, a Alemanha comprou 50% do algodão nacional, além de 1 milhão de sacas de café e diversos outros produtos, como carne, couro, cacau e tabaco; no ano seguinte, o aumento do comércio entre os dois países foi superior 335% em relação a três anos antes.[461] As representações diplomáticas alemãs no país receberam o status de embaixadas e Berlim propôs ao Rio de Janeiro a adesão formal ao Eixo. As relações entre os dois países, porém, começaram a se deteriorar quando Vargas começou a promover a "campanha de nacionalização". Iniciada com o Estado Novo, partia da ideia de que miscigenação racial e a variedade étnica do Brasil, com a presença de imigrantes e estrangeiros, impediam o progresso do país, punham em risco a soberania nacional e impossibilitavam a consolidação de uma identidade "puramente brasileira". O governo defendia a criação de um Brasil homogêneo, com língua e cultura uniformes, motivo pelo qual ordenou o fechamento de escolas alemãs e do Partido Nazista e suas organizações.

Importante na geopolítica mundial e mantendo-se neutro quando a guerra estourou na Europa, em 1939, o país passou a ser alvo de ações de espionagem de ingleses, norte-americanos e nazistas, que através dos embaixadores Karl Ritter e Curt Prüfer envolveram muitos empresários e firmas alemãs que atuavam em território nacional. Nos dois anos seguintes, a situação tornou-se cada vez mais intrincada e sensível. Quando os japoneses ocuparam o Sudeste Asiático no final de 1941, os Estados Unidos perderam sua principal fonte de borracha. Nada menos que 97% de toda a borracha natural do globo caíra em mãos nipônicas. Sem essa matéria-prima, a máquina de guerra Aliada corria o risco de ser paralisada. Segundo o casal brasilianista Gary e Rose Neeleman, autores de um livro sobre o tema, "tudo na Segunda Guerra Mundial dependia da borracha".[462] Os tanques tinham vinte toneladas de aço e meia tonelada de borracha; os caminhões, cerca de 225 quilos. Um avião bombardeiro tinha quase uma tonelada de borracha, enquanto um encouraçado da Marinha, cerca de 20 mil peças feitas com o material. Sem contar a quantidade necessária para correias, peças hidráulicas, botes, pneus e uma infinidade de outras coisas.

Depois de Pearl Harbor, a pressão dos Aliados por um posicionamento do Brasil aumentou, mas as tentativas de intromissão da diplomacia alemã na política interna brasileira e o choque de nacionalismos contribuíram significativamente para o fracasso de um acordo teuto-brasileiro. Não obstante muitos militares brasileiros tivessem inclinações germanófilas — o Brasil tinha acordos militares, como a compra de equipamentos alemães e missões de intercâmbio —, o governo Vargas acabou optando por seguir a estratégia de seu ministro das Relações Exteriores, Oswaldo Aranha. Em 28 de janeiro de 1942, ao término da Terceira Conferência Consultiva dos Chanceleres das Repúblicas Americanas, realizada no palácio Tiradentes, no Rio de Janeiro, o Brasil rompeu relações diplomáticas com o Eixo.

A declaração agradou Roosevelt, que em acordo firmado dois meses depois, um *Lend-Lease*, como realizado com ingleses, soviéticos e outras nações aliadas, comprometeu-se a fornecer ao Brasil 200 milhões de dólares em armas e munição de guerra destinadas à Marinha e ao Exército.[463] Em condições tão vantajosas — o crédito teria uma redução de 65% do valor real —, as últimas restrições à implementação de uma base militar norte-americana no Nordeste foram derrubadas. Aranha superou os generais brasileiros pró-Alemanha, e Parnamirim serviria de trampolim Aliado para o envio de tropas e armamentos para o norte da África. Além do pacto militar, seguiram-se outros de natureza econômica. Os norte-americanos disponibilizaram uma linha de crédito de mais 100 milhões de dólares para que o Brasil financiasse e organizasse a extração de materiais básicos e estratégicos, como minérios e borracha bruta, e a produção de artigos de exportação, como o cacau e o café. O sonho de Vargas de industrializar o país foi garantido: a Companhia Siderúrgica Nacional seria financiada pelo dinheiro estadunidense. As negociações estabeleceram ainda que 14 milhões de dólares viabilizariam a modernização de ferrovias — em troca, Estados Unidos e Inglaterra teria o direito de explorar uma mina na região sudeste.

O acordo entre os dois países também garantia a compra de toda a borracha brasileira extraída na Amazônia pela Companhia de Reserva da Borracha — a *Rubber Reserve Company*, com escritórios em Washington e no Rio de Janeiro —, motivo pelo qual uma imensa campanha de propaganda do governo brasileiro levou 50 mil voluntários, em sua maioria nordestinos, para o interior da selva amazônica. Os norte-americanos financiaram o transporte e a alimentação e concederam outros 5 milhões de dólares para a construção da infraestrutura necessária. O Brasil tinha um novo Exército, o de "soldados da borracha". Mas, apesar do estímulo, o país nunca atingiu as 50 mil toneladas anuais esperadas por Roosevelt. Em 1943, das 22 mil toneladas extraídas, o país só exportou 11 mil para os Estados Unidos. A extrema necessidade causada pela guerra fez com que os americanos aumentassem a produção de borracha sintética e passassem a comprar toda a produção mundial que estivesse ao seu alcance. Em 1948, o relatório final revelou que os Estados Unidos haviam pagado mais de 40 milhões de dólares pela borracha brasileira entre 1942-7. O mesmo relatório apontou que Roosevelt pagou mais de 1 bilhão de dólares em borracha estrangeira não brasileira.[464]

Terminada a guerra, os norte-americanos tinham alcançado seus objetivos, e os seringais da Malásia e da Indonésia haviam voltado a abastecer o mercado mundial. Já o governo brasileiro enfrentava um grave problema: os milhares de homens que haviam trabalhado nos seringais estavam desempregados e endividados com os seringalistas, já que tudo o que consumiam era descontado da extração. Segundo jornais da época, 23 mil estavam "apodrecendo na lama, sem pão, sem assistência médica ou remédio para tratar as febres fortes, a falta de vita-

A COBRA FUMOU!

minas, o ataque dos parasitas". O trabalho exaustivo na selva, a malária, a febre amarela, o beribéri e os ataques de animais selvagens vitimaram 26 mil trabalhadores. Os que sobreviveram foram "esquecidos sem sequer terem dinheiro para voltar para casa".[465] Os soldados da borracha possivelmente deram uma contribuição maior à causa Aliada do que as próprias Forças Armadas do país, mas pagaram um preço altíssimo — o Brasil perdeu na Itália pouco mais de 470 combatentes, entre soldados e pilotos, 57 vezes menos do que os brasileiros mortos na Amazônia. Na década de 1980, os sobreviventes dos seringais conseguiram do governo uma pensão vitalícia de dois salários-mínimos, bem aquém dos dez salários concedido aos soldados combatentes.

OPERAÇÃO BRASIL

Nos primeiros anos da guerra, o Brasil viveu em pânico. O país sofreu com blecautes, racionamentos e medo de invasão. O preço dos alimentos subiu 400%; não havia açúcar, carne e farinha de trigo. Depois das 21h tudo era desligado; até mesmo o uso dos faróis dos carros era proibido para evitar a ação de submarinos. A partir de 1942, Vargas intensificou a caça aos chamados "quintas-colunas", os traidores, espiões e estrangeiros que estavam trabalhando para os nazistas ou que poderiam atuar em prol da Alemanha — dentro da Igreja luterana, pouco mais de trinta pastores alemães estavam ligados ao nazismo; um número desconhecido de padres também manteve relação próxima com nacional-socialistas ou espionagem, principalmente em cidades estratégicas, como Rio de Janeiro e os grandes portos. Na caça às bruxas, o governo proibiu que imigrantes que estavam no Brasil havia mais de um século se comunicassem usando a língua materna — somente no Rio Grande do Sul, 400 mil pessoas falavam alemão em casa — e criou diversos campos de concentração em São Paulo, no Rio de Janeiro e nos três estados sulistas, encarcerando milhares de pessoas.[466]

Não obstante o aprisionamento de agentes secretos, colaboradores e simpatizantes nazistas e a desarticulação de células de espionagem, o perigo de uma invasão alemã ao Brasil não passou de uma ilusão, habilmente explorada pelos Aliados. Nunca houve a menor possibilidade de o país ser invadido pela Alemanha. Hitler não havia levado adiante seu plano de invasão à Inglaterra em 1940, a Operação Leão Marinho, pelo simples fato de não ter uma Marinha e uma Força Aérea capazes de cruzar o Canal da Mancha em segurança. Atravessar o Atlântico para conquistar um país 35 vezes maior do que as ilhas britânicas era, portanto, algo impensável e impraticável para os alemães. O tenente-coronel do Exército brasileiro Durval Pereira escreveu que "descartadas as teorias conspiratórias, jamais foi encontrado um plano ou mesmo um esboço de uma invasão do Eixo às Américas".[467] A Kriegsmarine até chegou a elaborar um plano de ataque que envolveria uma "alcateia" de dez submarinos para entrar nos principais portos brasileiros, destruir instalações de combustíveis e gás, navios ou alvos de importância estratégica.[468] O almirante Erich Raeder apresentou o plano a Hitler em uma conferência no Berghof. Em 15 de junho de 1942, o Führer autorizou a *Operation Brasilien* — "Operação Brasil", que seria lançada no começo de agosto. Mas o ex-embaixador alemão no Rio de Janeiro, Karl Ritter, foi contra o ataque por achar que a ação complicaria as relações diplomáticas também com outros importantes países sul-americanos, como Argentina e Chile — o Brasil já havia rompido relações com a Alemanha em janeiro daquele ano. Documentos da Marinha alemã comprovam que a ação foi cancelada "por motivos políticos".[469] De qualquer forma, os ataques seriam apenas "agulhadas", como disse Hitler a Raeder, não um plano de invasão e ocupação em larga escala. O tão alardeado "perigo alemão" envolveu menos questões militares do que políticas, econômicas e culturais, com a aproximação nazista dos descendentes de alemães no país — o que, depois de 1939, também se tornou impraticável, com a guerra no Atlântico e a reorientação do governo de Vargas, a partir de 1941-2 alinhado com os Estados Unidos.[470]

Por outro lado, os norte-americanos é que tinham um grande plano de invasão do Brasil, a *Operation Pot of Gold* — "Operação Pote de Ouro". Esboçada já em 1939, entre os planos Rainbow para a defesa do Hemisfério Sul, previa o desembarque de 100 mil soldados na costa brasileira entre Belém e Rio de Janeiro.[471] Em agosto de 1940, o plano foi reajustado, e a previsão passou a apontar a necessidade de apenas 15 mil soldados, setenta aviões e um porta-aviões. Mas Roosevelt não precisou se decidir pelo ataque, os milhões de dólares investidos no governo Vargas fizeram a diferença. Com o cancelamento da Operação Brasil, o comandante do submarino alemão U-507, Harro Schacht, solicitou e recebeu autorização para "manobras livres" no litoral brasileiro. Agindo por sua conta e risco, o "lobo solitário" atacou deliberadamente navios com a bandeira brasileira entre São Paulo e Natal. Em cinco dias, entre 15 e 19 de agosto de 1942, a embarcação nazista torpedeou os navios *Baependi*, *Araraquara*, *Aníbal Benévolo*, *Itagiba*, *Arará* e a barcaça *Jacira*, matando 652 pessoas. Somados aos torpedeamentos anteriores, a Marinha alemã havia afundado 34 navios brasileiros, com 1.081 mortes ao todo. Em 31 de agosto de 1942, o presidente Vargas declarou oficialmente guerra a Hitler.

A COBRA FUMOU!

O desembarque Aliado no norte da África, em novembro de 1942, afastou qualquer possibilidade real ou imaginária de uma invasão do Brasil. A base aérea militar de Parnamirim, construída no saliente nordestino ao custo de 9 milhões de dólares, continuou a servir de ponte-aérea — a mais movimentada da guerra entre 1943-4, com mais de cem pousos diários —, mas ainda deixava o Brasil na posição de mero observador das ações. E o governo estava interessado não apenas em manter boas relações com as potências aliadas, mas explorar ao máximo essa proximidade. Depois de obter financiamento estadunidense para a indústria e apoio para a defesa do litoral contra os ataques dos submarinos alemães, Vargas esperava consolidar o papel do Brasil como país líder na América Latina com uma demonstração de força: a participação efetiva no conflito armado.

O governo brasileiro propôs aos Aliados o preparo e o envio de uma força expedicionária ao norte da África. Apesar da recusa inicial de Churchill, o Brasil tinha o apoio de Roosevelt e os detalhes, alinhavados no encontro em Parnamirim, foram definidos no final de 1943 — antes, o Estado-Maior Aliado cogitou usar as tropas brasileiras na ocupação da ilha da Madeira e dos Açores e o próprio governo Vargas considerou um ataque independente à Guiana Francesa, na América do Sul. Com as garantias do presidente americano, Vargas deu início então ao preparo de uma força militar que tomaria lugar no front do

Mediterrâneo. Assim, o Brasil seria o único país sul-americano a enviar um exército para combater na Segunda Guerra. O contingente foi criado oficialmente em 9 de agosto de 1943 e denominado de Força Expedicionária Brasileira, a FEB. A expectativa inicial era contar com 75 mil homens e três divisões, números que nunca foram alcançados — o efetivo total do Exército brasileiro na época tinha aproximadamente 70 mil soldados. Por diversos problemas organizacionais, incluindo a falta de preparo técnico e de pessoal, somente em julho do ano seguinte, passados dois anos desde a declaração de guerra, é que o país conseguiu enviar o primeiro grupamento de soldados para a Itália. Tal foi a demora e a desorganização nos preparativos que a ida de brasileiros à Europa se transformara em motivo de pilhéria. Era mais fácil uma cobra fumar do que o Brasil enviar tropas, diziam na época. Todavia, contra todos os descréditos e apesar do tempo de espera, a "cobra fumou" — e a serpente fumando se transformou no símbolo da FEB. Depois do primeiro destacamento, seguir-se-iam outros quatro grupos, somando mais de 25 mil soldados carinhosamente chamados de "pracinhas" — com origem na expressão "sentar praça", referência ao soldado raso. O comando da Primeira Divisão de Infantaria Expedicionária foi dado ao general gaúcho João Batista Mascarenhas de Moraes, oficial de Artilharia então locado na Sétima Região Militar, em Recife. Na Itália, a FEB foi integrada ao Quinto Exército dos Estados Unidos, comandado pelo general Mark Clark.

Quando a FEB finalmente entrou em combate na Itália, em setembro de 1944, com o implacável avanço soviético na Frente Oriental e a libertação de Paris depois do desembarque na Normandia, a rendição nazista era tida pelo Alto-Comando Aliado como uma questão de tempo e muitos acreditavam que a guerra poderia terminar no Natal daquele ano. Atuando em uma frente menos importante, o comando brasileiro tinha interesse em mostrar serviço e se fazer notar. Desde o início das ações, o general Euclides Zenóbio da Costa, alcunhado de "Patton brasileiro", tanto pela atitude quanto pela língua afiada, parecia ávido por receber informações sobre as baixas, questionando frequentemente o número de mortos e atos destemidos. "Precisamos de heróis!", teria dito.[472] O próprio Zenóbio era conhecido por sua audácia, permanecendo junto da tropa sob fogo inimigo. A imagem de heroísmo que a literatura militar brasileira construiu a respeito das ações da FEB, porém, escondeu muitos dos problemas que o Exército teve durante a campanha de 1944-5. Quando o jornalista Wiliam Waack publicou um livro sobre a participação brasileira na Segunda Guerra, em 1985, tendo como base a documentação Aliada e entrevistas a 28 ex-oficiais alemães que atuaram na Itália, ele foi acusado de ser "injusto", de "denegrir as Forças Armadas" e de ser "filho de um oficial alemão" (na verdade, Waack é bisneto de alemães). Os relatórios norte-americanos e os relatos de oficiais germânicos pós-guerra, no entanto, são claros: a participação brasileira passou quase despercebida, não foi nem fundamental nem decisiva.

Soldados da Força Expedicionária Brasileira na Itália, em setembro de 1944, durante a Segunda Guerra Mundial.

REPRODUÇÃO/ARQUIVO NACIONAL

Sabendo da inexperiência brasileira na guerra moderna, os norte--americanos criaram o *Brazilian Liaison Detachment*, o "Destacamento de Ligação", que tinha como objetivo acompanhar os treinamentos e supervisionar a atuação das tropas da FEB. Todas as informações eram coordenadas pelo coronel Walter Sewell diretamente do quartel-general Aliado em Florença. Sewell escreveu em janeiro de 1945 ao general Ralph Wooten, comandante americano no Recife: "Eu acredito que muitos brasileiros, incluindo o Mascarenhas, sabem que não correspondem às expectativas".[473] Ainda conforme relatório Aliado, os norte-americanos encontraram diversas falhas no comando tupiniquim. A FEB não estava preparada para o combate ofensivo nem defensivo, não havia organização nem mesmo entre os oficiais. O G-3, a Chefia de Operações, não tinha coordenação com o G-2, o Serviço de Informações do Exército. "Treinamento apropriado e disciplina poderiam ajudar muito a melhorar a FEB", sentenciou o capitão Frank Cameron em fevereiro de 1945.[474] Até mesmo as 67 enfermeiras brasileiras selecionadas e integradas aos hospitais Aliados eram consideradas inadequadas: receberam a patente de segundo-tenente, hierarquicamente abaixo das norte-americanas, majores e capitãs, e um soldo inferior ao posto correspondente.

Fato é que quando o Brasil chegou à linha de frente de batalha enfrentou um exército destruído, em retirada, e mesmo assim teve trabalho. A FEB enfrentou nove divisões alemãs e três italianas. Em sua maioria, eram unidades formadas no final da guerra, com recursos reduzidos e sem experiência em combate. O marechal Albert Kesselring, comandante supremo das forças alemãs na Itália, destacou que apenas a Vigésima Nona Divisão Panzer, formada na França e conhecida como *Falke-Division*, a "Divisão Falcão", era considerada como de primeira linha. Os pracinhas, no entanto, tiveram pouco contato com a Falcão. As unidades com as quais as tropas brasileiras travaram combates foram a Ducentésima Trigésima Segunda Divisão de Infantaria, que estava entrincheirada em Monte Castello, a Centésima Quadragésima Oitava Divisão de Infantaria, que se rendeu à FEB em Fornovo, e a Centésima Décima Quarta Divisão Ligeira, que lutou em Montese. Algumas delas estavam em situação muito difícil quanto a armamentos e combustível. Na Ducentésima Trigésima Segunda Divisão, por exemplo, a mobilidade era tão reduzida que, para poupar combustível, um major usava mulas para puxar os caminhões. Formada em meados de 1944 com soldados vindos do Front Oriental, essa Divisão estava longe de representar o melhor da Wehrmacht. Faltavam uniformes, botas, armamentos e até mesmo "escovas de dente precisaram ser providenciadas", revelou um oficial. Foi com essa tropa desgastada e mal armada que o Brasil alcançou sua maior glória na Itália: a tomada de Monte Castello, nos Apeninos, a cerca de sessenta quilômetros de Bolonha, em 21 de fevereiro de 1945. Ainda assim, devido às dificuldades impostas pelo clima, pelo terreno e pela posição alemã, a batalha perdurou por três meses e custou aos brasileiros 417 baixas nos quatro assaltos que a FEB precisou realizar para tomar a posição. Segundo relato do próprio comandante general Mascarenhas de Moraes, o "arrogante morro" passou "arduamente para as mãos brasileiras".[475]

O general alemão Eccart von Glabenz, comandante da Ducentésima Trigésima Segunda Divisão de Infantaria, escreveu, em 1947, que "a capacidade de combate da divisão brasileira não era altamente considerada".[476] Na verdade, a maioria dos comandantes nazistas sequer fazia ideia que enfrentava brasileiros. O coronel Heinz Herre — um dos responsáveis por guardar os arquivos da Wehrmacht sobre o Exército Vermelho e que esteve no Brasil atuando no serviço de espionagem do Serviço Secreto alemão sob as ordens do general Reinhard —, revelou quatro décadas depois do fim do conflito que nunca imaginou ter enfrentado brasileiros na guerra. Por fim, em relatório escrito para os americanos em 1949, o marechal Kesselring incluiu os pracinhas entre as "divisões Aliadas de segunda categoria".[477] E o comandante Aliado, general Clark, não tinha opinião melhor: "lidar com brasileiros era tarefa muito delicada e tinha que ser perfeitamente executada", escreveu ele em seu diário. A verdade é que o auxílio que a FEB prestou aos Aliados foi um acordo entre cavalheiros — Vargas e Roosevelt — com finalidade política. Na prática, a atuação dos brasileiros não teve a menor importância para o resultado da campanha italiana. Os números traduzem o grau de significância da FEB no teatro de operações: americanos e ingleses tinham uma força de mais de 1,3 milhão de homens, mais do que o dobro de alemães e italianos e 53 vezes o número de pracinhas. Max Hastings, um dos mais importantes historiadores militares britânicos, definiu a participação brasileira: "quase invisível".[478]

Se não eram excelentes combatentes — o que não se poderia exigir de um Exército sem experiência de combate em território inimigo desde a Guerra do Paraguai, em 1864-70 —, os soldados de Vargas eram uma mostra muito representativa do país. "A FEB era bem o resumo do povo do Brasil, não só porque tinha soldados de todos os seus estados e de todas as classes sociais e níveis de cultura, como porque levava todos os seus defeitos e improvisações, todas as suas incoerências e mitos, todas as falhas e virtudes desse povo", definiu o correspondente de guerra Rubem Braga — além de Braga, do *Diário Carioca*, foram à Itália Joel Silveira, dos *Diários Associados*; Egydio Squeff, do *O Globo*; e Raul Brandão, do *Correio da Manhã*.[479] Só restou dizer que todas as etnias estavam representadas, incluindo os negros e os mestiços, que eram 30% da tropa. Descendentes de alemães também foram à guerra, entre eles o tenente Ary Weber Rauen e o sargento Max Wolff Filho. Mais recentemente, até mesmo aqueles que nunca haviam entrado nessas estatísticas ganharam espaço. Segundo pesquisas do historiador militar Israel Blajberg, pelo menos 42 judeus lutaram nas Forças Armadas brasileiras. Eram imigrantes — como o ucraniano Boris Schnaiderman, que chegou ao país em 1925, aos oito anos — ou filhos e netos de marroquinos, poloneses, turcos, ucranianos e russos.[480] O hino da FEB, a "Canção do expedicionário", de 1944, com letra de Guilherme de Almeida e música do maestro Spartaco Rossi, também se ateve à diversidade brasileira: "Você sabe de onde eu venho?/ Venho do morro, do engenho,/ Das selvas, dos cafezais,/ Da boa terra do coco,/ Da choupana, onde um é pouco,/ Dois é bom, três é demais./ Venho das praias sedosas,/ Das montanhas alterosas,/ Do pampa, do seringal,/ Das margens crespas dos rios,/ Dos verdes mares bravios,/ Da minha terra natal".

Quanto à vida sexual, os soldados de Vargas eram idênticos a qualquer outro exército do mundo. Mesmo que instruídos desde a partida do Brasil a usar preservativos, que acompanhavam os kits higiênicos, para evitar a gonorreia e a sífilis, os soldados da FEB foram atacados pelas doenças venéreas tanto quanto pelo frio e pelos alemães. O músico João Barone, pesquisador da participação brasileira na guerra e cujo pai lutou como pracinha, escreveu que a disciplina militar e a falta de privacidade não evitaram "que aquele bando de jovens com seus hormônios em ebulição encontrasse meios de aliviar suas tensões sexuais, fugindo atrás das *belle ragazze* (belas jovens)".[481] Segundo Barone, um relato comum entre os brasileiros "era a profunda tristeza e o desconforto em ver aquelas moças se oferecendo em troca de uma barra de chocolate ou de um mero cigarro". A "tristeza" não impediu que os pracinhas espalhassem o sangue brasileiro pela Itália, deixando mulheres grávidas e mães solteiras — o que em 1945 não foi exclusividade brasileira. Diga-se a verdade, alguns se casaram. Mas o comportamento dos soldados de Vargas não pode ser considerado imoral. Dos crimes graves cometidos, sabe-se de dois estupros, duas deserções e dois assassinatos de soldados inimigos capturados. A relação com a população também foi pacífica. Como os brasileiros não gostavam dos enlatados americanos, a ração diária distribuída para as tropas era complementada com arroz, feijão e mandioca vindos do Brasil. E tudo quanto possível era dado aos civis italianos, o que deixou na memória coletiva das localidades onde a FEB lutou o sentimento de gratidão e amizade duradoura.

Quando tudo acabou, até mesmo o crítico coronel Sewell, do Destacamento de Ligação, escreveu que "no final das contas, acho que a FEB foi um sucesso. Houve alguma turbulência, mas parece ter terminado bem".[482] A campanha alpina durou 239 dias ininterruptos, de 6 de setembro de 1944 a 2 de maio de 1945 — poucas divisões norte-americanas estiveram mais tempo em combate. A FEB se saiu vitoriosa em Camaiore, Monte Castello, Montese, Collechio, Monte Prano, Castelnuovo, Zocca e Fornovo. E, apesar da dureza dos combates, nem as baixas foram altas. Em parte, porque o general Mascarenhas de Moraes fez o possível para não expor as unidades brasileiras à guerra de exaustão imposta pelos alemães, a "máquina de moer". Dos 25.334 combatentes que foram enviados à Itália, 15.069 mil lutaram na linha de frente, 451 morreram e outros 3 mil foram feridos.[483] Mais de 20 mil alemães ou italianos caíram prisioneiros dos brasileiros, incluindo dois generais e 892 oficiais. A rendição mais celebrada pelos pracinhas foi a da Centésima Quadragésima Oitava Divisão de Infantaria em 28 de abril de 1945, nos dias finais do conflito. A unidade nazista foi a única da Wehrmacht a se render integralmente a um Exército Aliado antes da assinatura do armistício — com ela, depuseram armas a Nonagésima Divisão Panzergrenadier e a italiana Divisão Bersaglieri, somando mais de 14 mil homens.

Os heróis de Vargas tombados da luta contra o nazifascismo foram enterrados no cemitério de Pistoia e mais tarde, em 1960, tiveram as cinzas transladadas para o Monumento aos Morto da Segunda Guerra Mundial, no Rio de Janeiro. Em 6 de julho de 1945, o ministro da Guerra, general Eurico Gaspar Dutra, desmobilizou a FEB ainda na Europa. Forçado pelas circunstâncias e pelos mesmos militares que o haviam apoiado em 1930, Vargas renunciou quatro meses depois. O general Dutra viria a sucedê-lo como presidente eleito do Brasil no ano seguinte.

O "SENTA A PUA!" E A MARINHA

Além da FEB, o Brasil enviou para a Itália um grupo de pilotos da recém-criada Força Aérea Brasileira: o Primeiro Grupo de Aviação de Caça ou Primeiro GpAvCa. Criado em 18 de dezembro de 1943, a unidade foi posta sob o comando do então major aviador Nero Moura, piloto do avião presidencial, o "Lockheedinho" — um bimotor Lockheed 12A. Moura escolheu 32 pilotos-chave, oriundos de muitos lugares do país; a maioria deles, no entanto, era de jovens recém-formados pela Escola de Aviação Militar, no Campo dos Afonsos, no Rio de Janeiro. Antes de ser enviado para a Itália, o esquadrão de caça passou por provas na Escola de Táticas Aéreas, na Flórida. Terminado o curso, os pilotos foram locados na base de Albrook, no Panamá, onde encontraram a equipe de mecânicos, o pessoal de terra e os caças Curtiss P-40. Foi no Panamá que "Senta a Pua!" se tornou o grito de guerra dos brasileiros. Segundo Moreira Lima, ex-piloto Primeiro GpAvCa, a expressão surgiu com o tenente aviador Firmino Ayres de Araújo.[484] O paraibano tinha por hábito gritar "senta a pua" para apressar os motoristas nas viagens que fazia entre Salvador e a base aérea onde trabalhava. A terminologia nordestina acompanhou o grupo no Panamá e nos Estados Unidos e "naturalmente" chegou à Itália. O símbolo do esquadrão, um avestruz, também surgiu na fase de treinamento na América Central, onde os pilotos comiam de tudo, como a ave africana e, inclusive, "feijão-preto com açúcar". Reunida, toda a equipe retornou aos Estados Unidos, para a base de Suffolk, onde recebeu os novos P-47-Thunderbolt, os aviões em que lutariam contra os nazistas. A caminho da Itália, a bordo do *UST Colombie*, o capitão Fortunato Câmara de Oliveira desenhou a "bolacha" que representaria o Brasil nos céus da Europa: o avestruz guerreiro sob o céu vermelho da guerra e tendo como escudo o Cruzeiro do Sul.

O Primeiro GpAvCa chegou ao teatro de operações italiano desembarcando em Livorno, em outubro de 1944. Dali foi enviado para Tarquinia, a noventa quilômetros de Roma, onde passou a operar incorporado ao Trecentésimo Quinquagésimo Grupo de Caça da Força Aérea americana como *First Brazilian Figther Squadron*, o "Primeiro Esquadrão de Aviação de Caça Brasileiro", que recebeu o nome código de "Jambock" — somente muitos anos após a guerra é que os pilotos descobriram que o Jambock que os identificava era o nome de um chicote de couro de rinoceronte usado na África do Sul para açoitar escravos. Antes do término da guerra, o Primeiro GpAvCa foi transferido para a base de San Giusto, em Pisa.

Entre outubro de 1944 e maio de 1945, o grupo realizou 445 missões de guerra, tendo perdido dezesseis caças abatidos pela artilharia antiaérea alemã. Cinco pilotos morreram em combate e outros quatro em acidentes aéreos; um número razoavelmente pequeno, levando em consideração o perigo das missões. Enquanto os pilotos americanos realizavam de 35 a cinquenta missões antes de retornar para casa, os pilotos brasileiros alcançaram uma média de setenta missões; e nenhum deles voltou ao Brasil antes do final da guerra. Roberto Pessoa Ramos, Pedro de Lima Mendes e Hélio Langsch Keller realizaram 95 operações de guerra. Alberto Martins Torres completou a incrível marca de 99. O comandante Nero Moura realizou 62. Moreira Lima, o historiador e memorialista do grupo, completou 94 missões. "Estávamos no ponto de exaustão", escreveu ele. "Houve dias que éramos obrigados [...] a voar até três missões de guerra."[485] O esforço compensou: o Primeiro GpAvCa lançou mais de 4,4 mil bombas sobre efetivos inimigos, destruindo 437 pontes, seis fábricas, três refinarias, treze locomotivas, dezenove embarcações, 85 postos de artilharia e mais de 1,3 mil carros de transporte, entre outros alvos de menor importância — como 79 veículos de tração animal.[486] Outro grupo de pilotos brasileiros, da

Esquadrilha de Ligação e Observação, realizou mais de 680 missões de reconhecimento do inimigo, fornecendo coordenadas para a artilharia da FEB e das unidades Aliadas.

A Marinha do Brasil não foi à Europa. Com apoio da força naval americana, sua missão era patrulhar o Atlântico Sul e proteger a rota de navios mercantes entre o Caribe e o litoral sul-brasileiro. A Marinha mercante nacional era pequena e antiquada, mas vital para a economia. Como país agrícola, o Brasil exportava seus principais produtos — café, borracha, algodão, cacau e açúcar —, assim como importava insumos essenciais, como o petróleo e o carvão, por via marítima. As ações coordenadas com os Estados Unidos resultaram no afundamento de dez submarinos alemães e um italiano e afastou o perigo do estrangulamento econômico. Ao todo, os brasileiros acompanharam 3.164 navios em mais de 250 comboios. Com número reduzido de belonaves e efetivo, foi preciso extrair o máximo de máquinas e homens. Para cumprir as missões, o caça-submarinos *Guaporé*, por exemplo, passou pouco mais de três anos no mar, com uma média anual de mais de 140 dias no Atlântico, o dobro do que é considerado uma operação normal. A embarcação da esquadra que mais participou de comboios, a corveta *Caravelas,* esteve em 77 operações. Em número de perdas, a guerra marítima sofreu mais danos do que as duas outras armas nacionais: além dos 34 navios mercantes torpedeados, três navios de guerra foram destruídos, incluindo o cruzador *Bahia*, perdido em um acidente, totalizando 492 mortes.[487]

BRASILEIROS ENTRE NAZISTAS E ALIADOS

Como as leis alemãs da época consideravam alemão quem tivesse "sangue alemão", não tendo a necessidade de nascimento na Alemanha, alguns descendentes de imigrantes atenderam ao chamado de Hitler para lutar pelo "lar ancestral", a "pátria-mãe". Outros haviam retornado à terra dos pais ou avós para estudar e, surpreendidos pela guerra, foram convocados a lutar. Mas não há dados precisos sobre o número de brasileiros que se alistaram nas Forças Armadas alemãs. Conforme levantamento do historiador Dennison de Oliveira, em 1949 a Missão Militar Brasileira em Berlim, comandada pelo coronel Aurélio de Lyra Tavares, repatriou pouco mais de 5 mil brasileiros — entre brasileiros e familiares nascidos na Alemanha —, a maioria emigrados entre 1938-9.[488] Oliveira acredita que "algumas centenas" deles devem ter lutado ao lado dos nazistas. Alguns nomes e histórias são conhecidos. Na Luftwaffe, foram pelo menos dois brasileiros. Um deles, o curitibano Egon Albrecht-Lemke deixou o Brasil para se juntar à Juventude Hitlerista na década de 1930. Com a guerra, tornou-se piloto de caça, capitão e comandante de esquadrilha condecorado com a Cruz de Cavaleiro da Cruz de Ferro. Albrecht-Lemke realizou 250 missões, abatendo 25 aviões Aliados até ser derrubado em agosto de 1944, nas proximidades de Paris. Outro foi o tenente catarinense Wolfgang Ortmann, de São Bento do Sul, que morreu em um acidente com seu avião em fevereiro de 1942.[489]

Também houve brasileiros nas Forças Armadas Aliadas. O maior ás francês nasceu em Curitiba. Pierre Clostermann era filho de um diplomata com origem alsaciana. O pai retornou à França pouco depois de seu nascimento, mas Clostermann não deixou de ter relações com o Brasil. Ele recebeu seu brevê de piloto no aeroclube de Manguinhos, em 1937. Curiosamente, seu instrutor era o alemão Karl Benitz. Depois de se formar engenheiro em aeronáutica no Instituto de Tecnologia da Califórnia, Clostermann chegou à Inglaterra via Brasil, em 1940, para servir na Força Aérea da França Livre. Lutando em Spitfires das esquadrilhas francesas da RAF, obteve 33 vitórias em combates aéreos. Depois da Segunda Guerra, Clostermann ainda lutou na guerra da Argélia e elegeu-se deputado em duas oportunidades. Morreu na França, em 2006.[490] Outro brasileiro a servir na RAF foi Cosme Lockwood Gomm, filho de ingleses e também curitibano. Líder da Esquadrilha 467, foi abatido em agosto de 1943, na França. Em junho, ele havia recebido a *Distinguished Service Order*, uma importante condecoração britânica. O catarinense Arthur Scheibel, naturalizado norte-americano, serviu como segundo-engenheiro da Marinha no *SS Paul Hamilton*. Morreu quando o navio foi afundado por aviões alemães na costa da Argélia, em abril de 1944.[491] E um caso curioso aconteceu na Itália: o brasileiro Georg Keidel, que servia na Wehrmacht, foi preso pelo também brasileiro Bruno Scheibel, que lutava com a FEB. Bruno era irmão de Arthur, que servia nos Estados Unidos. O pracinha retornou ao Brasil; Keidel provavelmente morreu na Alemanha.

BRASILEIROS JUSTOS ENTRE AS NAÇÕES

Por ajudar a salvar a vida de judeus durante a Segunda Guerra, dois brasileiros receberam da Yad Vashem, a Autoridade de Recordação dos Mártires e Heróis do Holocausto, em Jerusalém, o título de Justo entre as Nações.[492] Aracy de Carvalho, conhecida como "o Anjo de Hamburgo", esposa de João Guimarães Rosa, recebeu a homenagem em 8 de julho de 1982. Ela era funcionária do Itamaraty quando o escritor brasileiro foi nomeado cônsul em Hamburgo, em 1938. Nesse ano, durante a Noite dos Cristais, Aracy deu guarida a Margareth Bertel-Levy e a seu esposo. Nos anos seguintes, o casal conseguiu emitir vistos para nomes como Gunther Heilborn, Albert Feis e Grethe Jacobsberg, entre muitas outras famílias judias que fugiram para o Brasil — ignorando as circulares secretas antissemitas emitidas pelo governo Vargas a partir de 1937, que restringiam a entrada de judeus no país. Com o rompimento das relações diplomáticas em 1942, Guimarães Rosa chegou a ser preso em um campo em Baden-Baden.

Outro ganhador da honraria foi Luiz Martins de Souza Dantas. Embaixador brasileiro em Paris entre 1922-44, Dantas facilitou a fuga de centenas de judeus franceses para o Brasil. Entre eles, estavam o cineasta Zbigniew Ziembinski e o produtor artístico Oscar Ornstein. Em 1941, Dantas interveio pelos passageiros no navio *Alsina*, com muitos judeus refugiados, impedido de desembarcar no Senegal e forçado pelos ingleses a aportar em Casablanca, no Marrocos. Com vistos falsos, os judeus conseguiram chegar ao Rio de Janeiro. O brasileiro recebeu o título em 11 de junho de 2003.

Até 2020, a Yad Vashem concedeu 27,7 mil títulos Justo entre as Nações a diversas pessoas espalhadas pelo mundo. Na América Latina, além do Brasil, apenas Chile e Peru (com dois nomes cada) e Cuba, El Salvador e Equador (com um nome) tiveram representantes agraciados com a honraria. Portugal conta com três títulos e a Espanha com nove; Estados Unidos, com cinco e Reino Unido, com 22. Lideram o ranking Polônia (7,1 mil), Países Baixos (5,8 mil) e França (4,1 mil).

24

CIÊNC
NAZIS

Sob o regime de Hitler, os alemães cometeram uma série de atrocidades médicas e fraudes científicas, mas também promoveram muitos avanços tecnológicos. Quando a Segunda Guerra terminou, norte-americanos e soviéticos extraíram dos laboratórios nazistas documentos sobre experimentos médicos e material bélico, foguetes e aviões a jato, além de levar para América ou para Moscou centenas de pesquisadores ligados às universidades germânicas e à SS, não se importando com os horrores praticados durante o conflito.

Em 29 de setembro de 1945, o cientista alemão Wernher von Braun e outros quinze "técnicos do Reich" desembarcaram no porto de Boston, na costa Leste americana. Havia pouco mais de um mês que os Estados Unidos tinham lançado bombas atômicas sobre o Japão — a rendição japonesa fora assinada na baía de Tóquio naquele mesmo mês de setembro. Nos dois anos seguintes, 457 cientistas alemães seguiram para a América, onde seriam alojados em novas casas e colocados em importantes postos de trabalho — depois de uma década, esse número aumentaria em quase quatro vezes. Todos eles foram capturados pelo Escritório de Serviços Estratégicos durante a ultrassecreta Operação Clipe de Papel. A manobra tinha como objetivo sequestrar e levar para os Estados Unidos a intelectualidade alemã (e os projetos militares em desenvolvimento) antes que os soviéticos o fizessem. Os americanos não tiveram muitas dificuldades: os nazistas obviamente preferiram se render e trabalhar para os Aliados ocidentais a caírem nas mãos de Stálin. O historiador britânico Michael Dobbs afirmou que as "reparações intelectuais" chegaram à enorme quantia de 10 bilhões de dólares.[493]

CIÊNCIA NAZISTA **391**

AS ARMAS SECRETAS

Desde 1936, os mais importantes projetos militares da Alemanha nazista eram desenvolvidos em Peenemünde, na costa do Báltico, 260 quilômetros ao norte de Berlim. As pesquisas eram realizadas tanto pelo Exército quanto pela Luftwaffe e todas eram inovadoras, revolucionárias — como a propulsão a jato — e secretas. Em Peenemünde nasceram as chamadas "bombas voadoras". Um dos primeiros projetos, o das V1, do engenheiro Robert Lusser — conhecido por seu trabalho em aviões da Messerschmitt e da Heinkel —, era bastante simples: um monoplano sem piloto (isto é, uma bomba de 850 quilos) com asas e propulsão a jato com alcance maior do que os lançadores de bomba comuns. Os aparelhos podiam chegar a 640 quilômetros por hora e começaram a cair sobre Londres poucos dias depois do Dia D, na noite de 12 para 13 de junho de 1944. O problema para os alemães é que o desenvolvimento da arma havia atrasado e, quando ela ficou pronta, a Europa estava sob invasão Aliada e os alemães começaram a perder as rampas de lançamento ao longo da costa do Canal da Mancha. Ainda assim, até o final da guerra, cerca de 10 mil delas foram lançadas contra a Grã-Bretanha, 2.500 diretamente em Londres. Mais de 6 mil pessoas morreram e 18 mil ficaram feridas.[494]

Enquanto Lusser trabalhava no desenvolvimento da V1, o diretor técnico do centro, o engenheiro Wernher von Braun, membro do Partido Nazista e da SS, dedicava-se a um projeto bem mais sofisticado: o de mísseis balísticos, os foguetes A4, mais tarde rebatizados de V2. O vê, tanto das V1 quanto dos V2, vinha do alemão *Vergeltungswaffen*, "armas da vingança", com as quais Hitler pretendia derrotar os Aliados. Depois dos fracassos iniciais, em 3 de outubro de 1942 Von Braun conseguiu disparar, com êxito, seu foguete de doze toneladas, capaz de transportar uma ogiva de uma tonelada por 320 quilômetros. O V2 era propelido por etanol e oxigênio líquido, injetados em uma câmara de combustão de altíssima pressão. O etanol usado na mistura do combustível era extraído da batata, que os alemães produziam e consumiam em abundância. A força do empuxo permitia que o V2 alcançasse a termosfera, a 80 quilômetros de altitude — depois da guerra, em 1946, um V2 capturado pelos americanos fotografou o espaço pela primeira vez. No começo de 1943, porém, dois prisioneiros que trabalhavam no local conseguiram contrabandear relatórios da atividade alemã para a resistência polonesa, que, por sua vez, repassou a informação ao Serviço Secreto Britânico. Em junho, os Aliados bombardearam e danificaram seriamente as instalações em Peenemünde. Em outubro, os nazistas transferiram a base para Mittelwerk, uma fábrica subterrânea próxima a Nordhausen, no centro da Alemanha. As novas instalações usavam trabalho escravo de prisioneiros do campo de concentração de Mittelbau-Dora. Mittelwerk era composta por dois túneis paralelos principais de 1,6 quilômetro cada. Ao todo, eram mais de dez quilômetros de instalações subterrâneas que incluíam até mesmo gigantescos túneis de vento para os testes da Luftwaffe.

Von Braun pôde continuar com os testes, e os dois primeiros mísseis V2 disparados sobre Londres foram lançados de Haia, na Holanda, em 8 de setembro de 1944. Atingiram Chiswick, próximo ao centro da capital, e Parndon Wood, perto de Epping, a nordeste de Londres. Com uma velocidade de 5.760 quilômetros por hora (mais de nove vezes a velocidade do principal avião de caça inglês), não havia defesa Aliada capaz de interceptar os V2. Apesar das dificuldades, os alemães conseguiram produzir 5.200 V2, dos quais 3.172 foram lançados sobre a Inglaterra e a Antuérpia, na Bélgica — alguns poucos sobre a França e 22 sobre Paris. O número de mortos chegou 5 mil.[495]

Em paralelo às pesquisas de Lusser e Von Braun, diversos aviões a jato também vinham sendo desenvolvidos pelos cientistas alemães, entre eles, o Messerschmitt Me-262, o primeiro caça a jato operacional do mundo, e o Heinkel He-162, o "Caça do Povo". Ambos atingiam mais de mil quilômetros por hora, velocidade muito superior à do P-51 Mustang, principal caça estadunidense, e do lendário Spitfire da RAF, que atingia apenas 585 quilômetros horários. Em uma batalha aérea, o Me-262 tinha vantagem de cinco contra um em relação aos aviões Aliados, mas o número produzido (apenas 1.430) era baixo para as necessidades alemãs. Quando o Me-262 entrou em operação, em outubro de 1944, a derrota de Hitler era uma questão de tempo. Outro avião "revolucionário e, realmente, futurístico" foi o Messerschmitt Me-163, o "cometa".[496] Em mãos norte-americanas, versões baseadas nele atingiram a barreira do som, como o Bell X-1, em 1947. O mesmo ocorreu com o Horten H IX (ou Horten Ho-229), que nos Estados Unidos teria versões como o B-2 Spirit. Havia ainda pesquisas sobre bombardeiros de longo alcance e bombas de precisão, como os mísseis antinavio teleguiados Fritz X e Henschel Hs-293, mas, com as rampas de lançamento, as fábricas e os centros de pesquisa sendo bombardeados intensamente pelos Aliados, as "armas maravilhosas" de Hitler não mudaram o curso da guerra e o destino da Alemanha. Mudaram no entanto os rumos da humanidade. Com o fim da guerra na Europa, o major William Bromley recolheu e despachou para a América toneladas de equipamentos que se encontravam em Nordhausen. Wernher von Braun, que tinha então apenas 33 anos de idade, foi preso e enviado para os Estados Unidos, onde pôde escolher uma centena de cientistas alemães para trabalhar em Fort Bliss, no Texas. Mais tarde, ganhou o reforço de 380 cientistas e uma nova base em Huntsville, no Alabama. Como diretor da Nasa, a agência aeroespacial criada em 1958, Von Braun desenvolveu os foguetes Saturno, do Projeto Apollo, que permitiram ao homem chegar à Lua, em julho de 1969.

Wernher von Braun (1912-77), com o braço engessado, e um grupo de engenheiros alemães, aprisionados pelo Projeto Clipe de Papel, em 1945.

REPRODUÇÃO/ NATIONAL ARCHIVES CATALOG

PROJETO URÂNIO

Além dos V2, os aliados tinham outro grande problema com que se preocupar, o de que os nazistas pudessem fabricar uma bomba atômica antes que o projeto nuclear norte-americano fosse concluído. Em 1942, o general Leslie Groves recebera a missão de acelerar as pesquisas que estavam sendo realizadas em Los Alamos, no Novo México, sob a direção do físico Robert Oppenheimer dentro do Projeto Manhattan.

Desde 1938, os alemães já sabiam como dividir o núcleo do átomo de urânio, a chamada "fissão nuclear", e trabalhavam em um reator empregando água pesada vinda da Noruega. No Projeto Urânio trabalhavam o físico Werner Heisenberg, Nobel de Física em 1932 e líder do projeto; Otto Hahn, Nobel de Química em 1944 e autor da descoberta da fissão nuclear junto com Fritz Strassmann; Carl von Weizsäcker e outros sete cientistas. Com receio de que todo o projeto alemão caísse em mãos soviéticas ao final da guerra, o general Groves organizou uma unidade de inteligência denominada Alsos (palavra grega para "bosque", ou *grove*, em inglês), com a missão de entrar na Alemanha e apreender o material e os cientistas do projeto. O líder da Alsos era Boris "Pash" Pashkovsky, um dos investigadores anticomunistas que trabalhava em Los Alamos. De família de imigrantes, Pash era filho do chefe da Igreja Ortodoxa Russa nos Estados Unidos. No final de 1944, a Alsos descobriu em um laboratório alemão abandonado em Estrasburgo, na França, uma série de documentos que deram aos norte-americanos pistas sobre o paradeiro do projeto nuclear alemão.

A indústria química Auer, em Oranienburg, onde o urânio estava sendo transformado em metal, foi o primeiro objetivo alcançado. Como Oranienburg estava no setor russo de ocupação, Groves conseguiu autorização do general Carl Spaatz, comandante da Força Aérea americana na Europa, para que o local fosse bombardeado. Groves disse a Spaatz que a Auer fabricava "certos metais com características especiais para a produção de armas secretas, até hoje não utilizadas". Em março de 1945, a Oitava Força Área destruiu Oranienburg com um ataque maciço, utilizando mais de 1.300 bombardeiros. O outro alvo da Alsos também ficava na zona russa. Na fábrica de Staßfurt, próximo a Magdeburg, estava escondida a maior parte do urânio nazista que vinha da África. Os alemães controlavam as reservas do minério por meio da empresa belga de mineração Union Minière, que atuava no Congo. Em abril, a equipe da Alsos encontrou mais de mil toneladas de urânio numa mina de sal em Staßfurt. Durante três dias, 20 mil barris do minério foram transportados até Hannover, a 150 quilômetros de distância, na zona britânica, de onde o urânio foi levado à Inglaterra. No dia 22, Pash encontrou escondida em uma gruta em Haigerloch, ao sul de Stuttgart, a "máquina de urânio" nazista, o protótipo da bomba. Alguns dos físicos estavam escondidos em Hechingen e foram presos pela Operação Ípsilon. O chefe do projeto, no entanto, só foi capturado em 2 de maio, em Urfeld. "Estava esperando o senhor", Heisenberg disse a Pash.[497] Presos, os dez principais cientistas alemães que trabalhavam na bomba atômica nazista foram levados para Farm Hall, uma casa de campo perto de Cambridge, na Inglaterra.

A versão russa da Alsos encontrou não apenas Nikolaus Riehl, o chefe da Auer, como um estoque de quase cem toneladas de óxido de urânio salvas do bombardeio em Oranienburg. O maior benefício dos soviéticos, no entanto, foi a extensa rede de espiões mantida por Stálin. Ela incluía dois cientistas em Los Alamos (Klaus Fuchs e Theodore Hall) e David Greenglass. De qualquer forma, apesar do esforço, os nazistas não tinham a bomba pronta nem estavam prestes a poder usá-la. Hitler sempre dera mais apoio ao projeto dos foguetes, porque simplesmente não acreditava no poder atômico. A gravação das conversas dos físicos alemães em Farm Hall revelou a surpresa deles ao serem notificados que os Estados Unidos tinham lançado a bomba em Hiroshima no dia 6 de agosto. Um desconfiado Heisenberg exclamou: "Eu não acredito em nenhuma palavra dessa coisa toda".[498]

Os japoneses estavam atrasados em questões tecnológicas. Em 1942, o país ainda trabalhava no desenvolvimento do radar, com base em material capturado de dois navios ingleses afundados próximo a Cingapura um ano antes. Só em 1944, começaram a desenvolver um equipamento para o enriquecimento de urânio, fundamental para a fabricação da bomba atômica. Havia dois projetos paralelos: o projeto Nigo Research, do Exército japonês, supervisionado pelo físico Yoshio Nishina, no Instituto Riken, em Tóquio, e o projeto F Research, da Marinha Imperial, chefiado por Bunsaku Arakatsu, físico da Universidade Imperial de Kyoto.[499] Os japoneses perderam a corrida atômica e pagaram o alto preço de ter duas de suas cidades como alvos dos ataques nucleares norte-americanos.

MEDICINA MACABRA

Se os projetos alemães ligados à tecnologia aeroespacial trouxeram algum benefício posterior à humanidade, o mesmo não se pode dizer sobre a medicina. Uma ciência macabra envolveu médicos, institutos de pesquisa e grandes empresas alemãs.

Durante a Segunda Guerra, a maioria das indústrias alemãs se utilizou de mão de obra escrava em suas instalações dentro de campos de concentração. Em 1942, a SS mantinha 25 mil trabalhadores escravizados encarcerados em KZs; dois anos depois, eram 400 mil. A BMW matinha escravos trabalhando em Dachau, a Krupp em Buchenwald, a Heinkel em Oranienburg, a Daimler-Benz em Sachsenhausen. A Volkswagen e a Porsche também recorriam à SS para conseguir mão de obra barata. Foi por isso que a IG Farben, um conglomerado da indústria química criado em 1925, que incluía empresas como AGFA, BASF, Hoechst e Bayer, se interessou pelo campo de concentração de Auschwitz, na Polônia. Em 1941, a SS construiu o campo anexo de Buna-Werk, que serviu como campo de trabalho escravo da companhia na produção de borracha sintética. A organização de Himmler recebia quatro *Reichsmark* por dia por escravo fornecido à empresa, que incrivelmente nunca conseguiu produzir a "buna". Mas a IG Farben fabricava, entre outros produtos, o Zyklon B, usado para gasear os judeus nas câmaras de gás. Para disfarçar, o produto era transportado em vans pintadas com a Cruz Vermelha — os alemães eram sarcásticos, para dizer o mínimo. No complexo de Auschwitz também se produzia 15% de todo o etanol alemão.[500]

Por meio da Bayer, sua divisão farmacêutica, a IG Farben também financiou os experimentos em Auschwitz-Birkenau onde trabalhava o capitão Josef Mengele. "'Doutor Mengele' é um nome mágico. Só de ouvi-lo todo mundo treme", relatou o médico judeu-romeno Nyiszli Miklos, auxiliar do alemão.[501] O "Anjo da Morte", como Mengele ficou

CIÊNCIA NAZISTA **397**

conhecido, estudou filosofia em Munique e fez doutorado em genética no Instituto para Hereditariedade, Biologia e Pureza Racial da Universidade de Frankfurt. Em 1938, filiou-se ao Partido Nazista e um ano depois à SS. Ele fez parte do grupo de intelectuais que emprestou seus serviços à "ciência" nacional-socialista. Condecorado várias vezes durante a guerra, em 1942 ele chegou a Auschwitz, de onde passou a enviar "materiais experimentais" (olhos, sangue e outras partes do corpo) para o Instituto Kaiser Wilhelm de Antropologia, em Berlim. Tudo como parte do estudo sobre especificidade racial e tipos sanguíneos.[502] Com os prisioneiros do campo a sua disposição, Mengele deu livre curso a experiências macabras. Tentou desenvolver métodos de esterilização em massa e realizar transplantes; também testou soros e drogas em prisioneiros cuidadosamente selecionados. Tinha uma coleção de ossadas e cálculos de vesículas, fez anões, ciganos, corcundas de cobaias, mas sua predileção eram os gêmeos — o galpão 14, no campo F, em Birkenau, foi apelidado de "Zoo". Acompanhou partos (antes de enviar mãe e filhos para o crematório), dissecou e realizou todos os testes impossíveis para a medicina ética, esperando criar métodos de seleção racial que pudessem assegurar a reprodução da "raça ariana". Miklos deixou registrada em detalhes sua atividade com Mengele. Após uma dissecação de rotina, sem que o médico alemão percebesse, o romeno descobriu uma prática comum em Auschwitz: "Não é somente com gás que se mata, mas também com injeções de clorofórmio no coração".[503] Para o médico romeno, as pesquisas de Mengele não eram mais do que uma pseudociência: "A propaganda nazista não hesita em revestir suas mentiras mais monstruosas de aparência científica".[504] Mengele conseguiu escapar da Alemanha depois da guerra, chegou à América e estava vivendo escondido no Brasil na década de 1970, enquanto seu mentor e diretor no Instituto Kaiser Wilhelm, o doutor Otmar Freiherr von Verschuer, continuou vivendo como respeitado professor de genética na Universidade de Münster.[505]

Outro médico que estava em Auschwitz a serviço dos nazistas era Helmut Vetter. Empregado na IG Farben, Vetter realizava testes com mulheres e acreditava estar no "paraíso" devido à oportunidade de "testar [...] novos preparados" sem ser importunado. A companhia pagou

170 *Reichsmark* por cada uma das 150 prisioneiras solicitadas pelo doutor para a realização de testes. Todas morreram, mas os experimentos continuaram. Os médicos dos campos de concentração de Mauthausen e Buchenwald, na Alemanha, também realizaram testes farmacêuticos com prisioneiros. Por ignorância ou negação, poucos alemães sabiam o que de fato ocorria nos campos de concentração e um número menor ainda sabia algo sobre os experimentos médicos realizados em Auschwitz, Dachau e outros "centros de pesquisa". E coisas terríveis realizadas por pessoas teoricamente capacitadas aconteciam nesses lugares. Em Ravensbrück, 90 mil mulheres foram assassinadas por gás ou "indizíveis atos de sadismo". Em Dachau, próximo a Munique, cerca de 12 mil morreram em decorrência de testes e experimentos com cirurgias e amputações. A pele de boa qualidade era extraída dos corpos dos prisioneiros mortos e tratada para ser usada em "selas, culotes de montaria, luvas, pantufas e bolsas femininas". Em Stutthof, próximo a Danzig, realizavam-se experimentos com cadáveres na produção de sabão e couro. O historiador militar Antony Beevor escreveu que "a perversão grotesca dos deveres médicos sob o nazismo, ao qual muitos profissionais proeminentes aquiesceram, é um exemplo horripilante de como uma perspectiva de poder quase ilimitado pode distorcer o discernimento de pessoas inteligentes".[506] Perguntado, em 2015, sobre a ação de intelectuais e cientistas no Holocausto, o historiador judeu Bernard Wasserstein respondeu que "educação formal, infelizmente, não é necessariamente uma garantia de iluminação".[507]

O uso de cobaias humanas nos experimentos médicos podia não ter justificativa ética, mas tinha uma razão importante para os nazistas: ajudar a Wehrmacht, principalmente a Luftwaffe e a Kriegsmarine, a resolver problemas de ordem prática. Soldados, aviadores e marinheiros passavam por situações extremas, como queimaduras, mudanças bruscas de pressão atmosférica e imersão em água gelada. Portanto, estudar essas condições poderia salvar a vida de soldados de Hitler.

Enquanto Mengele, Vetter e outros, como o professor Karl Clauberg, atuavam em Auschwitz, Hans Eppinger e Sigmund Rascher atuavam em Dachau. O doutor Eppinger era meio-judeu, mas ainda assim fez testes e experimentos horríveis em prisioneiros judeus. Depois da guerra, ele cometeu suicídio enquanto aguardava julgamento.[508] Os testes de Rascher destinavam-se a descobrir como salvar os pilotos da Luftwaffe da hipotermia quando derrubados nas águas gélidas do mar do Norte, bem como desenvolver cabines pressurizadas para o uso dos pilotos alemães em altitudes elevadas. Rascher realizou inúmeros testes com prisioneiros submetidos à baixa pressão e à pressão de altitudes de 15 mil metros e apresentou suas descobertas em um congresso em 1942 — para se ter uma ideia, um dos mais famosos bombardeiros Aliados, o B-17, tinha o teto máximo de 10.670 metros, enquanto o He-111 alemão só alcançava 7,8 mil metros.[509] O marechal de campo da Luftwaffe Erhard Milch, também um meio-judeu, inacreditavelmente dava especial atenção às "interessantes experiências" que Rascher fazia nos escravos semitas. Para alguns cientistas modernos, os dados levantados não passaram de "fraude científica", com poucas conclusões aceitáveis. Para o doutor John Michalczyk, da Universidade de Harvard, essas pesquisas não puderam "fazer a ciência avançar ou salvar vidas humanas".[510] Por outro lado, descartando a ética, há quem acredite que as experiências faziam parte do contexto científico da época e muitos dados foram aproveitados para pesquisas posteriores.

O insaciável Rascher também esteve envolvido em uma busca pela cura do câncer utilizando o extrato de plantas, mas inicialmente só recebeu autorização para testar em camundongos. Himmler, no entanto, permitiu que ele realizasse exames em prisioneiros e criasse um "Centro para Testes do Câncer Humano" em Dachau — os nazistas, de fato, foram os primeiros a reunir dados estatísticos rigorosos sobre a relação entre o cigarro e o câncer de pulmão. Outro experimento de Rascher foi quanto ao uso e os efeitos do Polygal, uma substância feita a partir da pectina que ajuda na coagulação do sangue. Prisioneiros do campo receberam pílulas com a substância e tiveram membros amputados ou levaram um tiro no pescoço para provar a eficácia do medicamento. Rascher publicou os resultados — sem mencionar os testes em humanos —, criou uma fábrica para produzir o Polygal e colocou os prisioneiros para trabalhar nela.[511] Ele foi executado no campo onde trabalhou, em 1945, mas seu superior não. O doutor Hubertus Strughold, diretor do Instituto de Medicina da Aviação da Luftwaffe, passou a trabalhar no

Instituto de Fisiologia da Universidade de Heidelberg quando a guerra acabou. Em 1947, foi levado para os Estados Unidos pela Operação Clipe de Papel. Na América, tornou-se responsável pelo Departamento de Medicina Espacial, um importante centro de investigação sobre os efeitos fisiológicos e comportamentais no voo espacial, o primeiro do tipo no mundo. Apesar de seu passado e ligação com os campos de concentração, Strughold nunca foi preso, interrogado ou até mesmo chamado como testemunha em qualquer julgamento. O professor Mark Kornbluh escreveu que o programa espacial americano surgiu de um "verdadeiro paraíso de ex-nazistas", afirmando que "o dr. Strughold iniciou na medicina aeronáutica através de experimentos macabros realizados em prisioneiros em Dachau".[512] Pela contribuição às pesquisas de cabine pressurizada, entre outros avanços, ele recebeu o título de *Father of Space Medicine*, "pai da medicina espacial".

25 CRIMES DE GUERRA

Soldados americanos, ingleses, soviéticos e franceses cometeram crimes de guerra tanto quanto qualquer outro combatente de um exército em luta ao longo da história. A vitória Aliada sobre o Eixo, no entanto, propagandeada — e justificada — como uma vitória do bem sobre o mal, escondeu pilhagem, roubo de inteligência militar e científica, violência e abuso sexual contra mulheres e crianças e a destruição de cidades ou alvos civis indefesos. Os criminosos de guerra nazistas e japoneses, por sua vez, foram levados a julgamento em Nuremberg e Tóquio.

No início de 1945, o Terceiro Reich havia entrado em colapso. No Leste, a população civil alemã fugia do avanço do Exército Vermelho. No Oeste, exércitos inteiros da Wehrmacht rendiam-se aos Aliados ocidentais. Os soviéticos estavam quase às portas de Berlim, enquanto norte-americanos e britânicos cruzavam a fronteira oeste da Alemanha de Hitler. Mas o colapso alemão e a iminência da vitória Aliada não impediram que o general Eisenhower autorizasse o bombardeio da cidade alemã de Dresden, na Saxônia, e com amplo apoio de Churchill — ambos precisavam provar para Stálin que o ocidente estava fazendo o possível para abalar o moral alemão e auxiliar na ofensiva final desencadeada em janeiro. Indefesa e sem artilharia antiaérea, a cidade foi arrasada em bombardeios sucessivos da RAF (que operava ataques diurnos) e da Força Aérea dos Estados Unidos (que agia à noite). Mais de 2,5 mil toneladas de bombas explosivas e incendiárias foram despejadas nos ataques efetuados por aviões norte-americanos e britânicos entre os dias 13 e 15 de fevereiro de 1945. A ordem dada aos bombardeiros era "atingir o inimigo onde o golpe fosse sentido com a maior intensidade possível". O cônego John Collins, falando aos oficiais graduados antes da operação, afirmou: "mesmo quando vocês estão

CRIMES DE GUERRA

engajados em atos de maldade, Deus está sempre olhando sobre os ombros de vocês".[513]

Sétima maior cidade da Alemanha, além de seus 630 mil habitantes, a "Florença do Elba" estava repleta de refugiados do Leste — 300 mil, segundo as fontes conservadoras; a maioria, camponeses da Silésia. As ligações ferroviárias importantes para a economia nazista e o trânsito militar faziam de Dresden, segundo o Alto-Comando Aliado, um alvo legítimo. A alegação é de que o número de mortos não foi superior a 50 mil, embora muitos historiadores o estimem em mais de 135 mil — além da destruição de mais de 214 mil casas das 414 mil habitações então existentes. As fontes alemãs da época, provavelmente superestimadas e amplamente exploradas pela propaganda nazista, noticiaram que pelo menos 250 mil civis morreram durante os ataques. Qualquer que seja o número real, a quantia é estarrecedora levando-se em conta que as bombas atômicas lançadas sobre Hiroshima e Nagasaki juntas causaram a morte instantânea de menos de 130 mil japoneses. Além disso, todos os bombardeios nazistas sobre a Inglaterra durante a Blitz resultaram em 70 mil civis mortos. O marechal do ar britânico Arthur Harris, responsável pelo Comando de Bombardeios (apelidado de "açougueiro"), porém, não mostrou preocupação ou remorso com qualquer civil morto. Insensível à dor, quando questionado sobre o ataque, respondeu: "Dresden? Não existe um lugar chamado Dresden".[514]

Até mesmo a imprensa Aliada denunciou nos jornais a política criminosa de "bombardear de maneira deliberada grandes centros populacionais da Alemanha com o objetivo de causar terror". Além de infligir medo e mostrar aos soviéticos a capacidade e o poderio bélico anglo-americano, havia mais em jogo. No ano anterior, em setembro, Churchill e Roosevelt haviam aceitado o Plano Morgenthau, proposto pelo secretário de Estado do Tesouro dos Estados Unidos Henry Morgenthau Jr. Os dois líderes Aliados queriam destruir o potencial industrial alemão e "converter a Alemanha num país essencialmente agrícola e rural" — a estratégia previa ainda a divisão da Alemanha em dois Estados e o uso de alemães em trabalhos forçados.[515] Churchill imaginava que o Império britânico, falido com a guerra, precisaria de um novo mercado consumidor e astutamente garantiu a Roosevelt que a Grã-Bretanha abasteceria a Alemanha em larga escala com os produtos necessários. O plano seria parcialmente abandonado com a derrota nazista, mas explicava em parte como os Aliados operavam a guerra.

Sejam quais forem os números de Dresden, os bombardeios Aliados causaram danos enormes à população civil alemã de um modo geral em todo o país. Estimativas conservadoras acreditam que cerca de 600 mil pessoas morreram e 3,4 milhões de residências foram destruídas na Alemanha em decorrência dos ataques aéreos.[516] O mesmo ocorreu no Japão. Os norte-americanos têm até hoje dificuldades em defender o argumento de que as duas bombas atômicas lançadas sobre as indefesas cidades japonesas de fato visavam encurtar a guerra e poupar vidas aliadas. Testar sua nova e poderosa arma e dar uma demonstração de força aos soviéticos — que haviam entrado na Manchúria e estavam prestes a invadir o Japão — estão bem mais próximas da realidade. O historiador inglês Max Hastings resumiu bem a questão posta sobre os ombros do presidente Harry Truman, que substituíra Roosevelt em abril: "A vida de seu próprio povo tornara-se muito preciosa, e a dos inimigos, muito barata".[517] Infelizmente para os japoneses, o navio *Indianápolis*, que transportou a bomba de Hiroshima da costa americana até a base de lançamento na ilha de Tinian, de onde o bombardeiro B-29 *Enola Gay* partiu para cumprir a missão atômica, foi torpedeado por um submarino japonês apenas três dias após ter deixado o artefato de urânio no pequeno arquipélago. "Acertamos em cheio!", gritou o exultante comandante do I.58. Se tivesse acertado o cruzador na viagem de ida, Motitsura Hashimoto teria destruído a *Little Boy*, como a bomba foi apelidada, e salvado, pelo menos temporariamente, a vida de milhares de compatriotas.[518]

Desde muito a vida humana havia perdido qualquer valor, mesmo para quem supostamente defendia a liberdade. No final de janeiro de 1945, o submarino russo S-13, comandado por Aleksandr Marinesko, perseguiu e torpedeou o *Wilhelm Gustloff*, o maior navio de cruzeiro da Alemanha, que havia zarpado de Gotenhafen, hoje Gdynia, na Polônia, com cerca de 9 mil pessoas a bordo — o relato do sobrevivente e arquivista alemão Heinz Schön eleva esse número para 10.582. Eram refugiados alemães, principalmente mulheres e crianças, que a Cruz

Vermelha estava levando para abrigos na Noruega. Poucos escaparam com vida da maior catástrofe da história naval. Desde o final de 1944, as regiões na costa do Báltico onde o grande navio alemão foi posto a pique estavam repletas de refugiados. Mais de 7 milhões de pessoas fugiam do Exército Vermelho, a maior migração humana da história moderna. Os relatos de atrocidades cometidas contra a população civil, aliados à propaganda nazista que durante anos havia apresentado os russos como "bárbaros" mongóis ou asiáticos, causavam pânico com o avanço soviético. Uma reação de maneira alguma injustificada. Quando o Exército Vermelho chegou à pequena aldeia de Nemmersdorf, na Prússia Oriental, em menos de 48 horas soldados estupraram e mataram 72 jovens alemãs, meninas entre oito e doze anos e até uma senhora de 84. O general Werner Kreipe, chefe do Estado-Maior da Luftwaffe, registrou em seu diário que corpos de mulheres e crianças encontravam-se pregados em portas de celeiros. Diante da cena, alguns jovens soldados alemães fugiram do local em pânico e vomitando. Quando os alemães retomaram temporariamente à aldeia, a imprensa mundial pôde documentar o ocorrido. E Joseph Goebbels pôde usar sua melhor arma — a propaganda — para incutir nos civis alemães o medo e a vontade de continuar lutando diante da chegada dos invasores vermelhos. A secretária de Hitler, Traudl Junge, relatou a reação do Führer: "Eles não são mais seres humanos, são animais das estepes da Ásia, e a guerra que travo contra eles é uma guerra em nome da dignidade da humanidade europeia".[519]

OPERAÇÃO SAQUE

Na Alemanha, no front ocidental, conforme as tropas anglo-americanas avançavam pelo interior do país, a polícia militar fixava placas de advertência na entrada das aldeias: "Sem correr, sem pilhar, sem confraternizar". Os avisos não tiveram o menor efeito sobre as tropas, pelo menos quanto a pilhar e confraternizar. Segundo observou um oficial escocês, o nome código para a travessia do Reno, a grande fronteira natural antes do coração do Terceiro Reich, não poderia ser melhor: Operação Saque. A Alemanha derrotada transformara-se no "paraíso do saqueador".

Os soldados dos exércitos Aliados tinham direito legal ao butim, como recompensa pelo trabalho e punição aos vencidos — a expressão butim, a propósito, surgiu no século XIV a partir do francês *buten*, "trocar" ou "repartir", e tinha como significado o conjunto de bens materiais ou escravos tomados do inimigo no curso de uma batalha ou guerra. Dessa forma, dezenas de milhares de obras de arte, joias, livros e objetos de valor foram expropriados de coleções particulares e de famílias alemãs ricas, encaixotados e enviados de diversas partes da Alemanha e da Europa para os Estados Unidos ou Inglaterra pelo correio militar — e até hoje fazem parte de coleções particulares ou de museus nas ilhas britânicas e na América.

Os soldados soviéticos fizeram o mesmo. Seguindo ordens do próprio Stálin, a NKVD reuniu e despachou para Moscou milhares de obras de arte em poder dos nazistas. Parte delas, roubada de museus por toda a Europa durante a ocupação alemã — os irmãos Rothschild, por exemplo, tiveram mais de 4 mil objetos e obras de arte roubadas pelos nazistas, e até 1945 mais de 3 milhões de peças de toda a Europa foram parar na Alemanha. O líder soviético era especialista em roubar desde os tempos em que era um combatente comunista na Rússia tsarista. Antes da Segunda Guerra, em 1937, Stálin já havia roubado barras de ouro na Espanha, durante a Guerra Civil, em uma operação orquestrada pela polícia secreta soviética. As reservas espanholas foram enviadas para Moscou via Odessa por unidades especiais. Em 1945, durante os primeiros meses de ocupação, os soviéticos levaram para Moscou 400 mil vagões de trem com pilhagem de guerra: mais de 60 mil pianos, 450 mil aparelhos de rádio, 188 mil tapetes, 940 mil peças de mobília, 1 milhão de chapéus e 3,3 milhões de pares de sapato. Somados a isso, ainda foram enviados 24 vagões com peças de museus, 154 vagões com peles e vidrarias valiosas, 2 milhões de toneladas de cereal e 20 milhões de litros de álcool. Do *Reichsbank*, a NKVD retirou o que os nazistas não haviam conseguido levar para o lado ocidental: 2.389 quilos de ouro e doze toneladas de prata. O historiador russo Vladislav Zubok afirmou que "para os soviéticos, a Alemanha era um gigantesco shopping center, de onde podiam levar tudo que quisessem sem ter de pagar nada".[520]

Além da pilhagem de dinheiro e obras de arte, os Aliados extraíram da Alemanha Nazista uma riqueza cujos valores são quase incalculáveis: dezenas de laboratórios científicos, milhares de documentos sobre material bélico e, como visto, centenas de cientistas e técnicos alemães. A operação soviética para o sequestro dos cientistas e dos equipamentos alemães, equivalente à Operação Clipe de Papel, foi denominada *Osoaviakhim*, o nome de uma sociedade paramilitar que se ocupava com armamento. Em menos de um ano, até 1946, 2.885 fábricas foram desmanteladas na Alemanha e montadas na Rússia e mais de 2 mil engenheiros, técnicos e cientistas de vários setores da indústria foram enviados para Moscou e os novos centros de pesquisa da URSS.

Os Estados Unidos também se interessaram pela tecnologia que os japoneses estavam desenvolvendo, embora em um grau bem menor. O general Shiro Ishii, por exemplo, convenceu os vencedores da utilidade que suas experiências com cobaias humanas realizadas em Harbin teriam para o Exército norte-americano. O general Charles Willoughby evitou o julgamento de Ishii em nome do "interesse da defesa e da segurança" de seu país e o antigo oficial do Exército Guangdong morreu sem pagar pelos crimes cometidos em nome da ciência.[521] Algumas vantagens caíram de bandeja em mãos norte-americanas, uma delas foi o arquivo secreto alemão sobre Stálin. Em fins de maio de 1945, o general Reinhard Gehlen se entregou a uma patrulha Aliada. Como responsável pelo Serviço de Informações do Exército alemão na Frente Oriental, de 1942 a 1944, Gehlen tinha conhecimento sobre a atividade soviética na guerra, além de manter guardada toda a documentação do arquivo secreto e ter contato com uma ampla rede de espiões em Moscou. Entregue ao G-2, o serviço de inteligência do Exército dos Estados Unidos, Gehlen negociou os arquivos — que ele escondera nas montanhas de Wendelstein, na Baviera, e nas do Hunsrück, sudoeste da Alemanha —, bem com a criação de uma "Organização Gehlen" na Alemanha ocupada, que seria responsável pela espionagem contra os comunistas.[522] A organização se tornou o embrião do BND, sigla de *Bundesnachrichtendienst*, o Serviço Secreto Alemão, criado em 1956. Gehlen e o BND mantiveram estreita ligação com a CIA durante a Guerra Fria.

GRANDES GUERRAS

"ESTUPROS POR ATACADO"

Infelizmente para os derrotados, além da pilhagem dos bens materiais e da apropriação de tecnologia, um fenômeno comum na história da guerra humana também acompanhou o movimento das tropas Aliadas em direção à vitória: o estupro. Os Exércitos da França e dos Estados Unidos violentaram tantas mulheres alemãs quanto puderam. Aos soldados norte-americanos se atribuem cerca de 190 mil casos de estupros. As tropas francesas oriundas das colônias do norte da África violentaram 3 mil mulheres em Stuttgart, além da pilhagem desenfreada. Fizeram o mesmo durante a campanha na Itália. "Sempre que tomam uma cidade ou uma aldeia, fazem um estupro por atacado na população", escreveu o sargento britânico Norman Lewis. Nem crianças e velhos foram poupados. "Consta que é normal", escreveu Lewis, "dois marroquinos atacarem uma mulher simultaneamente, um numa relação normal enquanto o outro pratica sodomia." O comportamento americano na Ásia também não foi exemplar. Somente nos dez primeiros dias da ocupação, 1.336 casos de estupros aconteceram em Yokohama e em Kanagawa, no Japão.[523] Nos dois teatros de operações, a vida sexual, claro, não se limitou a abusos. O número de casamentos e filhos nascidos do encontro casual entre a população civil e os soldados também foi um surto. Na Alemanha, em 1970, pelo menos 68 mil crianças eram filhos das tropas de ocupação.

Nenhum excesso que os Aliados ocidentais tenham cometido, porém, se compara ao perpetrado pelo Exército Vermelho de Stálin. O historiador militar Antony Beevor acredita que só na capital alemã teriam sido violentadas entre 95 mil e 130 mil mulheres e cerca de 10 mil tenham perecido em consequência dos estupros múltiplos. Segundo ele, pelo menos 2 milhões foram estupradas. Das que engravidaram, 90% conseguiram fazer o aborto — dos 7.057 suicídios cometidos em Berlim, em 1945, 3.996 eram de mulheres.[524] A historiadora e jornalista alemã Miriam Gebhardt calculou, a partir de registros da polícia, testemunhos de vítimas e documentos paroquiais, que cerca de 860 mil mulheres e meninas — e alguns meninos — foram abusadas sexualmente por soldados Aliados na Alemanha entre 1944-55. A sobrevivente Erika Hoerning contou a Gebhardt sobre a violência com que foi tratada: "Eu contei: foram oito russos. Sim... muito brutais. Mas tenho que dizer que eu não gritei. Gemi, sim. Porque nós ouvíamos dizer que após o estupro vinha um tiro na nuca. Eu tinha um medo louco disso".[525] Algumas sofreram mais do que Hoerning. Uma mulher relatou ter sido violada por "23 soldados, um depois do outro" e um oficial do Exército Vermelho afirmou ter tido contato com uma moça que fora abusada por 250 soldados no período de uma semana.[526] Um soldado soviético escreveu para um amigo sobre as alemãs: "Não falam uma palavra em russo, o que facilita. Não é preciso convencê-las. Basta apontar uma [pistola] Nagan e mandar que se deitem. Então você faz o que quer e vai embora". O caso mais famoso de relato da violência soviética praticado contra mulheres berlinenses é o de uma editora alemã anônima. Ela manteve um "diário" entre abril e junho de 1945 — na verdade, 121 páginas de papel datilografado. O livro foi publicado na Inglaterra dez anos depois da guerra e se tornou um best-seller. "Por fim, as duas alavancas de ferro se abrem", escreveu ela, "lá dentro, o povo do porão me encara. Só agora percebo minha aparência. As meias pendem sobre os calçados, o cabelo está desgrenhado, ainda tenho os pedaços da liga na mão. Eu grito: — Seus porcos! Estuprada duas vezes e vocês fecham a porta e me deixam atirada como um lixo qualquer!"[527] Com pouco mais de trinta anos de idade na época, ela obteve a proteção de um oficial soviético, conseguiu escapar da série de estupros coletivos e sobreviver à guerra.

Sarcasticamente, depois do conflito o líder de uma unidade da Komsomol, a juventude comunista, declarou que "2 milhões de nossos filhos nasceram" na Alemanha. Não era apenas uma questão de vingança ao que acontecera nos combates no Leste. O Exército Vermelho adotara o estupro como prática por onde quer que passasse. Em Budapeste, 50 mil mulheres sofreram abuso sexual. Uma estudante de medicina, Barna Andrásofszky, socorreu uma jovem que havia sido atacada por um grupo de soldados vermelhos, "uns dez ou quinze". "Era difícil acreditar que isso estivesse acontecendo no século XX", lembrou ela, "era difícil ver como realidade o que a propaganda nazista vinha espalhando."[528] Até mesmo russas, bielorrussas e ucranianas que trabalhavam como escravas na Alemanha foram violentadas. Uma delas,

Maria Shapoval, afirmou que aguardava a chegada dos russos dia e noite: "esperei minha libertação e agora nossos soldados nos tratam pior que os alemães".[529] Quando o antigo hospital judeu de Wedding, em Berlim, foi tomado, ainda restavam seiscentos sobreviventes em péssimas condições físicas. Os soldados russos não tiveram dúvidas e abusaram sexualmente das mulheres. Na Ásia, o comportamento imoral foi idêntico: os soviéticos também cometeram estupros coletivos em japonesas na Manchúria, onde milhares foram abusadas no aeródromo de Beian, incluindo as 75 enfermeiras do hospital militar Sun Wu, das quais muitas cometeram suicídio. A frase atribuída ao duque de Wellington, que venceu Napoleão em Waterloo, em 1815, nunca soou tão verdadeira: "Acreditem, nem todos os homens que usam uniformes militares são heróis".

CATÁSTROFE

Em 7 e 8 de maio de 1945, o general Alfred Jodl e o marechal Wilhelm Keitel assinaram a rendição incondicional da Alemanha, em Reims, na França, e em Berlim, respectivamente. O Terceiro Reich, derrotado, deixara o país em ruinas e um rastro de terror na Europa. O número total de mortos passou de 40 milhões, quatro vezes mais do que na Grande Guerra. Pela primeira vez na história, o número de civis mortos era tão grande quanto o de combatentes. Mais de 50 milhões de europeus não tinham teto e perambulavam por cidades arruinadas. Aproximadamente 3,6 milhões de civis alemães haviam perecido — ao todo, as perdas alemãs foram superiores a 7 milhões, menor apenas do que as da União Soviética, com 27 milhões de mortos.[530] Cerca de 40% das moradias, mais de 10 milhões de casas foram destruídas na Alemanha. A economia do país enfrentava o caos, não havia produção ou distribuição organizada. Tudo o que poderia ser aproveitado foi destruído ou estava sendo requisitado pelos países vencedores. O gado que escapou aos saques e sobreviveu aos combates não tinha comida ou água à disposição. O outrora poderoso Estado alemão encontrava-se em situação de calamidade e a população precisou ser alimentada pelo esforço conjunto das forças de ocupação Aliadas. Em Berlim, foi necessário importar até mesmo o mais básico: farinha, batata e carvão. Desesperadas, muitas mulheres e garotas circulavam entre os escombros da capital arrasada em busca de dinheiro ou comida — eram chamadas de "ratos das ruínas". Nas grandes cidades, como em Frankfurt, surgiram "bordéis" entre os escombros, onde até meninos se prostituíam em troca de qualquer coisa.[531] Em julho de 1945, de seu quartel-general em Karlshort, no subúrbio berlinense, o marechal Gueorgui Júkov, Comandante Supremo Soviético, reconheceu: "A Alemanha não existe". Polônia, Ucrânia, Bielorrússia, os Estados bálticos e dos Bálcãs, que haviam enfrentado tanto a ocupação nazista quanto a comunista, contavam mais de 13 milhões mortos. A Polônia perdeu 20% de sua população. Varsóvia, a capital, foi quase que totalmente destruída — 80% de suas edificações.

A situação na Ásia não era melhor. Quatro meses depois da Alemanha, o Japão capitulou, assinando formalmente a rendição em 2 de setembro, a bordo do *USS Missouri*, ancorado na baía de Tóquio. O sonho de grande Império japonês custara à China mais de 15 milhões de vidas — talvez 20 milhões, ou até, segundo fontes chinesas, 50 milhões. Havia aproximadamente 90 milhões de refugiados, sem casa ou comida. Uma guerra civil, retomada em 1949, elevaria esses números. No Japão, 2,7 milhões morreram durante a guerra, dos quais 1,7 milhão envergavam uniforme militar.

Entre as grandes potências ocidentais, as perdas humanas foram significativamente menores. A Grã-Bretanha perdeu 449 mil pessoas (as Forças indianas sob o comando britânico perderam 87 mil, as canadenses 45,3 mil, as australianas 41,2 mil e as neozelandeses 11,9 mil, proporcionalmente o número mais alto entre os Aliados), a França 567 mil e os Estados Unidos 418 mil. Na Itália, que combateu ao lado de nazistas e Aliados em períodos distintos, o número de mortos foi de 550 mil. Uma estatística conservadora estima que mais de 70 milhões de pessoas tiveram a vida ceifada durante os seis anos da guerra — quase 1 milhão de vidas perdidas por mês, pouco mesmo de 30 mil diariamente. Um número que está além da compreensão humana. Principalmente porque ele é apenas uma fração do todo. Não há estimativas sobre o impacto psicológico entre os sobreviventes, nem mesmo sobre o número de mutilados fisicamente. Não existem paralelos na história — nem antes, tampouco depois.

Os horrores do Holocausto e a propaganda difundida pelos Aliados contribuíram para a consolidação da imagem de que a Segunda Guerra foi um confronto entre heróis e vilões. Mas a complexidade do conflito esteve muito longe dessa simplicidade dualista. Os bombardeios sistemáticos às cidades indefesas, os roubos e os estupros coletivos são exemplos das muitas atrocidades cometidas por "heróis" em nome da liberdade. Da mesma forma que o Eixo, os líderes em Londres, Moscou, Washington e Paris tinham interesses na expansão ou na consolidação de um império político-econômico na Europa, na Ásia e na África. Hastings escreveu que, em retrospectiva, era uma ironia o fato de que o Reino Unido, lutando "contra o Eixo em nome da liberdade, governava impiedosamente para manter o controle da Índia, sem consentimento popular, e adotava alguns métodos de totalitarismo".[532] A Segunda Guerra foi, na definição do historiador marxista britânico Eric Hobsbawm, uma gigantesca "guerra interimperialista".[533]

Não obstante os exércitos da Europa Ocidental estivessem livres da educação ideológica pela qual passaram as populações dos países do Eixo e da União Soviética ao longo dos anos 1930, eles também foram capazes de cometer atrocidades. A guerra moderna, dotada de tecnologia, diferente dos conflitos anteriores ao século XX, tornou-se ainda mais desumana e impessoal. O mundo dividido por nacionalismos, ódio étnico ou de classe e antissemitismo proporcionou o aparecimento de políticas — sistematizadas ou não — que aboliram qualquer senso de humanidade. Nunca na história, a disposição para eliminar o inimigo, e não apenas derrotá-lo, esteve tão presente. Por esse motivo, não houve "paz" em 1945. E não haveria por muito tempo.

NUREMBERG E OUTROS TRIBUNAIS

Durante o ano de 1946, juízes Aliados se reuniram na cidade de Nuremberg, onde outrora eram realizados os congressos do Partido Nazista, a fim de julgar os mais proeminentes líderes alemães ainda vivos. Não havia precedentes nem jurisprudência e os nazistas compareceram diante do Tribunal Militar Internacional certos de que os julgamentos não passavam de "vingança política" por parte dos vencedores. Pelo menos neste ponto, eles não estavam de todo errados. Algumas acusações, como a de "preparação de uma guerra de agressão", foram aplicadas à Alemanha como poderiam ter sido aplicadas também à União Soviética. No começo da guerra, Stálin não apenas dividira a Polônia com Hitler, como invadira a Finlândia e os Estados bálticos. Os soviéticos também não foram julgados pelo massacre de Katyn, assim como franceses, ingleses e norte-americanos nunca foram julgados pelos estupros, pilhagem e atrocidades cometidos em nome da liberdade — e que, segundo as definições do próprio tribunal, poderiam ser chamados de "crimes de guerra" ou "contra a humanidade". O Holocausto serviu de escudo para qualquer acusação contra os Aliados.

Ao todo, dez dirigentes nazistas, entre eles, os chefes do Estado-Maior da Wehrmacht, Wilhelm Keitel e Alfred Jodl, o filósofo e teórico do nazismo Alfred Rosenberg, o chefe da RSHA, Ernst Kaltenbrunner, e Joachim von Ribbentrop, foram sentenciados à morte por enforcamento e executados em 16 de outubro de 1946. Quase todos saudaram a Alemanha, apenas Julius Streicher, editor do jornal antissemita *Der Stürmer*, gritou "Heil Hitler!". "Dez homens em 103 minutos", disse o carrasco John Wood, afirmando que o trabalho rápido merecia uma bebida forte.[534] Wood, no entanto, foi criticado por não ser um bom executor, uma vez que o ex-ministro das Relações Exteriores de Hitler agonizou por vinte minutos pendurado pela corda até que fosse dado como morto. Alguns nazistas escaparam da morte com sentenças brandas, como os almirantes Karl Dönitz e Erich Raeder, o ministro do Armamento e arquiteto predileto de Hitler, Albert Speer, o líder da Juventude Hitlerista, Baldur von Schirach, e o vice-Führer, Rudolf Hess, que estava preso na Inglaterra desde 1941. A maioria dos oficiais da Wehrmacht também escapou da forca. Martin Bormann, chefe da Chancelaria do Partido Nazista, morreu durante a fuga de Berlim, enquanto o temível Heinrich Himmler suicidou-se logo após ser preso pelos ingleses. O mesmo fez Hermann Göring, o comandante-chefe da Luftwaffe e o mais popular dos líderes nazistas — Göring suicidou-se na cela da prisão depois de seu julgamento; ele havia solicitado aos juízes que fosse fuzilado, e não enforcado — o enforcamento era considerado uma desonra para um soldado —, mas não foi atendido.

Outros doze processos, contra médicos, cientistas, líderes da SS e industriais acusados de colaborar com a máquina de guerra de Hitler, foram realizados até o final de 1949, com pelos menos 185 figuras de destaque no banco dos réus. Quando os julgamentos acabaram, os Aliados haviam julgado mais de 5 mil pessoas — 4 mil foram sentenciadas, 806 foram condenadas à morte e 486 executadas.[535] Estima-se que 200 mil alemães foram presos por terem um passado nazista — em 1947, 40 mil ainda estavam encarcerados. Dos libertados, a maioria foi integrada à sociedade e não poucos participaram dos governos da Alemanha Ocidental e da Áustria. O processo chamado de "desnazificação" da sociedade alemã se mostrou impraticável a curto prazo. No primeiro ano pós-guerra, somente na zona americana de ocupação havia 3,5 milhões alemães aguardando "classificação". O limite entre "simpatizantes" e "colaboradores" nunca foi suficientemente claro. O Tribunal Militar Internacional, por exemplo, usou termos como "nazista", "medianamente nazista" e "levemente nazista", entre outros.

O judeu-polonês Mieczyslaw Pemper, que fora escrivão e estenógrafo de Amon Göth, o comandante alemão do campo de concentração Płaszów, participou de vários dos julgamentos, inclusive o de Rudolf Höss, chefe do campo de extermínio de Auschwitz. Pemper lamentou que os carrascos da SS não manifestassem qualquer sentimento de remorso pelas atrocidades cometidas, "nenhuma desculpa, nenhuma renúncia, nenhum remorso".[536] Göth foi responsabilizado pela morte de 8 mil pessoas em Płaszów e por massacres em Cracóvia, Tanów e Szebnie. Acusado de crimes contra a humanidade, ele disse "não" quando perguntado se considerava-se culpado. Foi enforcado em setembro de 1946. Na década de 1970, sua filha Monika, nascida pouco antes de seu julgamento, fruto de um relacionamento com a secretária de Oskar Schindler, Ruth Irene Kalder, teve uma filha com um estudante nigeriano. Em 2013, Jennifer Teege (a neta de Göth) escreveu uma autobiografia intitulada *Mein Großvater hätte mich erschossen* [Meu avô teria atirado em mim]. Quanto a Höss, era o típico burocrata nazista, frio e desapaixonado. Nunca compareceu às seleções para as câmaras de gás ou execuções. Enquanto esteve preso na Alemanha, serviu como testemunha em Nuremberg e chegou a escrever uma autobiografia, na qual reconheceu sua responsabilidade pelas milhares de mortes, não vendo problemas em ser conhecido como "uma besta feroz e um sádico cruel." Durante o interrogatório sobre os métodos utilizados em Auschwitz, ele não se eximiu de contar detalhes. Afirmou que as vítimas morriam entre três e quinze minutos. "Sabíamos quando estavam mortos porque paravam de gritar", disse ele, "e esperávamos cerca de meia hora para abrir as portas e retirar os cadáveres, quando então nossos comandos especiais lhes tiravam os anéis e lhes extraiam os dentes de ouro." Enviado a Polônia, foi julgado e executado em abril de 1947 próximo ao crematório do campo onde fora comandante.[537]

Os criminosos de guerra japoneses também compareceram diante de um tribunal Aliado, em Tóquio, mas o imperador Hiroíto e os membros da família imperial foram liberados dos julgamentos. Alguns militares também escaparam das punições. Já o primeiro-ministro do Japão à época de Pearl Harbor, Hideki Tojo, tentou cometer suicídio, mas sobreviveu, foi julgado, condenado e executado. Antes, pediu desculpas pelas atrocidades cometidas pelo Exército Imperial na Coreia, na Manchúria e na China. A quase totalidade dos membros da Unidade 731 escapou de julgamentos com anuência estadunidense e retomou a vida normalmente. Apenas doze foram julgados e sentenciados a penas longas de encarceramento, mas pelos soviéticos.

No restante da Europa, países que haviam passado por longos períodos de ocupação nazista realizaram prisões e submeteram pessoas a julgamentos por traição, crimes de guerra e colaboração. Na Dinamarca, foram 40 mil; na Noruega, 93 mil, nos Países Baixos, 120 mil; na Bélgica, 405 mil. O líder nazista norueguês Vidkun Quisling foi julgado, condenado e executado, assim como Anton Mussert, na Holanda. Na França, 300 mil compareceram aos tribunais, incluindo Pierre Laval, o primeiro-ministro de Vichy, condenado e executado, e o idoso marechal Philippe Pétain, herói da Grande Guerra de 1914-8 e chefe do Estado colaboracionista francês de 1940-4, que teve a pena de morte comutada para prisão perpétua. Vichy havia cooperado significativamente com os nazistas no Holocausto. Até 1944, o governo de Pétain havia "arianizado" 9,6 mil empresas judias, além de 11 mil propriedades, cujos valores eram superiores a 1,3 bilhão de dólares. "Havia os colaboradores, os ladrões e uma maioria que apenas assistia de braços cruzados", observou o advogado Samuel Pisar, que sobreviveu a Auschwitz.[538] Os burocratas franceses deportaram mais de 75,7 mil judeus para os campos de extermínio na Polônia, dos quais apenas 2,5 mil sobreviveram. Além de estabelecer leis antissemitas, Vichy aboliu os sindicatos, perseguiu políticos de esquerda e maçons, criou a Legião Francesa de Combatentes, que reuniu 1,2 milhão de voluntários, e facilitou o trabalho compulsório de franceses na Alemanha.

Cinco anos após o fim da Segunda Guerra, os grandes julgamentos tinham acabado, não obstante tribunais por toda a Europa continuassem a processar de forma isolada criminosos fugitivos capturados em outras partes do mundo. Nesse meio-tempo, uma nova guerra estava em curso. Uma Guerra Fria.

26 OPERAÇÃO MITO

*Oficialmente e de acordo com os mais
renomados historiadores, Hitler cometeu
suicídio em abril de 1945, mas ainda hoje
a fuga do líder nazista está no topo das
chamadas teorias da conspiração. Para os
que acreditam e continuam a alimentar
informações falsas, Hitler teria passado seus
últimos dias no Brasil, na Argentina ou até
mesmo na África.*

Em janeiro de 2014, uma dissertação de mestrado em jornalismo pela Universidade Federal do Mato Grosso — publicada em formato de livro com o nome de *Hitler no Brasil: sua vida e sua morte* — causou espanto em jornais de todo o mundo. A brasileira Simoni Renée Guerreiro Dias teria encontrado provas de que Hitler viveu no Brasil até os 95 anos, morrendo em 1984 na pequena cidade de Nossa Senhora do Livramento, a 42 quilômetros de Cuiabá. Usando nomes falsos como "Adolfo Leipzig" ou "Adolfo Sopping" e conhecido pela população local como "Alemão Velho", Hitler teria inclusive casado com uma mulher negra conhecida como "Cutinga".[539]

Por mais absurda que possa parecer, a história apresentada por Dias não foi a primeira e muito provavelmente não será a última a fazer parte do acervo que compõe o quase infinito arquivo mundial de teorias sobre a fuga de Hitler de uma Berlim cercada pelo Exército Vermelho ou qualquer outra "novidade" sobre o líder nazista. E é fácil entender: histórias do gênero rendem milhões de dólares anualmente em reportagens de jornais, revistas, livros e programas de TV. Não obstante desperte curiosidade e interesse público, boa parte delas não passa de sensacionalismo. Em 1983, o jornalista Gerd Heidemann, da revista alemã *Stern*, noticiou ao mundo que havia encontrado os "diá-

OPERAÇÃO MITO **419**

rios de Hitler".[540] Eram mais de sessenta cadernos de anotações supostamente escritos pelo ditador entre junho de 1932 e abril de 1945. Um achado monumental acompanhado por jornais e TV de todo o mundo. Pressionada pela opinião pública e por importantes historiadores, a revista permitiu que os documentos fossem analisados por um grupo de especialistas. Os peritos constataram, no entanto, que os papéis não correspondiam à época de Hitler, a caligrafia fora falsificada, os lacres eram falsos e o monograma na capa de alguns dos "diários" continha um erro grosseiro — a iniciais "FA" em vez de "AH", de Adolf Hitler. Logo se descobriu que o autor da farsa era Konrad Kujau, um antiquário de Dresden. A *Stern* havia pagado quase 4 milhões de dólares por uma falsificação.

HITLER MORREU NO BUNKER

Hitler chegou a Berlim em 16 de janeiro de 1945, quando os russos haviam lançado a ofensiva final contra a Alemanha com o objetivo de capturar a capital nazista antes dos Aliados ocidentais. No final de abril, o centro da cidade estava cercado pelos exércitos do marechal Júkov, e Hitler entrincheirado no *Führerbunker*. Construído sob o jardim da Chancelaria, o bunker do Führer era composto de doze cômodos no andar superior (onde ficavam a cozinha, o quadro elétrico e os empregados) e outros vinte no nível inferior, onde se localizavam os quartos de alguns oficiais e líderes nazistas e de Eva Braun, escritórios e seis salas destinadas ao uso privado de Hitler. O lugar era deprimente e lúgubre, ainda que totalmente seguro e à prova de bombardeios. Joachim Fest escreveu que "essa última paragem feita de concreto, de silêncio e de luz elétrica exprimia bem a natureza de Hitler, seu isolamento e o caráter artificial de sua existência".[541] Aprisionado em seu próprio mundo e com a Alemanha desmoronando ao seu redor, no final de abril, com os russos às portas da Chancelaria, havia chegado a hora do ato final. Ian Kershaw escreveu que "desprovido de energia construtiva e criativa, e articulando apenas uma ânsia cada vez mais selvagem de destruir, o fim mais provável do poder de Hitler era, portanto, o que de fato acabou se verificando: uma bala na cabeça".[542]

Hitler tinha um medo extremo de ser "exibido no zoológico de Moscou" se capturado vivo pelos soviéticos. Quando soube que Mussolini e a amante haviam sido capturados por *partigiani* italianos, executados e expostos pendurados de cabeça para baixo como porcos num açougue, em Milão, Hitler ordenou a seus assistentes que após o suicídio seu corpo fosse queimado para evitar a identificação. O suicídio havia se tornado algo comum na Berlim de 1945: não menos do que 3.881 pessoas se mataram durante a batalha pela capital, entre abril e maio.[543] Com a Chancelaria acima do *Führerbunker* sob o fogo da artilharia soviética, às quatro horas da madrugada do dia 29 de abril, Hitler finalmente oficializou seu casamento com Eva Braun. No dia seguinte, às duas horas da tarde, o ditador nazista fez a última refeição na presença de sua cozinheira e das secretárias e decidiu que chegara a hora de acabar com a própria vida. Fez uma despedida rápida a seu séquito, que ainda tentou persuadi-lo a fugir. Por volta das 15h30, os recém-casados entraram no quarto e cometeram suicídio. Ele atirou na cabeça com uma pistola Walther, calibre 7.65 mm; os relatos divergem se na boca ou na têmpora. Eva ingeriu cianeto de hidrogênio, um veneno poderoso armazenado em ampolas e muito usado entre os militares alemães da Wehrmacht e da SS. Como o Führer ordenara, os corpos foram então levados para o jardim da Chancelaria, onde dez galões de gasolina transformaram os cadáveres de Hitler e Eva em uma pira de fogo.

A secretária Traudl Junge, para quem o líder nazista ditara seu testamento pessoal e político horas antes, lamentou que, depois de tanto desespero e tanto sofrimento, Hitler não dissera nenhuma palavra de tristeza ou de compaixão. "Lembro-me de pensar, ele não nos deixa com nada. Um nada."[544] Depois de tocar o "Crepúsculo dos Deuses", de Richard Wagner, por várias horas, a rádio alemã, transmitindo de Hamburgo, anunciou que o Führer tombara "à frente dos heroicos defensores da capital do Reich" na luta contra o bolchevismo. A maioria dos alemães recebeu a notícia com indiferença.[545] Descobriram muito tarde que as promessas de glória trariam destruição e morte. Com Hitler morto, os demais integrantes do bunker começaram a fugir. Os generais Hans Krebs e Wilhelm Burgdorf cometeram suicídio. Os Goebbels envenenaram os seis filhos (com idades entre cinco e treze anos) e se mataram. Os corpos do casal também foram incinerados.

Em 2 de maio de 1945, o general Helmuth Weidling, comandante militar de Berlim, rendeu-se ao marechal Júkov, e as tropas do coronel-

-general Nikolai Berzarin, do Quinto Exército de Choque, ocuparam a Chancelaria. Naquele mesmo dia, o tenente-coronel Ivan Klimenko, oficialmente o primeiro a entrar no "covil da besta fascista", considerado por isso o "herói da União Soviética", encontrou os corpos carbonizados do casal Goebbels próximo à entrada do bunker. Os corpos dos filhos do casal só foram encontrados no dia seguinte, quando os russos também encontraram o de um sósia de Hitler. As meias remendadas descartaram a possibilidade de ser o Führer, mas, afoitos para exibir o que seria um troféu, expuseram o morto no hall da Chancelaria e o fotografaram — os oficiais que divulgaram os achados foram punidos. A versão alemã sobre a entrada dos soviéticos no bunker é diferente e menos heroica. O técnico mecânico Johannes Hentschel, que havia permanecido no local mesmo depois da debandada dos líderes nazistas, relatou que um grupo de enfermeiras do Exército Vermelho entrou antes de Klimenko. Não procuravam Hitler, mas Eva. Ou pelo menos o quarto dela. Segundo Hentschel, saíram com sacos e sacolas cheias de roupas, peças de lingerie e uma dúzia de sutiãs.[546]

O corpo de Hitler não foi encontrado e Stálin ordenou que um destacamento da SMERSH ligado ao Terceiro Exército de Choque investigasse o caso. O bunker foi lacrado e até mesmo o marechal Júkov foi impedido de entrar. As buscas por Hitler continuaram nos dias seguintes, e não menos do que quinze mortos foram encontrados no perímetro da Chancelaria. Em 5 de maio, próximo à saída do *Führerbunker*, enquanto revirava uma cratera de bomba, o soldado Ivan Churakov encontrou o que seriam os corpos de Hitler e Eva Braun. "Camarada tenente-coronel! Há pernas aqui!", exclamou o soldado do Septuagésimo Nono Corpo de Carabineiros. Churakov e Klimenko desenterraram dois corpos carbonizados cobertos por uma fina camada de terra, encontrando ainda os de dois cães — depois confirmados como sendo Blondi e Wolf, os cães do casal.

No dia 7 de maio, os corpos dos filhos de Goebbels foram reconhecidos pelo vice-almirante Hans-Erich Voss e autopsiados em um hospital de campo em Buch, Pankow, um bairro a nordeste de Berlim. A equipe de legistas era liderada pelo tenente-coronel e doutor Faust Iosifovich Chkaravski e também realizou exames nos cães. A autópsia nos corpos de Hitler e Eva Braun foi realizada em 8 de maio de 1945, e nos do casal Goebbels, no dia seguinte.[547] Conforme o relatório assinado por Chkaravski, o então suposto corpo de Hitler foi encontrado carbonizado, completamente "desfigurado pelo fogo". Foi possível identificar restos de uma malha amarela e de uma camiseta de tricô, mas o cadáver não tinha as costelas do lado direito, partes do crânio e o pé esquerdo.[548] O tórax estava completamente destruído, assim como a maior parte dos braços. O testículo esquerdo também não foi encontrado (criptorquia que, como visto, foi confirmada por Fleischmann em 2010). Tal era a situação que a identificação só poderia ser feita por meio das coroas e próteses dentárias encontradas em bom estado. O corpo de Eva não estava em melhores condições. O "cheiro de amêndoas amargas", característico do cianeto, no entanto, estava presente em ambos os cadáveres. O relatório não conseguiu identificar o uso de armas de fogo.

Guardados em uma caixa de cetim vermelho, os dentes de Hitler foram entregues aos cuidados de Elena Rzhevskaya, que trabalhava como intérprete para a SMERSH do Primeiro Front Bielorrusso. Ela passou a noite do dia 8 de maio, o dia da rendição incondicional da Alemanha, servindo bebidas aos soldados com a caixa debaixo do braço. Procurando evidências que confirmassem as suspeitas de que se tratava dos corpos de Hitler e Eva Braun, os russos chegaram a Kathe Heusermann, assistente de Hugo Blaschke, o dentista de Hitler. Heusermann levou os investigadores ao escritório de Blaschke na Chancelaria, onde foram encontradas radiografias da arcada dentária e também coroas de ouro preparadas para o uso do Führer. Em seguida, o protético Fritz Echtmann, que havia confeccionado as coroas dentárias, foi encontrado. Heusermann e Echtmann confirmaram que os dentes, sem a menor dúvida, eram de Hitler.[549]

Stálin proibiu qualquer menção à descoberta dos corpos. Nem o coronel-general Berzarin nem o marechal Júkov ficaram a par. Segundo Beevor, quando décadas mais tarde Júkov ficou sabendo a verdade sobre Hitler, sentiu-se "profundamente traído". Enquanto isso, a revista norte-americana *Time*, em edição de 7 de maio de 1945, publicava na capa o retrato de Hitler atravessado por um "X" em vermelho sangue e uma reportagem sobre a fuga por um túnel secreto.[550]

Beria, o chefe da NKVD, foi enviado de Moscou para acompanhar o desenrolar dos fatos. No final de maio, o relatório da SMERSH informando sobre o "suicídio por ingestão de compostos de cianeto" entregue a Stálin foi descartado pelo líder soviético. A autópsia não conseguira confirmar o tiro, provavelmente pelo estado do cadáver — partes do crânio só foram encontradas depois. Mas o sangue no sofá do quarto do bunker, os relatos e as investigações posteriores confirmam que Hitler pode ter se dado um tiro ao mesmo tempo que mordera a ampola de cianeto. O *vozhd* passou a afirmar que o Führer estava vivo e escondido em algum lugar — no Japão ou na Argentina, aonde teria chegado após passar pela Espanha de Franco. Desde que Júkov lhe informara, em 1º de maio, que a rádio alemã anunciara a morte de Hitler, Stálin não queria acreditar na possibilidade. "Então, a besta escapou de nós!", teria exclamado.

Stálin dera início à *Operatsiya Mif*, a "Operação Mito", uma campanha de desinformação que visava manter vivo o perigo da ameaça nazista. Em julho, durante a Conferência de Potsdam, Stálin alimentou as incertezas de seus aliados quanto ao destino do líder alemão informando ao presidente Harry Truman que "nenhum sinal dos restos mortais de Hitler" ou prova conclusiva de sua morte fora encontrada. O historiador britânico Michael Dobbs definiu a operação como "uma fantástica teia de mentiras". Rzhevskaya justificou a política adotada pelos soviéticos: "O sistema de Stálin necessitava da presença de inimigos tanto externos quando internos".[551]

Os maxilares que haviam ajudado na identificação do corpo de Hitler foram enviados a Moscou, onde permaneceram sob a proteção da SMERSH, enquanto os restos do crânio ficaram aos cuidados da NKVD — mais tarde KGB. O restante do corpo foi sepultado em Finow e depois em Rathenow, próximo a Brandenburg. Em fevereiro de 1946, foi exumado mais uma vez e enviado para um campo do Exército soviético em Magdeburg, na Alemanha Oriental. Em 1970, quando o governo alemão decidiu tomar posse do local, o Politburo do Partido Comunista da União Soviética resolveu dar um fim a tudo com o máximo sigilo. Segundo relatório da Operação Arquivo, em 5 de abril a KGB desenterrou a "massa gelatinosa" que sobrara de Hitler, Eva e seus dois cães. Yuri Andropov ordenou então que os restos fossem queimados, e as cinzas foram jogadas na rede de esgotos que dava no Bideriz, um afluente do rio Elba.[552]

Os assessores pessoais e o guarda-costas de Hitler, Günsche, Schaub e Linge, seu motorista, seu piloto e seu médico particular, Kempka, Baur e Morell, foram todos presos pelos russos ou americanos. As secretárias particulares e estenógrafas Wolf, Christian, Schröder e Junge foram colocadas sob custódia. Speer, Göring, Hess e todos os outros "faisões dourados" do Partido Nazista caíram prisioneiros ou se entregaram aos Aliados — com exceção de Himmler e Goebbels, que haviam cometido suicídio. O Alto-Comando da Wehrmacht também foi todo aprisionado. Bormann foi o único dos importantes líderes nazistas a ter o fim colocado sob suspeita — ainda que os relatos de 1945 já apontassem para sua morte durante a fuga do bunker. Provavelmente a única pessoa do círculo mais próximo de Hitler a desaparecer sem deixar rastros foi sua jovem cozinheira Manziarly, vista pela última vez tentando fugir dos soviéticos.

Com algumas diferenças de relato, todos que escreveram suas memórias alegaram o suicídio de Hitler e Eva Braun. Importantes historiadores da Segunda Guerra e biógrafos de Hitler, como Hugh Trevor-Roper (que também era espião do SIS e foi o primeiro a publicar material sobre os últimos dias de Hitler), Fest, Hastings, Beevor e Kershaw, são unânimes em afirmar que Hitler se matou no *Führerbunker*. Diversos outros historiadores alemães têm a mesma opinião. Para além da confirmação dos relatórios médicos e relatos pessoais, é difícil acreditar que um quase sexagenário doente como o Führer, provavelmente com mal de Parkinson, esquizofrênico e dependente de drogas, tivesse condições de fugir quando outros não conseguiram, principalmente porque Hitler estaria sem a ajuda daqueles em quem mais confiava. A multiplicidade de relatos pode ter gerado a desconfiança. Fest escreveu que com a queda da Chancelaria teve início uma "encenação confusa com ocasionais toques burlescos, que não só enganou o mundo durante muito tempo, bem como manteve Hitler ilusoriamente vivo".[553] A Operação Mito de Stálin fez o resto.

Somente anos depois da morte de Stálin e após a soltura de prisioneiros nazistas que estavam na União Soviética, um tribunal em Berchtesgaden, com base em interrogatórios e um dossiê de mais de 1,5 mil páginas, finalmente emitiu uma certidão oficial de óbito. A Justiça alemã concluiu, em 25 de outubro de 1956, que não havia mais dúvidas de que Hitler cometera suicídio em 1945.

TEORIAS DE CONSPIRAÇÃO

Dois anos depois do final da guerra, o húngaro Ladislao Szabo publicou na Argentina o livro *Hitler está vivo*, inaugurando uma série sem fim de obras a respeito da fuga do ditador. Seguindo a ideia lançada por Stálin e que a própria revista *Time* ajudara a divulgar, Szabo defendeu na obra que Hitler não teria cometido suicídio, mas sido levado secretamente para o Hemisfério Sul por um comboio de submarinos alemães. Na década de 1960, o mito continuava vivo. Em 1967, jornais noticiaram que Hitler estaria vivendo em uma "misteriosa comunidade de alienados" em meio a um jângal, em Angola, na costa ocidental africana. O ditador teria morrido ali em setembro de 1964. Um missionário ter-lhe-ia perguntado no momento da extrema-unção: "Diga-me, meu amigo, o senhor será talvez o Führer?", ao que o enfermo teria respondido: "Sim, sou mesmo Adolf Hitler".[554]

Em 1968, o jornalista e coeditor da revista russa *Novoye Vremya* Lev Bezymenski apresentou ao Ocidente a íntegra dos relatórios soviéticos sobre as autópsias dos corpos encontrados em Berlim. Bezymenski também havia participado da tomada de Berlim com o Exército de Júkov, no Primeiro Front Bielorrusso. O livro foi publicado nos Estados Unidos por intermédio de um editor alemão que conseguira contrabandear a obra depois de ter pagado antecipadamente pelos manuscritos originais. Os detalhes técnicos apresentados nos relatórios médicos da SMERSH, assinados pelo doutor Chkaravski e sua equipe, no entanto, não convenceram os adeptos da teoria da conspiração. Nas décadas de 1980 e 1990, surgiram relatos de que Hitler havia sido visto "vestido de mulher" em Dublin, na Irlanda. O jornal *Times*, de Londres, noticiou que ele se suicidara com explosivos sobre o mar Báltico, e outro periódico levantou teorias sobre a vida de Hitler como "Adilupus" na Espanha do general Franco, onde teria falecido em 1º de novembro de 1947. Nos anos 2000, uma nova onda de obras sobre a fuga de Hitler encheu as prateleiras das livrarias pelo mundo. Em 2004, o jornalista argentino Abel Basti escreveu o livro *Bariloche Nazi*, sobre locais relacionados ao nazismo na América do Sul. O sucesso rendeu. Em sequência, Basti publicou *Hitler en Argentina* (2006), *El Exílio de Hitler en Argentina* (2010) e *Los secretos de Hitler* (2011). O autor também sustenta a teoria de que Hitler fugiu para a Argentina, refutando a história de que ele teria se matado em Berlim. Em 2010, foi vez dos pesquisadores argentinos Carlos De Napoli e Juan Salinas publicarem *Ultramar Sul: a última operação secreta do Terceiro Reich*, com a história da missão criada para levar Hitler e nazistas proeminentes até a Argentina. Segundo os autores, oito submarinos chegaram às regiões costeiras de Buenos Aires e da Patagônia, mas os autores esquivam-se em apresentar provas de que o ditador fizesse parte do grupo desembarcado. Um ano mais tarde, Gerrard Williams e Simon Dunstan publicaram *The Grey Wolf: The Escape of Adolf Hitler* [Lobo cinzento: a fuga de Adolf Hitler]. Os britânicos sustentam que Hitler escapou da Alemanha três dias antes de seu suposto suicídio. Ele teria se instalado em mais de uma residência na Patagônia, com Eva e duas filhas, antes de morrer em 13 de fevereiro de 1962. O esquema teria sido articulado por Martin Bormann, o secretário particular de Hitler e chefe da Chancelaria do Reich, que também teria fugido para a América do Sul. A fuga, segundo os autores, teria contado com o apoio do OSS, que facilitara a operação em troca de informações sobre tecnologia de guerra. Bormann também teria entregado uma fortuna em ouro ao governo de Perón.[555]

Bormann era eixo central das teorias de conspiração. O escritor húngaro radicado nos Estados Unidos Ladislas Farago e o inglês Charles Whiting estão entre os que caçaram o nazista por anos. Em 1975, Farago escreveu *Aftermath: Martin Bormann and the Fourth Reich* [Consequências: Martin Bormann e o Quarto Reich]. "Baseado em entrevistas (algumas das quais fizeram parte de manchetes em todo o mundo), documentos e arquivos secretos", o livro revelava a criação de um império nazista na América do Sul sob a liderança de Bormann. Farago apresentou supostos documentos da Polícia Federal da Argentina e relatou até mesmo ter encontrado o secretário de Hitler em um hospital, onde este lhe teria dito: "Você não vê que eu sou um homem velho?

Então por que você não me deixa morrer em paz?".[556] O problema é que, assim como Hitler, Bormann não sobreviveu à Berlim ocupada pelos soviéticos. Depois do suicídio do Führer, ele deixou o bunker com um dos vários pequenos grupos de nazistas formados para escapar da arapuca em que a capital alemã se transformara. Junto dele estavam Artur Axmann e Ludwig Stumpfegger. Axmann safou-se, mas Stumpfegger e Bormann não tiveram a mesma sorte. O líder da Juventude Hitlerista afirmou, em Nuremberg, que os dois companheiros haviam cometido suicídio diante da eminência de serem presos pelos russos. No entanto, como o corpo de Bormann não foi encontrado em meio às ruínas de Berlim, surgiram diversas teorias sobre sua fuga para a América do Sul. Até mesmo Reinhard Gehlen, o general do Serviço de Informações do Exército Alemão que passara a trabalhar em colaboração com a CIA depois da guerra, afirmou — surpreendentemente — que o grande espião de Stálin na Alemanha nazista durante a guerra era ninguém menos do que o próprio Bormann. "Não há o menor fundamento para as alegações de que ele vive na Argentina ou no Paraguai cercado de guardas. Em maio de 1945 ele entrou na Rússia levado por forças da invasão", escreveu Gehlen. Ainda segundo o agente alemão, "informações separadas vindas de trás da Cortina de Ferro" confirmavam a vida de Bormann em Moscou, na década de 1950, "escondido como assessor do governo".[557] Toda a farsa, porém, acabou em dezembro de 1972, quando, durante escavações no metrô em Berlim, uma ossada foi descoberta próximo à estação Lehrter, a menos de dois quilômetros do bunker, nas proximidades do local onde Axmann relatara que vira Bormann morto em 1945. A identificação foi contestada por associações como a de Simon Wiesenthal, o "caçador de nazistas", que arrecadavam muito dinheiro investigando nazistas fugitivos. Em maio de 1998, entretanto, exames de DNA comprovaram definitivamente que os restos humanos encontrados eram mesmo de Martin Bormann.[558]

Desmascarado, o argentino Juan José Velasco confessou que falsificara os documentos para revendê-los a Farago. A Operação Mito desencadeada por Stálin manteve o FBI e a CIA ocupados por quase trinta anos. O resultado foi um dossiê de quase mil páginas que não leva a lugar algum, e Hitler nunca foi encontrado. O mesmo ocorreu na América do Sul. Quando a Argentina liberou os arquivos secretos para consulta pública no início dos anos 1990, o que se viu, segundo o historiador argentino Uki Goñi, foi uma "sebenta pilha" de dossiês sem nenhuma novidade.[559] Havia "provas" da presença de Bormann na Argentina e nada sobre Adolf Eichmann, capturado no país pelo Mossad, o Serviço Secreto israelense, em 1962. Ainda que com documentação cada vez mais contraditória, Basti, De Napoli, Salinas, Williams, Dunstan, entre muitos outros, continuam a publicar e apostar suas fichas na fuga de Hitler em 1945.

O suicídio de Hitler e Bormann em Berlim não significa, no entanto, que nazistas não tenham de fato fugido para a América do Sul. Centenas de criminosos de guerra refugiaram-se no continente, principalmente na Argentina entre os anos 1945-55, durante o governo Perón — que, de fato, ganhou muito dinheiro nazista. A simpatia de Perón por heróis de guerra era notória. Dois anos após o fim da Segunda Guerra, ele contratou Adolf Galland, general e ás da Luftwaffe, com mais de setecentas vitórias áreas, para prestar consultoria à Força Aérea argentina. O oficial alemão permaneceu no país até 1955, treinando pilotos e realizando palestras sobre aviões de caça. Galland não era considerado um criminoso de guerra pelos Aliados, mas esse nem sempre era o caso, e várias organizações deram apoio à fuga de nazistas da Europa. Entre elas, o Vaticano e as agências de inteligência Aliadas, que, como visto, também haviam levado cientistas alemães em segurança para os Estados Unidos. Segundo Goñi, "Tudo com o objetivo de ajudar os sabujos de Hitler a escaparem".[560] Através das chamadas "Rota dos Conventos" (via Roma-Gênova) e da "Conexão Suíça" (por Berna), chegaram à América fugitivos — e criminosos — nazistas importantes como Klaus Barbie, chefe da Gestapo em Lyon, e o próprio Eichmann, um dos organizadores da Solução Final. Josef Mengele, o médico em Auschwitz, e Franz Stangl, comandante dos campos de extermínio de Sobibor e Treblinka, viveram no Brasil. Stangl foi preso e extraditado, mas Mengele viveu por aqui até sua morte, em 1979. O letão Herbert Cukurs, conhecido pela alcunha de "açougueiro de Riga", também morou no Brasil, mas foi caçado e assassinado pelo Mossad no Uruguai em 1965.[561]

27

"UMA PAZ QUE NÃO É PAZ"

Os Aliados foram à guerra contra Hitler e o imperialismo alemão, mas França e Inglaterra eram potência coloniais, exploradores de populações na África e na Ásia. Com o fim da Segunda Guerra, Stálin transformou o Leste Europeu em uma colônia da URSS, enquanto os Estados Unidos alcançaram a hegemonia econômica e política no restante do globo.

Quando a Segunda Guerra terminou, Estados Unidos, União Soviética e Grã-Bretanha brigavam para repartir os destroços da Alemanha, assim como para manter e, principalmente, ampliar seus impérios sobre o globo. Quando os Três Grandes se reuniram em Yalta, às margens do Mar Negro, na Crimeia, em fevereiro de 1945 — antes mesmo da rendição formal da Alemanha e do Japão —, eles esperavam definir o futuro da Europa e do mundo pós-guerra. Mas a ideia de que a conferência representaria o fim do sistema de ação unilateral, alianças, esferas de influência e disputas pelo poder não passou de utopia — e propaganda — Aliada.

A DIVISÃO DA EUROPA

Assim como ocorrera em 1919, com o fim da Segunda Guerra havia muito em disputa no grande tabuleiro de xadrez da política europeia. Desde 1943, durante a Conferência de Teerã, no Irã, os Aliados mantinham uma cooperação estreita quanto aos objetivos militares, como a definição de uma segunda frente com a invasão da França ocupada pelos nazistas e a exigência de uma capitulação incondicional da Alemanha. Mas, à medida que a guerra ia chegando ao seu final, os problemas geopolíticos foram aparecendo, e a Carta do Atlântico, de

1941, perdia sua função. Um acordo entre Stálin e Churchill realizado em Moscou, em setembro de 1944, estabeleceu áreas de influência no Leste da Europa — nos Bálcãs, essencialmente. A Grã-Bretanha acordou não ter participação nos assuntos referentes a Romênia, Hungria e Bulgária para que pudesse ter liberdade de ação no que se referia à Grécia. Assim, Churchill manteve os gregos sob o domínio britânico e não encontrou restrições para eliminar os guerrilheiros comunistas. Stálin deixou seus parceiros de ideologia isolados, sem chances contra os ingleses. Uma pequena migalha para o líder britânico.[562]

Em Yalta os Aliados definiram ainda os últimos detalhes quanto à criação da ONU e à divisão da Alemanha em zonas de ocupação, uma ideia que vinha sendo discutida desde dois anos antes. A situação da Polônia foi de longe o tema mais controverso da conferência. Afinal, foi pela "honra e liberdade" da Polônia que tudo havia começado, em 1939. Enquanto Churchill e Roosevelt planejavam um governo democrático, escolhido por meio de eleições livres e organizado pelo governo polonês no exílio (em Londres desde o início da guerra), o líder da União Soviética ressaltava o caráter democrático do governo comunista que ele estabelecera em Lublin. Como a Polônia encontrava-se ocupada pelo Exército Vermelho, Stálin ditou as regras. Para Władysław Anders, comandante do Exército Polonês no exílio, os Aliados haviam vendido a Polônia aos soviéticos: em Yalta assinaram a "sentença de morte" do país, transformando-o em uma "república soviética". Um jovem oficial inglês resumiu o que havia sido a guerra: "Ficou perfeitamente claro que lutamos nessa guerra em vão; todos os princípios pelos quais entramos em guerra foram sacrificados".[563] Sacrificados no altar da liberdade em benefício das grandes potências.

Seis meses depois de Yalta, entre julho e agosto, com o Terceiro Reich de Hitler derrotado e os Estados Unidos prestes a lançar a primeira bomba atômica da história, outra conferência, desta vez em Potsdam, próximo a Berlim, na Alemanha, decretaria o destino das nações em um mundo agora dividido entre potências capitalistas e um gigante comunista. O Exército Vermelho ocupara todos os países no Leste Europeu e Stálin não tinha intenção de deixá-los. Averell Harriman, embaixador norte-americano em Moscou, em sua primeira reunião com o presidente Truman, disparou: "Estamos diante de uma invasão da Europa pelos bárbaros".[564] A conferência não alterou a situação das relações soviéticas com os americanos nem com os britânicos. Pelo contrário, acirrou as diferenças.

O resultado de Potsdam foi uma Alemanha dividida em duas entidades rivais, guiadas por ideologias e sistemas econômicos e políticos em competição. O lado ocidental foi dividido entre três nações, já que a França entrara como quarta potência ao lado de Grã-Bretanha e Estados Unidos. Mas manteve quase que inalterada a fronteira franco-alemã. O lado oriental da Alemanha, sob a mão de ferro de Stálin, cedeu à Polônia parte da Pomerânia e a Silésia. A Toca do Lobo, em Rastenburg, de onde Hitler comandara a invasão da Rússia, agora fazia parte do território polonês com o nome de Ketrzyn. Antigas cidades alemãs, como Breslau e Stettin, passaram a se chamar Wroclaw e Szczecin. A Alemanha não foi a única a sofrer com a perda de partes de seu território. A União Soviética incorporou a Estônia, a Letônia e a Lituânia, além da parte oriental da Polônia e a Prússia Oriental. O *vozhd*, como previsto, transformou o restante do Leste Europeu em uma "colônia" soviética. Mais uma vez, a política de autodeterminação dos povos, pregada pelo presidente Woodrow Wilson depois da Grande Guerra de 1914-8, desmoronou diante de interesses político-militares e econômicos.

Com o presidente Roosevelt morto em abril e Truman sem experiência internacional, apenas Churchill conseguiu antever com clareza o que ocorreria na Europa. "Uma cortina de ferro" desceu sobre o front, escreveu ele ao novo presidente norte-americano quatro dias depois do colapso nazista, em maio de 1945. No discurso da vitória, a velha raposa inglesa falou sobre sua preocupação de que "os simples e honrados propósitos que nos levaram à guerra" corriam o risco de serem "deixados de lado". Palavras como "liberdade, democracia e independência" estavam sendo despidas de seu verdadeiro significado — Churchill, como visto antes, era o mestre da hipocrisia. Pouco depois, o líder inglês deu ordens ao marechal Montgomery para que não destruísse as armas dos mais de 2 milhões de alemães que haviam se rendido aos britânicos, nem as aeronaves alemãs em poder da RAF. O primeiro-ministro acreditava que o confronto com Stálin era inevitável e chegou

"UMA PAZ QUE NÃO É PAZ"

mesmo a ordenar aos líderes militares que planejassem a "Operação Impensável", que deveria ser deflagrada em 1º de julho de 1945 com o objetivo de "impor à Rússia a vontade dos Estados Unidos e do Império Britânico". Mas o Exército Vermelho tinha duas vezes e meia mais soldados e armamentos que as forças anglo-americanas. Truman também não tinha a menor intenção de envolver os Estados Unidos em uma nova guerra europeia e Churchill recebeu como resposta: "a ideia é claramente fantasiosa".[565] Como o "buldogue inglês" foi derrotado nas primeiras eleições inglesas desde 1940 e agora o trabalhista Clement Attlee ocupava o cargo de primeiro-ministro da Grã-Bretanha, Stálin não tinha mais adversários a sua altura na Europa. A derrota conservadora na Inglaterra foi avassaladora e histórica, o Partido Trabalhista nunca havia obtido uma maioria geral antes e em 1945 conseguira 60% das cadeiras do parlamento. A orientação política de Attlee acreditava em reformas sociais e econômicas de uma forma democrática e não revolucionária — ainda assim, companhias de gás, eletricidade, mineração e o próprio Banco da Inglaterra foram estatizados.

Um ano depois, em viagem aos Estados Unidos, Churchill retomou o uso da expressão "cortina de ferro", que definiria a separação entre a Europa comunista e capitalista nas décadas seguintes. Em 5 de março de 1946, no Westminster College, em Fulton, no Missouri, o ex-primeiro-ministro britânico discursou: "De Stettin, no Báltico, até Trieste, no Adriático, uma cortina de ferro desceu sobre o continente. Por trás dessa linha ficam todas as capitais das antigas nações da Europa central e oriental".[566] O termo cabia muito bem à situação pós--guerra, e seu uso tornou-se comum, mas não era original. Churchill adotara a expressão de Joseph Goebbels, seu inimigo durante a guerra. Em fevereiro de 1945, em artigo para o jornal semanal *Das Reich*, o ministro da Propaganda de Hitler alertava os alemães de que as três potências aliadas haviam acertado a divisão da Europa na Conferência de Yalta, assim como haviam definido "um programa de ocupação que irá destruir e exterminar o povo alemão até o ano 2000".[567] Em seu testamento político, Hitler expressara a mesma opinião sobre a repartição da Europa em dois blocos opositores e ainda salientava que apenas duas grandes potências seriam capazes de enfrentar uma à outra, os

Estados Unidos e a Rússia soviética. Um trecho menos conhecido do discurso de Churchill, embora provavelmente mais original, não falava em cortina tampouco em ferro: "Uma sombra desceu sobre os palcos tão recentemente iluminados pela vitória dos Aliados". De toda forma, embora não tenha sido o primeiro a falar em "cortina de ferro", foi ele quem tornou a expressão proeminente.

"UMA PAZ QUE NÃO É PAZ": UMA "GUERRA FRIA"

Quando ocorreu a sessão inaugural das Nações Unidas, em 25 de abril de 1945, em São Francisco, na costa oeste americana, quatro colunas douradas foram dispostas no palco principal. Representavam as quatro liberdades que o presidente Roosevelt prometera ao mundo: liberdade de religião, de expressão, de viver sem fome e de viver sem medo. Infelizmente, em poucos lugares do mundo elas estavam sendo verdadeiramente respeitadas.

Quando a guerra terminou no Velho Mundo, milhões de prisioneiros do derrotado Reich de Hitler, mantidos em campos de concentração e de trabalhos forçados, e refugiados vindos da linha de frente não sabiam para onde ir. Muitos haviam perdido tudo, família, casa e até mesmo a nacionalidade — especialmente os que eram originários da Europa Oriental. Fronteiras foram criadas ou redefinidas, países criados ou extintos e minorias étnicas mais uma vez erravam em busca de um lugar onde pudessem reconstruir suas comunidades. Estima-se que mais de 20 milhões de pessoas, a maioria alemães, foram expulsas ou reassentadas em novos territórios. Dos aproximadamente 12 milhões de alemães deportados, pelo menos 500 mil morreram em ações brutais de expulsão; o destino de outros 1,5 milhão é desconhecido.[568] O sentimento de vingança encontrou guarida na ideia de que se podia retribuir o malfeito durante a guerra.

Após a rendição alemã, uma onda de violência antigermânica tomou conta de uma Polônia destroçada pelas forças nazistas. O polonês Cesaro Gimborski, comandante de um campo de prisioneiros em Lamsdorf (hoje Łambinowice), na Silésia, por exemplo, tinha apenas dezoito anos quando foi o responsável pela morte de mais de 6 mil pessoas, incluindo oitocentas crianças alemãs.[569] Os soldados judeus das Forças Britânicas que atuaram na Itália, o *Jewish Brigade Group*, conhecedores dos horrores dos campos de concentração, com ajuda dos serviços de inteligência militares norte-americano e inglês conseguiram listas de membros da SS. Foi o início dos *nokmin*, os "vingadores". Sua missão era prender e executar todos os que faziam parte da lista. Com apoio de Chaim Weizmann, químico e futuro primeiro presidente israelense, o grupo tentou envenenar o abastecimento de água de Nuremberg e Hamburgo, na Alemanha. Mas o veneno, transportado em latas de leite condensado, não chegou ao destino. A ideia de vingança, no entanto, não terminara. Na Páscoa de 1946, os vingadores envenenaram com arsênico 3 mil pães destinados a um campo de prisioneiros com 15 mil homens da Waffen-SS. A maioria dos alemães sobreviveu, salva por médicos americanos. Nunca se soube o número de mortos, mas os *nokmin* deixaram sua marca.[570] Cinco anos depois, em 1951, o primeiro-ministro israelense David Ben-Gurion ordenou a criação do *Mossad* (*Le-Modiin ule-Tafkidim Meyuhadim*), o Instituto de Inteligência e Operações Especiais israelense, que seria responsável por caçar, capturar e executar os nazistas que haviam conseguido fugir da Europa. Os perseguidos judeus passaram a ser perseguidores. O *Mossad* passou a executar também árabes e todo e qualquer inimigo do Estado de Israel.

Na África e na Ásia, o Império Britânico e a França mantiveram intactas a maioria de suas possessões por pelo menos mais quinze anos, até o início dos anos 1960. O mesmo Charles de Gaulle que passara a guerra bradando por liberdade nos microfones da BBC de Londres não queria perder as colônias francesas. No norte da África, os movimentos de independência argelinos do pós-guerra não foram aceitos pela França libertada da opressão nazista. Cidades foram bombardeadas, milhares foram presos, torturados e executados. Estima-se que mais de 30 mil argelinos tenham morrido por ordens vindas de Paris. A Argélia se libertaria da França somente em 1962. A mesma situação ocorreu no Vietnã, colônia francesa ocupada pelo Japão durante a Segunda Guerra. A Legião Estrangeira francesa, que atuou na Indochina (o atual Vietnã), incluía muitos alemães e ex-oficiais da SS, que torturaram e executaram milhares de vietnamitas. Cerca de 1 milhão de pessoas morreriam de fome nos conflitos pela independência do país.[571] Dividida entre comunistas e capitalistas, a região tornou-se independente em 1954, tendo a parte norte ficado sob o controle comunista de Ho Chi Minh. Uma guerra civil teve início, alimentada por Estados Unidos e União Soviética. Apenas em 1976, após a expulsão de tropas americanas de Saigon, no sul, no ano anterior, é que o país ganhou as fronteiras atuais.

O caso vietnamita é apenas um exemplo de como a disputa entre americanos e soviéticos marcou os mais de quarenta anos seguintes ao fim da Segunda Guerra. O inglês George Orwell, autor do livro anticomunista e antistalinista *Animal farm* (*A revolução dos bichos*, ou, numa tradução mais recente, *A fazenda dos animais*), escreveu no jornal *Tribune*, em 19 de outubro de 1945, que a era atômica e a luta entre as duas superpotências trariam "uma época de horrível estabilidade, como os impérios escravocratas da Antiguidade", "uma paz que não é paz" caracterizada por uma "guerra fria"[572] — a expressão voltaria a ser usada por Orwell em março do ano seguinte, em artigo para o *The Observer*. Uma guerra de influências, por um mundo dividido entre os que apoiavam ou recebiam apoio da União Soviética ou dos Estados Unidos, a grande força que emergira no Ocidente democrático. A expressão se popularizou em 1947, quando usada em um discurso em abril daquele ano pelo economista Bernard Baruch, conselheiro dos presidentes estadunidenses Roosevelt e Truman — e foi consolidada pelo jornalista Walter Lippmann quando ele publicou o livro *Cold War* [Guerra Fria] no mesmo ano.

A nova potência do Ocidente lucrou em quase todos os sentidos com a Segunda Guerra. O número relativamente baixo de perdas humanas, menos de 420 mil, contrastou com ganhos enormes em muitas áreas. O país concedeu vultosos empréstimos aos países beligerantes, extraiu tecnologia do inimigo, expandiu a economia e aumentou a produção industrial. Sem contar que a população civil e o território americano foram preservados de bombardeios e uma grande quantidade do ouro nazista foi parar nos cofres do Federal Reserve.[573] Nas décadas seguintes, para derrotar o comunismo e manter sua área de influência econômica, os norte-americanos financiaram muitos países alinhados com o capitalismo pelo globo. A partir de 1948, os países europeus em reconstrução, especialmente Reino Unido e França, e até mesmo a Alemanha, que acabou sendo incluída no Plano Marshall, receberam a injeção de mais de 10,2 bilhões de dólares na economia do continente. Enquanto isso, o mundo veria a Guerra Fria esquentar em conflitos na Coreia, no Sudeste Asiático e no Oriente Médio e quase deflagrar uma guerra nuclear com a Crise dos Mísseis em Cuba, em 1962. Poucos representaram melhor a complexidade desse período do que o judeu-alemão Henry Kissinger. Depois de lutar como sargento na guerra contra sua Alemanha natal, inimigo do antissemitismo nazista e combatente pela "liberdade" do mundo, Kissinger viria a se tornar secretário de Estado norte-americano, desempenhando um papel importante na política exterior estadunidense no final da década de 1960 e meados dos anos 1970. Ele foi o responsável, por exemplo, pela Operação Condor, que deu sustentação a diversas ditaduras militares na América do Sul. Ironicamente, recebeu o Prêmio Nobel da Paz em 1973.

Nesse meio-tempo, a Alemanha renascia como país. Em 1949, os Aliados ocidentais criavam a República Federal Alemã, enquanto Stálin criava a República Democrática Alemã. O "bloco" capitalista estava alinhado dentro da Organização do Tratado do Atlântico Norte, a OTAN, enquanto os países comunistas aderiram ao Pacto de Varsóvia. Em 1952, a chamada Alemanha Ocidental e Israel assinaram o Tratado de Luxemburgo, no qual os alemães se comprometiam a pagar 3 bilhões de marcos ao recém-criado Estado israelense e 450 milhões de marcos a organizações judaicas. Cerca de 35 bilhões seriam postos em reserva para futuras indenizações.[574] Somente dez anos após a rendição incondicional, em 1955, a Alemanha Ocidental se tornou um "Estado independente e soberano". Cinco anos depois, começou a pagar indenizações aos países que havia ocupado durante a Segunda Guerra. A economia alemã (ocidental) voltara a se desenvolveu e ocupar lugar de destaque. Entre 1950-73, durante o chamado "Milagre Econômico", o Produto Nacional Bruto do país cresceu em média 6,5% anualmente, duas vezes o norte-americano.[575] Em agosto de 1961, o maior símbolo da Guerra Fria começou a ser erguido em Berlim: um muro de concreto de 155 quilômetros de extensão, dos quais 43 quilômetros somente na região metropolitana da cidade, passando por oito linhas de trem, quatro de metrô e 193 ruas e avenidas. A construção contava com mais de trezentas torres de observação e vinte bunkers. Ao longo de 28 anos, mais de 5 mil alemães conseguiram fugir da Alemanha Oriental, passando para Berlim Ocidental, atravessando a fronteira construída pelos comunistas e chamada por eles de "muro defensivo antifascista". Pelo menos 270 morreram, ainda que dados modernos afirmem que o número de vítimas possa passar de mil. Depois que o Muro de Berlim caiu, em novembro de 1989, e a União Soviética começou a ruir, a Alemanha voltou a ser um único país. Em outubro de 1991, a Alemanha Oriental foi integrada à República Federal Alemã. Depois de quase cinco décadas no país, as tropas de ocupação Aliadas começavam a se retirar.

Para muitos historiadores modernos, a derrocada do regime soviético no começo dos anos 1990 marcou não apenas o fim da Guerra Fria, como também o término da Segunda Guerra. Ou, indo mais longe, o encerramento de um ciclo de beligerância iniciado com a Grande Guerra, em 1914. Os desdobramentos do conflito de 1939-45 marcaram o fim dos grandes impérios de ocupações territoriais, criando espaços para revelar novas potências em disputa por esferas de influência econômica. "A paz", escreveu ainda no século XIX o general prussiano Carl von Clausewitz, "é apenas uma continuação da guerra por outros meios". Na Europa Ocidental, no entanto, os Estados destruídos por duas grandes guerras lentamente se libertaram da ideia de "império" e se concentram na busca de equilíbrio, abrindo caminho para criação da moderna União Europeia.[576]

PARTE 3

APÊNDICE

LINHA DO
TEMPO

Mai — jul 1899 | Conferência de Paz de Haia, proposta pelo tsar Nicolau II.

1899 — 1902 | Guerra dos Bôeres, na África do Sul.

1904 — 1905 | Guerra Russo-Japonesa.

Abr — nov 1911 | Crise de Agadir: Alemanha e França quase entram em guerra.

Out 1912 — mai 1913 | Primeira Guerra dos Bálcãs.

Jun — jul 1913 | Segunda Guerra dos Bálcãs.

GRANDE GUERRA (1914-8)

28 jun 1914 | Atentado contra o arquiduque Francisco Ferdinando.

28 jul 1914 | A Áustria-Hungria declara guerra à Sérvia (dois dias depois, a Rússia começa a mobilização geral).

1 — 3 ago 1914 | A Alemanha declara guerra à Rússia e à França.

4 ago 1914 | A Inglaterra declara guerra à Alemanha.

6 — 9 set 1914 | Primeira batalha do Marne: o avanço alemão é detido próximo de Paris.

1 nov 1914 | O Império Otomano se alia à Alemanha e à Áustria-Hungria.

19 jan 1915 | Primeiro bombardeio aéreo da guerra: a Alemanha ataca a Inglaterra com os dirigíveis zepelins.

Mar — dez 1915 | Os britânicos são detidos em Galípoli, na Turquia.

22 abr 1915 | Pela primeira vez na história, os alemães usam gases tóxicos em batalha, em Ypres, na Bélgica.

24 abr 1915 | Tem início o genocídio armênio, orquestrado pelo Império Otomano.

Fev — dez 1916 | Batalha de Verdun: 500 mil mortos.

15 set 1916 | Pela primeira vez na história, os britânicos usam o tanque em batalha, no Somme e em Arras, na França.

Jul — nov 1916 | Batalha do Somme, a mais letal do conflito: 1,2 milhão de mortos.

15 mar 1917 | A Revolução de Fevereiro derruba o tsar Nicolau II.

6 abr 1917 | Os EUA declaram guerra à Alemanha.

Jul — dez 1917 | Batalha de Passchendaele: aproximadamente 500 mil mortos.

2 nov 1917 | Os britânicos prometem aos judeus um "lar nacional" na Palestina.

25 out 1917 | Revolução de Outubro: os bolcheviques, comandados por Lênin, tomam o poder na Rússia. (7 nov 1917 no calendário ocidental).

26 out 1917 | O Brasil declara guerra à Alemanha.

15 dez 1917 | Armistício de Brest-Litovski: a Rússia acorda a paz com as Potências Centrais.

3 mar 1918 | Com o tratado de Brest-Litovski, a Rússia se retira da Grande Guerra.

8 jan 1918 | Declaração dos Quatorze Pontos, de Woodrow Wilson: os povos teriam direito à autodeterminação.

15 jul 1918 | Contraofensiva aliada a 85 quilômetros de Paris afasta a última tentativa alemã de vencer a guerra.

30 out 1918 | O Império Otomano assina um armistício.

3 nov 1918 | A Áustria-Hungria assina um armistício.

9 nov 1918 | Guilherme II abdica ao trono alemão.

11 nov 1918 | A Alemanha assina um armistício em Compiègne.

PERÍODO ENTREGUERRAS (1919-39)

28 jun 1919 | A Alemanha assina o Tratado de Versalhes.

11 ago 1919 | Promulgação da Constituição alemã, que estabelece a República de Weimar.

10 jan 1920 | O Tratado de Versalhes entra em vigor.

24 fev 1920 | Primeiro comício do Partido Nazista, criado quatro dias antes.

29 jul 1921 | Hitler se torna líder do Partido Nazista.

28 out 1922 | Marcha sobre Roma: Mussolini lidera uma grande manifestação fascista e obriga o rei italiano a nomeá-lo primeiro-ministro.

8 — 9 nov 1923 | Fracassa o Putsch da Cervejaria, golpe de Estado tentado pelos nazistas em Munique.

Nov 1923 — dez 1924 | Prisão de Hitler em Landsberg.

18 jul (8 dez) 1925 | Publicação do primeiro volume de *Mein Kampf*, de Hitler.

24 out 1929 | Quebra da Bolsa de Valores de Nova York, Grande Depressão.

19 set 1931 | O Japão invade a Manchúria, no norte da China.

13 mar 1932 | Eleição presidencial na Alemanha: Hitler recebe 13,7 milhões de votos.

30 jan 1933 | Hitler é nomeado chanceler da Alemanha.

27 fev 1933 | Incêndio do Reichstag: no dia seguinte, Hitler ganha poderes especiais.

12 ago 1934 | Morre o presidente Hindenburg. Hitler se autodeclara Führer da Alemanha.

15 set 1935 | Leis de Nuremberg: uma série de leis antissemitas promulgadas na Alemanha.

3 out 1935 | A Itália invade a Abissínia (Etiópia).

Jul 1936 — abr 1939 | Guerra Civil Espanhola.

11 dez 1936 | Com a abdicação do irmão, Jorge VI se torna rei da Inglaterra.

7 jul 1937 | O Japão invade a China.

12 mar 1938 | A Alemanha anexa a Áustria.

29 set 1938 | Acordo de Munique. A Alemanha anexa os Sudetos, região da Tchecoslováquia.

9 — 10 nov 1938 | Noite dos Cristais

15 mar 1939 | A Alemanha ocupa o território restante da Tchecoslováquia.

7 abr 1939 | A Itália invade a Albânia.

23 ago 1939 | Stálin e Hitler selam o secreto Pacto Nazi–Soviético: os ditadores acordam a divisão da Polônia e as áreas de influência na Europa.

SEGUNDA GUERRA (1939-45)

1 set 1939 | A Alemanha invade a Polônia: início da Segunda Guerra Mundial.

17 set 1939 | Os soviéticos invadem o lado oriental da Polônia, como acordado com os nazistas.

10 mai 1940 | A Alemanha invade a França.

22 jun 1940 | A Alemanha derrota a França, que assina a rendição em Compiègne.

Set 1940 — mai 1941 | A Blitz: Alemanha bombardeia intensivamente a Inglaterra.

31 jul 1941 | Göring ordena a Heydrich a preparação da Solução Final.

22 jun 1941 | A Alemanha invade a URSS.

7 dez 1941 | O Japão ataca Pearl Harbor, base americana no Havaí.

20 jan 1942 | Conferência de Wannsee: os nazistas organizam o Holocausto.

22 ago 1942 | O Brasil declara guerra à Alemanha.

Jul 1942 — fev 1943 | Alemães e soviéticos travam a grande batalha da guerra, em Stalingrado: aproximadamente 2 milhões de mortos.

17 dez 1942 | Os Aliados emitem uma declaração pública sobre as atrocidades nazistas contra os judeus.

9 ago 1943 | É criada a FEB – Força Expedicionária Brasileira.

6 jun 1944 | Os Aliados desembarcam na Normandia.

20 jul 1944 | Atentado contra Hitler, na Toca do Lobo.

27 jan 1945 | O campo de extermínio de Auschwitz é libertado por tropas soviéticas.

21 fev 1945 | Depois de três meses de luta, a FEB toma Monte Castello, a maior vitória brasileira na guerra.

12 abr 1945 | Morre o presidente Roosevelt.

Abr — jun 1945 | Conferência das Nações Unidas (ONU), nos EUA.

30 abr 1945 | Hitler comete suicídio em Berlim.

7 — 8 maio 1945 | A Alemanha assina a rendição incondicional: fim da Segunda Guerra na Europa.

6 jul 1945 | A FEB é desmobilizada.

6 ago 1945 | Estados Unidos lançam uma bomba atômica sobre Hiroshima, no Japão.

2 set 1945 | O Japão assina a rendição incondicional: fim da Segunda Guerra Mundial.

GUERRA FRIA E CONTEMPORANEIDADE

19 out 1945 | O escritor britânico George Orwell escreve pela primeira vez sobre a "guerra fria".

Nov 1945 — out 1946 | Julgamento dos principais líderes nazistas, em Nuremberg.

5 mar 1946 | Em discurso nos EUA, Churchill afirma que "uma cortina de ferro desceu sobre o continente" europeu.

16 out 1946 | Dez dos principais líderes nazistas são executados.

5 mar 1953 | Morte de Stálin.

5 mai 1955 | A Alemanha (Ocidental) volta a ser um Estado independente e soberano.

25 fev 1956 | Nikita Kruschev denuncia atrocidades de Stálin no Vigésimo Congresso do Partido Comunista.

13 ago 1961 | Início da construção do Muro de Berlim.

1964 — 1975 | Guerra do Vietnã.

24 jan 1965 | Morre Churchill, primeiro-ministro britânico durante a Segunda Guerra.

20 jul 1969 | Os norte-americanos chegam à Lua com o Projeto Apollo.

7 jan 1989 | Morreu Hiroíto, imperador japonês durante a Segunda Guerra.

9 nov 1989 | Queda do Muro de Berlim.

3 out 1990 | Alemanha Oriental e Ocidental voltam a formar um único país.

26 dez 1991 | A União Soviética é dissolvida.

3 out 2010 | Alemanha paga a última parcela do Tratado de Versalhes.

PERSONAGENS
HISTÓRICOS

A lista inclui apenas os principais líderes políticos e militares ou personagens históricos mencionados em mais de um capítulo ao longo do livro.

Aranha, Oswaldo (1894-1960). Político brasileiro, foi ministro da Justiça (1930-1) e da Fazenda (1931-4), embaixador nos EUA (1934-7), ministro das Relações Exteriores (1938-44) e chefe da delegação brasileira na ONU, em 1947.

Attlee, Clement (1883-1967). Político do Partido Trabalhista inglês, primeiro-ministro britânico entre 1945-51.

Beneš, Eduard (1884-1948). Primeiro-ministro e depois presidente tchecoslovaco no exílio (1939-45) e pós-guerra (1945-8). Esteve envolvido na Crise dos Sudetos (1939).

Beria, Lavrenti (1899-1953). Militar soviético, líder da NKVD (1938-45). Foi preso e executado após a morte de Stálin.

Bormann, Martin (1900-45). Importante líder nazista, chefe da Chancelaria do Reich (1941-5) e secretário particular de Hitler (1943-5).

PERSONAGENS HISTÓRICOS **449**

Chiang Kai-shek (1887-1975). Militar e político chinês, presidente da China de forma descontinuada, entre 1928-49. Depois da Segunda Guerra, derrotado pelos comunistas, criou a China Nacionalista, em Taiwan.

Chamberlain, Neville (1869-1940). Primeiro-ministro britânico (1937-40), adepto da política de apaziguamento. Assinou o Acordo de Munique, em 1938.

Churchill, Winston (1874-1965). Político conservador inglês, primeiro-ministro britânico entre 1940-5 e depois de 1951-5. É considerado o grande líder Aliado na luta contra o nazismo.

Clemenceau, Georges (1841-1929). Jornalista e médico francês, primeiro-ministro da França (1917-20). Foi o líder da delegação francesa na Conferência de Paris (1919).

Eisenhower, Dwight (1890-1969). Militar norte-americano, general, comandante Supremo das Forças Aliadas na Europa (1943-5). Foi presidente dos Estados Unidos entre 1953-61.

Foch, Ferdinand (1851-1929). Militar, marechal francês, comandante Supremo Aliado na Grande Guerra (1918-20).

Francisco Ferdinando (1889-1914). Arquiduque austríaco, herdeiro presuntivo do Império Austro-húngaro. Foi assassinado em Sarajevo, o que desencadeou a Grande Guerra.

Franco, Francisco (1892-1975). Militar e líder fascista, liderou um golpe contra a República da Espanha, o que deu início à Guerra Civil (1936-9). Foi chefe do Estado espanhol entre 1938-75.

Francisco José I (1830-1916). Imperador austro-húngaro entre 1848-1916.

Gaulle, Charles de (1890-1970). General e político francês; liderou as Forças Francesas Livres (1940-5) a partir do exílio, em Londres. Foi presidente da França entre 1959-69.

Georg, Lloyd (1863-1945). Político inglês, primeiro-ministro britânico durante parte da Grande Guerra, entre 1916-22.

Goebbels, Joseph (1897-1945). Doutor em Filosofia, ministro da Propaganda do Reich entre 1933-45 e chanceler do Reich após a morte de Hitler (1945).

Göring, Hermann (1893-1946). Piloto da aviação e político alemão, o "Marechal do Reich", comandante em chefe da Luftwaffe (1933-45). Foi presidente do Reichstag (1932-45).

Guilherme II (1859-1941). Rei da Prússia e terceiro imperador alemão (1888-1918). Abdicou no final da Grande Guerra, quando a Alemanha se tornou uma república.

Heydrich, Reinhard (1904-42). Militar alemão, chefe do Escritório Central de Segurança do Reich (RSHA) entre 1939-42. Foi o arquiteto da Solução Final.

Himmler, Heinrich (1900-45). Militar alemão, líder da SS (1929-45) e chefe do Escritório Central de Segurança do Reich (1942-5).

Hindenburg, Paul von (1847-1934). Militar, general, chefe do Estado-Maior do Exército alemão durante a Grande Guerra (1916-9) e presidente da Alemanha (1925-34). Indicou Hitler para chanceler, em 1933.

Hiroíto, imperador (1901-89). 124º imperador do Japão, entre 1926-89.

Hitler, Adolf (1889-1945). Líder do Partido Nazista (1921-45), chanceler, depois Führer da Alemanha entre 1933-45.

Hess, Rudolf (1894-1987). Político alemão, secretário particular de Hitler e vice-Führer, preso na Inglaterra entre 1941-6 e depois na Alemanha, até 1987.

Jorge V (1865-1936). Rei do Reino Unido durante a Grande Guerra e o período entreguerras, entre 1910-36.

Júkov, Gueorgui (1896-1974). Militar, marechal soviético e comandante e o mais destacado oficial do Exército Vermelho durante a Grande Guerra.

Kruschev, Nikita (1894-1971). Secretário-Geral do Partido Comunista da União Soviética entre 1953-64. Revelou as atrocidades de Stálin em 1956.

Lênin (1870-1924). Líder político marxista e revolucionário bolchevique, chefe da Rússia Soviética (1917-22), fundador e líder da União Soviética (1922-4).

Moraes, Mascarenhas de (1883-1968). Militar brasileiro, general, comandante da FEB durante a Campanha da Itália, entre 1944-5.

Mao Tsé-tung (1893-1976). Político, líder da Revolução Chinesa e fundador da República Popular da China, que ele governou entre 1949-76.

Moltke, Helmuth von (1848-1916). Militar prussiano, chefe de Estado-Maior General da Alemanha entre 1906-14.

Mólotov, Viecheslav (1890-1986). Diplomata russo, ministro das Relações Exteriores da União Soviética, entre 1939-49.

Mussolini, Benito (1883-1945). Líder fascista italiano, *Il Duce*; primeiro-ministro da Itália entre 1922-43.

Nicolau II (1868-1918). Imperador da Rússia (1894-1917). Foi assassinado a mando de Lênin.

Princip, Gavrilo (1894-1918). Estudante sérvio-bósnio, membro da organização Mão Negra, autor dos disparos que mataram o arquiduque Francisco Ferdinando, em 1914, ocasionando a Grande Guerra.

Pu Yi (1906-67). Último imperador chinês, deposto em 1912. Serviu como monarca fantoche japonês em Manchukuo, entre 1934-45.

Ribbentrop, Joachim von (1893-1946). Diplomata alemão, ministro das Relações Exteriores da Alemanha entre 1938-45. Assinou o Pacto Mólotov-Ribbentrop, acordo de cooperação entre Stálin e Hitler, em 1939.

Roosevelt, Franklin Delano (1882-1945). Político americano, 32º presidente dos Estados Unidos, entre 1933-45, reeleito em quatro oportunidades.

Roosevelt, Theodore (1858-1919). Político americano, 26º Presidente dos Estados Unidos entre 1901-9. Defendia ideia eugênicas.

Stálin, Josef (1878-1953). Político soviético, o *vozhd*, secretário-geral do Partido Comunista e do Comitê Central da União Soviética, entre 1922-53.

Hideki Tojo (1884-1948). Primeiro-ministro japonês (1941-4) e ministro da Guerra (1940-4) durante o ataque a Pearl Harbor.

Trótski, Leon (1879-1940). Político russo, marxista e revolucionário bolchevique, organizador do Exército Vermelho (1918). Foi assassinado no México a mando de Stálin.

Truman, Harry (1884-1972). Político americano, 33º presidente dos Estados Unidos, entre 1945-53. Deu a ordem para o bombardeio atômico sobre o Japão.

Vargas, Getúlio (1882-1954). Político brasileiro; governou o Brasil entre 1930-45; primeiro como chefe do Governo Provisório (1930-34), depois como constitucional (1934-7), e, finalmente, como ditador no Estado Novo (1937-45). Foi eleito presidente da República em 1950, governando o país até cometer suicídio, em 1954.

Wilson, Woodrow (1856-1924). Político americano, 28º Presidente dos Estados Unidos (1913-21). Promoveu a criação da Liga das Nações e tentou criar uma política internacional pautada na autodeterminação dos povos.

GLOSSÁRIO

Para o melhor entendimento do leitor, listamos aqui algumas das organizações, termos ou expressões mais frequentes associadas à Grande Guerra e à Segunda Grande Guerra e que foram mencionados neste livro.

Abwehr. O serviço de inteligência e espionagem militar da Alemanha entre 1920-45. Seu chefe mais conhecido foi o almirante Wilhelm Canaris (1935-44), também membro da Resistência alemã.

Aliados. Embora seja um termo usado para designar também a Tríplice Entente (Grã-Bretanha, França e Rússia) durante a Grande Guerra de 1914-8, é mais comumente associado à aliança entre as grandes potências ocidentais, Grã-Bretanha, França e Estados Unidos, mais a União Soviética, e demais países alinhados (Polônia, China, Brasil e Commonwealth, entre outros, incluindo países ocupados, com governos no exílio) reunidos no combate ao Eixo entre 1939-45.

BBC. Sigla em inglês para *British Broadcasting Corporation*, "Corporação Britânica de Radiodifusão". Criada em 1922, foi a mais importante emissora de rádio europeia durante a Segunda Guerra.

Einsatzgruppen. Os conhecidos "Esquadrões da Morte". Grupos de Operações Especiais da SS formados por unidades móveis, eram responsáveis pelas execuções na Frente Oriental.

Eixo. Aliança diplomática entre Alemanha, Itália e Japão, assinantes do Pacto Tripartite, de 1940-5.

Exército Guangdong. Denominação do grupo de exércitos do Exército Imperial japonês que atuou na China, Manchúria e Coreia entre 1906-45.

Exército Vermelho. O "Exército Vermelho de Trabalhadores e Camponeses", criado por Trótski após a Revolução de 1917. Era o termo comum para o Exército da URSS entre 1922-46. Depois da Segunda Guerra, passou a ser chamado de Exército Soviético.

FEB. A Força Expedicionária Brasileira, criada em 9 de agosto de 1943, e enviada à Itália em 1944. Era composta por 25.334 soldados chamados de "pracinhas". Foi desmobilizada em 6 de julho de 1945.

França de Vichy. Nome do Estado francês liderado por Philippe Pétain (1940-4), a partir da cidade de Vichy, na região sul da França, após a rendição do país diante dos nazistas. Atuou em colaboração com a Alemanha de Hitler.

Frente Oriental. Ou "Front". O teatro de operações no Leste Europeu. Durante a Segunda Guerra, o confronto entre nazistas e soviéticos.

Frente Ocidental. O teatro de operações no oeste europeu, mais comumente associado à guerra em território francês.

Gestapo. Acrônimo alemão para *Geheime Staatspolizei*, a polícia secreta do Estado, criada em 1933. Foi uma das mais temidas instituições da Alemanha Nazista (1933-45).

Gulag. Acrônimo russo para *Glávnoje upravlénije lageréj*, "Escritório ou Administração Geral dos Campos de Trabalho Correcional e Coloniais". Funcionou entre 1923-61, com mais de 18 milhões de prisioneiros divididos entre 53 campos e outras 423 colônias de trabalho forçado.

Kriegsmarine. A "Marinha de guerra", força naval alemã durante o período nazista, entre 1935-45. Durante a Segunda Guerra, aproximadamente 1,5 milhão de homens serviram na Kriegsmarine.

Leis de Nuremberg. Série de medidas antissemitas, promulgadas em 15 de setembro de 1935 na cidade de Nuremberg; retiravam direitos da população judaica na Alemanha, proibindo, entre outras coisas, o relacionamento entre alemães e judeus.

Liga das Nações. Ou Sociedade das Nações (1919-46). Organização internacional criada em 1919 com sede em Genebra, na Suíça, cujo papel seria o de assegurar a paz. Foi substituída pela ONU.

Luftwaffe. Força Aérea alemã entre 1935-46. Embora estivesse funcionando em segredo desde 1933, só foi oficialmente criada em 1935. Durante a Segunda Guerra, aproximadamente 3,4 milhões de homens serviram na Luftwaffe.

NKVD. Sigla em russo para *Narodniy komissariat vnutrennikh diel*, "Comissariado do Povo para Assuntos Internos", a polícia secreta soviética entre 1934-46. Era a responsável, entre outras coisas, pelo Gulag.

NSDAP. Sigla alemã para *Nationalsozialistische Deutsche Arbeiterpartei*, "Partido Nacional Socialista dos Trabalhadores Alemães", o Partido Nazista, criado em 1920 e dissolvido em 1945; nazismo; nacional--socialismo. No final da Segunda Guerra tinha mais de 8,5 milhões de membros.

ONU. Acrônimo para Organização das Nações Unidas, instituição intergovernamental criada em 1945 com objetivo de manter a paz mundial.

OSS. Sigla em inglês para *Office of Strategic Services*, "Escritório de Serviços Estratégicos", o serviço de inteligência dos EUA entre 1942-5; embrião da CIA.

Politburo. Nome dado ao mais alto órgão executivo do Partido Comunista, normalmente associado ao PC da União Soviética.

RAF. Acrônimo em inglês para *Royal Air Force*, "Força Aérea Real", a Força Área britânica. Criada quase no final da Grande Guerra, em 1918, incorporou o *Royal Flying Corps* e *Royal Naval Air Service*, sendo hoje a força aérea mais antiga do mundo em atividade.

República de Weimar. A República Alemã, existente entre o fim da Grande Guerra e a ascensão de Hitler (1919-33). O nome está associado à cidade de Weimar, onde a Constituição foi promulgada.

RSHA. Sigla em alemão para *Reichssicherheitshauptamt*, "Gabinete Central de Segurança do Reich", controlava os principais serviços de inteligência e segurança nazistas, como a Gestapo e outras organizações da SS (1939-45).

SA. Sigla em alemão para *Sturmabteilung*, "Tropa de Assalto" ou "Destacamento Tempestade", os chamados Camisas Pardas, organização paramilitar do NSDAP, criada em 1921 e dissolvida em 1945.

SD. Sigla em alemão para *Sicherheitsdienst*, "Serviço de Informações", o departamento de segurança e espionagem da SS.

SIS. Sigla em inglês para *Secret Intelligence Service*, também chamado de MI6, de *Military Intelligence*, Seção 6; o Serviço Secreto Britânico.

SMERSH. Acrônimo russo para *Smert Shpionam*, "Morte aos espiões", nome do serviço de contraespionagem soviético entre 1942-6.

SOE. Sigla em inglês para *Special Operations Executive*, "Agência de Operações Especiais", conhecida como "Exército Secreto de Churchill", que atuou em ações de sabotagem na Europa ocupada, entre 1940-6.

Solução Final. Termo usado por Göring em carta a Heydrich, datada de 31 de julho de 1941, em que o primeiro determinava a preparação de uma "solução completa para a Questão Judaica", um eufemismo para o extermínio de judeus na Europa ocupada pelos nazistas.

SS. Sigla em alemão para *Schutzstaffel*, Tropas ou "Esquadrão de Proteção", conhecidas por Camisas Negras, reunia serviços de espionagem, polícia secreta e forças armadas, primeiro no NSDAP, depois na Alemanha Nazista, entre 1925-45. No fim da Segunda Guerra, contava com aproximadamente 1 milhão de homens, de vários países e divisões.

Suástica. Em alemão, *Hakenkreuz*. Antigo símbolo solar, usado em diversas partes do mundo desde a Antiguidade. Era usado pelos movimentos nacionalistas alemães pré-Grande Guerra e foi adotado pelos nazistas em 1920. Em 1935, a bandeira com a suástica passou a ser o símbolo nacional.

Terceiro Reich. Nome dado ao período em que Hitler esteve no poder, também chamado de Alemanha Nazista ou *NS-Staat*, "Estado Nacional-Socialista", entre 1933-45. Oficialmente era chamado de *Großdeutsche Reich*, "Grande Império Alemão", uma alusão à sequência dos impérios alemães anteriores, o Sacro Império Romano-Germânico (800-1806) e o Império Alemão (1871-1918).

Tratado de Versalhes. Acordo assinado em 28 de junho de 1919 entre as potências europeias durante a Conferência de Paris, como resolução de paz após a Grande Guerra de 1914-8.

URSS. Sigla em português para União das Repúblicas Socialistas Soviéticas, ou simplesmente União Soviética (1922-91). Em russo, SSSR, ou *Soyuz Sovetskikh Sotsialisticheskikh Respublik*.

Waffen-SS. As Forças Armadas da SS (1940-5). Contou com 38 divisões e aproximadamente 1,7 milhão de homens, entre alemães natos e étnicos, lituanos, holandeses, cossacos, romenos e franceses, entre outros.

Wehrmacht. Forças Armadas da Alemanha Nazista, entre 1935-45; englobava o Exército, a Kriegsmarine e a Luftwaffe. Substituiu a *Reichswehr* (1919-35).

BIBLIOGRAFIA DE REFERÊNCIA

A lista abaixo é bastante seletiva, limita-se a obras que considerei essenciais para a escrita do livro e que servem de guia aos leitores interessados em aprofundar os temas nele tratados. Para atender a um público brasileiro, dei preferência, quando possível, a obras em português.

ADAMS FILHO, Nelson. *A II Guerra entre nós, Sul do Brasil*. Porto Alegre: Edigal, 2019.

ABREU, Alzira Alves de (Org.). *Dicionário histórico-biográfico da Primeira República 1889-1930*. Rio de Janeiro: FGV/CPDOC, 2015.

ABBOTT, Deborah e FARMER, Ellen. *Adeus, maridos*. São Paulo: Summus, 1998.

ALEOTTI, Luciano (Org.). *Hitler*. São Paulo: Melhoramentos, 1975.

ALLEN, Martin. *A missão secreta de Rudolf Hess*. Rio de Janeiro: Record, 2007.

ALLILUYEVA, Svetlana. *Vinte cartas a um amigo*. São Paulo: Nova Fronteira, 1967.

AMBROSE, Stephen E. *O Dia D, 6 de junho de 1944*. 9. ed. Rio de Janeiro: Bertrand Brasil,, 2009.

[ANÔNIMA]. *Uma mulher em Berlim*. Rio de Janeiro: Record, 2008.

ARMSTRONG, Karen. *Campos de sangue: religião e a história da violência*. São Paulo: Companhia das Letras, 2016.

ARTHUR, Max. *Vozes esquecidas da Primeira Guerra Mundial*. Rio de Janeiro: Bertrand Brasil, 2011.

ATWOOD, Kathryn J. *Women heroes of World War I: 16 remarkable resisters, soldiers, spies, and medics*. Chicago: Chicago Review Press, 2017.

BADARÓ, Tarcísio. *Era um garoto: o soldado brasileiro de Hitler*. São Paulo: Vestígio, 2016.

BALDWIN, Hanson W. *Batalhas ganhas e perdidas*. Rio de Janeiro: Biblioteca do Exército, 1978.

BANDEIRA, Luiz Alberto Moniz. *Lenin: vida e obra*. Rio de Janeiro: Civilização Brasileira, 2017.

BARBUJANI, Guido. *A invenção das raças*. São Paulo: Contexto, 2007.

BARONE, João. *1942: O Brasil e sua guerra quase desconhecida*. 2. ed. Rio de Janeiro: HarperCollins Brasil, 2018.

BASCOMB, Neal. *A fortaleza de inverno*. Rio de Janeiro: Objetiva, 2017.

BEEVOR, Antony. *O mistério de Olga Tchekova*. Rio de Janeiro: Record, 2005.

____. *Berlim 1945: A Queda*. 8. ed. Rio de Janeiro: Record, 2009.

____. *Stalingrado: O cerco fatal*. 10. ed. Rio de Janeiro: Record, 2009.

____. *A Segunda Guerra Mundial*. Rio de Janeiro: Record, 2015.

BERNSTEIN, Peter L. *O poder do ouro*. Rio de Janeiro: Campus, 2001.

BEZYMENSKI, Lev. *The Death of Adolf Hitler: Unknown Documents from Soviet Archives*. Nova York: Harcourt, Brace & World, 1968.

____. *A morte de Adolf Hitler: Documentos dos arquivos secretos soviéticos*. Rio de Janeiro: Bloch Editores, 1969.

BLAJBERG, Israel. *Soldados que vieram de longe*. Resende: AHIMTB, 2008.

BREGER, Louis. *Freud: o lado oculto do visionário*. Barueri: Manole, 2002.

BRISARD, Jean-Christophe; PARSHINA, Lana. *A morte de Hitler: Os arquivos secretos da KGB*. São Paulo: Companhia das Letras, 2018.

BRUM, Cristiano Enrique de. *Médicos brasileiros na Grande Guerra*. Rio de Janeiro: Biblioteca do Exército, 2021.

BRUYÈRE-OSTELLS, Walter. *História dos mercenários*. São Paulo: Contexto, 2012.

BRUPPACHER, Paul. *Adolf Hitler und die Geschichte der NSDAP*. Norderstedt: Books on Demand, 2014. 2 v.

BODANIS, David. *Einstein: biografia de um gênio imperfeito*. Rio de Janeiro: Zahar, 2017.

BOS, Pascale. Reconsidering Anne Frank: "Teaching the Diary in Its Historical and Cultural Context". In: BLOOM, Harold (Org.). *The Diary of Anne Frank*. Nova York: Bloom's Literary Criticism, 2010.

BOURNE, Stephen. *Fighting proud: the untold story of the gay men who served in two World Wars*. Londres: I.B. Tauris, 2017.

BURBANK, Jane; COOPER, Frederick. *Impérios: uma nova visão da história universal*. São Paulo: Planeta, 2019.

BURUMA, Ian. *Ano Zero, uma história de 1945*. São Paulo: Companhia das Letras, 2015.

CAAMAÑO, J. Eduardo. *Manfred von Richthofen, o Barão Vermelho*. A Coruña: Denied Books, 2014.

CAMPBELL, Mark; HARSCH, Viktor. *Hubertus Strughold - Life and Work in the Fields of Space Medicine*. Neubrandenburg: Rethra Verlag, 2013.

CARNEIRO, Glauco. *História das revoluções brasileiras*. 2. ed. Rio de Janeiro: Record, 1989.

CARROL, Andrew. *Cartas do front*. Rio de Janeiro: Zahar, 2007.

CARTER, Miranda. *Os três imperadores*. Rio de Janeiro: Objetiva, 2013.

CHANG, Iris. *The Rape of Nanking: The forgotten holocaust of World War II*. Nova York: Basic Books, 1997.

CHANG, Jung. *Três irmãs: as mulheres que definiram a China moderna*. São Paulo: Companhia das Letras, 2021.

CHESNOFF, Richard Z. *Bando de ladrões*. São Paulo: Manole, 2001.

CHURCHILL, Winston. *Memórias da Segunda Guerra Mundial*. 4. ed. Rio de Janeiro: Nova Fronteira, 2015. 2 v.

CLARK, Christopher. *Os sonâmbulos: como eclodiu a Primeira Guerra Mundial*. São Paulo: Companhia das Letras, 2014.

CLODFELTER, Micheal. *Warfare and armed conflicts: statistical encyclopedia of casualty and other figures, 1492-2015*. 4. ed. Jefferson: McFarland & Company, 2017.

CRAIG, John S. *Peculiar liaisons: in war, espionage, and terrorism in the twentieth century*. Nova York: Algora, 2005.

COLLIER, Richard. *Duce!: ascensão e queda de Benito Mussolini*. São Paulo: Círculo do Livro, [197-?].

COMPAGNON, Olivier. *O adeus à Europa: a América Latina e a Grande Guerra*. Rio de Janeiro: Rocco, 2014.

CONTE, Arthur. *Yalta ou a partilha do mundo*. Rio de Janeiro: Bibliex, 1986.

CORNWELL, John. *Os cientistas de Hitler*. Rio de Janeiro: Imago, 2003.

CORTOIS, Stéphane et al. *O livro negro do comunismo*. Rio de Janeiro: Bertrand Brasil/Biblioteca do Exército, 2000.

CORVISIER, André. *A guerra*. Rio de Janeiro: Biblioteca do Exército, 1999.

COSTA, Sergio Corrêa. *Crônicas de uma guerra secreta*. Rio de Janeiro: Record, 2004.

DARÓZ, Carlos. *O Brasil na Primeira Guerra Mundial*. São Paulo: Contexto, 2016.

DE SYON, Guillaume. *Zeppelin!: Germany and the airship, 1900-1939*. Baltimore: John Hopkins University Press, 2002.

DEUTSCHER, Isaac. *The prophet armed: Trotsky, 1879-1921*. Nova York: Verso, 2003.

DOBBS, Michael. *Seis meses em 1945*. São Paulo: Companhia das Letras, 2015.

DONATO, Hernâni. *Dicionários das batalhas brasileiras*. Rio de Janeiro: Bibliex, 2001.

DOMBROWSKI, Nicole Ann. *Women and War in the Twentieth Century*. Nova York/Londres: Garland, 1999.

DOYLE, Arthur Conan. *História do espiritismo*. São Paulo: Pensamento, 2004.

ELÍDIO, Tiago. *A perseguição nazista aos homossexuais*. Campinas: [S.l.], 2010.

ENGLUND, Peter. *A beleza e a dor*. São Paulo: Companhia das Letras, 2014.

FAUSTO, Boris. *História do Brasil*. 12. ed. São Paulo: EdUSP, 2007.

FEILDING, Rowland. *War letters to a wife*. Uckfield: Naval & Military Press, 2006.

FERGUSON, Niall. *Civilização*. São Paulo: Planeta, 2012.

____. *A ascensão do dinheiro*. São Paulo: Planeta, 2017.

FERRO, Marc. *A verdade sobre a tragédia dos Romanov*. Rio de Janeiro: Record, 2017.

FERNANDES, Fernando Lourenço. *A estrada para Fornovo*. São Paulo: Rio de Janeiro, 2009.

FERNANDES, Florestan (Org.). *Lenin: política*. 2. ed. São Paulo: Ática, 1978.

FEST, Joachim. *Hitler*. . 2. ed. Rio de Janeiro: Nova Fronteira, 2005. 2 v.

____. *No bunker de Hitler*. São Paulo: Objetiva, 2005.

____. *Conversas com Albert Speer*. Rio de Janeiro: Nova Fronteira, 2012.

FIGUEIREDO, Eduardo Godoy. *Roosevelt*. São Paulo: Três, 2004.

FRANK, Anne. *O diário de Anne Frank: edição integral*. 50. ed. Rio de Janeiro: Record, 2015.

FRANCK, Dan. *Paris boêmia: os aventureiros da arte moderna (1900-1930)*. Porto Alegre: L&PM, 2015.

FRATTINI, Eric. *Mossad*. São Paulo: Seoman, 2014.

FRIEDRICH, Ernst. *Krieg dem Kirege! Guerre à la guerre! War against war! Oorlog ann den Oorlog!* Berlim: Conrad, 1999.

GARAMBONE, Sidney. *A Primeira Guerra Mundial e a imprensa brasileira*. Rio de Janeiro: Mauad, 2014.

GEBHARDT, Miriam. *Als die Soldaten kamen: Die Vergewaltigung deutscher Frauen am Ende des Zweiten Weltkriegs*. Berlim: DVA, 2015.

GEHLEN, Reinhard. *O Serviço Secreto*. Rio de Janeiro: Biblioteca do Exército/Artenova, 1972.

GERWARTH, Robert. *O carrasco de Hitler*. Rio de Janeiro: Cultrix, 2013.

GILBERT, James L. *World War I and the origins of U.S. military intelligence*. Maryland: Scarecrow Press, 2012.

GILBERT, Martin. *A Segunda Guerra Mundial*. Rio de Janeiro: Casa da Palavra, 2014.

____. *Winston Churchill:* uma vida. . Rio de Janeiro: Casa da Palavra, 2016. 2 v.

____. *A Primeira Guerra Mundial*. Rio de Janeiro: Casa da Palavra, 2017.

GILLON, Steven M. *Pearl Harbor*. Nova York: Basic Books, 2011.

GINSBERG, Benjamin. *Judeus contra Hitler*. São Paulo: Cultrix, 2014.

GIRARDET, Raoul. *A sociedade militar*. Rio de Janeiro: Biblioteca do Exército, 2000.

GÖRTEMAKER, Heike B. *Eva Braun: a vida com Hitler*. São Paulo: Companhia das Letras, 2011.

GOÑI, Uki. *A verdadeira Odessa*. Rio de Janeiro: Record, 2004.

GRAY, Wood. *Panorama da História dos Estados Unidos*. Departamento Cultural da Embaixada do EUA, 1970.

GREENSPAN, Alan; WOOLDRIDGE, Adrian. *Capitalismo na América: uma história*. Rio de Janeiro: Record, 2020.

GRUNBERGER, Richard. *A história da SS*. Rio de Janeiro: Record, 1974.

GUEDES, Marco Aurelio Peri. *Estado e ordem econômica e social: A experiência constitucional da República de Weimar e a Constituição Brasileira de 1934*. Rio de Janeiro: Processo, 2019.

GUIA DE ARMAS DE GUERRA. *Caças do Eixo*. São Paulo: Nova Cultural, 1986.

___. *Bombardeiros da II Guerra*. São Paulo: Nova Cultural, 1986.

GUIMARAIS, Marcos Toyansk Silva. "O extermínio de ciganos durante o regime nazista", *Revista História e Perspectivas*, v. 28. n. 53, pp. 349-69, jan./jun. 2015.

GUN, Nerin E. *Eva Braun: a amante de Hitler*. Rio de Janeiro: Record, 1969.

HARARI, Yuval Noah. *Sapiens*. 3. ed. Porto Alegre: L&PM, 2015.

HARTENIAN, Larry. *Mussolini*. São Paulo: Nova Cultural, 1990.

HASTINGS, Max. *Inferno*. Rio de Janeiro: Intrínseca, 2012.

___. *Catástrofe: 1914: a Europa vai à guerra*. Rio de Janeiro: Intrínseca, 2014.

HAYS, Robert A. *Nação armada: a mística militar brasileira*. Rio de Janeiro: Bibliex, 1991.

HECHT, Emmanuel; SERVENT, Pierre (Orgs.). *O século de sangue: 1914-2014*. São Paulo: Contexto, 2015.

HILLEL, Marc. *Em nome da raça*. Rio de Janeiro: Otto Pierre Editores, 1980.

HOBSBAWM, Eric. *A era do capital: 1848-1875*. 4. ed. Rio de Janeiro: Paz e Terra, 1988.

___. *Era dos extremos: o breve século XX, 1914-1991*. 2. ed. São Paulo: Companhia das Letras, 1995.

___. *A era dos impérios: 1875-1914*. 17. ed. Rio de Janeiro: Paz e Terra, 2014.

HOOBLER, Dorothy; HOOBLER, Thomas. *Stálin*. São Paulo: Nova Cultural, 1990.

HUSSEY, Andrew. *A história secreta de Paris*. Barueri: Amarilys, 2011.

INCAER. *História geral da aeronáutica brasileira*. Belo Horizonte: Itatiaia, 1988.

INSTITUTO MARXISMO-LENINISMO. *Lénine*. Lisboa: Avante!, 1984.

JACOMY, Bruno. *A era do controle remoto*. Rio de Janeiro: Zahar, 2004.

JOHNSON, Dave. *One soldier and Hitler, 1918: the story of Henry Tandey*. Stroud: History Press, 2012.

JOHNSON, Paul. *Tempos modernos: o mundo dos anos 20 aos 80*. Rio de Janeiro: Biblioteca do Exército/ Instituto Liberal, 1994.

___. *História dos judeus*. Rio de Janeiro: Imago, 1995.

___. *Churchill*. Rio de Janeiro: Nova Fronteira, 2010.

JONES, Gareth Stedman. *Karl Marx: grandeza e ilusão*. São Paulo: Companhia das Letras, 2017.

JOLL, James. *The origins of the First World War*. Londres: Longman, 1984.

KAMIENSKI, Lukasz. *Shooting up: a short history of drugs and war*. Nova York: Oxford University Press, 2016.

KEEGAN, John. *Uma história da guerra*. São Paulo: Companhia das Letras/ Biblioteca do Exército, 1995.

KERSHAW, Ian. *Hitler: Um perfil do poder*. Rio de Janeiro: Jorge Zahar, 1993.

___. *Hitler: a biography*. Nova York: W.W. Norton & Company, 2008.

___. *Hitler*. São Paulo: Companhia das Letras, 2010.

___. *O fim do Terceiro Reich*. São Paulo: Companhia das Letras, 2015.

___. *De volta do inferno: Europa, 1914-1949*. São Paulo: Companhia das Letras, 2016.

KÉVORKIAN, Raymond. *The Armenian genocide*: a complete history. Londres: I.B. Tauris & Co Ltd., 2011.

KEYNES, John M. *As consequências econômicas da paz*. São Paulo: Imprensa Oficial do Estado/UnB/Instituto de Pesquisa de Relações Internacionais, 2002.

KING, Greg; WOOLMANS, Sue. *O assassinato do arquiduque*. São Paulo: Cultrix, 2014.

KITCHEN, Martin. *História da Alemanha moderna*. São Paulo: Cultrix, 2013.

KNIEBE, Tobias. *Operação Valquíria*. São Paulo: Planeta, 2009.

KNOPP, Guido. *Guerreiros de Hitler*. Rio de Janeiro: Zahar, 2009.

KOEHL, Robert Lewis. *História revelada da SS*. São Paulo. 2. ed. Planeta, 2015.

KRAMER, Alan. *Dynamic of destruction: culture and mass killing in the First World War*. Oxford: University Press, 2007.

KRAUSZ, Tamás. *Reconstruindo Lênin: uma biografia intelectual*. São Paulo: Boitempo, 2017.

KRONAWITTER, Hildegard. "Sophie Scholl – eine Ikone des Widerstands". *Einsichten und Perspektiven*, Munique: Bayerische Zeitschrift für Politik und Geschichte, 2. sem. 2014.

LACEY, James; MURRAY, Williamson. *As batalhas mais decisivas da história*. São Paulo: Cultrix, 2017.

LANDES, David S. *A riqueza e a pobreza das nações*. 3. ed. Rio de Janeiro: Campus, 1998.

LAMBERT, Angela. *A história perdida de Eva Braun*. São Paulo: Globo, 2007.

LEWIN, Moshe. *O século soviético*. Rio de Janeiro: Record, 2007.

LEWIN, Ronald. *Churchill, o lorde da guerra*. Rio de Janeiro: Biblioteca do Exército, 1978.

LE COUTEUR, Penny; BURRESON, Jay. *Os botões de Napoleão*. Rio de Janeiro: Zahar, 2006.

LEWIS, Bernard. *O Oriente Médio*. Rio de Janeiro: Zahar, 1996.

LI, Peter (Org.). *The Search for Justice: Japanese War Crimes*. Nova York: Transaction, 2009.

LIMA, Rui Moreira. *Senta a Pua!* 3. ed. Rio de Janeiro: Action, 2011.

LONGERICH, Peter. *Joseph Goebbels: uma biografia*. Rio de Janeiro: Objetiva, 2014.

LOPEZ, Jean; WIEVIORKA, Olivier. *Os mitos da Segunda Guerra Mundial*. São Paulo: Contexto, 2020.

LOWE, Norman. *História do Mundo Contemporâneo*. Porto Alegre: Penso, 2011.

LOWE, Keith. *Continente selvagem: o caos na Europa depois da Segunda Guerra Mundial*. Rio de Janeiro: Zahar, 2017.

LUKACS, John. *O Hitler da História*. Rio de Janeiro: Jorge Zahar, 1998.

____. *O duelo*. Rio de Janeiro, Jorge Zahar, 2002.

MACHTAN, Lothar. *O segredo de Hitler*. Rio de Janeiro: Objetiva, 2001.

MACMILLAN, Margaret. *A Primeira Guerra Mundial*. São Paulo: Globo Livros, 2014.

MAGALHÃES, J.B. *A evolução militar do Brasil*. Rio de Janeiro: Biblioteca do Exército, 1998.

____. *Civilização, guerra e chefes militares*. 2. ed. Rio de Janeiro: Biblioteca do Exército, 2000.

MAGNOLI, Demétrio. *Uma gota de sangue*. São Paulo: Contexto, 2009.

MANVELL, Roger. *Os Conspiradores*. Rio de Janeiro: Renes, 1974.

____. *SS e Gestapo*: a caveira sinistra. Rio de Janeiro: Renes, 1974.

MORAIS, Mascarenhas de. *A FEB pelo seu comandante*. Rio de Janeiro: Biblioteca do Exército, 1960.

MARCOU, Lilly. *A vida privada de Stálin*. Rio de Janeiro: Zahar, 2013.

MARIE, Jean-Jacques. *História da guerra civil russa: 1917-1922*. São Paulo: Contexto, 2017.

MARHOEFER, Laurie. *Sex and the Weimar Republic: German homosexual emancipation and the rise of the Nazis*. Toronto: Universty of Toronto Press, 2015.

MASSIE, Robert K. *Os Romanov: o fim da dinastia*. Rio de Janeiro: Rocco, 2017.

MASON, Antony. *O surgimento da era moderna: 1900-1914*. Rio de Janeiro: Reader's Digest, 2003.

MATTHÄUS, Jürgen; BAJOHR, Frank. *Os diários de Alfred Rosenberg*. São Paulo: Planeta, 2017.

MAZOWER, Mark. *O império de Hitler*. São Paulo: Companhia das Letras, 2013.

MCCANN, Frank D.; FERRAZ, Francisco César Alves. "Brazilian-American Joint Operations in World War II". In: MUNHOZ, Sidnei José; SILVA, Francisco Carlos Teixeira da (Orgs.). *Brazil-United States relations: XX and XXI centuries*. Maringá: Eduem, 2013.

MCGRAYNE, Sharon Bertsch. *Mulheres que ganharam o prêmio Nobel em ciências*. São Paulo: Marco Zero, 1994.

MEINERZ, Marcos Eduardo. "Operação Odessa: a fuga dos criminosos de guerra nazistas para a América Latina após a Segunda Guerra Mundial e os caçadores de nazistas", *Mediações - Revista de Ciências Sociais*, v. 19, n. 1, pp. 41-60, jan./jun. 2014.

MEREDITH, Martin. *O destino da África*. Rio de Janeiro: Zahar, 2017.

MICHALCZYK, John J. *Medicine, Ethics, and the Third Reich*. Kansas City: Sheed & Ward, 1994.

MILLER, Louise. *A fine brother: the life of captain Flora Sandes*. Londres: Alma Books, 2012.

MONTEFIORE, Simon Sebag. *Os Románov*. São Paulo: Companhia das Letras, 2016.

MONTEIRO, Marcelo. *U-93: a entrada do Brasil na Primeira Guerra Mundial*. Porto Alegre: BesouroBox, 2014.

MOORHOUSE, Roger. *Quero matar Hitler: Uma investigação completa sobre todas as conspirações para assassinar o ditador que enganou a morte*. São Paulo: Ediouro, 2009.

MORGENTHAU, Henry. *A história do embaixador Morgenthau*. São Paulo: Paz e Terra, 2010.

MOTTA, Jehowah. *Formação do oficial do exército*. Rio de Janeiro: Bibliex, 1998.

MUKHERJEE, Siddhartha. *O gene: uma história íntima*. São Paulo: Companhia das Letras, 2016.

MURPHY, Emmett. *História dos grandes bordéis do mundo*. Porto Alegre: Artes e Ofícios, 1994.

NEELEMAN, Gary; NEELEMAN, Rose. *Soldados da borracha*. Porto Alegre: EdiPUCRS, 2016.

NICOLSON, Harold. *O Tratado de Versalhes*. São Paulo: Globo Livros, 2014.

NYISZLI, Miklos. *Médico em Auschwitz*. Rio de Janeiro: Otto Pierre Editores, 1980.

OHLER, Norman. *High Hitler*. 2. ed. São Paulo: Planeta, 2017.

OLIVEIRA, Dennison de. *Os soldados brasileiros de Hitler*. Curitiba: Juruá, 2011.

PATENAUDE, Bertrand M. *Trótski: exílio e assassinato de um revolucionário*. Rio de Janeiro: Zahar, 2014.

PEMPER, Mietek. *A lista de Schindler*. São Paulo. Geração Editorial, 2013.

PEREIRA, Durval Lourenço. *Operação Brasil*. São Paulo: Contexto, 2015.

PETERSON, Michael. *Decifradores de códigos*. São Paulo: Larousse, 2009.

PICAZIO, Claudio. *Diferentes desejos*. São Paulo: Summus, 1998.

PICCININI, Pedro Salomão et al. "História da cirurgia plástica: Sir Harold Gillies, pioneiro da cirurgia plástica reconstrutiva". In: *Revista Brasileira de Cirurgia Plástica*. Porto Alegre, v. 32, n. 4, pp.608-15, 2017.

PINSKY, Jaime; PINSKY, Carla Bassanezi (Orgs.). *História da cidadania*. São Paulo: Contexto, 2008.

PERROT, Michele (Org.). *História da vida privada 4: da Revolução Francesa à Primeira Guerra*. São Paulo: Companhia das Letras, 2009.

PLESHAKOV, Constantine. *A loucura de Stalin*. Rio de Janeiro: Difel, 2008.

PONSONBY, Arthur. *Falsehood in war-time: containing an assortment of lies circulated throughout the nations during the Great War*. Londres: Bradford & Dickens, 1942.

PONER, Patricia. *O farmacêutico de Auschwitz*. Rio de Janeiro: Globo, 2018.

PRIORE, Mary del (Org.). *História das mulheres no Brasil*. São Paulo: Contexto, 2006.

PROCTOR, Robert. *Racial Hygiene: Medicine Under the Nazis*. Harvard: University Press, 2002.

PROCTOR, Tammy M. *Female intelligence: women and espionage in the First World War*. Nova York: New York University Press, 2003.

PROSE, Francine. *Anne Frank: a história do diário que comoveu o mundo*. Rio de Janeiro: Jorge Zahar, 2010.

PU YI. *O último imperador da China*. São Paulo: Marco Zero, 1988.

QUÉTEL, Claude. *As mulheres na guerra: 1939-1945*. São Paulo: Larousse, 2009.

REES, Laurence. *O Holocausto: uma nova história*. São Paulo: Vestígio, 2018.

REIS, Daniel Aarão. *A revolução que mudou o mundo*. São Paulo: Companhia das Letras, 2017.

RHODES, Richard. *Os mestres da morte*. Rio de Janeiro: Jorge Zahar, 2003.

RICHTHOFEN, Manfred von. *The Red Baron*. Yorkshire: Pen & Sword Books, 2013.

RIGG, Bryan Mark. *Os soldados judeus de Hitler*. Rio de Janeiro, Imago, 2003.

ROBERTS, Andrew. *Hitler & Churchill*. Rio de Janeiro: Jorge Zahar, 2004.

_____. *Churchill: caminhando com o destino*. São Paulo: Companhia das Letras, 2020.

ROCHA, Roberta da. *O direito à vida e a pesquisa com células-tronco*. Rio de Janeiro: Elsevier, 2008.

RÖHL, John C. G. *The kaiser and his court: Wilhelm II and the government of Germany*. Cambridge: Cambridge University Press, 1999.

RÖHL, John C. G.; SOMBART, Nicolaus (Orgs.). *Kaiser Wilhelm II: new interpretations, the Corfu papers*. Cambridge: Cambridge University Press, 2005.

ROMMEL, Erwin. *Attacks*. Provo: Athena Press, 1979.

ROTELLO, Gabriel. *Comportamento sexual e AIDS*. São Paulo: Summus, 1998.

ROUDINESCO, Elisabeth. *Sigmund Freud na sua época e em nosso tempo*. Rio de Janeiro: Zahar, 2016.

RYBACK, Timothy W. *A biblioteca esquecida de Hitler*. São Paulo: Companhia das Letras, 2009.

_____. *As primeiras vítimas de Hitler: a busca por justiça*. São Paulo: Companhia das Letras, 2017.

SANDER, Roberto. *O Brasil na mira de Hitler: a história do afundamento de 34 navios brasileiros pelos nazistas*. Rio de Janeiro: Objetiva, 2011.

SAYER, Ian; BOTTING, Douglas. *Hitler e as mulheres*. Campinas: Versus, 2005.

SCHAAKE, Erich. *Todas as mulheres de Hitler*. São Paulo: Lafonte, 2012.

SCHELP, Diogo; LIOHN, André. *Correspondente de guerra*. São Paulo: Contexto, 2016.

SCHROEDER, Christa. *Doze anos com Hitler*. São Paulo: Objetiva, 2007.

SCHWAB, Jean-Luc Schwab; BRAZDA, Rudolf. *Triângulo Rosa*. 2. ed. São Paulo: Mescla, 2012.

SEBESTYEN, Victor. *Lênin: um retrato íntimo*. Rio de Janeiro: Globo Livros, 2018.

SEGALL, Jacob. *Die deutschen Juden als im Krieg 1914/18*. Berlim: Hilo-Verlag, 1922.

SEITENFUS, Ricardo. *O Brasil vai à guerra*. 3. ed., São Paulo: Manole, 2003.

SELEÇÕES DO READER'S DIGEST. *Grande crônica da Segunda Guerra Mundial*. Porto: Seleções do Reader's Digest, 1982.

SERGE, Victor. *Memórias de um revolucionário*. São Paulo: Companhia das Letras, 1987.

SERVICE, Robert. *Troysky: uma biografia*. Rio de Janeiro: Record, 2017.

SHIPMAN, Pat. *Femme fatale: love, lies and the unknown life of Mata Hari*. Londres: Phoenix, 2008.

SILVA, Kalina Vanderlei; SILVA, Maciel Henrique. *Dicionário de conceitos históricos*. São Paulo: Contexto, 2017.

SILVA, Francisco Carlos Teixeira da et al. (Orgs.). *O Brasil e a Segunda Guerra Mundial*. Rio de Janeiro: Multifoco, 2010.

SILVEIRA, Joel. *O Brasil na 2ª Guerra Mundial*. Rio de Janeiro: Ediouro, 1976.

SIMMS, Brendan. *Europa – a luta pela supremacia: de 1453 aos nossos dias*. Lisboa: Edições 70, 2015.

SMITH, Angela K. *The second battlefield: women, modernism and the First World War*. Manchester: Manchester University Press, 2000.

SMITH, Robert B.; YADON, Laurence. *The greatest air aces stories ever told*. Guilford: Lyons Press, 2017.

SONDHAUS, Lawrence. *A Primeira Guerra Mundial*. São Paulo: Contexto, 2013.

STEVENSON, David. *1914-1918: a história da Primeira Guerra Mundial.* São Paulo: Novo Século, 2016. 4 v.

STOLTZENBERG, Dietrich. *Fritz Haber: chemist, Nobel laureate, German, jew.* Filadélfia: Chemical Heritage Foundation, 2004.

STOREY, Neil R. *Animals in the First World War.* Nova York: Bloomsbury Publishing, 2014.

SUNY, Ronald Grigor; GÖÇEK, Fatma Müge; NAIMARK, Norman. *A question of genocide: Armenians and Turks at the end of the Ottoman empire.* Oxford: Oxford University Press, 2011.

SWEETING, C.G. *O Piloto de Hitler.* São Paulo: Jardins dos Livros, 2011.

SZPILMAN, Marcelo. *Judeus.* 2. ed. Rio de Janeiro: Mauad, 2012.

TCHUIKOV, Vassily. *A conquista de Berlim.* São Paulo: Contexto, 2017.

THOMAS, Gordon. *Os judeus do Papa.* São Paulo: Geração Editorial, 2013.

THOMAS, Gordon; WITTS, Max Morgan. *A bomba de Hiroxima.* São Paulo: Círculo do Livro, 1977.

TOLSTOY, Nikolai. *A guerra secreta de Stálin.* São Paulo: Melhoramentos, 1981.

TRESPACH, Rodrigo. *Histórias não (ou mal) contadas: Segunda Guerra Mundial.* Rio de Janeiro: HarperCollins Brasil, 2017.

____. *Histórias não (ou mal) contadas: revoltas, golpes e revoluções no Brasil.* Rio de Janeiro: HarperCollins Brasil, 2017.

____. *Histórias não (ou mal) contadas: escravidão, do ano 1000 ao século XXI.* Rio de Janeiro: HarperCollins Brasil, 2018.

____. *Personagens do Terceiro Reich: A história dos principais nomes do nazismo e da Alemanha na Segunda Guerra Mundial.* São Paulo: Editora 106, 2020.

____. *A Revolução de 1930: o conflito que mudou o Brasil.* Rio de Janeiro: HarperCollins Brasil, 2021.

TUCKER, Spencer C. (Org.). *The European powers in the First World War: an encyclopedia.* Nova York: Garland, 1996.

VILLA, Marco Antonio. *A história em discursos.* São Paulo: Planeta, 2018.

VITAL, David. *A people apart: a political history of the Jews in Europe, 1789-1939.* Oxford: Oxford University Press, 2001.

VOLKOGONOV, Dmitri. *Lenin: life and legacy.* Londres: HarperCollins, 1994.

____. *Stalin: Triunfo e tragédia.* 2. ed. Rio de Janeiro: Nova Fronteira, 2017. 2 v.

WAACK, Wlliam. *As duas faces da glória*. São Paulo: Planeta, 2015.

WASSERSTEIN, Bernard. *Na iminência do extermínio*. São Paulo: Cultrix, 2014.

WERTH, Alexander. *Stalingrado 1942*. São Paulo: Contexto, 2015.

WEST, Nigel. *Historical dictionary of World War I intelligence*. Maryland: Rowman & Littlefield, 2014.

WILLIAMS, Anne; HEAD, Vivian. *Ataques terroristas: a face oculta da vulnerabilidade*. São Paulo: Larousse, 2010.

WINTERBOTHAM, F. W. *Enigma*. Rio de Janeiro: Biblioteca do Exército, 1978.

WISTRICH, Robert S. *Who's Who in Nazi Germany*. Londres: Routledge, 2002.

YOSHIDA, Takashi. *The Making of the "Rape of Nanking"*. Nova York: Oxford University Press, 2006.

ZELLER, Guillaume. *O pavilhão dos padres: Dachau 1938-1945*. São Paulo: Contexto, 2018.

ZWEIG, Stefan. *Autobiografia: o mundo de ontem*. Rio de Janeiro: Zahar, 2014.

Arquivos, instituições, fundações, organizações, jornais e periódicos consultados

Anne Frank Fonds, annefrank.ch

Armenian National Institute, armenian-genocide.org

Acervo *Folha de S. Paulo*, acervo.folha.uol.com.br

Acervo *O Globo*, acervo.oglobo.globo.com

Auschwitz-Birkenau Memorial and Museum, auschwitz.org

Bariloche Nazi, Website Oficial de Abel Basti, www.barilochenazi.com.ar

BBC Brasil, www.bbc.com/portuguese

Bletchley Park, bletchleypark.org.uk

BN — Biblioteca Nacional, www.bn.gov.br

Câmara dos Deputados, www2.camara.leg.br

Calvin University, research.calvin.edu

CPDOC-FGV — Centro de Pesquisa e Documentação de História Contemporânea do Brasil da Fundação Getulio Vargas, cpdoc.fgv.br

Daily Mail Online, www.dailymail.co.uk

Deutsche Welle, www.dw.com

El País, brasil.elpais.com

Europeana Collections, www.europeana.eu

Family Tree DNA, www.familytreedna.com

FBI — Federal Bureau of Investigation, www.fbi.gov

German History in Documents and Images, germanhistorydocs.ghi-dc.org

Haus der Wannsee-Konferenz, www.ghwk.de

Hemeroteca Digital — Biblioteca Nacional, memoria.bn.br

Historisch-Technisches Museum Peenemünde, www.peenemuende.de

International Encyclopedia of the First World War, encyclopedia.1914-1918-
-online.net

Knack, www.knack.be

Library of Congress, www.loc.gov

Marxists Internet Archive, www.marxists.org

Morashá, www.morasha.com.br

National Geographic, www.nationalgeographic.com

ONU, nacoesunidas.org

Österreichische Nationalbibliothek, anno.onb.ac.at

Pierre-Henri Clostermann, www.pierre-clostermann.com

Reuters, br.reuters.com

Revista Brasileira de História Militar, www.historiamiliatar.com.br

Revista de História da Biblioteca Nacional, RJ

Revista História Viva

Sociedade Internacional Bonhoeffer, www.sociedadebonhoeffer.org.br

Secret Intelligence Service, www.sis.gov.uk

Stern, www.stern.de

Time, The Weekly Newsmagazine, time.com

The Armenian Genocide Museum-Institute, www.genocide-museum.am

The Churchill Centre, www.winstonchurchill.org

The Independent, www.independent.co.uk

The Internet Archive, archive.org

The New York Times, www.nytimes.com

The Guardian, www.theguardian.com

USHMM — United States Holocaust Memorial Museum, www.ushmm.org

Weisse Rose Stiftung e.V., www.weisse-rose-stiftung.de

Yad Vashem, www.yadvashem.org

NOTAS

PARTE 1– PRIMEIRA GRANDE GUERRA (1914-8)

1. UMA ÉPOCA NÃO TÃO BELA

1   Stefan Zweig, *Autobiografia: o mundo de ontem*, p. 19.

2   Martin Kitchen, *História da Alemanha moderna*, p. 199.

3   Eric Hobsbawm, *A era dos impérios*, p. 402.

4   Elisabeth Roudinesco, *Sigmund Freud*, p. 120.

5   Demétrio Magnoli, *Uma gota de sangue*, pp. 22-6; Siddhartha Mukherjee, *O gene*, p. 85.

6   Renata da Rocha, *O direito à vida e a pesquisa com células-tronco*, pp. 86-7.

7   Siddhartha Mukherjee, op.cit., pp. 98 e 107.

8   Louis Breger, *Freud, o lado oculto de um visionário*, pp. 310-1.

9   Margaret MacMillan, *A Primeira Guerra Mundial*, p. 274.

10   James Joll, *The origins of the first world war*, p. 207.

11   Margaret MacMillan, op.cit., p. 290.

12   Stefan Zweig, op.cit., pp. 178 e 184.

13   Margaret MacMillan, op.cit., p. 465.

14   Christopher Clark, *Os sonâmbulos*, p. 272.

15   Eric Hobsbawm, op.cit., p.467; Margaret MacMillan, op.cit., p. 536.

2. OS TRÊS PRIMOS

16   Lamar Cecil, "History as family chronicle", em John Röhl e Nicolaus Sombart, *Kaiser Wilhelm II*, p. 94.

17   Margaret MacMillan, *A Primeira Guerra Mundial*, p. 76.

18   Miranda Carter, *Os três imperadores*, p. 110.

NOTAS

19 Max Hastings, *Catástrofe*, p. 43.

20 John Röhl, "The emperor's new clothes", em John Röhl e Nicolaus Sombart, op.cit., p. 48 e seg.; Miranda Carter, op. cit., p. 43.

21 Miranda Carter, op. cit., p. 243.

22 John Röhl, *The kaiser and his court*, pp. 75-6.

23 Margaret MacMillan, op. cit., p. 346.

24 Miranda Carter, op. cit., p. 461; Margaret MacMillan, op. cit., p. 63; David Stevenson, *1914-1918*, vol. 1, p. 26.

25 Max Hastings, op. cit., p. 51.

26 Simon Sebag Montefiore, *Os Románov*, p. 595.

27 Margaret MacMillan, op. cit., p. 182.

28 Marc Ferro, *A verdade sobre a tragédia dos Romanov*, p. 26.

29 Simon Sebag Montefiore, op. cit., p. 661.

30 Miranda Carter, op. cit., p. 408.

31 Ibid., pp. 467 e 517.

3. O IMPERADOR, O ARQUIDUQUE E O NACIONALISTA

32 Ver relatos sobre o dia do assassinato em Greg King e Sue Woolmans, *O assassinato do arquiduque*, pp. 223-35; Christopher Clark, *Os sonâmbulos*, p. 395-403; Margaret MacMillan, *A Primeira Guerra Mundial*, p. 544-74; e Anne Williams e Vivian Head, *Ataques terroristas*, pp. 97-102.

33 Margaret MacMillan, op. cit., p. 218; David Stevenson, *1914-1918*, vol. 1, p. 19; Paul Johnson, *Tempos modernos*, p. 29.

34 David Stevenson, op. cit., vol. 1, p. 20.

35 Greg King e Sue Woolmans, *O op. cit., assassinato do arquiduque*, p. 45.

36 Margaret MacMillan, op. cit., p. 229.

37 David Stevenson, op. cit., vol. 1, p. 15.

38 Christopher Clark, op. cit., p. 406.

39 Max Hastings, *Catástrofe*, p. 27.

40 Stefan Zweig, *Autobiografia: o mundo de ontem*, p. 198.

41 Greg King e Sue Woolmans, op. cit., pp. 77 e 97.

42 Margaret MacMillan, op. cit., p. 233.

43 Max Hastings, op. cit., p. 27; Margaret MacMillan, op. cit., pp. 536 e 645; Eric Hobsbawm, *A era dos impérios*, p. 471.

44 David Landes, *A riqueza e a pobreza das nações*, p. 523.

45 Ian Kershaw, *De volta do inferno*, p. 26.

4. "INVENÇÕES DO DIABO"

46 Miranda Carter, *Os três imperadores*, p. 465; Eric Hobsbawm, *A era dos impérios*, p. 495.

47 Penny Le Couteur e Jay Burreson, *Os botões de Napoleão*, pp. 92-3 e p. 96.

48 Emmanuel Hecht e Pierre Servent, *O século de sangue*, p. 12; John Keegan, *Uma história da guerra*, pp. 322-3, pp. 371-3.

49 Louis Breger, *Freud: o lado oculto do visionário*, p. 313.

50 David Stevenson, *1914-1918*, vol.2, p. 147.

51 Martin Gilbert, *A Primeira Guerra Mundial*, p. 631.

52 Dietrich Stoltzenberg, *Fritz Haber*, p. 235.

53 Peter Englund, *A beleza e a dor*, p. 116.

54 Andrew Carrol, *Cartas do front*, p. 112.

55 Martin Gilbert, op. cit., p. 574.

56 Guillaume de Syon, *Zeppelin!*, p. 33.

57 Micheal Clodfelter, *Warfare and armed conflicts*, p. 430.

58 Max Hastings, *Catástrofe*, p. 498.

59 Micheal Clodfelter, op. cit., p. 429.

60 Robert Smith e Laurence Yadon, *The greatest air aces stories ever told*, p. 91; Micheal Clodfelter, op. cit., p. 429.

61 Micheal Clodfelter, op. cit., p. 429.

62 Micheal Clodfelter, op. cit., pp. 423-4; David Stevenson, op. cit., p. 270.

63 David Stevenson, op. cit., p. 278.

5. NO FRONT: A GUERRA DE TRINCHEIRAS

64 Ver relatos diversos, por exemplo, em Max Arthur, *Vozes esquecidas da Primeira Guerra Mundial*; Andrew Carrol, *Cartas do front*; e Lawrence Sondhaus, *A Primeira Guerra Mundial*.

65 David Stevenson, *1914-1918*, v. 2, pp. 144-6; Andrew Carroll, *Cartas do front*, p. 59.

66 Andrew Carroll, op. cit., pp. 129-130.

67 Peter Englund, *A beleza e a dor*, p. 256-7.

68 Max Arthur, op. cit., p. 132 e p. 332.

69 Laurie Marhoefer, *Sex and the Weimar Republic*, p. 40. Sobre os soldados britânicos homossexuais nas duas guerras, ver Stephen Bourne, *Fighting proud.*

70 Max Hastings, *Catástrofe*, p. 466.

71 Ian Kershaw, *Hitler*, p. 48.

72 Joachim Fest, *Hitler*, v. 1, p. 69.

73 Paul Bruppacher, *Adolf Hitler und die Geschichte der NSDAP*, vol. 1, pp. 31-44.

74 Dave Johnson, *One soldier and Hitler*, p. 150. Para uma história completa de Henry Tandey, ver Dave Johnson, *One soldier and Hitler, 1918*, publicação de 2012. Ver também Ian Kershaw, op. cit., pp. 58-9.

75 Erich Schaake, *Todas as mulheres de Hitler*, pp. 27-9.

76 "Suposto retrato de amante pintado por Hitler irá a leilão com preço inicial de 60 mil euros", reportagem de Charley-Kai John para a Reuters, 5 abr. 2018. Disponível em https://br.reuters.com.

6. MISCELÂNIA DE SOLDADOS

77 David Stevenson, *1914-1918*, vol. 2, pp. 175-181; Martin Gilbert, *A Primeira Guerra Mundial*, p. 333.

78 Jacques Rouzet, "Índios vestem a farda", em *Revista História Viva*, Ano 3, n. 28, p. 70.

79 Walter Bruyère-Ostells, *História dos mercenários*, pp. 107-8.

80 Micheal Clodfelter, *Warfare and armed conflicts*, p. 416.

81 Louis Breger, *Freud: o lado oculto de um visionário*, p. 30.

82 Ian Kershaw, *De volta do inferno*, p. 66.

83 Max Arthur, *Vozes esquecidas da Primeira Guerra Mundial*, p. 101.

84 Peter Englund, *A beleza e a dor*, p. 61.

85 Ian Kershaw, op. cit., p. 81.

86 David Stevenson, op. cit., p. 191.

87 Pedro Salomão Piccinini e outros, "História da cirurgia plástica", em *Revista Brasileira de Cirurgia Plástica*, p. 609.

88 Lukasz Kamienski, *Shooting up*, p. 103.

89 Ibid., p. 95.

90 David Stevenson, op. cit., pp. 200-1.

91 Jacob Segall, *Die deutschen Juden als im Krieg 1914/18*, pp. 10, 14 e 35.

92 Bryan Rigg, *Os soldados judeus de Hitler*, pp. 98-9.

93 Micheal Clodfelter, op. cit., p. 387.

94 Peter Englund, op. cit., p. 194.

95 Spencer Tucker, *The european powers in the First World War*, p.170.

7. ATRÁS DAS LINHAS: A GUERRA EM CASA

96 Andrew Hussey, *A história secreta de Paris*, p. 388.

97 Arthur Ponsonby, *Falsehood in war-time*, pp. 67 e 79.

98 Eric Hobsbawm, *Era dos extremos*, p. 37.

99 Peter Englund, *A beleza e a dor*, p. 428.

100 Martin Kitchen, *História da Alemanha moderna*, p. 268.

101 A bibliografia em português costuma usar, às vezes, a expressão "inverno do repolho"; a bibliografia em alemão, no entanto, usa Kohlrübe, "nabo".

102 Louis Breger, *Freud: o lado oculto do visionário*, pp. 327-8.

103 Peter Englund, op. cit., p. 429.

104 Martin Kitchen, op. cit., p. 272.

105 Andrew Carrol, *Cartas do front*, pp. 196-7.

106 Ibid., p. 57.

107 Ibid., pp. 122-3.

108 Peter Englund, op. cit., p. 427.

109 Nigel West, *Historical dictionary of World War I intelligence*, p. 349.

110 David Stevenson, *1914-1918*, vol. 2, p. 221; Peter Bernstein, *O poder do ouro*, p. 301.

8. PROGROM NA RÚSSIA, GENOCÍDIO NO IMPÉRIO OTOMANO

111 Martin Kitchen, *História da Alemanha moderna*, pp. 174-5.

112 Louis Breger, *Freud: o lado oculto do visionário*, p. 62; Gareth Jones, *Karl Marx*, pp. 188 e 434; Bernard Wasserstein, *Na iminência do extermínio*, p. 15.

113 Margaret MacMillan, *A Primeira Guerra Mundial*, p. 156; Andrew Hussey, *A história secreta de Paris*, pp. 364-5.

114 Simon Montefiore, *Os Románov*, p. 97.

115 Bernard Wasserstein, op. cit., p. 55.

GRANDES GUERRAS

116 Miranda Carter, *Os três imperadores*, p. 431.

117 Ian Kershaw, *De volta do inferno*, p. 65.

118 Citado por Max Hastings, *Catástrofe*, p. 304.

119 Simon Montefiore, op. cit., p. 721.

120 Peter Englund, *A beleza e a dor*, p. 211.

121 Simon Montefiore, op. cit., pp. 660-1.

122 Ian Kershaw, op. cit., p. 122.

123 Bernard Lewis, *O Oriente Médio*, p. 290.

124 Karen Armstrong, *Campos de sangue*, p. 340.

125 Peter Englund, op. cit., p. 104.

126 Raymond Kévorkian, *The Armenian genocide*, p. 252-4; Henry Morgenthau, *A história do embaixador Morgenthau*, p. 239.

127 Peter Englund, *A beleza e a dor*, p. 126.

128 Henry Morgenthau, op. cit., p. 241.

129 Ibid., p. 249.

9. MULHERES NA GRANDE GUERRA

130 Sharon McGrayne, *Mulheres que ganharam o prêmio Nobel em ciências*, p. 21.

131 Louis Breger, *Freud: o lado oculto de um visionário*, pp. 440-1.

132 Carla Bassanezi Pinsky e Joana Maria Pedro, "Mulheres: igualdade e especificidade", em Jaime Pinsky e Carla Bassanezi Pinsky, *História da cidadania*, p. 275.

133 David Stevenson, *1914-1918*, vol. 4, p. 70.

134 Martin Kitchen, *História da Alemanha moderna*, p. 268.

135 Kathryn Atwood, *Women heroes of World War I*, pp. 31 e 89.

136 Peter Englund, *A beleza e a dor*, p. 348; Martin Gilbert, *A Primeira Guerra Mundial*, p. 465.

137 Angela Smith, *The second battlefield*, p. 51. Ver também Louise Miller, *A fine brother*, uma biografia de Sandes com informações sobre outras mulheres, incluindo Bochkareva e Savic.

138 John Lichfield, "Inside the brothels that served the Western Front", em *The Independente*, 2 ago. 2014. Disponível em https://ind.pn/2K3Tkws.

139 Emmett Murphy, *História dos grandes bordéis do mundo*, p. 139.

140 Peter Englund, op. cit., p. 329.

141 Max Arthur, *Vozes esquecidas da Primeira Guerra Mundial*, p. 131.

142 Alan Kramer, *Dynamic of destruction*, p. 249.

143 Peter Englund, op. cit., p. 213.

144 Pat Shipman, "Why Mata Hari wasn't a cunning spy after all", em *National Geographic*, 14 out. 2017. Disponível em https://on.natgeo.com/2ll1gPa. Ver detalhes da biografia de Mata Hari em Pat Shipman, *Femme fatale*, e John Craig, *Peculiar liaisons*.

145 Recentemente foram encontradas evidências de que Mata Hari repassava informações aos alemães, mas, como na época do julgamento, sabe-se hoje que eram todas pouco significativas. Ver Tammy Proctor, *Female intelligence*, p. 130; John Craig, *Peculiar liaisons*, pp. 47 e seg.

146 Tammy Proctor, *Female intelligence*, p. 127.

10. O BRASIL VAI À GUERRA

147 Boris Fausto, *História do Brasil*, p. 275.

148 Marcelo Monteiro, *U-93*, p. 64.

149 Coleção de Leis do Brasil, vol.1, p. 169. Decreto n. 3.361, de 26 out. 1917. Disponível no site da Câmara dos Deputados, em www2.camara.leg.br.

150 Sobre a composição do Exército brasileiro, ver J. B. Magalhães, *A evolução militar do Brasil*, pp. 324-5. Ver também Marcelo Monteiro, op. cit., p. 299.

151 Arquivo Histórico do Exército, citado por Carlos Daróz, *O Brasil na Primeira Guerra Mundial*, p. 160; ver também Marcelo Monteiro, op. cit., p. 320.

152 Hélio Leôncio Martins, "Forças combatentes", em *História naval brasileira*, v. 5, tomo 2, Serviço de Documentação da Marinha, 1985, pp. 101-2 e pp. 109-11.

153 Carlos Daróz, op. cit., p. 160.

154 Hernâni Donato, *Dicionário das batalhas brasileiras*, p. 297; Marcelo Monteiro, op. cit., p. 305.

155 Incaer, *História geral da aeronáutica brasileira*, v. 1, p. 376.

156 Ibid., p. 425.

157 Sobre a Missão Médica ver estudo de Cristiano E. de Brum sobre o tema em *Médicos brasileiros na Grande Guerra*.

11. REVOLUÇÕES E GUERRA CIVIL NA RÚSSIA

158 Ver relatos diversos em Robert Massie, *Os Romanov*, pp.11-5, e Simon Montefiore, *Os Románov*, pp. 795-9. Outra versão dos fatos, em discordância com a história do massacre, é encontrada em Marc Ferro, *A verdade sobre a tragédia dos Romanov*, pp. 92-6. Ferro defende a teoria de que a filha Anastássia sobreviveu à chacina, o que é rechaçado pela maioria dos historiadores, amparados, entre outras provas, pelos testes de DNA realizados nos corpos encontrados em 1979.

159 Instituto de Marxismo-Leninismo, *Lénine*, p. 5.

160 Bertrand Patenaude, *Trotski*, p. 260.

161 Esta e algumas citações que seguem constam em Tamás Krausz, *Reconstruindo Lênin*.

162 Nicolas Werth, "De Tambov à grande fome", em Stéphane Cortois e outros, *O livro negro do comunismo*, p. 152.

163 Isaac Deutscher, *The prophet armed*, p. 79.

164 Nicolas Werth, "O 'braço armado da ditadura do proletariado'", em Stéphane Cortois e outros, op. cit., pp. 88-9.

165 Paul Johnson, *Tempos modernos*, pp. 45 e 53.

166 Paul Johnson, op. cit., p. 41.

167 Daniel Reis, *A revolução que mudou o mundo*, p. 25 e p. 211-2.

168 Simon Montefiore, op. cit., p. 666.

169 Daniel Reis, op. cit., pp. 33-6; Eric Hobsbawm, *Era dos extremos*, p. 67.

170 Miranda Carter, *Os três imperadores*, p. 501.

171 Daniel Reis, op. cit., pp. 100-1.

172 Paul Johnson, op. cit., p. 51; Victor Sebestyen, *Lênin*, p. 3.

173 Dmitri Volkogonov, *Lenin*, p. 426.

GRANDES GUERRAS

174 Nicolas Werth, op. cit., p. 152.

175 Ver detalhes sobre a pesquisa em Jean-Jacques Marie, *História da guerra civil russa*, pp. 13 e seg.; Dimitri Volkogonov, *Stalin*, vol. 2, p. 229; Stéphane Cortois "Os crimes do comunismo", em Stéphane Cortois e outros, op. cit., p. 16.

12. OS ERROS DE VERSALHES

176 Harold Nicolson, *O Tratado de Versalhes*, p. 28.

177 Paul Johnson, *Tempos modernos*, p. 19.

178 Martin Kitchen, *História da Alemanha moderna*, p. 287.

179 Harold Nicolson, op. cit., p. 244.

180 Winston Churchill, *Memórias da Segunda Guerra*, vol. 1, p. 18.

181 Joachim Fest, *Hitler*, vol. 1, p. 85; Paul Johnson, op. cit., p. 22.

182 Martin Kitchen, op. cit., p. 287.

183 John M. Keynes, *As consequências econômicas da paz*, p. 158.

184 Martin Kitchen, op. cit., p. 301; Eric Hobsbawm, *Era dos extremos*, p. 97.

185 Paul Johnson, op. cit., p. 25.

186 Wood Gray, *Panorama da história dos Estados Unidos*, p. 152.

187 Johan Lukacs, *O duelo*, p. 130.

PARTE 2: SEGUNDA GRANDE GUERRA (1939-45)

13. LUSTRANDO ARMAS

188 Ver Eric Hobsbawm, *Era dos Extremos*; Joachim Fest, *Hitler*; e Ian Kershaw, *De volta do inferno*.

189 Sobre impérios e políticas imperialistas entre 1914-45, ver Jane Burbank e Frederick Cooper, *Impérios*, pp. 473-526; e Martin Meredith, *O destino da África*, pp. 495-527.

190 Pu Yi, *O último imperador da China*, p. 240.

191 Harold Nicolson, *O Tratado de Versalhes*, p. 96.

192 Ian Buruma, *Ano Zero*, p. 112.

193 Winston Churchill, *Memórias da Segunda Guerra Mundial*, p .83.

194 Larry Hartenian, *Mussolini*, p. 41.

195 Ian Kershaw, *Hitler*, p. 446.

196 William Shirer, "O encontro de Munique", em *Grande Crônica da Segunda Guerra Mundial*, vol. 1, p. 49; F.W. Winterbotham, *Enigma*, p.19; Ian Kershaw, *De volta do inferno*, p. 332.

197 Roger Manvell, *Os conspiradores*, p. 48.

198 Winston Churchill, op. cit., p. 156.

199 Max Hastings, *Inferno*, p. 28.

200 Antony Beevor, *A Segunda Guerra Mundial*, p. 53.

201 Max Hastings, op. cit., p. 113.

202 Nikolai Tolstoy, *A guerra secreta de Stálin*, p. 119.

203 Richard Chesnoff, *Bando de Ladrões*, pp. 185 e 295; Max Hastings, op. cit., p. 419.

204 Ian Kershaw, *O fim do Terceiro Reich*, p. 275; Richard Chesnoff, op. cit., p. 281.

205 Max Hastings, op. cit., p. 419; Richard Chesnoff, op. cit., p. 270.

206 Richard Chesnoff, op. cit., p. 295.

207 Martin Allen, *A missão secreta de Rudolf Hess*, p. 263.

208 Richard Chesnoff, op. cit., p. 300.

209 Ibid., p. 306.

210 Wood Gray, *Panorama da História dos Estados Unidos*, p. 132; Eric Hobsbawm, op. cit., pp. 104-6; Max Hastings, op. cit., pp. 358 e 368.

211 Alan Greenspan e Adrian Wooldridge, *Capitalismo na América*, p. 269. Sobre o plano e o desenvolvimento econômico, ver pp. 225-75.

14. O LOBO

212 John Lukacs, *O duelo*, p .62.

213 *Time*, 2 jan. 1939, p. 2. Ver em time.com.

214 *Knack*, 17 ago. 2010, "Hitler was verwant met Somaliërs, Berbers en Joden", disponível em www.knack.be; "Family Tree DNA questions reporting about Hitler's origins", 30 ago. 2010, disponível em www.familytreedna.com.

215 Ian Kershaw, *Hitler*, p.36; Joachim Fest, *Hitler*, v. 1, p. 12.

216 Ian Kershaw, *Hitler*, pp. 100-1.

217 Rodrigo Trespach, *Personagens do Terceiro Reich*, pp. 20-1; Eric Hobsbawm, *Era dos Extremos*, p. 105.

218 Martin Kitchen, *História da Alemanha Moderna*, p. 322; Rodrigo Trespach, op. cit., p. 129.

219 Joachim Fest, op. cit., p. 172.

220 Christa Schroeder, *Doze anos com Hitler*, p. 19.

221 Ian Kershaw, *Hitler*, p. 244.

222 Timothy Ryback, *A biblioteca esquecida de Hitler*, p. 207.

223 Ibid., p. 19.

224 Hans Beilhack, "A biblioteca de um diletante: Um vislumbre da biblioteca privada de Herr Hitler", Apêndice C, em Timothy Ryback, op. cit., p. 292.

225 Ian Kershaw, *Hitler, um perfil do poder*, p. 24.

226 John Lukacs, op. cit., p. 11.

227 Andrew Roberts, *Hitler & Churchill*, p. 73; C.G. Sweeting, *O piloto de Hitler*, p. 416.

228 Ian Sayer e Douglas Botting, *Hitler e as mulheres*, p. 88.

229 Joachim Fest, op. cit., p. 181.

230 Bernard Wasserstein, *Na Iminência do Extermínio*, p. 218.

231 Lukasz Kamienski, *Shooting Up*, p. 108; Norman Ohler, *High Hitler*, p. 229.

232 C.G. Sweeting, op. cit., p. 83; Ian Kershaw, *Hitler, um perfil do poder*, p. 165.

233 Angela Lambert, *A história perdida de Eva Braun*, p. 123.

234 Christa Schroeder, op. cit., p. 46.

235 Lothar Machtan, *O segredo de Hitler*, p. 24.

236 Erich Schaake, *Todas as mulheres de Hitler*, p. 25.

237 Andrew Roberts, op. cit., p. 79.

238 Angela Lambert, op. cit., p. 116.

239 Ian Sayer e Douglas Botting, op. cit., p. 41.

240 Christa Schroeder, op. cit., p. 95; Rodrigo Trespach, op. cit., p. 26.

241 Ian Sayer e Douglas Botting, op. cit., p. 20; Heike Görtemaker, *Eva Braun*, p. 23.

242 Ian Sayer e Douglas Botting, op. cit., p. 140.

243 Angela Lambert, op. cit., p. 77.

244 Christa Schroeder, op. cit., pp. 60-1 e 68; Ian Sayer e Douglas Botting, op. cit., p. 88; Ian Kershaw, *Hitler*, pp. 250-1.

15. O PRIMEIRO-MINISTRO E O PRESIDENTE

245 Winston Churchill, *Memórias da Segunda Guerra Mundial*, p. 322.

246 Eric Hobsbawm, *Era dos extremos*, pp. 172 e 214; Andrew Roberts, *Churchill*, p. 417.

247 Paul Johnson, *Churchill*, p. 20.

248 Andrew Roberts, *Hitler & Churchill*, p. 75.

249 Andrew Roberts, *Churchill*, p. 63.

250 Michael Dobbs, *Seis Meses em 1945*, p. 66.

251 Andrew Roberts, *Hitler & Churchill*, p. 29.

252 John Lukacs, *O duelo*, p. 48; Andrew Roberts, *Churchill*, pp. 856 e 1019.

253 John Lukacs, op. cit., p. 75.

254 Michael Bloch é autor de *Closet Queens* [Rainhas do armário]. Ver "Double lives: a history of sex and secrecy at Westminster", em *The Guardian*, 16 maio 2015; disponível em www.theguardian.com; Andrew Roberts, *Churchill*, p. 79.

255 Michael Dobbs, op. cit., p. 113.

256 Ibid., p. 80.

257 Winston Churchill, op. cit., p. 814.

258 Ronald Lewin, *Churchill, o lorde da guerra*, p. 306.

259 Winston Churchill, op. cit., p. 1118.

260 Michael Dobbs, op. cit., p. 109.

261 Ibid., p. 109.

262 Eduardo Figueiredo, *Roosevelt*, p. 87.

263 Ibid., p. 86.

264 Michael Dobbs, op. cit., p. 138.

265 Gabriel Rotello, *Comportamento sexual e AIDS*, pp. 60-1.

266 Wood Gray, *Panorama da História dos Estados Unidos*, p. 148; Paul Johnson, *Tempos modernos*, p. 209.

267 Steven Gillon, *Pearl Harbor*, p. 78.

268 Deborah Abbott e Ellen Farmer, *Adeus, maridos*, p. 23.

269 Eduardo Figueiredo, op. cit., p. 233.

270 Michael Dobbs, op. cit., p. 194.

271 Max Hastings, op. cit., p. 420.

272 Ronald Lewin, op. cit., p. 144.

16. O HOMEM DE AÇO E O TERROR VERMELHO

273 Reinhard Gehlen, *O Serviço Secreto*, p. 39.

274 Lilly Marcou, *A vida privada de Stálin*, p. 50.

275 Bertrand Patenaude, *Trótski*, p. 244.

276 Lilly Marcou, op. cit., p.120; Dmitri Volkogonov, *Stalin*, v. 1, p. 360 e v. 2, p. 229.

277 Svetlana Alliluyeva, *Vinte cartas a um amigo*, p. 13.

278 Moshe Lewin, *O século soviético*, p. 54; Nikolai Tolstoy, *A guerra secreta de Stálin*, pp. 73 e 78.

279 Moshe Lewin, op. cit., p. 51; Nikolai Tolstoy, op. cit., p. 47.

280 Lilly Marcou, op. cit., pp. 154-63.

281 Ibid., p. 103.

282 Svetlana Alliluyeva, op. cit., p. 18.

283 Constantine Pleshakov, *A loucura de Stalin*, p. 46.

284 Michael Dobbs, *Seis Meses em 1945*, p. 63; Lilly Marcou, op. cit., p. 184; Paul Johnson, *Tempos modernos*, p. 302; Dorothy e Thomas Hoobler, *Stálin*, p. 55.

285 Michael Dobbs, op. cit., p. 219.

286 Ibid., p. 61.

287 Nikolai Tolstoy, op. cit., pp. 258-9.

288 Lilly Marcou, op. cit., p. 184; Nikolai Tolstoy, op. cit., pp. 183-4.

289 Nikolai Tolstoy, op. cit., p. 185.

290 Antony Beevor, *A Segunda Guerra Mundial*, p. 54.

291 Constantine Pleshakov, op. cit., p. 325.

292 Nikolai Tolstoy, op. cit., p. 249.

293 Antony Beevor, op. cit., p. 718.

294 Max Hastings, *Inferno*, p. 516.

295 Ian Buruma, *Ano Zero*, p. 201; Nikolai Tolstoy, op. cit., p. 296.

296 M. Kharlamov, "Stálin - o maior Líder dos tempos modernos", em "Problemas - Revista Mensal de Cultura Política", n. 16 jan/1949. Disponível em www.marxists.org.

297 Lilly Marcou, op. cit., p. 224.

298 Nikolai Tolstoy, op. cit., p.50; Svetlana Alliluyeva, op. cit., p. 173.

17. GENOCÍDIOS

299 Renata da Rocha, *O direito à vida e a pesquisa com células-tronco*, pp. 86-7; Andrew Roberts, *Churchill*, p. 198.

300 Sobre as teorias raciais dos séculos XIX e XX, ver Marc Hillel, *Em nome da raça*; Demétrio Magnoli, *Uma gota de sangue*; e Siddhartha Mukherjee, *O gene*. Ver ainda, Yuval Harari, *Sapiens*, pp. 236-45.

301 Rodrigo Trespach, *A Revolução de 1930*, p. 28.

302 John Michalczyk, *Medicine, Ethics, and the Third Reich*, p. 37.

303 Robert Gerwarth, *O Carrasco de Hitler*, p. 295; Marcos Guimarais, "O extermínio de ciganos durante o regime nazista", p. 355; e Martin Gilbert, *A Segunda Guerra Mundial*, p. 902.

304 Robert Gerwarth, op. cit., p. 113.

305 Ibid., pp. 135-6.

306 Bernard Wasserstein, *Na Iminência do Extermínio*, p. 380.

307 Ver "Concentration camp system", em USHMM, disponível em www.ushmm.org.

308 Ver "Classification system in nazi concentration camps", em USHMM, disponível em www.ushmm.org.

309 Christian Ingrao, *Crer & Destruir*, pp. 134-7.

310 Tiago Elídio, *A perseguição nazista aos homossexuais*, pp. 34 e 47.

311 Lothar Machtan, *O segredo de Hitler*, p. 51.

312 Max Hastings, *Inferno*, p. 693.

313 Tiago Elídio, op. cit., p. 35.

314 Ian Buruma, *Ano Zero*, p. 274; Antony Beevor, *A Segunda Guerra Mundial*, p. 853; Max Hastings, op. cit., p. 448.

315 Peter Li, *Japan's Biochemical Warface and Experimentation in China*, p. 291.

316 Ibid., pp. 296-7.

317 Ian Buruma, op. cit., p. 274.

318 Ver "The Nazi who saved Nanking", Iris Chang, *The Rape of Nanking*. Ver também Antony Beevor, op. cit., p. 77.

319 Antony Beevor, op. cit., p. 78.

18. SHOAH

320 Bernard Wasserstein, *Na Iminência do Extermínio*, p. 15.

321 Bernard Wasserstein, op. cit., p. 30. Ver também Marc Mazower, *O império de Hitler*, p. 673.

322 Bryan Rigg, *Os soldados judeus de Hitler*, p. 84.

323 Bernard Wasserstein, op. cit., pp. 67 e 90.

324 Mark Mazower, op. cit., p. 670.

325 Bernard Wasserstein, op. cit., p. 57.

326 Martin Gilbert, *A Segunda Guerra Mundial*, p. 896; Eric Hobsbawm, *Era dos extremos*, p. 170.

327 Christian Ingrao, *Crer & Destruir*, pp. 59 e 324.

328 Robert Gerwarth, *O carrasco de Hitler*, pp. 128 e 212.

329 Martin Kitchen, *História da Alemanha Moderna*, p. 416; Marcos Guimarais, "O extermínio de ciganos durante o regime nazista", p. 355.

330 Mark Mazower, op. cit., p.444; Laurence Rees, *O Holocausto*, p. 293.

331 Robert Gerwarth, op. cit., p.296; Martin Kitchen, op. cit., p. 415.

332 Max Hastings, *Inferno*, p. 522; Antony Beevor, *A Segunda Guerra Mundial*, p. 764. Dados precisos sobre o número de prisioneiros e mortos em Auschwitz estão no site do Auschwitz-Birkenau Memorial and Musem auschwitz.org. Ver ainda o site do Yad Vashem www.yadvashem.org e Laurence Rees, *O Holocausto*.

333 Martin Gilbert, op. cit., pp. 287 e 483; Anne Frank, *O diário de Anne Frank*, p. 64.

334 Max Hastings, op. cit., p. 536.

335 Ian Kershaw, *O fim do Terceiro Reich*, p. 444.

336 Antony Beevor, *Berlim*, pp. 370-1.

337 Bryan Rigg, *Os soldados judeus de Hitler*, p. 210.

338 Ibid., p. 284.

19. SOLDADOS, ALIADOS OU INIMIGOS

339 Antony Beevor, *A Segunda Guerra Mundial*, p. 11.

340 Marc Hillel, *Em nome da raça*, p. 27.

NOTAS **487**

341 Antony Beevor, *A Segunda Guerra Mundial*, p. 459.

342 Martin Gilbert, *A Segunda Guerra Mundial*, p.836; Max Hastings, *Inferno*, p. 423.

343 Antony Beevor, op. cit., p. 458.

344 Martin Kitchen, *História da Alemanha Moderna*, p. 421.

345 Richard Rhodes, *Os mestres da morte*, pp. 295-6.

346 Max Hastings, op. cit., p. 425.

347 Reinhard Gehlen, *O Serviço Secreto*, p. 113.

348 Antony Beevor, *Berlim*, pp. 120, 242 e 492.

349 Bernard Wasserstein, *Na Iminência do Extermínio*, pp. 219-20.

350 Bryan Rigg, *Os soldados judeus de Hitler*, pp. 63 e 89.

351 Ibid., pp. 234-6 e 259.

352 Ibid., p. 282.

353 Tiago Elídio, *A perseguição nazista aos homossexuais*, p. 15.

354 Constantine Pleshakov, *A loucura de Stalin*, p. 33.

355 Martin Gilbert, op. cit., p. 513.

356 Antony Beevor, *Stalingrado*, p. 195.

357 Martin Gilbert, op. cit., p. 893.

358 João Barone, *1942*, p. 234.

359 Max Hastings, op. cit., p. 430.

360 Andrew Roberts, *Churchill*, p. 90.

361 Eric Hobsbawm, op. cit., p. 214.

362 Max Hastings, op. cit., p. 434.

363 Lukasz Kamienski, *Shooting Up*, p. 110.

364 Guido Knopp, *Guerreiros de Hitler*, p. 261.

365 Norman Ohler, *High Hitler*, p. 73.

366 Lukasz Kamienski, op. cit., p. 114.

367 Ibid., p. 115.

368 Antony Beevor, *Berlim*, p. 78.

20. GUERRA DE INTELIGÊNCIA

369 Benjamim Ginsberg, *Judeus contra Hitler*, p. 108. Ver *Our History*, em *Secret Intelligence Service*, disponível em https://www.sis.gov.uk.

370 Michael Paterson, *Decifradores de códigos*, p. 208.

371 Ibid., pp. 20 e 218.

372 Ver, por exemplo, Antony Beevor, *A Segunda Guerra Mundial*, p. 214; Martin Gilbert, *A Segunda Guerra Mundial*, p. 30; Max Hastings, *Inferno*, p. 157.

373 Martin Allen, *A missão secreta de Rudolf Hess*, p. 318.

374 Benjamim Ginsberg, op. cit., pp. 114-5.

375 Michael Paterson, op. cit., p. 294.

376 Ibid., pp. 34, 41 e seg.

377 Eric Hobsbawm, *Era dos Extremos*, p. 508.

378 Michael Paterson, op. cit., p. 93.

379 Ibid., p. 244.

380 F. Winterbotham, *Enigma*, p. 106.

381 Max Hastings, op. cit., p. 387.

382 Michael Paterson, op. cit., p. 84.

383 Andrew Roberts, *Hitler & Churchill*, p. 137.

384 Michael Paterson, op. cit., p. 12.

385 Ibid., p. 185.

386 F. Winterbotham, op. cit., p. 15.

387 Ibid., p. 12.

388 John Lukacs, *O duelo*, p. 143.

389 Nicolai Tolstoy, *A guerra secreta de Stálin*, p. 213.

390 Constantine Pleshakov, *A loucura de Stálin*, p. 73; Martin Gilbert, *Churchill*, v. 2, p. 175-6.

391 F. Winterbotham, op. cit., p. 212.

392 Michael Paterson, op. cit., p. 281.

393 Antony Beevor, op. cit., p. 517.

394 Martin Gilbert, op. cit., pp. 286 e 314.

395 Ibid., pp. 905-6.

396 Pierre Grumberg, "Pearl Harbor, uma vitória japonesa", em Jean Lopez e Olivier Wieviorka, *Os mitos da Segunda Guerra Mundial*, pp. 69-71.

21. MULHERES NA SEGUNDA GUERRA

397 Carla Bassanezi Pinsky e Joana Maria Pedro, "Igualdade e especificidade", em *História da Cidadania*, p. 296.

398 Martin Kitchen, *História da Alemanha Moderna*, p. 382.

399 Marc Hillel, *Em nome da raça*, p. 41.

400 Ibid., p. 34.

401 Ibid., pp. 236 e 300.

402 Michael Paterson, *Decifradores de códigos*, p. 200.

403 Max Hastings, *Inferno*, p. 357.

404 Max Hastings, op. cit., p. 373.

405 Antony Beevor, *Stalingrado*, p. 134.

406 Claude Quétel, *As mulheres na guerra*, p. 122.

407 Claude Quétel, op. cit., p. 128.

408 Antony Beevor, *O mistério de Olga Tchekova*, p. 156.

409 Max Hastings, op. cit., p. 336.

410 Antony Beevor, *O mistério de Olga Tchekova*, p. 220.

411 Ibid., pp. 206, 209 e 211.

412 Ibid., p. 159.

413 Claude Quétel, *As mulheres na guerra*, pp. 112 e 132.

414 Mark Mazower, *O império de Hitler*, p. 542.

415 Hardy Graupner, "Livro revela horrores sobre bordéis em campos de concentração na Alemanha nazista", em Deutsche Welle, 19 ago. 2009, disponível em http://dw.com/p/JEEi. O livro de Sommer, *Das KZ Bordell*, não tem versão para o português.

416 Antony Beevor, op. cit., p. 83; Max Hastings, op. cit., p. 450.

417 Ian Buruma, *Ano Zero*, p. 69.

418 Claude Quétel, op. cit., p. 58.

419 Ian Buruma, op. cit., p. 117.

420 Antony Beevor, *Berlim*, p. 507.

421 Anne Frank, *O diário de Anne Frank*, pp. 7-8. Sobre uma conversa sobre sexo com Peter van Pels, ver pp. 182-5.

422 Sobre a autenticidade do diário, ver "Origin", em Anne Frank Fonds, disponível em annefrank.ch, ou o livro de Francine Prose, *Anne Frank, a história do diário que comoveu o mundo* (Zahar, 2010).

423 Francine Prose, *Anne Frank*, p. 235.

424 Anne Frank, op. cit., pp. 171-2.

425 Claudio Picazio, *Diferentes desejos*, p. 142.

426 Anne Frank, op. cit., pp. 60 e 196.

427 Pascale Bos, *Reconsidering Anne Frank*, p. 106.

22. RESISTÊNCIAS

428 Eric Hobsbawm, *Era dos Extremos*, p. 165.

429 Antony Beevor, *A Segunda Guerra Mundial*, p.483; Michael Paterson, *Decifradores de códigos*, p. 188.

430 Fernando Fernandes, *A estrada para Fornovo*, p. 83.

431 Sobre as ações de sabotagem na Noruega, ver Neal Bascomb, *A fortaleza de inverno*, e Frederic Sondern, "Onze noruegueses contra a Bomba Atômica", em *Grande Crônica da Segunda Guerra*, pp. 143-9.

432 Max Hastings, *Inferno*, p. 448.

433 Benjamin Ginsberg, *Judeus contra Hitler*, pp. 32, 39-41.

434 Antony Beevor, *Berlim*, pp. 225-6.

435 Benjamin Ginsberg, op. cit., p. 51.

436 Ibid., p. 112.

437 Ibid., pp. 146-7.

438 Mark Mazower, *O império de Hitler*, p. 189.

439 Ibid., p. 190.

440 Antony Beevor, *Stalingrado*, p. 497; Hanson Baldwin, *Batalhas ganhas e perdidas*, p. 223.

441 Stephen Ambrose, *O Dia D*, p. 705.

442 Max Hastings, op. cit., p. 343.

443 Constantine Pleshakov, *A loucura de Stalin*, p. 21.

444 Hildegard Kronawitter, *Sophie Scholl*, p. 84.

445 Robert Wistrich, *Who's Who in Nazi Germany*, p. 227.

446 Hildegard Kronawitter, op. cit., p. 86.

447 Robert Wistrich, op. cit., p. 228.

448 Hildegard Kronawitter, op. cit., p. 90.

449 Roger Manvell, *Os conspiradores*, p. 48.

450 Guido Knopp, *Guerreiros de Hitler*, p. 280.

451 Roger Manvell, op. cit., p. 50.

452 Roger Moorhouse, *Quero matar Hitler*, pp. 243-4; C.G. Sweeting, *O piloto de Hitler*, p. 297.

453 Tobias Kniebe, *Operação Valquíria*, p. 30.

454 Ibid., p. 40.

455 Ian Kershaw, *O fim do Terceiro Reich*, p. 58.

456 Ibid., p. 71.

457 Joachim Fest, *Hitler*, p. 802.

458 Roger Manvell, op. cit., p. 139.

23. A COBRA FUMOU!

459 Jornal *Gazeta de Notícias*, de 31 jan. 1943, p. 10. Ver também Roberto Sander, *O Brasil na mira de Hitler*, pp. 291-2.

460 Rodrigo Trespach, *Personagens do Terceiro Reich*, pp. 176-7.

461 Ricardo Seitenfus, *O Brasil vai à guerra*, pp. 16-24.

462 Gary e Rose Neeleman, *Soldados da borracha*, p. 16.

463 Ricardo Seitenfus, op. cit., p. 280.

464 Gary e Rose Neeleman, op. cit., p. 205.

465 Roberto Sander, op. cit., p. 70.

466 Rodrigo Trespach, op. cit., pp. 177-8.

467 Durval Pereira, *Operação Brasil*, p. 97.

468 Ibid., pp. 125-6.

469 Ibid., p. 206.

470 René Gertz, *O neonazismo no Rio Grande do Sul*, pp. 10-2.

471 Frank McCann e Francisco Ferraz, *Brazilian-American Joint Operations in World War II*, p. 91.

472 João Barone, *1942*, p. 176.

473 William Waack, *As duas faces da glória*, p. 160.

474 Ibid., p. 166.

475 Hernâni Donato, *Dicionário das Batalhas Brasileiras*, pp. 366-7; Mascarenhas de Morais, *A FEB pelo seu comandante*, p. 155.

476 William Waack, op. cit., p. 276.

477 Ibid., p. 275.

478 Max Hastings, *Inferno*, p. 418.

479 João Barone, op.cit., p. 223; Fernando Fernandes, *A estrada para Fornovo*, p. 189.

480 Israel Blajberg, *Soldados que vieram de longe*, p. 29.

481 João Barone, op. cit., p. 202.

482 William Waack, op. cit., p. 272.

483 Números informados pelo Exército brasileiro. A bibliografia diverge quando ao número de mortos. Joel Silveira aponta 443; Boris Fausto, 454; Gary Neeleman, 457; e João Barone, 468. O número total de soldados também varia muito, entre 25.334 e 25.455.

484 Rui Lima, *Senta a Pua!*, pp. 48-52.

485 Ibid., p. 356.

486 João Barone, op. cit., pp. 164-5.

487 Francisco Eduardo Alves de Almeida, "A Marinha do Brasil na Segunda Guerra Mundial", em Francisco Carlos Teixeira da Silva e Karl Schurster, *O Brasil e a Segunda Guerra Mundial*, pp. 314-6.

488 Dennison de Oliveira, *Os soldados brasileiros de Hitler*, p. 17.

489 João Barone, op. cit., pp. 168-70.

490 Ver Website Oficial de Pierre-Henri Clostermann em www.pierre-clostermann.com (acessado em 2017).

491 João Barone, op. cit., p. 260.

492 Marcelo Szpilman, *Judeus*, p. 240, afirma que João Guimarães Rosa também recebeu a honraria, mas o site da Yad Vashem, atualizado em 24 ago. 2021, não lista seu nome. Ver página *The Righteous Among The Nations* no site em www.yadvashem.org.

24. CIÊNCIA NAZISTA

493 Michael Dobbs, *Seis Meses em 1945*, p. 383; Martin Gilbert, *A Segunda Guerra Mundial*, p. 888.

494 John Cornwell, *Os cientistas de Hitler*, p. 213.

495 Pierre Grumberg, "As armas milagrosas alemã poderiam ter mudado tudo", em Jean Lopez e Olivier Wieviorka, *Os mitos da Segunda Guerra Mundial*, p. 199.

496 Guia de Armas de Guerra, *Bombardeiros da II Guerra*, vol. 1, pp. 22, 66 e 70.

497 Michael Dobbs, op. cit., p. 301.

498 "Transcript of Surreptitiously Taped Conversations among German Nuclear Physicists at Farm Hall", disponível em *German History in Documents and Images* germanhistorydocs.ghi-dc. org.

499 Gordon Thomas e Max Morgan Witts, *A bomba de Hiroxima*, p.47. Ver também reportagem jornal *O Globo*, de 6 ago. 2015. "Documentos provam que Japão trabalhava em bomba atômica durante a Segunda Guerra". Disponível em oglobo.globo.com.

500 Mark Mazower, *O império de Hitler*, p. 350.

501 Miklos Nyiszli, *Médico em Auschwitz*, p. 117.

502 John Michalczyk, *Medicine, Ethics, and the Third Reich*, p. 36.

503 Miklos Nyiszli, op. cit., p. 69.

504 Miklos Nyiszli, op. cit., p. 220.

505 Robert Proctor, *Racial Hygiene*, p. 300.

506 Antony Beevor, op. cit., p. 581.

507 Entrevista ao autor, por e-mail, em 24 maio 2015. Disponível em www.rodrigotrespach.com

508 Bryan Rigg, *Os soldados judeus de Hitler*, p. 286.

509 Guia de Armas de Guerra, *Bombardeiros da II Guerra*, vol. 1, pp. 22 e 70.

510 John Michalczyk, op. cit., p. 97. No *United States Holocaust Memorial Museum*, há uma coleção de fotos de Rascher, assim como as gravações de seu julgamento pós-guerra, disponíveis em www.ushmm.org.

511 John Michalczyk, op. cit., p. 96.

512 Mark Campbell e Viktor Harsch, *Hubertus Strughold*, p. 9.

25. CRIMES DE GUERRA

513 Paul Johnson, *Tempos modernos*, p. 338.

514 Paul Johnson, op. cit., p. 338; Antony Beevor, *Berlim*, p. 129; Michael Dobbs, *Seis meses em 1945*, p. 129.

515 Martin Gilbert, *A Segunda Guerra Mundial*, p. 731.

516 Martin Kitchen, *História da Alemanha Moderna*, p. 428.

517 Max Hastings, *Inferno*, p. 672.

518 Gordon Thomas e Max Morgan Witts, *A bomba de Hiroxima*, p. 273.

519 Antony Beevor, *Berlim*, p. 69; Ian Kershaw, *O fim do Terceiro Reich*, pp. 148 e 153.

520 Michael Dobbs, op. cit., p. 382; Nicolai Tolstoy, *A guerra secreta de Stálin*, p. 46; Richard Chesnoff, *Bando de Ladrões*, pp. 47 e 74.

521 Ian Buruma, *Ano Zero*, p. 275.

522 Reinhard Gehlen, *O Serviço Secreto*, pp. 136-40.

523 Ian Buruma, op. cit., p. 61; Max Hastings, op. cit., p. 481; Antony Beevor, *A Segunda Guerra Mundial*, p. 858.

524 Ian Kershaw, op. cit., p. 414; Antony Beevor, *Berlim*, pp. 501.

525 Miriam Gebhardt é autora de *Als die Soldaten kamen: Die Vergewaltigung deutscher Frauen am Ende des Zweiten Weltkriegs* [Quando os soldados chegam: o estupro das mulheres alemãs no final da Segunda Guerra].

526 Nikolai Tolstoy, *A guerra secreta de Stálin*, p. 269.

527 Anônima, *Uma mulher em Berlim*, pp. 64-5.

528 Laurence Rees, *O Holocausto*, pp. 477-8.

529 Antony Beevor, *Berlim*, pp. 72 e 157.

530 Os números sobre mortos no conflito são, por vezes, divergentes. Estatísticas da guerra, com detalhes sobre exércitos, combatentes e mortos, por país, teatro de operações e batalhas, podem ser vistas em Micheal Clodfelter, *Warfare and armed conflicts*. Números gerais podem ser encontrados, com ressalvas, em Antony Beevor, *A Segunda Guerra Mundial*, pp. 863-4; Martin Gilbert, *A Segunda Guerra Mundial*, pp. 915-6; e Max Hastings, *Inferno*, pp. 691-3.

531 Ian Buruma, op. cit., p. 54.

532 Max Hastings, op. cit., p. 445.

533 Erich Hobsbawm, *Era dos Extremos*, p. 214.

534 *Revista Time*, edição 28 out. 1946, v. XLVIII, n. 1, p. 34. Ver time.com.

535 Martin Kitchen, *História da Alemanha Moderna*, p. 433.

536 Mietek Pemper, *A lista de Schindler*, p. 254.

537 Rodrigo Trespach, *Personagens do Terceiro Reich*, pp. 121-2.

538 Richard Chesnoff, op. cit., p. 198.

26. OPERAÇÃO MITO

539 Ver, por exemplo, reportagem de Anna Edwards para o jornal inglês *Daily Mail*, de 25 jan. 2014, "New book claims this picture proves Hitler escaped his Berlin bunker and died in South America in 1984 aged 95", disponível em www.dailymail.co.uk.

540 Ver página "Hitler-Tagebücher", no site da revista Stern, www.stern.de.

541 Joachim Fest, *Hitler*, v.2, p. 816.

542 Ian Kershaw, *Hitler: uma biografia do poder*, p. 195.

543 Ian Kershaw, *O fim do Terceiro Reich*, p. 414.

544 Angela Lambert, *A história perdida de Eva Braun*, p. 478.

545 Ian Kershaw, *O fim do Terceiro Reich*, p. 403.

546 Joachim Fest, *No bunker de Hitler*, p. 166.

547 Lev Bezymenski, *A morte de Adolf Hitler*, pp. 46-7. Sobre os relatórios soviéticos, ver também e Jean-Christophe Brisard e Lana Parshina, *A morte de Hitler*, pp. 210-25.

548 Lev Bezymenski, op. cit., pp. 64-74.

549 Ibid., p. 79.

550 Revista Time, edição de 7 maio 1945, Vol. XLX, n. 19. Ver time.com.

551 Michael Dobbs, *Seis meses em 1945*, p. 277; e Antony Beevor, *Berlim*, p. 489.

552 Joachim Fest, *No bunker de Hitler*, p. 169; Antony Beevor, op. cit., p.526; Jean-Christophe Brisard e Lana Parshina, op. cit., pp. 266-77.

553 Joachim Fest, *No bunker de Hitler*, p. 166.

554 Luciano Aleotti, *Hitler*, p. 158.

555 Marcos Meinerz, *Operação Odessa*, p. 57.

556 Ibid., p. 54.

557 Reinhard Gehlen, *O Serviço Secreto*, pp. 98-9.

558 Ver *The New York Times*, de 4 maio 1998, disponível em www.nytimes.com.

559 Uki Goñi, *A verdadeira Odessa*, p. 23; Ian Sayer e Douglas Botting, op. cit., p. 235.

560 Uki Goñi, op. cit., p. 22.

561 Rodrigo Trespach, *Personagens do Terceiro Reich*, pp. 176-90.

27. "UMA PAZ QUE NÃO É PAZ"

562 Ian Buruma, *Ano Zero*, pp. 146-51; Michael Dobbs, *Seis meses em 1945*, p. 161.

563 Michael Dobbs, op. cit., p. 138.

564 Ibid., p. 208.

565 Ibid., p. 261-2.

566 Winston Churchill, *Memórias da Segunda Guerra Mundial*, p. 1123.

567 Joseph Goebbels, "Das Jahr 2000", em *Das Reich*, de 25 jan. 1945. Disponível no site da Calvin University, em research.calvin.edu.

568 Michael Dobbs, op. cit., p. 432; Ian Kershaw, *De volta do inferno*, p. 479. Sobre a brutalidade entre povos europeus, massacres e limpezas étnicas após 1945, ver Keith Lowe, *Continente selvagem*.

569 Ian Buruma, op. cit., p. 130.

570 Eric Frattini, *Mossad*, p. 16.

571 Ian Buruma, op. cit., pp. 165 e 172.

572 Michael Dobbs, op. cit., p. 433.

573 Richard Chesnoff, *Bando de Ladrões*, p. 292.

574 Martin Gilbert, *A Segunda Guerra Mundial*, p.904; Martin Kitchen, *História da Alemanha Moderna*, p. 434.

575 Martin Kitchen, op. cit. p. 450.

576 Eric Hobsbawm, *Era dos Extremos*, p.215; Jane Burbank e Frederick Cooper, *Impérios*, pp. 529-32.

Este livro foi impresso pela Eskenazi,
em 2022, para a HarperCollins Brasil.
O papel do miolo é Pólen Soft 70g/m²,
e o da capa é Cartão Supremo 250g/m².